DEN ÆLDSTE KRISTENDOMS HISTORIE

Niels Hyldahl

DEN ÆLDSTE KRISTENDOMS HISTORIE

MUSEUM TUSCULANUMS FORLAG
Københavns Universitet 1994

© Museum Tusculanums Forlag & Niels Hyldahl 1993, 1994²
2. oplag 1994, uændret genoptryk

Forlagsredaktion: Ole Klitgaard
Omslag: Thora Fisker
Rentegning af kort: Pia Guldager
Sats ved forfatteren i samarbejde med forlaget,
sat med New Century Schoolbook 11 punkt (fotosats)
Trykt hos Special-Trykkeriet Viborg a-s

ISBN 87 7289 212 9

MUSEUM TUSCULANUMS FORLAG
Njalsgade 92
DK-2300 København S.

Forord

Grundlaget for manuskriptet til den hermed forelagte bog går i hovedsagen tilbage til en forelæsningsrække, jeg havde for teologiske studerende på Københavns Universitet 1988-89. Siden da har jeg gang på gang arbejdet med udformningen og med indholdet. Herunder har jeg haft stor hjælp af flere af tilhørerne fra dengang, og ikke mindre hjælp har min kollega Mogens Müller ydet mig gennem råd og samtaler og med det store besvær, det har været at læse foreløbige manuskripter igennem flere gange; ligeledes har Per Bilde, Aarhus Universitet, læst en tidligere udformning igennem, og også han har generøst bistået med talrige gode råd og forslag til forbedringer af indhold og form. Fejl og mangler skyldes ikke dem, men mig selv.

Jeg beder læseren om at bemærke, at jeg ikke har villet eller kunnet give nogen udtømmende behandling af den ældste kristendoms historie. Talrige emner vil læseren lede forgæves efter og måske ikke mindst savne en sammenhængende og omfattende fremstilling af den jødiske og kristne apokalyptik og af den antikke jødedoms historie som baggrund for skildringen af den ældste kristendoms. Et sådant foretagende måtte efter min mening gennemføres af en gruppe af specialister, og det kunne der være god mening i at gøre. Men det må vente.

Hvad jeg har villet, er at pege på historiske sammenhænge: mellem den antikke jødedom og den ældste kristendom, i den ældste kristendoms eget forløb og mellem dengang og nu. Alt for ofte gøres den ældste kristendoms historie til nytestamentlig tidshistorie og reduceres dermed til at være en redegørelse for den tids politiske, kulturelle, religiøse og sociale forhold, hvor det afgørende: den historiske dynamik, mangler. At historien bevæger sig, og at vi bevæger os med den, måtte gerne kunne fornemmes ved læsningen af de følgende sider.

Hvad litteraturangivelserne angår, har jeg ikke tilstræbt fuldstændighed, men snarere at anføre, hvad jeg har anset for væsentligt; derigennem skulle det også være muligt for læseren selv at finde frem til yderligere litteratur.

Nogle få dele af den foreliggende bog har før været offentliggjort i anden form; det drejer sig om I.1. og om III.6.ii. Noget har også været forelagt på internationale kongresser i Dublin, Milano og herhjemme. Men de før nævnte sammenhænge har jeg først kunnet gøre rede for i denne bog.

København, august 1992. *N.H.*

INDHOLD

I. Den antikke jødedom 1

1. Jøderne og seleukiderne 3
   i. Retslige og økonomiske forhold 4
   ii. Kulturelle forhold 15
   iii. Kronologiske forhold 22
   iv. Militære og politiske begivenheder 26
   v. Religionsforbudet 29
   vi. Makkabæerne og deres magtovertagelse 33
   vii. Fire dokumenter fra makkabæertiden 35
   viii. Jøderne under makkabæerne 38
2. Tempel og præsteskab 41
   i. Templet 41
   ii. Præsterne 49
3. De religiøse partier: essæerne, farisæerne og saddukæerne 53
   i. Josefus og de religiøse partier 54
   ii. Partiernes historiske oprindelse 56
   iii. To særlige forhold 59
4. Synagoge og synagogemenighed 61
   i. Synagogens historiske oprindelse 62
   ii. Proselytter og gudfrygtige 64
   iii. Sammenfattende bemærkninger 67
5. Foreløbige slutninger 68

II. Jesus 70

1. Den historiske og politiske udvikling 71
   i. En kort oversigt 71
   ii. Spørgsmålet om zeloterne 74
   iii. En samlet vurdering 79
2. Problematikken vedrørende den historiske Jesus . 80
   i. William Wrede 82
   ii. Formhistorien 84
   iii. Redaktionshistorien og spørgsmålet
        om den historiske Jesus 86

3. Johannes Døber 89
    i.   Overleveringen 89
    ii.   Tre forhold 97
    iii.   Tre iagttagelser 100
4. Forholdet mellem Johannes Døber og Jesus 103
    i.   Et tilsyneladende ensidigt forhold 103
    ii.   Johannes som præstelig messias 107
    iii.   Gammeltestamentlige og jødiske forudsætninger 112
    iv.   Johannes ikke kun en »forløber« 115
    v.   Jesusord om forholdet 118
5. Den kristologiske problematik 121
    i.   Problematikken i nyere forskning 121
    ii.   Jesus som Kristus og messias 128
6. Jesus som messias (grunden til processen, Jesu død) 129
    i.   Den korsfæstede messias 130
    ii.   Wrede eller Schweitzer? 131
    iii.   Den konsekvente eskatologi 133
    iv.   Jesu kongelige, davidiske herkomst 134
    v.   Et tredje standpunkt? 136
    vi.   Sanders' løsning 140
7. Jesu opstandelse 143
    i.   Troen på den opstandne konge 143
    ii.   Påskebegivenhedernes forløb 145
    iii.   Afsluttende bemærkninger 156

III. Aposteltiden 158

1. Kronologi. Paulus' breve – Apostlenes Gerninger 159
    i.   Konservativ eller radikal tilgang? 160
    ii.   Den »nye« kronologi 161
    iii.   Eventuel brug af Paulus' breve i
         Apostlenes Gerninger? 169
    iv.   Nye indsigter 171
2. Disciple og apostle 181
    i.   Problemet 182
    ii.   Fundet af Didaké 184
    iii.   »De tolv« = »alle apostlene«? 188
    iv.   Apostelbegrebets historiske oprindelse 190
    v.   Jakobs særlige position 195
3. Hellenisterne og hebræerne 197
    i.   Den hidtidige forståelse 198

IX

ii. Åbne spørgsmål 201
iii. En ny forståelse 203
iv. Anvendelsen af Billerbecks iagttagelser 207
4. Judaismen 210
   i. Judaismens opkomst 211
   ii. Judaismen som fænomen 216
      EKSKURS: Den galatiske situation
      – forskningshistorisk betragtet 219
   iii. Forvirringens overvindelse 230
   iv. Konklusion 233
5. Apostelmødet i Jerusalem og konflikten i Antiokia 234
   i. Iagttagelser vedrørende apostelmødet 235
   ii. Konflikten i Antiokia 242
6. Den korinthiske situation 245
   i. Fortællingen i den korinthiske korrespondance 246
   ii. Den korinthiske krise 258
7. Paulus i Jerusalem 275
8. »Vi«-stykkerne i Acta 279
   i. Det forskningshistoriske dilemma 281
   ii. En mulig løsning (foreløbige iagttagelser) 283

IV. Den efterapostolske tid 287

1. Templets ødelæggelse og synoden i Jamnia 287
   i. To opfattelser 288
   ii. Synoden i Jamnia 295
2. Den johannæiske litteratur og spørgsmålet om Kristus .. 299
   i. De indirekte vidnesbyrd 300
   ii. Den johannæiske litteratur 302
3. Den romerske statsmagt og de kristne 309
   i. De hedningekristne menigheder 310
   ii. Claudius' edikt 313
   iii. Forfølgelsen under Nero 317
   iv. Lovgivning mod de kristne? 319
   v. Forfølgelsernes udbredelse 323
4. Første Klemensbrev; Pastoralbrevene; Ignatius'
   breve. Det kirkelige embede 325
   i. Kristendommens jødiske oprindelse 325
   ii. Første Klemensbrev 328
   iii. Ignatius' breve 332
   iv. Konklusion 338

X

5. Markion		339
i.	Bar Kokhba-opstanden	340
ii.	Markion	341
iii.	Konklusion	347
6. Hegesips Hypomnemata; Papias-fragmenterne. Den patristiske litteraturs begyndelse		348
i.	Franz Overbeck og den patristiske litteratur	349
ii.	Den efterapostolske tids afslutning	351

Register 357

I. DEN ANTIKKE JØDEDOM

Litteratur

a) Kilder

Daniels Bog (i Det gamle Testamente).
De gammeltestamentlige Apokryfer (i Bibel-udgaver indeholdende disse — også i: *Bibelen i kulturhistorisk lys*, redigeret af Svend Holm-Nielsen og Bent Noack, bind 6: De Apokryfe Skrifter, med indledninger af Jes Asmussen, København 1970).
De gammeltestamentlige Pseudepigrafer i oversættelse med indledninger og noter, ved E. Hammershaimb o.a., København 1953-1976.
Die Texte aus Qumran. Hebräisch und Deutsch. Mit masoretischer Punktation, Übersetzung, Einführung und Anmerkungen, udgivet af Eduard Lohse, Darmstadt 1971.
Dødehavsteksterne. Skrifter fra den jødiske menighed i Qumran i oversættelse og med noter, ved Eduard Nielsen og Benedikt Otzen, København 1959.
Die Tempelrolle vom Toten Meer. Übersetzt und erläutert, af Johann Maier (Uni-Taschenbücher, 829), München 1978.
Altjüdisches Schrifttum außerhalb der Bibel. Übersetzt und erklärt, af Paul Rießler, Augsburg 1928, 2. Auflage Darmstadt 1966.
Jüdische Schriften aus hellenistisch-römischer Zeit, udg. af W. G. Kümmel, Gütersloh 1973 ff.
The Mishnah. Translated from the Hebrew with Introduction and brief explanatory Notes, af Herbert Danby, London 1933 og talrige senere genoptryk.
Josephus. With an English Translation, af H. St. J. Thackeray, Ralph Marcus o.a., I-IX (Loeb Classical Library), Cambridge (Mass.) 1926-1965.
Jødernes Krig mod Romerne, oversat af Alexander Rasmussen, København 1905.
Flavius Josephus, De bello Judaico / Der jüdische Krieg. Zweisprachige Ausgabe der sieben Bücher. Herausgegeben und mit einer Einlei-

tung sowie mit Anmerkungen versehen, af Otto Michel og Otto Bauernfeind, I-III, Darmstadt 1959-1969.
Philo von Alexandria. Die Werke in deutscher Übersetzung, udgivet af Leopold Cohn, Isaak Heinemann o.a., I-VII, 2. Auflage, Berlin 1962-1964 (bind VII dog første gang udgivet 1964).
Philo. With an English Translation, af F. H. Colson o.a., I-X + Supplementary Volumes I-II (Loeb Classical Library), Cambridge (Mass.) 1929-1962.

b) Almene fremstillinger

Emil Schürer: *Geschichte des jüdischen Volkes im Zeitalter Jesu Christi*, I-III samt Register, 4.-5. Auflage, Leipzig 1907-1921.
samme: *The History of the Jewish People in the Age of Jesus Christ (175 B.C.–A.D. 135). A New English Version*, udgivet af Geza Vermes, Fergus Millar o.a., I-III.1/2, Edinburgh 1973-1987.
J. Wellhausen: *Die Pharisäer und die Sadducäer. Eine Untersuchung zur inneren jüdischen Geschichte*, Greifswald 1874; 2. Auflage Hannover 1924; 3. Auflage Göttingen 1967.
V. Tcherikover: *Hellenistic Civilization and the Jews*. Translated [fra hebraisk] by S. Applebaum, 2. ed., Philadelphia – Jerusalem 1961; repr. 1970.
D. S. Russell: *The Method & Message of Jewish Apocalyptic 200 BC – AD 100*, London – Philadelphia 1964.
Martin Hengel: *Judentum und Hellenismus. Studien zu ihrer Begegnung unter besonderer Berücksichtigung Palästinas bis zur Mitte des 2. Jh.s v. Chr.* (Wissenschaftliche Untersuchungen zum Neuen Testament, 10), 2. Auflage, Tübingen 1973 = *Judaism and Hellenism*, I-II, Philadelphia – London 1974.
E. P. Sanders: *Paul and Palestinian Judaism. A Comparison of Patterns of Religion*, Philadelphia – London 1977.
Per Bilde: *Josefus som historieskriver. En undersøgelse af Josefus' fremstilling af Gaius Caligulas konflikt med jøderne i Palæstina (Bell 2, 184-203 og Ant 18, 261-309) med særligt henblik på forfatterens tendens og historiske pålidelighed* (Bibel og historie, 1), København 1983.
Benedikt Otzen: *Den antike jødedom. Politisk udvikling og religiøse strømninger fra Aleksander den Store til Kejser Hadrian*, København 1984.
Christopher Rowland: *Christian Origins. An Account of the Setting and Character of the most Important Messianic Sect of Judaism*, London

I.1.i. *Retslige og økonomiske forhold* 3

1985, s. 23-108: 'Jewish Life and Thought at the Beginning of the Christian Era'.
Per Bilde: *Flavius Josephus, Between Jerusalem and Rome. His Life, his Works, and their Importance* (Journal for the Study of the Pseudepigrapha, Supplement Series, 2), Sheffield 1988.
E. P. Sanders: *Judaism. Practice & Belief 63 BCE – 66 CE*, London – Philadelphia 1992.
Doron Mendels: *The Rise and Fall of Jewish Nationalism. The History of Jewish and Christian Ethnicity in Palestine within the Greco-Roman Period (200 B.C.E.–135 C.E.)* (The Anchor Bible Reference Library), New York 1992.

1. Jøderne og seleukiderne

Litteratur

Elias J. Bickermann: *Der Gott der Makkabäer. Untersuchungen über Sinn und Ursprung der makkabäischen Erhebung*, Berlin 1937 = *The God of the Maccabees. Studies on the Meaning and Origins of the Maccabean Revolt* (Studies in Judaism in Late Antiquity, 32), Leiden 1979.
F.-M. Abel: *Les Livres des Maccabées* (Études Bibliques), 2. éd., Paris 1949.
Otto Mørkholm: *Antiochus IV of Syria* (Classica et Mediaevalia. Dissertationes, VIII), København 1966.
Jochen Gabriel Bunge: *Untersuchungen zum zweiten Makkabäerbuch. Quellenkritische, literarische, chronologische und historische Untersuchungen zum zweiten Makkabäerbuch als Quelle syrisch-palästinensischer Geschichte im 2. Jh. v. Chr.*, Bonn 1971.
John R. Bartlett: *The First and Second Books of the Maccabees* (The Cambridge Bible Commentary, New English Bible), Cambridge 1973.
Jonathan A. Goldstein: *I Maccabees. A New Translation with Introduction and Commentary* (The Anchor Bible, 41), New York 1976.
Karl Christ: *Krise und Untergang der römischen Republik*, Darmstadt 1979.
Christian Habicht: *2. Makkabäerbuch* (Jüdische Schriften aus hellenistisch-römischer Zeit, I/3), Gütersloh 1976, 2. Aufl. 1979.

4   Den antikke jødedom: Jøderne og seleukiderne

Thomas Fischer: *Seleukiden und Makkabäer. Beiträge zur Seleukidengeschichte und zu den politischen Ereignissen in Judäa während der 1. Hälfte des 2. Jahrhunderts v.chr.*, Bochum 1980.
Klaus-Dietrich Schunck: *1. Makkabäerbuch* (Jüdische Schriften aus hellenistisch-römischer Zeit, I/4), Gütersloh 1980.
Nils Martola: *Capture and Liberation. A Study in the Composition of the First Book of Maccabees* (Acta Academiae Aboensis, ser. A: Humaniora, 63/1), Åbo 1980.
Klaus Bringmann: *Hellenistische Reform und Religionsverfolgung in Judäa. Eine Untersuchung zur jüdisch-hellenistischen Geschichte (175-163 v. Chr.)* (Abhandlungen der Akademie der Wissenschaften in Göttingen, Philol.-hist. Kl., Dritte Folge, Nr. 132), Göttingen 1983.
Jonathan A. Goldstein: *II Maccabees. A New Translation with Introduction and Commentary* (The Anchor Bible, 41A), New York 1984.
Bezalel Bar-Kochva: *Judas Maccabaeus. The Jewish struggle against the Seleucids*, Cambridge 1989.
Niels Hyldahl: Jøderne og seleukiderne, i: Troels Engberg-Pedersen/ Niels Peter Lemche, edd., *Tradition og nybrud. Jødedommen i hellenistisk tid* (Forum for Bibelsk Eksegese, 2), København 1990, s. 65-92.
Niels Hyldahl: The Maccabean Rebellion and the Question of 'Hellenization', i: Per Bilde/Troels Engberg-Pedersen/Lise Hannestad/Jan Zahle, edd., *Religion and Religious Practice in the Seleucid Kingdom* (Studies in Hellenistic Civilization, 1), Århus 1990, s. 188-203.

i. *Retslige og økonomiske forhold*
Ved indgangen til den periode af det jødiske folks historie, som vi her tager nærmere i øjesyn for derigennem at komme til en bedre forståelse af den ældste kristendoms oprindelse og historie, nemlig perioden fra omkr. år 200 f.Kr. til omkr. år 100 e.Kr., befandt jøderne sig fortsat i principielt den samme situation, som de allerede havde været vant til i århundreder. Lige siden bortførelsen til Babylon og det første tempels ødelæggelse i året 587 f.Kr. havde det jødiske folk været uden konge og uden national selvstændighed, men været undergivet de herskende stormagter. Først under Babylon, dernæst under perserne, som tillod dem hjemkomsten og genopbygningen af templet omkr. år 520 f.Kr., dernæst – siden år 331, da Alexander den Store med

I.1.i. Retslige og økonomiske forhold

sine makedoniske falanxer erobrede hele den nære orient, herunder også Egypten og Perserriget – under grækerne, dvs. makedonerne.

Fra og med makedonernes herredømme var det herskende sprog det græske, og kulturen var den hellenistiske. Det kom også til at få en betydning, der næppe kan overvurderes, for den antikke jødedom og dens historie.

Efter Alexanders død i året 323 f.Kr. splittedes hans verdensrige på grund af diadokernes ('efterfølgernes') indbyrdes magtkampe i flere dele. I året 312 f.Kr. tilfaldt Syrien med den nybyggede hovedstad Antiokia ved Orontesfloden således seleukiderne, Egypten med den af Alexander selv grundlagte hovedstad Alexandria ptolemæerne eller lagiderne. Palæstina – som også under perserne, hvis administrative system på mange måder fortsat bestod, havde udgjort et forvaltningsområde for sig som en del af satrapiet Kølesyrien-Fønikien – lå som tidligere i Israels historie midt imellem to store riger, ét mod nord og ét mod syd, der stredes om herredømmet over landet. I den første lange tid, fra 312 til 198 f.Kr., hørte landet ind under Egypten og dermed under ptolemæerne. Men med slaget ved Paneas nord for Hule-søen ved Jordans udspring, ikke langt fra det senere Cæsarea Filippi, besejrede Syriens seleukidiske hersker Antiokus III. den Store (223-187) den ptolemæiske hærfører Skopas, der havde de egyptiske styrker under Ptolemæus V. Epifanes (203-180) under sig, og Antiokus III. blev således Palæstinas, og dermed jødernes, overherre.

Dette syriske overherredømme varede principielt ved, indtil romerne under Pompejus erobrede landet i året 63 f.Kr.

Det er vigtigt at gøre sig jødernes situation klar, da landet erobres af Antiokus III. ved indgangen til det andet århundrede f.Kr.

Uden konge og uden national selvstændighed var der slet ikke tale om nogen nation, men derimod om et folk, og det tilmed om et lille folk, hvis egentlige landområde kun omfattede

Judæas bjergegn med Jerusalem og templet dér som centrum. Og Judæa havde ingen adgang til Middelhavet. I århundreder havde der desuden boet jøder i diasporaen ('adspredelsen'), både i den nærmere diaspora: Galilæa og landet på den anden side af Jordan, og i den fjerne diaspora: i Egypten og i Eufrat-Tigris-området, foruden i hurtigt voksende jødiske befolkningsgrupper i Lilleasien, i Nordafrika (Kyrene, svarende til vore dages Libyen) og efterhånden også i Grækenland, Makedonien og Italien. Det jødiske folk var altså delt i den hjemlige befolkning i Judæa og den talmæssigt betydeligt større befolkning ude i diasporaen.

Hvad jøderne i Judæa angår, udgjorde de en tempelstat med den jødiske ypperstepræst og et ældsteråd i spidsen. Lige siden perserne, og ligeledes under grækerne, havde jødernes folkelige egenart været respekteret og uantastet. Udadtil repræsenteredes de af ypperstepræsten, som over for statsmagten, altså nu syrerne, måtte betale den årlige tribut, på denne tid 300 talenter; desuden måtte befolkningen betale forskellige afgifter og skatte som hovedskat, saltskat, »kraneskat« o.a. Hvordan ypperstepræsten bar sig ad med at udrede den årlige tribut til statsmagten, var principielt statsmagten uvedkommende. Meget tyder på, at det skete på grundlag af en vurdering af de besiddendes ejendomme, på landet altså bøndernes grundbesiddelser, i byerne, først og fremmest Jerusalem, på grundlag af husenes værdi, indbyggernes indtægter m.m. Hvad skatter og afgifter angår, fandtes der allerede på ptolemæisk tid skatteopkrævere, som havde fået denne opgave i forpagtning, og der er ingen grund til at antage, at dette forhold principielt er blevet forandret på grund af magtskiftet – højst at andre lokale embedsmænd, hvis loyalitet over for seleukiderne staten kunne regne med, har erstattet de tidligere, der var forpligtede over for ptolemæerne og fortsat måtte formodes at være det. I Jerusalem synes der på et lidt senere tidspunkt også at være tale om en særlig tempelskat til statsmagten – i hvert fald optræder der ret hurtigt, foruden ypperstepræsten, også en tempelforvalter, der

I.1.i. Retslige og økonomiske forhold

åbenbart skulle sikre, at den seleukidiske stat fik skat af det overskud, som selve templets drift udviste. Told, altså afgift på varer, som udførtes eller indførtes, kom også i høj grad på tale – et forhold, der vidner om, at Judæas og Jerusalems jødiske befolkning ikke levede af eksport, men til gengæld har haft behov for at importere varer i større stil, fattigt på råstoffer – metal og træ – som landet var.

Befolkningen i Judæas landområder var jordbrugere, havde okser, får og geder og dyrkede korn, vin og frugt, mens befolkningen i Jerusalem – og dermed indirekte også i Judæa i det hele taget – levede af templet og alt, hvad dettes drift har kastet af sig; det drejede sig først og fremmest om præsterne, levitterne, de velhavende jordbesiddere, der havde huse i Jerusalem, de handlende og håndværkerne.

Det er vigtigt at være klar over den folkelige tilknytning og sammenhæng mellem jøderne i Judæa og jøderne i den nære og den fjerne diaspora, uden hvilken tilknytning og sammenhæng tempel og præsteskab i Jerusalem næppe kunne opretholde eksistensen – dertil var selve Judæa for fattigt et land, mens omvendt diasporajøderne med valfarterne til Jerusalem og templet betød en indtægtskilde, hvis værdi næppe kan overvurderes. Tilknytningen og sammenhængen har været af så meget større betydning, som den jødiske befolkning i Judæa på alle kanter var omgivet af ikke-jødiske befolkningsgrupper; flere af disse »hedenske«, altså ikke-jødiske, byer i Palæstina var selvstyrende og organiseret efter det hellenistiske *pólis*-mønster.

Det er også vigtigt at være klar over, hvor stort et rige der var tale om, da Antiokus III. ved århundredeskiftet også havde erobret Palæstina. Det omfattede foruden selve Syrien med hovedstaden Antiokia også Persien og Medien mod øst, helt over til den indiske grænse, samt så godt som hele den lilleasiatiske halvø, svarende til nutidens Tyrkiet. Ikke uden grund havde Antiokus III. tilnavnet 'den Store'. Helt mod syd, grænsende op til ærkefjenden Egypten, hvis overherredømme disse små befolkninger ikke havde haft særlig grund til at være utilfredse

8 Den antikke jødedom: Jøderne og seleukiderne

med, lå det lille Judæa, Samaria og Idumæa, og loyaliteten over for den seleukidiske stat var ikke en given ting. Det seleukidiske storrige udgjorde ikke på nogen måde en fasttømret enhed. Det bestod tværtimod af en række relativt selvstændige dele med vidt forskellige befolkninger, kulturer og sprog, som kun var bundet løst sammen af statssystemet og dets forvaltning med den enevældige konge i spidsen og hans guvernører og strateger og embedsmænd ude i rigets lande, bistået af fast stationerede garnisoner og bevægelige hærenheder, mest bestående af lejetropper. Statens magt afhang af styret og dets styrke, dvs. af kongen selv som den eneste instans, der bandt rigets forskellige dele sammen. Kongens indtægter var ganske vist kolossale, men udgifterne ligeledes: lejetropper og administration var uhyre kostbare og forudsatte bestandige pengetilførsler; dertil hjalp, foruden erobringer, tributter, skatter og afgifter, bl.a. de rige sølv- og øvrige metalforekomster i Lilleasien, som selvfølgelig udelukkende tilfaldt kongen.

Men Antiokus den Stores storhed skulle ikke vare ved.

I slaget ved Magnesia ved Mæanderfloden i den vestlige del af Lilleasien i året 190 f.Kr. blev Antiokus III. slået definitivt af den nye stormagt, der kom til at beherske verdensbilledet i århundreder: romerne. Ved freden i Apamea år 188 blev Antiokus tvunget til at indgå på en række endog særdeles hårde betingelser, som knækkede hans magt fuldstændigt og betød den begyndende opløsning af det syriske rige:

Antiokus måtte afstå hele Lilleasien på nær landskabet Kilikien bag Taurusbjergene – og dermed også sølv- og guldminerne; desuden måtte han afgive hele sin flåde på nær ti skibe, og hans magt på Middelhavet og i Det ægæiske Hav var dermed brudt. Yderligere måtte han afgive sine krigselefanter (seleukidernes var indiske, ptolemæernes afrikanske) og betale romerne en uhyre krigserstatning: naturalieforsyninger til både den romerske og den pergameniske hær i flere år og – vigtigst – i alt 15.000 talenter til romerne. Dette kæmpebeløb var at betale således: ved fredsslutningen i året 188: 500 talenter, ved ratifi-

I.1.i. Retslige og økonomiske forhold

kationen: 2.500 talenter, og resten – altså 12.000 talenter – i 12 årlige rater på 1.000 talenter. Da Antiokus selv døde i 187, siger det sig selv, at den største del af gælden måtte betales af hans efterfølgere på den seleukidiske trone. Og der var ikke tale om, at romerne eftergav blot en smule af gælden.

Disse penge skulle betales af de befolkninger, der hørte til det nu med Lilleasien reducerede seleukiderige – en hård beskatning, som kom til at hvile også på Judæa.

For straks at give et begreb om de afkrævede pengesummers størrelse kan det være nyttigt at se på en af Antiokus III.s nærmeste efterfølgere: den med god grund, som vi skal se, forhadte Antiokus IV. Epifanes (175-164 f.Kr.). På hans tid var gælden fra freden i Apamea ganske vist blevet betalt [1]. Men i løbet af Antiokus IV.s korte regeringstid på en halv snes år kom han alene til at koste Judæa enorme beløb [2]:

I de seks år fra hans tronbestigelse år 175 til hans plyndring af templet i Jerusalem i året 169 f.Kr.: 1.030 talenter under ypperstepræsten Jasons to-årige embedstid; under ypperstepræsten Menelaos i løbet af de fire år indtil tempelplyndringen: 2.960; selve udbyttet af tempelplyndringen i året 169 f.Kr.: 1.800 talenter – i alt på seks år 5.790 talenter fra Judæa til den seleukidiske statskasse! Det svarer til ca. en tredjedel af, hvad freden i Apamea indbragte romerne i samlet krigserstatning, eller sagt på en anden måde: i de seks år 175-169 gennemsnitligt næsten 1.000 talenter årligt alene fra det lille Judæa – samme beløb, som seleukiderne skulle betale romerne i årlige afdrag. Og det svarer igen til det tre-dobbelte af, hvad Antiokus IV.s forgænger, Seleukus IV. Filopator (187-175), i de sidste seks år af sin regeringstid fik i samlet tribut fra Judæa: 300 talenter årligt, altså i alt 1.800 talenter i løbet af et lige så kort tidsrum,

---

1. Se dog Mørkholm, *Antiochus IV of Syria*, s. 65.
2. Til de følgende økonomiske udredninger: se Bringmann, *Hell. Reform u. Religionsverfolgung*, s. 111-120: 'Steuerdruck und Tempelraub'.

seks år. I disse beløb er endda ikke medregnet hoved-, saltskat m.m.

Vi er også i stand til at gøre os et begreb om disse enorme beløbsstørrelser på en anden måde. Små to århundreder senere, under kong Arkelaos (4 f.Kr.-6 e.Kr.) af Herodes-slægten, skulle Judæa, Samaria og Idumæa samlet aflevere 600 talenter årligt til den romerske statskasse. Heraf har Judæa formodentlig skullet betale mindst halvdelen; altså svarende til de »normale« forhold før Antiokus IV., dog at Judæa dengang var betydeligt mindre end under Herodes-slægten. Det er blevet beregnet, at denne beskatning under Arkelaos belastede Judæas befolkning med 14 % af produktionen – hvad der i betragtning af de datidige forholds beskedne produktion må have betydet en kolossal belastning. Hvor langt hårdere har beskatningen så ikke hvilet på Judæas lille befolkning under Antiokus IV., og i hvor høj grad har denne utrolige beskatning ikke været en hovedårsag til, at den makkabæiske opstand brød ud netop under ham!

Men lad os vende tilbage til forholdene i Judæa umiddelbart efter Antiokus III.s magtovertagelse efter slaget ved Paneas, da Antiokus stod på sin magts højde.

Vi er i besiddelse af to dokumenter, der direkte belyser forholdene i Judæa dengang, begge overleveret af Josefus og nu om dage begge anset for ægte: Ant. Jud. XII, 138-144 og 145-146 [3].

Det første er en kopi af et brev fra den sejrende Antiokus til hans strateg over Kølesyrien-Fønikien, Ptolemæus, søn af Thraseas – navnet Ptolemæus tyder på »egyptisk« oprindelse. Brevet indeholder bestemmelser, som Ptolemæus på kongens ordre skal bringe til udførelse. Fremgangsmåden svarer til, hvordan man bar sig ad i både den ptolemæiske og den seleuki-

---

3. En udførlig diskussion og redegørelse findes hos Ralph Marcus, i: *Josephus. With an English Translation*, VII, 1943, s. 743-766: 'Appendix D: Antiochus III and the Jews (Ant. xii. 129-153)'.

I.1.i. Retslige og økonomiske forhold 11

diske administration, og vi kan gå ud fra, at vi har brevet i den originale græske udformning:

138 Kong Antiokus til Ptolemæus, hilsen! Eftersom jøderne fra det øjeblik, vi gik ind i deres land, viste os deres velvilje, og da vi kom til deres by, gav os en storslået modtagelse og kom os i møde med ældsterådet og skaffede vore soldater og elefanter rigeligt med forsyninger, og eftersom de også hjalp med til at fordrive den egyptiske garnison fra citadellet, 139 har vi på vores side besluttet at gøre dem gengæld for dette ved at restaurere deres by, der er ødelagt af krigsbegivenhederne, og genbefolke den ved at lade dem, som var blevet adspredt, vende tilbage til den.

140 For det første har vi af hensyn til deres religion bestemt at forsyne dem, hvad offerinstitutionen angår, med offerdyr, vin, olie og røgelse til en værdi af 20.000 sølvpenge, <...> hellige *artabae* [4] fint mel efter deres lokale lov, 1.460 *medimni* hvede og 375 *medimni* salt. 141 Og det er min vilje, at disse ting skaffes dem, som jeg har besluttet, og at arbejdet med templet bringes til afslutning, herunder søjlegangene og det, der ellers måtte være nødvendigt at bygge. Tømmeret skal skaffes fra Judæa selv, fra andre folk og fra Libanon, uden at der skal pålægges nogen told; ligeledes med de andre materialer, der er nødvendige for at gøre templets udsmykning så meget mere strålende.

142 Alle i folket skal have en forfatning svarende til deres fædrene love, og ældsterådet, præsterne, templets skriftlærde og tempelsangerne skal være fritaget for den hovedskat, kranseskat og saltskat, som de betaler.

143 Og for at byen så meget hurtigere kan blive befolket, giver jeg både de nuværende indbyggere og dem, der vender tilbage før måneden hyperberetaios, fritagelse for skatter i tre år; 144 vi fritager dem i fremtiden også for en tredjedel af tributten, så det tab, de har lidt, kan genoprettes. Og hvad dem angår, som er blevet ført bort fra byen som krigsfanger og gjort til slaver, sætter vi både dem og deres børn fri og befaler, at deres ejendom skal gives dem tilbage [5].

---

4. Der er ingen mængdeangivelse.
5. Josefus, Ant. Jud. XII, 138-144 (kap. 3,3). Litt.: E. J. Bickerman, La charte séleucide de Jérusalem, Revue des Études Juives 100 (1935), s. 4-35 = Der seleukidische Freibrief für Jerusalem, i: Abraham Schalit, ed., *Zur Josephus-Forschung* (Wege der Forschung, 84), Darmstadt 1973, s. 205-240 = La Charte séleucide ..., i: E. J. Bickermann, *Studies in Jewish and Christian History*, II

Det tager sit udgangspunkt i jødernes, ikke mindst Jerusalems velvillige modtagelse af den seleukidiske hær og jødernes anerkendelse af det seleukidiske overherredømme. Det er værd at bemærke, at det jødiske folk har ladet sig repræsentere ved Jerusalems ældsteråd, græsk *gerousía*. Som belønning for anerkendelsen af magtskiftet og for udvist hjælp, også i forbindelse med fordrivelsen af den egyptiske garnison fra Jerusalem, der nu erstattedes af en seleukidisk, tilstås der jøderne en række privilegier.

Begynder vi bagfra, ser vi, at der gives jøderne skattefrihed i tre år, og at denne skattefrihed også gives de jøder, som på grund af krigen – og eventuel sympati for ptolemæerne – var rejst bort, men vender tilbage til Judæa inden en vis frist; kongen er tydeligt interesseret i at kunne genskabe en så vidt muligt loyal og velfungerende befolkning. Dog får befolkningen ikke frihed for at betale tribut – som vi så, beløb den tribut, Judæa havde at betale, sig til 300 talenter om året på Antiokus III.s efterfølgers og søns, Seleukus IV.s tid (187-175 f.Kr.). Kun en tredjedel af denne tribut eftergives dem »for fremtiden«, som det hedder – det skulle ikke blive ved at vare, som vi allerede har set! Det krigshærgede Judæa skulle altså erlægge 200 talenter årligt til den seleukidiske statskasse for »friheden«, og efter tre års forløb atter betale de fulde skatter.

Går vi til den centrale del af brevet, ser vi, hvem og hvad der først og fremmest profiterede af privilegierne, der fulgte med magtskiftet. Det var ældsterådet, præsterne, templets skriftlærde og tempelsangerne – altså tydeligt nok den ikke-producerende overklasse – som blev fuldstændig fritaget for at skulle betale skat. Desuden skulle der ydes hjælp i form af materialer til reparation og genopbygning af templet og byen Jerusalem, og der skulle gives en betragtelig én-gangs ydelse i form af offerga-

(Arbeiten zur Geschichte des antiken Judentums und des Urchristentums, IX), Leiden 1980, s. 44-85; samme, *God of the Maccabees*, Leiden 1979, s. 33.

I.1.i. *Retslige og økonomiske forhold*

ver, så templets drift kunne holdes ordentligt i gang. Udgifterne til reparation af by og tempel og til offergaverne ville kongen selv afholde.

Som det måske vigtigste af alt ser vi, at jøderne får ret til at leve efter deres lands love, som det udtrykkes. Bestemmelsen er af den grund vigtig, at den meddeler det jødiske folk retten til indre selvstyre og til at udøve den religion, de i forvejen havde. Det vil juridisk sige, at jødernes »ret« til at have deres egen religion og leve efter deres egne love, altså Moselovens bestemmelser, alene beroede på den seleukidiske herskers tilladelse. »Jerusalem was thus a holy city, but not because of a sovereign decision on the part of the Jews. It was a holy city on the basis of a royal order which confirmed the »law of the fathers« and thus assured their observance,« skriver E. J. Bickerman [6]. »Retten« kunne teoretisk til hver en tid fratages dem igen – og det var præcist, hvad der skete i året 168 f.Kr., da Antiokus IV. var ved magten og forbød den jødiske religion. Jødisk betragtet har det i den givne situation efter Antiokus III.s magtovertagelse måske betydet mindre: i jødernes øjne har Antiokus III. sikkert været betragtet som Gud Herrens redskab, som blot udførte Hans vilje. Så længe Antiokus III. på denne måde udførte Gud Herrens vilje, kunne det jødiske folk for så vidt være tilfreds; men skete det ikke, var det ensbetydende med ulydighed på kongens side mod Guds vilje, og i så fald kunne kongen ikke være sikker på det jødiske folks loyalitet.

De her berørte retslige forhold er af stor betydning for forståelsen af det jødiske folks følgende historie, og jeg er ikke sikker på, at makkabæernes faktiske magtovertagelse, efter at Antiokus IV. havde forbudt den jødiske religion og jøderne gjorde oprør mod det syriske herredømme – en magtovertagelse, som »hasidæernes forsamling«, altså de fromme i landet, ikke ville deltage i – ikke havde med netop det her berørte forhold at

---

6. Bickerman, *God of the Maccabees*, s. 34.

14   Den antikke jødedom: Jøderne og seleukiderne

gøre: at makkabæerne — til forskel fra hasidæerne — ikke længere ville finde sig i at skulle have »retten« til at udøve deres religion og leve efter deres egne love fra fremmede herskere, når tildelingen af denne ret i grunden alene tilkom Gud Herren, som intet menneske, hvor mægtigt det end var, kunne stille sig i vejen for. Derom senere.

Det andet af de to dokumenter fra tiden umiddelbart efter Antiokus III.s magtovertagelse er et »opslag«, formodentlig på bronce til ophængning i Jerusalem. Indholdet handler dels om templet selv, dels om byen Jerusalem:

145 ... Det er forbudt enhver fremmed at gå ind på (den del af) tempelområdet, som er forment jøderne undtagen dem, som plejer at gøre det efter at have renset sig efter deres fædres lov. 146 Heller ikke må nogen bringe kød ind i byen af heste, muldyr, vilde og tamme æsler, leoparder, ræve og harer og overhovedet af sådanne dyr, der er forbudt for jøderne. Heller ikke må man bringe skindet af disse dyr ind i byen eller holde dem dér. Alene de offerdyr, der har været brugt af deres forfædre, og som er nødvendige for at bringe Gud soning, er det tilladt at bruge. Og den, der overtræder en af disse bestemmelser, skal betale præsterne 3.000 drakmer i sølv [7].

Hvad templet angår, må ingen fremmed, dvs. ikke-jøde, men kun de, der ifølge sædvane har ret dertil, dvs. præsterne og de øvrige tempelansatte, og forud renser sig efter de sædvanlige regler, dvs. efter Moselovens forskrifter, gå ind i templet. Og hvad byen Jerusalem angår, skal det kun være tilladt at bringe sådanne dyr ind i byen, som var brugelige til ofringer. Straffen for overtrædelse fastsættes til en bøde på 3.000 drakmer, at betale til templets præster.

Disse forbud må i deres faktiske udformning sikkert betragtes som et produkt fra de seleukidiske embedsmænd. Dels véd vi fra nytestamentlig tid besked med, at det medførte dødsstraf for

---

7. Josefus, Ant. Jud. XII, 145-146 (kap. 3,4). Litt.: E. J. Bickermann, Une proclamation séleucide relative au temple de Jerusalem, Syria 25 (1946-1948), s. 67-86 = samme, *Studies in Jewish and Christian History*, II (se foran, n. 5), s. 86-104; Klaus Bringmann, *Hell. Reform u. Religionsverfolgung*, 1983, s. 77 f.

I.1.i. *Retslige og økonomiske forhold* 15

ikke-jøder at gå ind i templet – ikke kun idømmelse af en bøde (se dog også nedenfor, ved n. 51); dels var det ifølge Moseloven ikke forbudt at bringe f.eks. tamdyr som æsler ind i Jerusalem (jfr. Jesu indtog i Jerusalem Palmesøndag). Udformningen har muligvis været en slags standard, som derfor ikke fuldstændig svarede til de faktiske forhold, der rådede i Jerusalem i tidlig seleukidisk tid. Men bortset herfra angiver det seleukidiske 'programma' stort set gældende norm og er derfor at anse for ægte. Betydningen heraf er den, at dette 'programma' altså afspejler den kultiske side af Antiokus III.s tilståelse af jødernes ret til at udøve deres religion. På det voldsomste blev forbudet vedrørende ikke-jøders adgang til templet i Jerusalem tilsidesat under Antiokus IV., da han indførte hedensk religion i Jerusalems tempel i året 168 f.Kr. – herom senere. Også dette faktiske forhold kan tale for, at makkabæerne gennem deres tilkæmpelse af national selvstændighed ville sikre sig, at jødisk religionsudøvelse ikke var betinget af fremmede herskeres forgodtbefindende.

ii. *Kulturelle forhold*
Der knytter sig en betydningsfuld detalje til det ene af de her omtalte dokumenter, eller muligvis til dem begge. Fra 2 Makk 4,11 véd vi, at en vis Johannes, Eupolemos' far, var den jøde, der på det jødiske folks vegne forhandlede fredsbetingelserne med Antiokus III. efter magtskiftet, der fulgte af syrernes sejr over egypterne ved slaget ved Paneas i året 200 f.Kr. Denne Johannes har derfor vel også kunnet græsk – det officielle sprog i den nære orient efter Alexander den Store.

Hans søn, Eupolemos, kender vi fra makkabæertiden, idet han var den ene af de udsendinge, Judas »Makkabæeren« sendte til Rom i året 161 f.Kr. for at sikre romernes velvilje over for det jødiske folk; den anden var Jason. Den samme Eupolemos er kendt for sin litterære virksomhed: han forfattede et historisk værk, »Om Judæas konger«, omkr. 158 f.Kr. – altså efter hjemkomsten fra Rom. Om Eupolemos foruden græsk også har

16 *Den antikke jødedom: Jøderne og seleukiderne*

kunnet latin, er ganske vist usikkert; men under alle omstændigheder har han hørt til de højt uddannede jøder i sin tid — en hellenist, som altså trods sin hellenisme mente det rigtigst at tjene den jødiske sag og bekæmpe de »hellenistiske« jøder, der assimilerede sig med den græske omverden, og dette kom netop til udtryk gennem Eupolemos' tilslutning til makkabæerne [8].

Det netop nævnte eksempel, Eupolemos, søn af Johannes, er velegnet til at illustrere et forhold, som er af betydning for forståelsen af kultur- og religionskampen, der brød ud mellem jøderne og de seleukidiske herskere i Antiokia. Eupolemos var, som anført, hvad vi ville kalde en hellenistisk indstillet jøde — åben over for sin tids græske kultur og i stand til at begå sig både på hebraisk, på aramaisk og på græsk. Som forfatter af et historisk værk vidste han også besked med de litterære krav, der stilledes til den, der ville gøre sig gældende i tidens kulturverden. Alligevel var der ingen tvivl om, hvor han hørte hjemme i den makkabæiske kamp: på makkabæernes nationalistiske side, mod syrerne og deres »græske« væsen. Stort set det samme vil også kunne siges om Jason.

Jason kan være den Jason fra Kyrene, hvis græske værk i fem bøger af forfatteren til 2 Makk. er kompileret sammen til én bog; det er påfaldende, at 2 Makk. slutter med Nikanors fald februar 161 f.Kr., umiddelbart før Eupolemos' og Jasons rejse til Rom: 2 Makk 4,11, og kort før Judas Makkabæerens død. Rejsen og overenskomsten er udførligt omtalt i 1 Makk 8,17-32 [9].

---

8. Om Eupolemos: se Doron Mendels, *The Land of Israel as a Political Concept in Hasmonean Literature. Recourse to History in the Second Century B. C. Claims to the Holy Land* (Texte und Studien zum Antiken Judentum, 15), Tübingen 1987, s. 29-46: 'The Fifties: Eupolemus — City, Temple, the Land and the United Monarchy'.
9. Identifikationen af Jason, søn af Eleazar (1 Makk 8,17), som sammen med Eupolemos var i Rom på Judas Makkabæerens vegne, med Jason fra Kyrene, forfatteren til det værk i fem bøger, som den ukendte epitomator har sammenfattet i 2 Makk., blev først foreslået af L. Herzfeld i 1855; uden overbevisende

I.1.ii. *Kulturelle forhold*

En bekræftelse på rejsens og overenskomstens historicitet kan findes hos Josefus, Ant. Jud. XIV, 233 (kap. 10,15): et brev fra konsulen C. Fannius Strabo (år 161 f.Kr.) til øen Kos, med omtale af et forbund indgået mellem senatet og jøderne og med ønske om, at de jødiske udsendinge tilsikres god hjemrejse [10]. Senere deltog Jasons søn, Antipater, i en lignende diplomatisk mission til Rom for at forny forbundet mellem romerne og jøderne: 1 Makk 12,16. Betegnende nok er det netop i Anden Makkabæerbog, dvs. i Jasons værk, at ordene *hellenismós* (2 Makk 4,13) og *ioudaïsmós* (2 Makk 2,21; 8,1 og 14,38) dukker op for første gang, også i deres modsætning til hinanden [11].

Eksemplet med Eupolemos og Jason er så meget mere velegnet til at illustrere, hvad der gik for sig i opgøret mellem jøderne og den græske verden, der omgav dem, som det i nyere forskning ofte og med stor kraft har været hævdet, at den åbenhed, der var til stede i de ledende kredse af den judæiske befolkning over for den græske kultur, var den umiddelbare forudsætning for Antiokus IV.s forbud mod den jødiske religion i året 168 f.Kr. Ja, det skulle ifølge den samme, toneangivende forskning ligefrem have været græsksindede reformatorer blandt jøderne selv, der forårsagede religionsforbudet – ikke Antiokus IV., for hvem de jødiske anliggender har været af underordnet betydning [12].

---

grunde afvises identiteten af de fleste, bl.a. Hengel, *Judentum u. Hellenismus*, s. 182, og Bar-Kochva, *Judas Maccabaeus*, s. 181-182. At forfatteren Jason var fra Kyrene, beviser jo intet: se Mark 15,21!
10. Se Schürer, *History*, I, s. 172, n. 33.
11. Se også Liddell & Scott, *A Greek-English Lexicon*, ed. Jones, Oxford 1940, s.v. *hellenismos*, der dels betyder »imitation of the Greeks, Hellenism«, dels betegner »use of a pure Greek style and idiom« som en af de fem stoiske *aretaì lógou*, der blev tillagt den stoiske filosof Diogenes fra Babylon (død omkr. 152 f.Kr.) – men den sidste var jo samtidig med Jason!
12. Opfattelsen er især fremført af Bickerman, *God of the Maccabees*, og af Hengel, *Judentum u. Hellenismus*. Men skarp kritik er på den anden side blevet fremført af bl.a. Tcherikover, *Hell. Civilization and the Jews*, og Bring-

Selvfølgelig er Antiokus IV.s personlige holdning til spørgsmålet forholdsvis ligegyldig. At han skulle have været særlig jødefjendtligt indstillet, er der intet grundlag for at formode; desuden har det tjent hans interesser lige så lidt som persernes, ptolemæernes eller senere romernes interesser at udrydde den jødiske religion, og noget sådant ville overhovedet være uforståeligt, set på baggrund af de skiftende herskeres religionspolitik som helhed.

Første Makkabæerbog indeholder de ord, der som regel er blevet anset for retningsgivende for, hvordan udviklingen skulle forstås. Ugudelige folk i Israel – hedder det dér – førte på Antiokus IV.s tid mange vild ved at sige: »Lad os gå hen og slutte forbund med hedningerne rundt omkring os; thi lige siden vi afsondrede os fra dem, har mange ulykker ramt os« (1 Makk 1,11). Hvilke »ulykker« det skulle kunne være, er ikke godt at vide. Desuden vender udsagnet op og ned på hele Israels historie: hvad der i Israels historie ellers blev anset for kilden til alle ulykker, nemlig Israels samkvem med ikke-israelitiske befolkningsgrupper, bliver her erklæret for et gode. Sandheden er da også, hvad især Klaus Bringmann i 1983 har gjort klart rede for, at disse ord fra 1 Makk 1,11 repræsenterer den sejrende makkabæiske eller hasmonæiske retnings senere selvretfærdiggørelse [13] – 1 Makk. er makkabæernes »officielle« redegørelse for det historiske forløb og er blevet til i sidste tredjedel af det 2. århundrede f.Kr. Ordene fra 1 Makk 1,11 kan derfor slet ikke gælde for at være udtryk for, hvad der rørte sig i dele af den jødiske overklasse i den tidlige seleukidiske tid under Seleukus IV. og Antiokus IV., men tjener til at retfærdiggøre den makkabæiske magtkamp og de ofre blandt jøderne selv, den havde kostet.

---

mann, *Hell. Reform u. Religionsverfolgung* – se dér, s. 11 ff. og 141 ff.
13. Bringmann, *Hell. Reform u. Religionsverfolgung*, s. 146 f.

I.1.ii. *Kulturelle forhold*

Det tjener derfor sikkert den rette forståelse bedst at holde de to her berørte forhold klart ude fra hinanden: græsk kultur og religionsforbud. Netop Eupolemos personificerer, at jødisk åbenhed over for græsk kultur har en ganske bestemt grænse: hvor den jødiske religion – eller måske bedre: den jødiske identitet og selvstændighed – trues. Men det betyder også, at græsk kultur og jødisk religion på ingen måde slet og ret udelukker hinanden, og det betyder videre, at det umuligt kan have været jødisk åbenhed over for græsk kultur, der på Antiokus IV.s tid førte til, at den jødiske religion blev forbudt og dens tilhængere forfulgt. I det hele taget fandtes der dengang ingen antisemitisme i den græsk-romerske verden – en antisemitisk holdning opstod tværtimod først som en følge af makkabæernes eller hasmonæernes undertrykkelse af de ikke-jødiske befolkningsgrupper i og uden for Palæstina [14].

Under Seleukus IV. var Onias III. jødernes ypperstepræst. Anden Makkabæerbog véd at fortælle, at under ham sendte kongen sin kansler, Heliodor, til Jerusalem for om muligt at få del i de rigdomme, der opbevaredes i templet dér – »tempelskatten«, som vi plejer at kalde den. Det er på samme tid, vi får kendskab til en vis Simon af Bilgas præsteklasse, bror til den senere ypperstepræst Menelaos, og denne Simon var tempelforvalter (2 Makk 3,4 ff.). Simon kom i strid med Onias om markedsindtægterne, og da han ikke kunne få ret, gik han til de seleukidiske magthavere og fortalte, hvilke rigdomme templet i Jerusalem gemte. Det førte til, at Seleukus sendte sin minister Heliodor til Jerusalem, men forsøget mislykkedes, og Heliodor måtte vende tilbage til Antiokia med uforrettet sag.

Ikke længe efter blev Seleukus IV. myrdet af – Heliodor, og Antiokus IV. kom på tronen, skønt han ikke havde retten dertil. En bror til den fungerende ypperstepræst Onias, nemlig Jason – der altså dog i det mindste selv var af ypperstepræstelig slægt

---

14. Se især Bringmann, *Hell. Reform u. Religionsverfolgung*, s. 141 ff.

Den antikke jødedom: Jøderne og seleukiderne

– brugte magtskiftet til at skaffe sig selv magten, idet han tilbød Antiokus IV. en klækkelig forhøjelse af den årlige tribut, Judæa skulle yde (og den forhøjede tribut kunne jo kun komme fra befolkningen selv), samt et én-gangsbeløb på 150 talenter, hvis Antiokus udnævnte ham til ypperstepræst og – hvilket er af betydning i den foreliggende sammenhæng – tillod Jason personligt at ændre Jerusalems forfatning i retning af den græske *pólis'* styreform.

Antiokus IV. var ikke svær at overtale. Onias III., hvis ptolemæiske sympatier har gjort ham utroværdig i Antiokus' øjne, måtte vige pladsen som ypperstepræst. Han drog til Dafne, en forstad til hovedstaden Antiokia, og søgte asyl i det berømte Apollontempel dér [15]. Dette er i sig selv yderst bemærkelsesværdigt: den jødiske ypperstepræst søger asyl i et hedensk tempel! Men det vidner om de komplicerede kulturelle forhold, der rådede, og gør det umuligt at tegne den historiske udvikling i sort eller hvidt. Senere blev Onias lokket ud af asylet af en vis Andronikos, som Jasons illegitime efterfølger i ypperstepræsteembedet havde bestukket dertil, og myrdet; men det er en historie for sig.

Præcist hvilken styreform Jason af Antiokus IV. fik tilladelse til at give byen Jerusalem, står ikke ganske klart, og historikerne er uenige. 2 Makk 4,9 taler om, at han lod »antiokenerne i Jerusalem indskrive [sc. på borgerlisten]« [16]. Samtidig fik Jason tilladelse til at indrette et sportsstadion i Jerusalem og indføre den græske form for uddannelse af de unge. Det har

---

15. Ifølge Tcherikover, *Hell. Civilization and the Jews*, s. 469, skal det have drejet sig om en jødisk synagoge. Mod denne apologetik: se Habicht, *2. Makkabäerbuch*, s. 221.
16. Sprogligt ville det også være muligt at oversætte: Jason lod »Jerusalems indbyggere indskrive som 'antiokenere'«; således bl.a. den autoriserede danske oversættelse: »... at tildele indbyggerne i Jerusalem antiokensk borgerret«; Tcherikover, *Hell. Civilization and the Jews*, s. 161. Men der kan næppe have været tale om *samtlige* indbyggere i Jerusalem, men kun om de ledende kredse; se Bringmann, *Hell. Reform u. Religionsverfolgung*, s. 84 ff.

I.1.ii. Kulturelle forhold

været Jason selv, der bestemte, hvem der kunne blive borgere og dermed få stemmeret ved folkeforsamlingen, og det har været Jason selv, der tog imod betaling for indskrivningen.

Det er uklart, hvad formålet har været. Adskillige forskere har hævdet, at det hele var båret af udsigten til økonomisk gevinst; men det må siges at være usikkert. Den eneste gang, det med sikkerhed vides, at den nye byform har fungeret, var i forbindelse med sportslege, der afholdtes hvert femte år i Tyrus: 2 Makk 4,18 ff. Jason sendte udsendinge dertil i denne anledning og forsynede dem med 300 drakmer, der skulle bruges til ofringer for Tyrus' Herkules, dvs. Melkart – altså jødisk betragtet afgudsdyrkelse. Men selv udsendingene, der må formodes at have været »borgere« i den nye *pólis* Jerusalem/Antiokia, fik betænkeligheder og gav i stedet pengene til udrustning af den seleukidiske middelhavsflåde.

Der tales i den tilsvarende sammenhæng i Første Makkabæerbog også om, at jøderne, der nu deltog i idrætsøvelserne i Jerusalem, som om de var grækere, ved operation fjernede tegnene på omskærelsen: 1 Makk 1,15 (jfr. 1 Kor 7,18). Om det er sandt, kan ikke vides med bestemthed, og om jøderne i selve Jerusalem har udøvet sport i nøgen tilstand, eller kun gjort det, når de – som f.eks. ved legene i Tyrus, altså uden for Judæa – deltog i sportskonkurrencer i udlandet, kan heller ikke siges med bestemthed.

I løbet af et par år måtte Jason give op: han kunne ikke skaffe de penge til veje, han havde stillet Antiokus IV. i udsigt. Omkr. år 173-172 f.Kr. tilbød en anden sig: en bror til den før omtalte tempelforvalter Simon, ved navn Menelaos. Han var ganske vist præst – broderen Simon var, som vi hørte, af Bilgas præsteklasse (se også nedenfor, ved n. 68). Men han var ikke af ypperstepræstelig slægt, og han er den første jødiske ypperstepræst, om hvem vi hører, at han ikke var det. Det er derfor på forhånd klart, at Menelaos' magtposition hvilede på et skrøbeligt grundlag, og at kun penge, som han stillede Antiokus IV. i udsigt at ville skaffe i rigelige mængder, kunne holde ham ved magten. Jason måtte flygte til østjordanlandet, der i grunden altid havde været ptolemæervenligt. Men da Menelaos i året 169 kun kunne forsyne Antiokus IV. med penge ved at bistå ham med at plyndre templet i Jerusalem, grundlaget også for hans egen eksistens, var målet fuldt.

iii. Kronologiske forhold

Hvad kronologien angår, er der især to forhold at tage i betragtning: dels den seleukidiske tidsregning, dels forskellene mellem 1 og 2 Makk. i henseende til den relative rækkefølge af templets genindvielse og Antiokus IV.s død.

Den officielle tidsregning i det seleukidiske rige tog sit udgangspunkt i året 312 f.Kr., da Seleukus I. Nicator (312-280 f.Kr.) kom til magten, og vel at mærke: med årsskifte ved efterår – det var den makedoniske kalender, og året 312-311 f.Kr. var altså år 1. De fleste tidsangivelser i 1 og 2 Makk. går da også ud fra dette. Men i 1 Makk. findes desuden en række tidsangivelser, der tilsyneladende forudsætter den babylonisk-jødiske kalender med årsskifte ved forårstid, hvor 1. måned er nisan.

I de østlige, babyloniske dele af det seleukidiske rige regnedes faktisk med en tidsregning, hvorefter år 1 begyndte ved forårstid og svarede til året 311-310 f.Kr. Altså kun tiden fra forår til efterår ville have samme årstal, hvorimod der for vinterhalvårets vedkommende ville være tale om en forskydning i det pågældende årstal på 1.

Den tidligere forskning regnede med, at der i 1 Makk. er anvendt to tidsregninger: den officielle seleukidiske æra (S.Æ.) begyndende efteråret 312 og den såkaldte babyloniske begyndende foråret 311 [17]. Det har givet anledning til talrige diskussioner og megen uvished. På forhånd skulle det synes selv-

---

17. Man kunne fristes til at kalde denne tidsregning for »den babyloniske æra (B.Æ.)«; men den var lige så »seleukidisk« som den, vi kalder S.Æ. Lester L. Grabbe, Maccabean Chronology: 167–164 or 168–165 BCE, Journal of Biblical Literature 110 (1991), s. 59-74, foreslår foråret 312 f.Kr. som udgangspunkt!

I.1.iii. *Kronologiske forhold*

følgeligt, at det var den vestlige S.Æ., der blev brugt også i Palæstina, men det har altså været anfægtet af de fleste, da jødernes årsskifte – som man mener – faldt ved forårstid, med nisan som årets første måned. Allerede i 1966 havde Otto Mørkholm en anelse om, at der kunne være vanskeligheder forbundet med en sådan opfattelse: »The use of two eras within the same historical work is astonishing« [18].

Imidlertid har Klaus Bringmann overbevisende godtgjort, at der ikke er tale om nogen kontamination mellem to forskellige tidsregninger med deraf følgende kronologisk usikkerhed. Det jødiske år med årsskifte ved forårstid var et typisk »kirkeår« og lader sig ikke uden videre omregne til den makedoniske kalender. Når det f.eks. i 1 Makk 10,21 siges, at løvhyttefesten faldt i den 7. måned (tishri efter den jødiske kalender) i året 160, er det ikke dermed en given ting, at det er den babyloniske tidsregning, der er benyttet. Forholdet forklares mest enkelt på den måde, at næppe nogen jøde ville finde på at sige, at løvhyttefesten faldt i den 1. måned, som det – om end kun omtrentligt – ville være ifølge den makedoniske kalender; tales der om de jødiske fester, anbringes de i den jødiske kalender med den jødiske tælling af månederne. Men der er ingen grund til at mene, at den babyloniske tidsregning, der begyndte år 311 f.Kr., så også er brugt. »Kirkeåret« var kun til internt jødisk brug, og alle årstal forstås uden vanskelighed ud fra S.Æ.

Dette bekræftes også af de henvisninger, der nogle gange findes til det jødiske sabbatsår, som – betegnende nok – varer fra tishri til tishri (ikke fra nisan til nisan!), altså svarende til årsskiftet i den makedoniske kalender, det »borgerlige« år. I et sådant sabbatsår blev der ikke sået om efteråret, og følgelig heller ikke høstet det følgende forår, fordi jorden havde ligget brak om vinteren; forår og sommer i et sabbatsår betød derfor knaphed på føde, når forrådene fra forrige år var brugt op. Vi

---

18. Mørkholm, *Antiochus IV of Syria*, s. 161.

véd, at årene 164-163, 143-142 og 136-135 f.Kr. var sabbatsår. Ud fra sådanne iagttagelser kan Klaus Bringmann fastslå følgende (de romerske månedsangivelser i det følgende er kun omtrentlige):

Nikanors nederlag: 151 S.Æ. = februar 161 f.Kr.
Jonatan ypperstepræst: 160 S.Æ. = september 152 f.Kr.
mordet på Jonatan: 169 S.Æ. = februar 143 f.Kr.
jødernes »frihed« og påbegyndelsen af deres egen tidsregning: nytår 170 S.Æ. = oktober 143 f.Kr.
mordet på Simon: februar 135 f.Kr.

(Bemærk, at år 1 S.Æ. er år 312-311 f.Kr.; det følger heraf, at f.eks. år 151 S.Æ. omregnes således: 312 ÷ (151 ÷ 1) = 162, men '162' betegner jo året 162-161 fra efterår til efterår.)

Hvad rækkefølgen af Antiokus IV.s død og genindvielsen af templet angår, lader 1 Makk 4,52 genindvielsen finde sted den 25. kislev (altså jødisk månedsangivelse!) 148 S.Æ., og 1 Makk 6,7 forudsætter Antiokus IV.s kendskab til Judas Makkabæerens erobring af tempelområdet. Her er rækkefølgen altså: genindvielsen – kongens død. Til forskel herfra omtaler 2 Makk 9,1-29 udførligt Antiokus IV.s død, og først derefter, i 10,1-8, erobringen af Jerusalem og tempelområdet samt genindvielsen af templet; dog har 2 Makk 10,9 ladet en sætning blive stående, der i grunden afslører, at den omvendte rækkefølge er den rigtige: »Et sådant endeligt fik da Antiokus med tilnavnet Epifanes.« Det kan altså fastslås, at 1 Makk. (og 2 Makk 10,9) angiver den rigtige rækkefølge af disse to begivenheder: først genindvielsen af templet, dernæst Antiokus IV.s død.

Nu véd vi fra en babylonisk kongeliste med sikkerhed, at Antiokus IV. døde i november 164 f.Kr. Sædvanligvis har fortolkerne ment, at tidsangivelsen i 1 Makk 4,52 af tempelindvielsen til den 25. kislev 148 S.Æ. – netop fordi en jødisk datering var knyttet dertil – forudsatte det babyloniske årsskifte ved forår, og genindvielsen af templet ville følgelig falde i december 164 f.Kr., altså samtidig med, at meddelelsen om kongens død nåede Jerusalem. Det kunne tilsyneladende tale for, at

I.1.iii. *Kronologiske forhold*

fremstillingen i 2 Makk. er rigtig, og fremstillingen i 1 Makk. forkert [19]. Dette er imidlertid udelukket: 1 Makk 6,7 forudsætter kongens viden om, at tempelområdet *var* blevet erobret af Judas Makkabæeren, og desuden beretter 1 Makk 5,1 ff. om makkabæernes straffetogter mod de ikke-jødiske nabofolk. Klaus Bringmann giver den efter min mening eneste mulige løsning på dette kronologiske problem ved at gøre gældende, at tidsangivelsen i 1 Makk 4,52 *ikke* gælder den babyloniske tidsregning, men – her som ellers – den vestlige S.Æ. [20] I så fald fandt genindvielsen af templet sted i december 165 f.Kr. (148 S.Æ. = 165-164 f.Kr.), og kongens død knap et år senere. Da genindvielsen yderligere fandt sted på tre-års dagen for templets profanation [21], fås følgende data:

templets profanation: december 168 f.Kr.
templets genindvielse: 25. kislev 148 S.Æ. = december 165 f.Kr.
Antiokus IV.s død: november 164 f.Kr.

Den historisk urigtige fremstilling i 2 Makk. hænger utvivlsomt sammen med skriftets litterære komposition – bl.a. henfører forfatteren, dvs. epitomatoren af Jason af Kyrenes værk, samtlige fire dokumenter i 2 Makk 11,16 ff. til Antiokus V.s tid (164-161 f.Kr.) [22].

---

19. Således i nyere tid først og fremmest Bunge, *Untersuchungen zum zweiten Makkabäerbuch*, 1971.
20. Se Bringmann, *Hell. Reform u. Religionsverfolgung*, s. 25 f.
21. Rækkefølgen: kongens død – tempelgenindvielsen, svarer til fremstillingen i 2 Makk. og forsvares af Bunge, *Untersuchungen zum zweiten Makkabäerbuch*, s. 409 o.a. Afgørelsen af spørgsmålet om rækkefølgen hænger sammen med 1 Makk 1,54 og 4,42, hvorefter der gik 3 år mellem profanationen og genindvielsen (jfr. Josefus, Ant. Jud. XII, 248; 320), mens 2 Makk 10,3 taler om 2 år. Se Habicht, *2. Makkabäerbuch*, s. 249 f., der erklærer sig ude af stand til at afgøre sagen. Som bekendt taler Dan 12,7 (og Josefus, Bell. Jud. I, 19.32) om 3½ år, men dette skyldes sikkert, at seeren selv endnu ikke oplevede tempelgenindvielsen; for mig at se taler de 3½ år i Dan 12,7 for rigtigheden af de 3 år i 1 Makk. og imod de 2 år i 2 Makk.: hvis de 2 år i 2 Makk. var det rigtige, ville det være vanskeligt eller umuligt at forklare de 3½ år i Dan.
22. Se nedenfor, ved n. 37.

26 Den antikke jødedom: Jøderne og seleukiderne

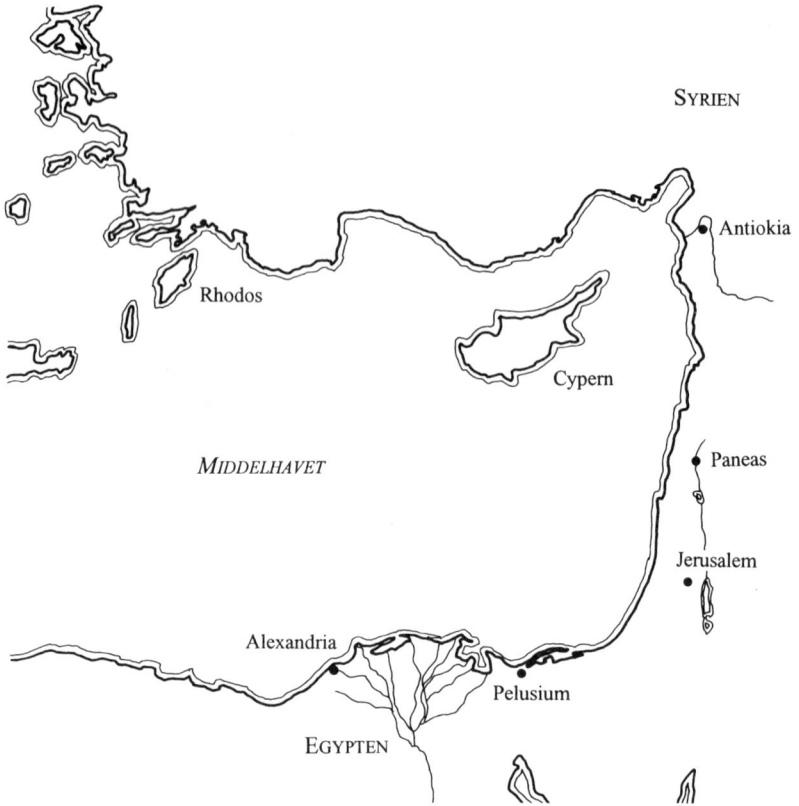

Kort over den østlige del af middelhavsområdet omkr. år 200 f.Kr.

iv. Militære og politiske begivenheder

I november i året 170 f.Kr. begyndte Antiokus IV. som led i den sjette syriske krig sit første egyptiske felttog, der varede ved til efteråret 169. Det var en præventivkrig, der skulle hindre ptolemæerriget i at realisere sit krav på Palæstina, som det havde mistet ved slaget ved Paneas. Også Judæa var derfor dybt involveret i disse begivenheder, der vedrørte også det jødiske folk og var velegnede til at vække ptolemæiske sympatier blandt jøderne til live igen.

Der bestod tidligere usikkerhed med hensyn til antallet af egyptiske felttog, som Antiokus foretog. Men der synes i dag at

I.1.iv. Militære og politiske begivenheder

herske enighed om, at han foretog to (ikke tre): det første i november 170 – efteråret 169, det andet i sommeren 168 [23]. Det første felttog afsluttedes med Antiokus' næsten fuldstændige sejr, men politisk uafklaret: Antiokus lod sin hær blive i Pelusium (i den østlige del af Nildeltaet) og drog selv tilbage til hovedstaden Antiokia. For at gøre et godt indtryk på romerne og forskellige græske byer, som ikke havde hindret hans fremmarch, sendte han dem store pengegaver, i alt 150 talenter – *vi* véd, hvorfra han fik pengene: de 1.800 talenter fra plyndringen af Jerusalems tempel i eftersommeren år 169 f.Kr., som hans protegé, ypperstepræsten Menelaos, personligt hjalp ham til. Det andet felttog afsluttedes uden for Alexandria, som Antiokus også denne gang belejrede. Men nu var situationen storpolitisk blevet en ganske anden.

Den 22. juni 168 f.Kr. afsluttedes den tredje makedoniske krig med romernes fuldstændige sejr over Perseus ved Pydna. På Delos i det ægæiske hav havde en romersk delegation under anførsel af C. Popilius Laenas ventet på udfaldet, og så snart meldingen kom, drog den videre til Rhodos, hvor Popilius forfærdede rhodesierne med hårde bebrejdelser af dem for deres »passivitet« i det makedoniske opgør. Opholdet varede fem dage, hvorefter delegationen fortsatte direkte til Alexandria og opsøgte Antiokus IV. på stranden ved Eleusis uden for hovedstaden, hvor han opholdt sig i sin lejr.

---

23. Se bl.a. Mørkholm, *Antiochus IV of Syria*, s. 64-101 – en fremragende redegørelse for og fremstilling af de indviklede og spændende begivenheder; Habicht, *2. Makkabäerbuch*, s. 224: »Heute besteht weithin Übereinstimmung, daß der König zwei (und nicht drei) Feldzüge nach Ägypten unternommen hat (vgl. Dan 11,25-26), den ersten von November 170 bis zum Herbst 169, den zweiten 168, und daß er, wie auch Dan 11,28 und 11,30 erkennen läßt, zweimal in Jerusalem gewesen ist, 169 und 168, daß er beim ersten Besuch, von Menelaos geleitet, den Tempel betreten und beraubt, beim zweiten die Stadt nach Kriegsrecht behandelt hat, da er in dem mit Jasons Überfall verbundenen Bürgerkrieg Aufruhr und Abfall sah, wie 2 Makk 5,11 sagt.« Således også Bringmann, *Hell. Reform u. Religionsverfolgung*, s. 29.

Her fandt en af verdenshistoriens mest afgørende begivenheder sted. Antiokus, der altid havde været en stor beundrer af romerne og som gidsel selv havde opholdt sig i Rom i sine yngre år, kom den romerske delegation venligt i møde, men fik af Popilius overgivet en skrivelse fra det romerske senat med ordre om straks at forlade Egypten med hele sin hær. Da Antiokus bad om at måtte konsultere sine venner [24] angående dette, drog Popilius med sin spadserestok en cirkel i sandet omkring kongen, hvor han stod, og bad ham svare, før han overtrådte stregen. Overrumplet af dette utrolige brud på diplomati måtte Antiokus give efter på stedet. En frist for evakueringen blev fastsat, og Antiokus måtte begive sig hjem med sin hær – dog fik han lov til at beholde krigsbyttet, han havde taget. Cypern, som han havde erobret fra ptolemæerne ved begyndelsen af dette andet egyptiske felttog, blev kort efter ved Popilius' mellemkomst leveret tilbage til Egypten, og tilstanden *ante quo* var dermed genoprettet.

Med slaget ved Pydna og med dagen ved Eleusis havde romerne vundet herredømmet over hele middelhavsområdet, og ingen var længere i stand til at true deres magt. På den anden side bør det ikke overses, at Antiokus havde sikret sig, at Palæstina hørte under seleukiderne, og for så vidt var gået sejrende ud af den sjette syriske krig.

Meddelelsen om Antiokus' prestigetab nåede Jerusalem i form af et rygte om, at han var død: 2 Makk 5,5. Den tidligere ypperstepræst Jason benyttede lejligheden til med 1000 mand at erobre Jerusalem, og Menelaos måtte søge tilflugt i den seleukidiske garnison i byen. Det kom til borgerkrig, hvorunder bl.a. en bror til Menelaos, Lysimakos, blev dræbt. Antiokus IV. betragte-

---

24. »Ven« var den, der hørte til kongens nærmeste omgivelser og deltog i rådslutningerne. Se f.eks. Mørkholm, *Antiochus IV of Syria*, s. 102 ff.: 'The Administration'.

I.1.iv. *Militære og politiske begivenheder*

de – sikkert med rette – Jasons tilbagevenden som oprør [25] og lod en del af sin hær, der ubesejret kom fra Egypten, behandle byen efter krigsrettens regler: talrige blev henrettet (tallet 40.000 er nævnt: 2 Makk 5,14), andre solgt som slaver, Jason drevet på flugt for stedse, og en stærk syrisk borg, Akra, blev bygget i Jerusalem og en militærguvernør indsat over et betydelig kontingent af »græske« lejetropper – »et syndigt folk«, som de kaldes i 1 Makk 1,34; 3,45; 14,36, eller »den fremmede guds folk«, som de kaldes i Dan 11,39; først så sent som under Simon (143-135 f.Kr.) lykkedes det makkabæerne at fordrive disse syrere og erobre Akra, så at hele Jerusalem kom på deres hænder og blev renset for hedninger. Menelaos, Antiokus' protegé, blev med den syriske magt i ryggen genindsat i sit embede, men uden at have et funktionsdygtigt tempel og et funktionsdygtigt præsteskab – templet var jo blevet plyndret året forud, og talrige fremmede folk befandt sig nu i Judæa og Jerusalem.

Alt dette skete i sommeren og sensommeren 168 f.Kr.

v. *Religionsforbudet*

Når det desuden kom så vidt som til, at Antiokus IV. udstedte sit forbud mod den jødiske religion og under dødsstraf forbød omskærelse og – i det omfang, de overhovedet kunne finde sted – tempelofringer, overholdelse af sabbatten og Moseloven (1 Makk 1,41-50; 2 Makk 6,1 ff.) og profanerede templet ved at anbringe »ødelæggelsens vederstyggelighed« (1 Makk 1,54; Dan 9,27; 11,31 og 12,11 [26]) på brændofferaltret, er der især tre forhold at tage i betragtning: dels det kronologiske spørgs-

---

25. Også andre byer benyttede lejligheden til at gøre oprør: Tarsus og Mallus i Kilikien: 2 Makk 4,30, og Arados i Fønikien – til det sidste se Mørkholm, *Antiochus IV of Syria*, s. 122-124, der bestrider dette, og Bringmann, *Hell. Reform u. Religionsverfolgung*, s. 120 f.
26. Hebr. *sjiqqus mesjomem*, som er en fordrejning af *ba'al sjamim*, »Himlenes Herre«; ifølge 1 Makk 1,59 synes det ikke at have været nogen gudestatue, men et alter oven på brændofferaltret. Se også Mark 13,14 = Matt 24,15.

Den antikke jødedom: Jøderne og seleukiderne

mål, dels Menelaos' betydning, dels de økonomiske foranstaltninger efter profanationen af templet.

Sædvanligvis er religionsforbudet blevet tidsfæstet til december 167 f.Kr., altså mere end et år efter, at det, der i Antiokus' øjne måtte tage sig ud som et oprør i Jerusalem, var blevet nedkæmpet med hård hånd af hans tropper. Spørgsmålet er i så fald: Hvad er den lange tid gået med, og hvorfor kom forbudet i det hele taget?

Klaus Bringmann har, som vi allerede har set, løst dette problem ved at vise, at der *ikke* gik et helt år eller mere, men højst nogle få måneder, før religionsforbudet kom, nemlig i december 168. Det tyder ikke på, at religionsforbudet havde noget som helst med hellenistisk reformiver i de ledende kredse i Jerusalem at gøre — Jasons reform lå langt tilbage i tiden, han selv og hans tilhængere var definitivt sat ud af spillet, og Danielsbogen, der i udpræget grad handler netop om religionsforbudet, véd intet at berette om nogen hellenistisk reform [27]. Snarere har religionsforbudet, hvad de konstaterede kronologiske forhold taler for, noget at gøre med de militære og civile forhold, der rådede i Jerusalem — og i Judæa i det hele taget — i tiden umiddelbart efter nedkæmpelsen af oprøret mod den seleukidiske statsmagt: religionsforbudet var et logisk led i knægtelsen af det oprørske folk [28]. Her er altså et godt eksempel på, hvad ret indsigt i kronologien betyder.

Hvad Menelaos' person angår, er det vigtigt at være klar over, hvor umulig en situation han havde bragt sig selv i over for sit eget folk. Allerede i 170 havde han stået bag mordet på den sidste legitime ypperstepræst, Onias III., og pengene til

---

27. Jfr. Bringmann, *Hell. Reform u. Religionsverfolgung*, s. 12.
28. Bringmann, *Hell. Reform u. Religionsverfolgung*, s. 130 ff., vil lade ypperstepræsten Menelaos selv være »der intellektuelle Urheber des Religionsverbots« og betragter hans religionsforræderi som en »Flucht nach vorn« (s. 130). Der behøver ikke at bestå nogen modsætning mellem denne opfattelse og den ovenfor i teksten fremførte.

I.1.v. Religionsforbudet

bestikkelsen af morderen havde Menelaos skaffet til veje ved at sælge af templets gyldne kar. Jøderne var oprørt over dette, og ældsterådet – eller den nye *pólis'* styre, såfremt dette overhovedet fungerede? – sendte en delegation til Antiokia og bad kongen om at fjerne Menelaos; men Antiokus IV. holdt hånden over den formodentlig eneste jødiske fælle, han havde tilbage – også af frygt for, at en ny ypperstepræst ville være pro-ptolemæisk indstillet – og lod i stedet dem, der havde klaget over Menelaos, henrette (2 Makk 4,43-50). Dermed var forholdet mellem Menelaos på den ene side og præsteskab og folk på den anden side i grunden allerede gået i stykker. Da Menelaos året efter, i 169, personligt ledsagede Antiokus under dennes udplyndring af templet, hvorved templet i realiteten blev sat ud af funktion, var der ingen vej tilbage for Menelaos, og skulle han skaffe sig blot nogen støtte hos sine landsmænd og fortsat være i stand til at skaffe kongen den årlige tribut på de 740 talenter, han havde lovet for at få embedet som ypperstepræst [29] (og der forlyder intet om, at kongen »eftergav« denne skyldighed), måtte der gennemføres radikale og helt usædvanlige foranstaltninger.

At sådanne foranstaltninger faktisk blev gennemført, fremgår af et sted i Danielsbogen: »dem, han [dvs. Antiokus IV.] anerkender, overøser han med ære og giver dem magt over mange, og han uddeler land til løn« (Dan 11,39). Ordene viser ikke entydigt, at det drejede sig om jøder, ikke om fremmede, men nok, at de pågældende som belønning for deres troskab mod kongens politik modtog land, som kongen kun kan have tildelt dem på én måde: ved konfiskation [30]; at det bl.a. er gået

---

29. Se foran, afsnittet 'Retslige og økonomiske forhold'.
30. Jfr. Bar-Kochva, *Judas Maccabaeus*, s. 438-444: 'Was a Seleucid military settlement established in Jerusalem?', især s. 441 i fortolkningen af Dan 11,39: »The Books of the Maccabees do not explicitly report the confiscation of land and its distribution to the Hellenizers, but probably the later despoilment of their estates (I Macc. 6.24 and 7.7) should be understood against that background. ... The custom is well known from the Seleucid empire: generally a low price was asked for royal lands which were handed over to people whom the

ud over præsterne, står uden for enhver tvivl. Men at denne nye overklasse var jødisk og var den eneste støtte, Menelaos havde blandt jøderne efter religionsforbudet, bekræftes til gengæld fuldt ud af en senere henvendelse, som de af denne overklasse, der var forblevet i live efter makkabæeropstanden, rettede til Antiokus IV.s efterfølger, Antiokus V. Eupator (164-161 f.Kr.) i året 163 — altså omkring fem år efter denne nye overklasses oprettelse, men også efter, at makkabæerne havde erobret tempelområdet og foretaget genindvielsen af templet i Jerusalem. Det hed dér: »Vi har villigt tjent din far, levet efter hans forskrifter og adlydt hans befalinger; og af den grund har vore landsmænd brudt med os, ja, alle dem af os, som de fik fat på, har de straffet med døden, og vor ejendom har de røvet« (1 Makk 6,23-24; jfr. 7,6-7). Med andre ord: Den tidligere overklasse bestående af præsterne, levitterne og ældsterådet var med religionsforbudet fjernet og en ny overklasse med magt indsat i dens sted.

Det skal tilføjes, at det gik Menelaos slet. Under Antiokus V. blev det erkendt, at han var »skyld i alle ulykkerne« (2 Makk 13,4 [31]), og han blev på kongens ordre bragt til Berøa (Aleppo i Nordsyrien) og henrettet i et tårn fyldt med glødende aske: 2 Makk 13,3-8 [32] — en sammenligning med beretningen om Daniels venner i ildovnen (Dan 3) er ikke til at undgå. Bilgas præsteklasse, som tempelforvalteren Simon og brødrene Menelaos og Lysimakos tilhørte, og som var en af de i alt 24 præsteklasser, der fandtes (1 Krøn 24,14; Neh 12,5; jfr. Luk 1,5), fik senere sin slagtering i Jerusalems tempel låst og mistede følgelig sin plads blandt Jerusalems præster [33].

---

king wished to reward. It may also mean the sale of land not to private individuals, but to the Hellenistic *polis* established in Jerusalem, in order to increase its income.«
31. Jfr. Bringmanns opfattelse, ovenfor, note 28.
32. Henrettelsesmåden var formodentlig af persisk oprindelse; se Habicht, *2. Makkabäerbuch*, s. 267.
33. Se Hengel, *Judentum u. Hellenismus*, s. 509. Angående slagteringene, der

vi. Makkabæerne og deres magtovertagelse

Det er på baggrund af alt dette ikke overraskende, at modstanden mod religionsforbudet udgik netop fra præsterne, der havde mistet deres eksistensgrundlag, og at det ikke mindst var de ledende præster, der blev anførere i opstanden: præsten Mattatias fra Modeïn, omtrent midtvejs mellem Jerusalem og Joppe ved middelhavskysten, og hans fem sønner: Judas med tilnavnet »Makkabæer«, Johannes »Gaddis«, Eleazar »Avaran«, Jonatan »Apfus« og Simon »Tassi« (1 Makk 2,1-5). De var af Joaribs ansete præsteslægt (Neh 12,6), som siden hen fik førstepladsen blandt præsteklasserne ved templet (1 Krøn 24,7) [34]. Efter Judas Makkabæeren fik slægten navnet makkabæerne, mens navnet hasmonæerne, som findes hos Josefus (Ant. Jud. XII, 265 o.a.), men ikke i 1 og 2 Makk., muligvis ligger til grund for oplysningen i 1 Makk 2,1 om, at en af Mattatias' forfædre hed Simon [35].

Med talrige frivillige, blandt hvilke mange, der var berøvet deres ejendom, drog Mattatias' sønner ud i Judæas bjerge (jfr. Matt 24,16 = Mark 13,14 = Luk 21,20) og førte derfra med stort, men vekslende held guerillakrig mod de syriske regeringstropper.

Til makkabæernes bevægelse sluttede sig hurtigt »hasidæernes forsamling« (1 Makk 2,42; 7,13; 2 Makk 14,6; Dan 11,33): »tapre krigere i Israel, som alle var villige til at ofre sig for loven« (1 Makk 2,42). Omtalen af hasidæerne, dvs. »de fromme«,

---

var i brug ved slagtningen af dyrene i templet: se Maier, *Tempelrolle*, s. 91-92.
34. Se Schürer, *History*, II, 1979, s. 250, n. 50.
35. Wellhausen, *Pharisäer u. Sadducäer*, s. 94, n. 1, formodede, at den hebraiske original til 1 Makk 2,1, hvor Mattatias' farfar siges at have heddet Simon, havde teksten: *ben hashmon*. Jfr. Schürer, *History*, I, 1973, s. 194, n. 14, der dog ikke tager stilling til formodningen. Fischer, *Seleukiden u. Makkabäer*, s. 57, n. 144, hævder, at betegnelsen er af ukendt betydning; men han kender tilsyneladende ikke Wellhausens hypotese. Har Wellhausen ret, er det altså ikke først de senere makkabæere, der fik navnet hasmonæerne. At »Asamonaios« skulle være anført som Mattatias' forfader i 1 Makk., hvad Schürer, I, s. 194, n. 14, hævder, er urigtigt.

tyder på, at det var en retning eller en gruppe, der bestod i forvejen, og hvis tilblivelse altså går længere tilbage end til religionsforbudet i 168 f.Kr. Ganske vist havde der altid været fromme i Israel. Men som retning, »forsamling« (*synagogé*: 1 Makk 2,42), er de åbenbart blevet til under seleukiderne. Muligvis skal deres oprindelse søges i det forhold, at den illegitime Menelaos var blevet ypperstepræst omkr. 173 f.Kr., og tilblivelsen af »hasidæernes forsamling« er i så fald ensbetydende med tilblivelsen af den retning, der senere udvandrede fra Jerusalem og bosatte sig i Qumran ved Det døde Hav [36] – herom også senere. Da der efter Menelaos' henrettelse blev indsat en formelt legitim ypperstepræst, Alkimos, sluttede hasidæerne sig til ham og bragte deres tilknytning til makkabæerne til ophør (1 Makk 7,13; 2 Makk 14,6).

Det lykkedes i løbet af året 165 f.Kr. Judas at erobre Jerusalem og tempelområdet dér; dog bestod den syriske borg, Akra, fortsat og var en daglig trussel mod jøderne. Ved stor ihærdighed fik Judas også templet retableret: dels lod han nye kar og redskaber til erstatning for dem, som Antiokus IV. havde røvet, fremstille: den syvarmede lysestage, røgelsealtret og skuebrødsbordet, dels blev brændofferaltret brudt ned, stenene gemt på et forsvarligt sted på tempelbjerget, »indtil der fremstod en profet, som kunne give besked om, hvad der skulle gøres med dem« (1 Makk 4,46; jfr. 5 Mos 18,15; Mal 4,5), og et nyt brændofferalter af utilhugne sten, som Moseloven påbød (2 Mos 20,25; 5 Mos 27,5 f.), blev bygget. Da også præster, som ikke havde valgt forkert side under religionsforfølgelsen, var blevet udvalgt og templet indviet, blev brændofferaltret taget i brug den 25. kislev

---

36. Bringmann, *Hell. Reform u. Religionsverfolgung*, s. 125, n. 19, henviser til Damaskusskriftet 1,5-11 (Lohse, *Die Texte aus Qumran*, s. 67), hvor det hedder, at der gik 20 år fra menighedens første begyndelse, indtil »Retfærdighedens lærer« optrådte, og formoder, at hasidæernes forsamling opstod omkr. tiden 172-170 f.Kr. som reaktion mod Menelaos' forsyndelser; således også Schürer, *History*, II, 1979, s. 586 f.; Sanders, *Judaism*, s. 341 ff.

I.1.vi. Makkabæerne og deres magtovertagelse

år 165 f.Kr. Hvem der fungerede som ypperstepræst, forlyder der intet om; at det skulle kunne være Menelaos, er selv i betragtning af brev II. (se nedenfor) en umulighed, og at det skulle have været selve Judas Makkabæeren, er der ingen grund til at formode; men det er i sig selv problematisk, at genindvielsen af templet har kunnet finde sted uden ypperstepræst og med Judas som den ledende person.

vii. Fire dokumenter fra makkabæertiden

2 Makk 11,16 ff. gengiver fire breve, som hører hjemme på denne tid. De gengives her i rækkefølge og med datering som hos Klaus Bringmann [37]:

I.: Oktober 165 f.Kr., brev fra Lysias, Antiokus IV.s kansler og senere Antiokus V.s formynder:

16 Lysias sender det jødiske folk sin hilsen. 17 Jeres udsendinge Johannes og Absalom har overbragt det vedlagt i afskrift gengivne dokument fra jer [38] og bedt om svar på de deri fremsatte forslag. 18 Alt, hvad der nu måtte forelægges kongen, har jeg meddelt ham; og alt, hvad jeg selv har kompetence til, har jeg bevilget. 19 Dersom I nu vil holde fast ved jeres velvillige holdning over for statsmagten, vil jeg også i fremtiden søge at skaffe jer fordele; 20 men angående enkelthederne har jeg pålagt såvel de nævnte mænd som mine egne udsendin-

---

37. Bringmann, *Hell. Reform u. Religionsverfolgung*, s. 40 ff. En anden rækkefølge og datering findes hos Habicht, *2. Makkabäerbuch*, s. 179-185: I. 2 Makk 11,27-33; II. 11,16-21; III. 11,34-38, alle under Antiokus IV., skrevet i tidsrummet oktober 165 – oktober 164, og IV. 11,22-26 fra Antiokus V. Men det er først og fremmest i diskussion med Habicht, at Bringmann er nået frem til sin rækkefølge og datering, der igen hænger sammen med den nye forståelse af kronologien hos Bringmann. Se også Mørkholm, *Antiochus IV of Syria*, s. 162-165: 'Appendix II. The Documents in II Maccabees, 11', der dog anser brevet fra de romerske legater for uægte; men denne antagelse beror på en tidligere udbredt konjektur; i øvrigt stemmer Mørkholms opfattelse stort set overens med Habicht og Bringmann. En i flere henseender anderledes opfattelse af dokumenterne findes hos Bar-Kochva, *Judas Maccabaeus*, s. 516-542: 'The negotiations between the Jews and the Seleucid authorities in the reigns of Antiochus Epiphanes and Antiochus Eupator'.
38. Dokumentet er ikke gengivet i 2 Makk. – et godt tegn på brevets ægthed.

ge at forhandle nærmere med jer. 21 Hav det godt! År 148, den 24. dios<korintios> [39].

II.: November-december 165 f.Kr., brev fra Antiokus IV.:

27 Kong Antiokus sender det jødiske ældsteråd og de øvrige jøder sin hilsen. 28 Det ville være i overensstemmelse med vort ønske, om I har det godt; selv er vi også ved godt helbred. 29 Menelaos har meddelt os, at I ønsker at komme hjem og passe jeres egne sager; 30 der gives derfor dem, som vender hjem inden den 30. xantikos, et højtideligt tilsagn om og sikkerhed for, 31 at jøderne ligesom forhen har lov til at have deres egen levevis og følge deres egne love, og at ingen af dem på nogen måde må forulempes for tidligere forseelsers skyld. 32 Jeg sender nu også Menelaos, for at han kan berolige jer. 33 Hav det godt! År 148, den <15. xantikos> [40].

III.: Februar-marts 164 f.Kr., brev fra de romerske legater Quintus Memmius og Titus Manlius:

34 De romerske udsendinge Quintus Memmius og Titus Manlius sender det jødiske folk deres hilsen. 35 Hvad kongens frænde [41] Lysias har givet jer tilladelse til, godkender vi; 36 men med hensyn til det, han har fundet for godt at forelægge kongen, bør I straks sende en mand, som kan granske det sammen med os, for at vi kan udtale os på en måde, som stemmer med jeres bedste; thi vi er nu på vej til Antiokia. 37 Skynd jer derfor og send nogle mænd, for at vi kan få at vide, hvad I mener. 38 Lev vel! År 148, den 15. xantikos.

IV.: Årsskiftet 164-163 f.Kr., brev fra Antiokus V.:

22 Kong Antiokus sender sin broder Lysias sin hilsen. 23 Vor fader er nu blevet optaget blandt guderne, og det er da vor vilje, at rigets undersåtter skal have lov til i ro at ordne deres egne sager. 24 Vi har imidlertid hørt, at jøderne ikke er tilfredse med at skulle gå over til græsk levevis, som min fader krævede, men foretrækker deres egne livsvaner og forlanger, at det må tillades dem at følge deres egne skikke; 25 og da vi nu ønsker, at også dette folk skal have lov til at leve i fred og ro, så bestemmer vi, at helligdommen skal gives tilbage til dem, og at de gerne må føre deres liv i overensstemmelse med deres

---

39. Månedsangivelsen er forkert, da der i den makedoniske kalender ikke findes en måned med det anførte navn; derimod var dios årets første måned. Jfr. Mørkholm, *Antiochus IV of Syria*, s. 155 med n. 61.
40. Datoen er forkert og formodentlig ved en fejl kommet ind i teksten fra brev III.
41. Jfr. foran, n. 24.

I.1.vii. Fire dokumenter fra makkabæertiden

forfædres skik og brug. 26 Du vil altså handle rigtigt, hvis du sender bud og slutter forlig med dem, for at de kan lære disse vore grundsætninger at kende og derved få nyt mod og lyst til selv at varetage deres egne sager.

De fire dokumenter, hvis ægthed ikke bør betvivles, viser forløbet af forholdet mellem makkabæerne og den seleukidiske statsmagt i tiden, der gik fra makkabæernes erobring af Jerusalem (undtagen Akra) og tempelområdet i efteråret 165 f.Kr. indtil begyndelsen af Antiokus V.s regering ved slutningen af året 164.

Ifølge I. er Lysias kommet på talefod med makkabæerne – Johannes er formodentlig Johannes Gaddis, den ene af Mattatias' fem sønner (1 Makk 2,2), senere dræbt i kampe med nabofolk (1 Makk 9,36 ff.), mens Absalom også er nævnt andetsteds som makkabæisk medkæmper (1 Makk 11,70 og 13,11). Lysias vil gerne have den makkabæiske opstand bragt til ophør.

Ifølge II. er Menelaos i desperation drevet til det yderste og har, uden om Lysias, opsøgt Antiokus IV. i det sydlige Mesopotamien. Kongen fornyer sin støtte til ham, tilsiger de oprørske en frist til at vende tilbage og sender Menelaos til Jerusalem med brevet – altsammen formodentlig forgæves, da Menelaos' indflydelse alligevel var uden betydning. Brevet giver kun formelt, men ikke reelt udtryk for, at religionsforbudet er ophævet; bl.a. tales der ikke om, at de, der vender tilbage, får deres konfiskerede ejendom udleveret.

Efter III. at dømme befinder der sig romerske delegater i Syrien – selv efter »dagen ved Eleusis« i sommeren 168 var romerne på vagt over for Antiokus IV. og sendte flere gange udsendinge, der skulle undersøge kongens pålidelighed. Således havde en stor delegation under ledelse af Tiberius Sempronius Gracchus, gracchernes far [42], været i Antiokia, hvortil den ankom i efteråret 166; i sommeren 164 aflagde den beretning for

---

42. Se Karl Christ, *Krise u. Untergang*, s. 120 f.; Mørkholm, *Antiochus IV of Syria*, s. 55 og 100.

senatet i Rom. Vi kender ganske vist ikke de andre senatorers navne, men heller ikke brevets Quintus Memmius og Titus Manlius er kendt andetstedsfra – hvilket i det givne tilfælde taler stærkt til gunst for, at brevet er ægte og navnene rigtige. Brevet viser til fuldkommenhed Roms politik over for de nærorientalske statsmagter: at svække dem ved at støtte enhver mulig oprørsbevægelse, der kunne bidrage til, at Rom var sikker på at have magten. Åbenbart er visse fredsforhandlinger mellem makkabæerne og Antiokus IV. kommet i gang, og romerne tilsiger makkabæerne deres fulde støtte. Brevet må ses i sammenhæng dels med brev I., hvis indhold er forudsat, dels med den makkabæisk-romerske overenskomst, der blev formidlet ved Eupolemos' og Jasons sendefærd til Rom i året 161 f.Kr. (1 Makk 8,17 ff.; 2 Makk 4,11).

Hvad IV. angår, viser brevet situationen umiddelbart efter Antiokus IV.s død i november 164 f.Kr.: religionsforbudet ophæves af den nye konge – der kun var en stor dreng, altså er det i virkeligheden Lysias, formynderen, der gør det og derved virkeliggør, hvad han allerede i efteråret 165 havde lagt op til – og templet gives retmæssigt tilbage til jøderne.

viii. *Jøderne under makkabæerne*
Hvordan dette sidste: at religionsforbudet ophæves og templet gives tilbage til jøderne, realiseres, siges imidlertid ikke. Det er i forlængelse heraf, at det må forstås, at Menelaos henrettes, at der findes en ny, formelt legitim ypperstepræst, Alkimos, og at hasidæerne bryder med makkabæerne. Makkabæerne selv og alle de, hvis ejendom og jord var blevet konfiskeret, får intet ud af forliget. Makkabæerne fortsætter derfor kampen – også af den grund, at de til forskel fra hasidæerne ikke kan eller vil finde sig i at have »retten« til deres religion tildelt af den seleukidiske hersker, som til hver en tid ville kunne fratage dem denne deres selvfølgelige ret igen, hvis det passede ham.

Derfor fortsættes kampen. Omkr. år 160 dør Alkimos efter at have bragt sig i modsætning til det folk, hvis ypperstepræst han

I.1.viii. Jøderne under makkabæerne

var, og folket er foreløbig uden ypperstepræst. Judas Makkabæeren omkommer omtrent på samme tid i kamp med de seleukidiske tropper. Efter ham indsættes Jonatan som makkabæernes leder, men først efterhånden lykkes det ham at vinde magt og indflydelse, også hos de skiftende seleukidiske magthavere; han var ikke kriger som Judas, men snarere politiker. I september 152 f.Kr., under løvhyttefesten, lader han sig udråbe til ypperstepræst: 1 Makk 10,21.

Bortset fra, at udnævnelsen er et udtryk for svaghed hos de seleukidiske magthavere, har Jonatan ved at blive ypperstepræst begået den samme fatale fejl, som også Menelaos begik en snes år tidligere: heller ikke Mattatias og hans sønner var af ypperstepræstelig slægt, selv om de var præster. Og det drejer sig ikke om et ligegyldigt eller mindre betydningsfuldt spørgsmål. For den ypperstepræst, der skulle stå som leder af det jødiske folk både udadtil og indadtil, kunne ikke tillade sig at se stort på Moselovens bestemmelser, som netop han skulle forvalte, medmindre hans position beroede på magt – dvs. på seleukidernes afmagt. Og det var netop, hvad der var tilfældet; bl.a. blev Jonatan senere gjort til strateg og meridark, dvs. militærguvernør, over Judæa af den herskende seleukidiske konge: 1 Makk 10,51 ff.

Der er god grund til at formode, at udnævnelsen af Jonatan til ypperstepræst var det moment, der førte til grundlæggelsen af Qumransekten: en del af de lovtro hasidæere, med præster i spidsen, udvandrede fra Jerusalem og bosatte sig i Qumran ved Det døde Hav. Hasidæerne havde for længst brudt med makkabæerne. Men nu gentog historien sig: den »nye« Menelaos fik dem til at udvandre, ligesom udnævnelsen af Menelaos i sin tid, 20 år tidligere, havde fået dem til at samles i »hasidæernes *synagogé*«. Der er også grund til at formode, at det netop var Jonatan, Qumransekten sigtede til, når den talte om »den uretfærdige præst«, bl.a. i Habakkukkommentaren (1QpHab). Dette bekræftes alt sammen yderligere af, at betegnelsen »hasidæerne« formodentlig er den, der ligger bag den velkendte betegnelse »essæerne« [43].

Jonatan blev efterfulgt af den sidste af de fem Mattatiassønner, Simon, som blev dræbt i februar 135. Om Simon er der at berette, at han ud over at skaffe jøderne national og politisk selvstændighed – bl.a. lykkedes det ham at erobre Akra i Jerusalem – foruden ypperstepræsteembedet også tiltog sig kongeembedet. Præst og konge i én og samme person – dermed havde Simon i grunden kun gjort, hvad også flere andre af tidens verdslige fyrster gjorde [44], men denne verdslighed, hvormed det makkabæiske præstestyre kulminerede, var uhørt set på baggrund af Israels eftereksilske historie.

Simons ypperstepræste- og kongeembeder var i hans levetid blevet erklæret for arvelige i hans slægt, og en af hans sønner, Johannes Hyrkan I., efterfulgte ham (135-104). På grund af seleukidernes tiltagende politiske svaghed kunne Johannes Hyrkan konsolidere sin magt. I året 128 indtog han Sikem, ødelagde samaritanernes tempel på Garizim og underkastede dem sit styre; også idumæerne mod syd blev undertvunget og endog underkastet tvangsomskærelse [45]. Omkr. år 108 belejrede han byen Samaria og indtog den efter et års forløb, hvorpå byen blev jævnet med jorden. Under Johannes kom det til et brud med farisæerne.

Efter Johannes kom sønnerne Aristobul I. (104-103) og Alexander Jannai (103-76), som ved en given lejlighed lod hen ved 800 af sine politiske modstandere blandt jøderne henrette ved korsfæstelse, og mens de korsfæstede endnu var i live, også lod deres koner og børn slå ihjel for øjnene af dem. Hans enke,

---

43. Ang. denne historiske indplacering af hasidæerne: se Schürer, *History*, II, 1979, s. 585-590: 'The Origin and History of the Essenes'. Se også foran, n. 36.
44. Se Schürer, *History*, II, 1979, s. 227, n. 2.
45. En anden forståelse findes hos Shaye J. D. Cohen, Religion, Ethnicity, and 'Hellenism' in the Emergence of Jewish Identity in Maccabean Palestine, i: Per Bilde o.a., edd., *Religion and Religious Practice* (se foran, I.1.), s. 204-223, især s. 211 ff.

I.1.viii. *Jøderne under makkabæerne*

Alexandra (76-67), der udnævnte deres ældste søn, Hyrkan (II.), til ypperstepræst, da hun af gode grunde selv måtte nøjes med at være dronning, forligede sig dog med farisæerne, og der blev fred både udadtil og indadtil. Men straks efter hendes død stredes de to sønner, Hyrkan II. og Aristobul II. (67-63), om magten.

I året 63 erobrede romerne under Pompejus Palæstina, herunder Jerusalem, og det var ude med den jødiske frihed under makkabæerne.

2. Tempel og præsteskab

Litteratur

Schürer: *History*, II, 1979, s. 227-236: 'The High Priests', og s. 237-313: 'Priesthood and Temple Worship', med yderligere litteraturangivelser.
Hengel: *Judentum und Hellenismus*, 2. Aufl. 1973, s. 241-275: 'Ben-Sira und die Auseinandersetzung mit dem hellenistischen Freigeist in Jerusalem'.
Mishna-traktaten Tamid, i: Danby, *The Mishnah*, s. 582-589: 'Tamid ('The Daily Whole-offering')'.
Maier: *Tempelrolle*, s. 25-50, om 'Das Heiligtum in der Heiligen Stadt und sein Kult'.
Hans Aage Mink: Præsentation af et nyt Qumranskrift: Tempelrullen, Dansk Teologisk Tidsskrift 42 (1979), s. 81-112.
John Strange: "Tempelvisionen', i: Kirsten Nielsen/John Strange, *Ezekiels Bog* (Det danske Bibelselskabs Kommentarserie), København 1988, s. 223-272.
Troels Engberg-Pedersen: Erfaring og åbenbaring i Siraks Bog, i: Troels Engberg-Pedersen/Niels Peter Lemche, edd., *Tradition og nybrud* (se foran, I.1.), s. 93-122.

i. *Templet*

Josias' reform i året 622 f.Kr. betød bl.a., at al offer- og præstetjeneste i Israel blev koncentreret om templet i Jerusalem. Deraf fulgte velstand for byen og magt til de præster, der fungerede dér.

Den føreksilske helligdom, der findes beskrevet i 2 Mos 35-40 i Det gamle Testamente, er som bekendt tabernaklet i ørkenvandringstiden. Af Salomons tempel i Jerusalem findes der en beskrivelse i 1 Kong 6-7. Men det blev ødelagt i året 587 f.Kr. Ezekiels skildring fra eksiltiden (Ezek 40-46), som byggede på visioner fra årene 573-571 f.Kr., men også på, hvad Ezekiel selv havde set af templet, mens det endnu bestod, og på beskrivelsen i 1 Kong 6-7, vedrører derimod en idealstørrelse, som aldrig blev virkelighed. På lignende måde vil beskrivelsen i Tempelrullen fra Qumran, der ganske vist også, ligesom Ezekiels, er af utopisk art, udfylde en mangel ved at ville gælde for at være beskrivelsen af det tempel, Salomon byggede eller burde have bygget.

Om templets genopbygning omkr. 520-516 f.Kr. under perserne véd vi ikke meget, men må nøjes med, hvad der antydes hos Haggaj og Zakarias, under hvis tilskyndelse byggeriet af det ødelagte tempel kom i gang. Hvad templets indretning og funktion angår, er vi – foruden til de gammeltestamentlige oplysninger – først og fremmest henvist til tilstanden efter Herodes den Stores restaurering af templet på nytestamentlig tid, som vi kender fra Josefus' beskrivelse: Ant. Jud. XV, 380-425 (kap. 11,1-7). Det betyder, at der kun med forsigtighed kan drages slutninger derfra tilbage til tilstanden under seleukiderne og makkabæerne.

I Joh 2,20 siges det, at der havde været bygget på templet i 46 år; er det at regne fra påbegyndelsen af restaureringen under Herodes o. år 20 f.Kr., fører det til o. år 26 e.Kr.

Vi er imidlertid i besiddelse af en – måske noget idealiserende – beskrivelse fra tidlig seleukidisk tid, nemlig omkr. 180 f.Kr., som findes i Siraks Bog, kap. 50, og fører os tilbage til tiden før omvæltningerne under Antiokus IV. i årene 169 og derefter. Forfatteren selv, Jesus Sirak, var skriftlærd og hørte muligvis til de »tempel-skriftlærde«, som nævnes i Antiokus III.s

I.2.i. Templet

brev (Josefus, Ant. Jud. XII, 143) [46]. I hvert fald hørte han ikke hjemme blandt hasidæerne, som snarere er at finde bag den lidt senere Daniels Bog, men havde – netop til forskel fra dem – en national-jødisk holdning, der så folkets politiske frelse i overholdelse af loven. Skildringen omtaler – foruden ypperstepræsten, Simon den Retfærdige, præsterne (»Arons sønner«), tempelsangerne og folket eller Israels menighed – selve den daglige gudstjeneste med tamid-offeret morgen og aften, som ypperstepræsten ikke skulle varetage, men ofte, bl.a. på de store festdage og på sabbatten, personligt forestod. Der omtales i den sammenhæng bl.a. tempelhuset med dets forhæng, brændofferaltret i præsternes forgård samt brændofferet og drikofferet, som hørte til ved den daglige tamid-offergudstjeneste [47]:

1 En fører for sine brødre og en støtte for sit folk var ypperstepræsten Simon, Onias' søn.

Det var ham, i hvis levetid gudshuset blev sat i stand, og i hvis dage templet blev befæstet; 2 af ham sikredes den høje mur omkring forgården med høje tinder på helligdommens ringmur, 3 og i hans dage blev der udhugget en vanddam, en cisterne af omfang som et hav.

4 Han drog omsorg for sit folk og bevarede det fra undergang og befæstede byen mod belejring.

5 Hvor var han dog herlig, når han vendte sig mod folket, når han trådte ud fra rummet bag forhænget 6 som morgenstjernen mellem skyer, som fuldmånen på festdagene, 7 som solen, når den skinner på den Højestes tempel, som regnbuen, når den viser sig på de strålende skyer, 8 som en rosenblomst ved forårstide, som liljer ved vandløb, som Libanons friske skud ved sommertide, 9 som brændende røgelse på fyrfadet, som et massivt guldkar, prydet med alle slags kostbare ædelsten, 10 som et oliventræ, der bugner af frugter, og som en cypres, der når helt op i skyerne!

11 Når han tog sin herlige dragt på og iførte sig al sin pragt for at stige op på det hellige brændofferalter, da kastede han glans over

---

46. Se Hengel, *Judentum u. Hellenismus*, s. 244 og 274.
47. Versinddelingen er den, der bruges i Rahlfs udgave af Septuaginta; om den forviklede versinddeling se i øvrigt Holger Mosbech: *Prolegomena til en ny Prøveoversættelse af Siraks Bog*, København 1937.

helligdommens forgård. 12 Og når han modtog offerstykkerne af præsternes hænder, mens han selv stod ved ildstedet på altret – og rundt om ham en krans af brødre – da var han som et frodigt cedertræ på Libanon, og de, der omgav ham, som palmestammer!
13 Alle Aronsønnerne var der i al deres herlighed med ofre til Herren i deres hænder i nærværelse af hele Israels menighed.
14 Som afslutning på tjenesten ved altret og for at smykke offeret til den Højeste, den Almægtige, 15 rakte han sin hånd ud efter offerkanden og bragte et drikoffer af drueblod; ved brændofferaltrets fod udgød han det til en velbehagelig duft for den Højeste, Alherskeren.
16 Da stemte Aronsønnerne i og lod de kunstfærdigt forarbejdede basuner tone, og de gjorde en vældig lyd til ihukommelse hos den Højeste.
17 Da skyndte folket sig alle som én og kastede sig næsegrus ned på jorden for at tilbede deres Herre, Gud den Almægtige, den Højeste.
18 Og sangerne priste ham med deres stemmer, i det mægtige gudshus lød deres liflige toner.
19 Da bad folket til Herren den Højeste, i forbøn for den Barmhjertiges åsyn, indtil forherligelsen af Herren var tilendebragt og de havde sluttet gudstjenesten.
20 Da steg han ned og løftede sine hænder over hele israelitternes menighed for at lyse Herrens velsignelse med sine læber og rose sig af hans navn.
21 Og endnu en gang kastede folket sig ned i tilbedelse for at modtage velsignelsen af den Højeste.

Den ypperstepræst, der er tale om her, var ifølge Josefus Simon II., også kaldt »den Retfærdige«, som havde ypperstepræsteembedet, da Antiokus III. erobrede Palæstina, derunder Jerusalem, omkr. år 200 f.Kr. [48] Vi har altså for så vidt allerede mødt ham, som han – uden udtrykkeligt at være nævnt – har stået i spidsen for jødernes ældsteråd, der tog imod Antiokus III., da han dengang kom til byen [49]. Da der i teksten udtrykkeligt er tale om, at ypperstepræsten Simon var ham, i hvis levetid templet blev sat i stand og befæstet, blev forsynet med en høj mur med tinder omkring forgården, og som

---

48. Josefus, Ant. Jud. XII, 224. 229. 238 og XIX, 298.
49. Se foran, I.1.i., ved n. 5.

I.2.i. Templet

lod udhugge en vanddam så stor som et hav (Sir 50,1-3), er der dermed tilvejebragt en yderligere forbindelse til indholdet af Antiokus III.s brev, nemlig til kongens bestemmelse om, at by og tempel skulle sættes i stand efter krigen mellem Egypten og Syrien [50]. Det er værd at lægge mærke til, at Jesus Sirak taler om ypperstepræsten Simons tid som en forsvunden tid, som han kunne ønske sig tilbage; forholdene på hans egen tid – under Onias III. (eller måske Jason?) – er med andre ord forværrede, også hvad angår selve templets indretning og brug. En ændring i negativ retning har fundet sted. Visdom, dvs. lovoverholdelse, er den modforanstaltning, han kan pege på. Loven overholdes åbenbart ikke længere som på Simons tid.

Bortset fra tempelpladsen, som på Herodes den Stores tid blev stærkt forøget, har selve templet og dets nærmeste omgivelser formodentlig i det store og hele været som senere.

Tempelbygningen vendte mod øst og var forsynet med kolossale porte, der blev åbnet og lukket daglig af dørvogterne, hvilket krævede 200 mand hver gang; portenes knirken sagdes at kunne høres helt til Jeriko! Bag portene var forhænget, og bag dette igen det hellige, hvor den syvarmede guldlysestage, der altid brændte, skuebrødsbordet og røgelsealtret stod. Bagerst i tempelbygningen var det helligste, hvor kun ypperstepræsten kom, og det kun på den store forsoningsdag, den 10. tishri.

Foran tempelbygningen, i præsternes forgård, stod det store brændofferalter i fri luft, kvadratisk i grundform og på den sydlige side forsynet med trappe op til toppen – som vi har hørt: ikke tilhugne trappetrin, men bygget op af de utilhugne sten, altret bestod af [51]; i det mindste skulle ilden altid passes, og brænde skulle bæres op. På toppen af brændofferaltret brændte altid ild, og dér brændtes de dele af offerdyrene, der efter slagtning og partering skulle ofres. På Simon II.s tid ser

---

50. Se det i forrige note anførte sted.
51. Se foran, I.1.vi.

det ud til, at ypperstepræsten og præsterne har besteget altret, når der skulle ofres [52]. Mellem tempelbygningen og brændofferaltret stod et stort bassin med vand til præsternes fod- og håndtvætning. Nord for selve tempelbygningen var der indrettet pladser til slagtning og partering af offerdyrene. Foran præsternes forgård med brændofferaltret var israelitternes forgård, dvs. de mandlige israelitters, og foran den igen kvindernes forgård – hvilket ikke betød, at den var forbeholdt de israelitiske kvinder, men at disse ikke måtte komme længere. Foran kvindernes forgård, vendt mod øst, var den rigt udsmykkede port, der kaldtes »Den skønne« (jfr. ApG 3,2.10), og som har været den almindeligt brugte indgang til tempelområdet; også den blev åbnet og lukket hver dag, hvilket krævede 20 mand.

Uden om selve tempelbygningen, på nord-, vest- og sydsiden, var der bygninger med talrige kamre, både til præsterne selv, når de gjorde tjeneste, og til opbevaring af templets udstyr, redskaber, præsternes klædninger, offerdyr, brænde. Hertil kom også den plads, der var nødvendig til selve tempelskatten, som for en stor dels vedkommende bestod af privates deponerede værdier [53]. Administrationen af tempelskatten krævede megen omhu og blev varetaget af de af templets præster, som havde fået disse særligt betroede embeder. Templet var i kraft af sin hellighed således også en, som man mente, sikker bank, hvilket på den anden side netop lokkede flere fyrster, som manglede penge, til plyndringer – i begge disse henseender adskilte Jerusalems tempel sig ikke fra andre af datidens templer [54]. Omkring kvindernes forgård var anbragt 13 kister til frivillige gaver (jfr. Mark 12,41-44 = Luk 21,1-4);

---

52. At dømme efter Aristeas 93 (i: *De gtl. Pseudepigrafer*, s. 410, Johannes Muncks oversættelse af 1963) har præsterne snarere med stor kunstfærdighed kastet offerstykkerne op på brændofferaltrets top; men oplysningen er usikker.
53. Til dette sidste: se 2 Makk 3,10-12.
54. Se Schürer, *History*, II, 1979, s. 279-284.

I.2.i. Templet

pengene gik udelukkende til templets drift, og der er intet, der tyder på, at bare nogle af pengene blev brugt til de fattige – hvortil det datidige jødiske samfund, i det mindste på nytestamentlig tid, i øvrigt havde andre institutioner [55].

Som antydet bestod der i én henseende en betragtelig forskel på templet før og efter Herodes den Store. Han udvidede tempelpladsen betydeligt mod syd, og først fra og med ombygningen på hans tid kan der med sikkerhed tales om »hedningernes forgård« uden om selve tempelbygningen, præsternes, israelitternes og kvindernes forgårde. At der på seleukidisk tid ikke fandtes nogen forgård, hvortil ikke-jøder havde adgang, synes at blive bekræftet af Tempelrullen fra Qumran, som kan dateres til omkring år 100 f.Kr. [56] og slet og ret kun tillader jøder adgang til tempelområdet; om Antiokus III.s »opslag« [57] i grunden omtaler andre end præsternes eneret til at betræde selve templet, er usikkert.

Det er uvist, hvor syrernes borg, Akra (dvs. »borg«), lå. »The site of this Acra is one of the most controversial questions in the topography of Jerusalem,« har man sagt [58]. Allerede før religionsforbudet under Antiokus IV. var der først en ptolemæisk, derpå en seleukidisk garnison og en tilsvarende borg i Jerusalem. Som det fremgår af 1 Makk 1,35-36; 4,41.60; 6,18 ff., har Akra under alle omstændigheder ligget nær ved tempelpladsen, for besætningen var en bestandig trussel for jøderne under og efter genindvielsen af templet i året 165 f.Kr. I det ganske vist fiktive Aristeasbrev, der kan dateres til omkr. år 100 f.Kr., men foregiver at høre hjemme i Ptolemæus II. Filadelfus' tid (285-246 f.Kr.), berettes det, hvordan to ikke-jøder, Andreas og Aristeas, i stedet for at besøge selve templet, hvad de ikke havde

---

55. Se nedenfor, III.3.iii.
56. Se Schürer, *History*, III.1, 1986, s. 415-417.
57. Se foran, I.1.i., ved n. 6.
58. Schürer, *History*, I, 1973, s. 154, n. 39.

ret til [59], gik op i kastellet i Jerusalem, hvorfra de kunne se alt, hvad der foregik på tempelområdet; dette kastel, som var bygget af store sten og forsynet med tårne, var angiveligt beregnet på at beskytte templet og vogtedes derfor af »de mest pålidelige mænd« [60]. Det må have ligget nord for selve templet, da det detaljerede overblik over tempelområdet, der forudsættes i teksten, ellers ikke ville være muligt. Vi véd, at Johannes Hyrkan I. omkr. år 134 f.Kr. – altså kort efter at være blevet konge og ypperstepræst og ikke længe efter, at syrerborgen Akra i året 142 f.Kr. var blevet indtaget af Simon (1 Makk 13,49-52; 14,7) – byggede en borg, der samtidig var hans residens, ved tempelområdets nordvestlige hjørne; den hed Baris [61]. Herodes den Store udbyggede denne borg og residens på storslået vis, bl.a. med høje tårne, og kaldte den Antonia [62] – det var før søslaget ved Actium i året 31 f.Kr., hvor Antonius blev slået. Det var i Antonia, Paulus senere blev bragt i forvaring af den romerske kommandant Claudius Lysias og hans folk (ApG 21,31 ff.). Det vil i betragtning heraf være mest nærliggende at antage, at også syrerborgen Akra så har ligget dér: ved tempelområdets nordvestlige hjørne [63].

59. Jfr. igen Antiokus III.s opslag: foran, I.1.i., ved n. 7.
60. Aristeas 100 ff. (i: *De gtl. Pseudepigrafer*, s. 411).
61. Se Josefus, Ant. Jud. XV, 403; XVIII, 91. »Baris« kommer af hebr. *bîra*, »fæstning«.
62. Se Josefus, Bell. Jud. V, 238-245 (kap. 5,8); Ant. Jud. XV, 292.403.409. Om Pilatus' »palads«, egtl. prætorium (Mark 15,16; Matt 27,27; Johs 18,28.33 og 19,9), var identisk med Herodes' palads i den vestlige del af Jerusalem eller med borgen Antonia, skal ikke diskuteres her. Se også nedenfor, III.1.iv.
63. Jfr. John Strange, Jerusalems topografi i hasmonæisk tid. Akra-problemet, Dansk Teologisk Tidsskrift 54 (1991), s. 81-94. Efter en anden forståelse lå Akra *syd* for tempelhøjen, på stedet for Davidsbyen: 1 Makk 1,33, eller »i den nedre by«: Josefus, Ant. Jud. XII, 252, men dog på den østlige bakkekæde, hvor også templet lå. Se bl.a. Bar-Kochva, *Judas Maccabaeus*, 1989 (se foran, I.1.), s. 445-465: 'The location and history of the Seleucid citadel (the Acra) in Jerusalem'; således også Schürer, *History*, I, 1973, s. 154, n. 39. Efter indtagelsen er Akra i så fald blevet ødelagt, og det er Baris, Aristeasbrevet tænker på.

ii. Præsterne

Vi har tidligere hørt om Bilgas præsteklasse, som brødrene Simon, Menelaos og Lysimakos tilhørte, og at denne præsteklasses slagtering i templet i Jerusalem blev låst [64].

Den samme præsteklasse eller -slægt tilhørte også en præstedatter ved navn Mirjam. Om hende fortælles det, at hun giftede sig med en græsk officer, og da hedningerne, dvs. ikkejøderne, trængte ind i selve templet — altså i året 168 f.Kr. — kom også hun ind og gik hen til brændofferaltret i præsternes forgård. Dér tog hun sin ene sandal af, slog på brændofferaltret med sandalen og sagde:»Ulv, ulv! Du har forødt Israels rigdom og kom det ikke til hjælp i dets nød!« [65]

Om end fortællingen kan siges at have legendariske træk, er den uomtvisteligt sand og kan ikke være opfundet — dertil er den alt for skrækkelig og præcis i sit indhold. Den viser i et glimt, hvad det også drejede sig om i de kritiske år under Antiokus IV. og overhovedet i den tid, templet i Jerusalem bestod: udbytning af folket.

Det har ofte været gjort gældende, at makkabæeropstanden, der blev anført af præsten Mattatias og hans fem præstesønner, udsprang af den sociale forskel, der bestod mellem de øverste præster, herunder de ypperstepræstelige familier, i Jerusalem og de fattige landpræster som f.eks. Mattatias' familie i Modeïn, og at der således var tale om en opstand, hvis berettigelse i og for sig ikke kunne betvivles.

Opfattelsen er næppe rigtig. Dels er der intet, der tyder på, at Mattatias og hans familie var fattig; tværtimod var Mattatias selv en anset person på stedet: 1 Makk 2,17-18. Dels førte makkabæerslægtens ledelse ikke til nogen påviselig økonomisk opblomstring blandt jøderne (1 Makk 14,25-49 har næsten karakter af propaganda for Simon), men tildels til et rædselsre-

---

64. Se foran, I.1.v.
65. Se Hengel, *Judentum u. Hellenismus*, s. 515 f. (også s. 509).

gime, især under Alexander Jannai. Dels skal det ikke glemmes, at når præster førte an i opstanden, skyldtes det, at deres eksistensgrundlag var blevet fjernet med religionsforbudet; det var i egen interesse, de kæmpede, og hasidæerne ville ikke være med, da religionsforbudet først var ophævet, men vendte sig endog kategorisk mod Jonatan, da han lod sig udråbe til ypperstepræst i året 152 f.Kr., og udvandrede for en dels vedkommende, anført netop af præster, til Qumran ved Det døde Hav.

Det skal ikke afvises, at der bestod sociale og dermed økonomiske forskelle mellem præsterne ved Jerusalems tempel. Det fremgår allerede af de 24 præsteklasser, præsterne var inddelt i (formodentlig svarende til slægtsforhold), og den rangforskel, dette indbefattede. Men disse forskelle har været for intet at regne sammenlignet med forskellen mellem rig og fattig i landet. Præsterne var fritaget for at skulle betale skat, og bortset fra religionsforbudets tid var de under alle omstændigheder sikret deres daglige udkomme, hvad Judæas øvrige befolkning ikke var. Mirjams bebrejdelse vedrørte ikke de særligt fornemme præsteslægter, men templet som sådant, der ved sin bekostelige drift var ensbetydende med en bestandig og åbenbart uophørlig udsugning af landet, som først og fremmest kom præsterne til gode. Skal man derfor tale om makkabæeropstanden som en social opstand, da kun i den forstand, at det lykkedes makkabæerne at få store dele af befolkningen med sig, og når opstanden lykkedes, skyldtes det næppe de brede lag, men det forhold, at opstanden lededes af den dygtige overklasse selv – præsterne.

Hvad præsteskabet angår, bestod det af præster og levitter (jfr. Luk 10,31.32). I 5 Mos. gøres der endnu ikke forskel mellem præster og levitter med hensyn deres funktioner og rang. Men Ezek 44 statuerer præsternes forrang på den måde, at levitterne formenes adgang til alterjenesten, som forbeholdes præsterne alene; jfr. 4 Mos 3,1-4 og 2 Kong 23. Levitterne er dem, der før Josias' reform havde været præster ved helligdommene i landet, mens præsterne, nærmere betegnet: Zadoks efterkommere (Ezek 44,15-27), var dem, der også før reformen havde gjort tjeneste

I.2.ii. Præsterne

ved Jerusalems tempel – religionshistorisk er zadokiderne vel at forstå som de præster, der altid havde hørt hjemme i Jerusalem (og måske oprindelig havde været præster ved den jebusitiske helligdom i byen; jfr. 1 Mos 14). Derved fik Jerusalems præster en klar forrang, og da de boede i byen, var det også for det meste dem, de betydelige tempelembeder med dertil hørende særlige privilegier – f.eks. i forbindelse med forvaltningen af tempelskatten – tilfaldt [66].

Ifølge gammeltestamentlig overlevering gjorde alle mandlige medlemmer af Levi stamme præste- eller tempeltjeneste i Israel, mens efterkommerne af Aron, der også var af Levi stamme, var (ypperste)præster. Aron havde efter denne genealogi to sønner: Eleazar og Itamar. Af Itamar-linien var Ebjatar, søn af Ahimelek i Nob [67], hvor ellers alle præsterne blev hugget ned under kong Saul (1 Sam 22); han blev sammen med Zadok ypperstepræst under David (2 Sam 8,17). Men under Salomon blev Ebjatar forvist (1 Kong 2,26-27), og Zadok blev ene ypperstepræst (1 Kong 4,2); med Ebjatar blev Elis præstelinie skåret bort eller i det mindste beskåret (1 Sam 2,27 ff.). Det var Eleazars linie, der sejrede; også præsten Pinehas, søn af Eleazar, hørte til her (4 Mos 25), og Zadok var efter den senere genealogiske teori direkte efterkommer af Pinehas (1 Krøn 6,53).

Selv efter det første tempels ødelæggelse forstod zadokiderne at bevare indflydelsen i Jerusalem. Dette forhold fremhæves utvetydigt af 1 og 2 Krøn., som dermed også aftegner det billede,

---

66. For den klassiske opfattelse, se Julius Wellhausen, *Prolegomena zur Geschichte Israels*, 6. Aufl., Berlin 1905, s. 115-145: 'Die Priester und Leviten'. Et forsøg på at etablere en anderledes forståelse er gjort af bl.a. J. Gordon McConville, Priests and Levites in Ezekiel: A Crux in the Interpretation of Israel's History, Tyndale Bulletin 34 (1983), s. 3-31.
67. Som bekendt er der en fejl på dette punkt i Mark 2,26, selv om også Wellhausen, *Prolegomena*, s. 145, n. 2, gør gældende:»Das ist keine Verwechslung mit Ahimelech, sondern bedeutet: in dem nach Abiathars Pontifikat benannten Zeitraume.«

der rådede på disse skrifters relativt sene affattelsestid [68]; alligevel kan det ikke skjules, at der også var præster af Itamar-linien i funktion: ifølge 1 Krøn 24,1-6 havde de 16 af de 24 præsteklasser overhoveder fra Eleazar-linien, de 8 andre fra Itamar-linien — bl.a. Bilgas skifte.

Det er værd at bemærke, at præsten Pinehas, altså af den »rigtige« Eleazar-Zadok-linie — den Pinehas, som var bekendt for sin store »nidkærhed« (græsk *zêlos*), 4 Mos 25 — udtrykkeligt nævnes som forbillede for præsten Mattatias, da den makkabæiske opstand begynder: 1 Makk 2,26.54; dermed skal makkabæernes krav på ypperstepræsteembedet selvfølgelig samtidig legitimeres.

Præsternes genealogi krævedes fastlagt og dokumenteret. Grunden hertil var de begrænsninger, de var underkastet med hensyn til, hvem de måtte gifte sig med. Det gælder altså om præsterne, at deres slægtsforhold var kendt og muligvis optegnedes i templets arkiver. Netop interessen for genealogiske forhold kendetegner også de »præstelige« lag af de gammeltestamentlige skrifter, ligesom interessen for og indsigten i astronomiske forhold, der var af afgørende betydning for fastlæggelsen af »kirkeårets« fester og for den datidige jødiske apokalyptik, var særegen for præsterne [69].

Det må understreges, at de genealogiske forhold kun var klarlagt for præsternes vedkommende — ikke for jøderne i almindelighed; dette har også en indirekte betydning for be-

---

68. Jfr. Wellhausen, *Pharisäer u. Sadducäer*, s. 47-50. Schürer, *History*, II, 1979, s. 250, n. 50, omtaler og drøfter muligheden for, at 1 Krøn 24,7-18 — listen over de 24 præsteklasser med Joaribs klasse, som makkabæerne tilhørte, på førstepladsen! — først er blevet udformet på makkabæisk tid. Angående de 24 præsteklasser: se H. G. M. Williamson, The Origins of the Twenty-Four Priestly Courses. A Study of 1 Chronicles xxiii-xxvii, i: J. A. Emerton, ed., *Studies in the Historical Books of the Old Testament* (Supplements to Vetus Testamentum, 30), Leiden 1979, s. 251-268; Simon J. de Vries, Moses and David as Cult Founders in Chronicles, Journal of Biblical Literature 107 (1988), s. 619-639, om sekundære tekstdele, bl.a. 1 Krøn 24,1-31: s. 629, n. 23.
69. Se Otzen, *Den antike jødedom*, s. 185-186.

I.2.ii. *Præsterne* 53

dømmelsen af de to genealogier, der findes i Det nye Testamente for Jesus: Matt 1,1-17 og Luk 3,23-38 [70]. Med den præstelige interesse for slægtsforhold og for astronomiske og kalendariske forhold har vi imidlertid også nærmet os de skriftlærdes område, hvorom det følgende afsnit handler.

Templet i Jerusalem med dets store mængde af præster, af levitter og af andet personale, med dets kolossale omsætning af penge og varer og med dets enorme besøg af jøder, især ved de store valfartsfester, påske, pinse og løvhyttefest, var en levende realitet i den ældste kristendoms historie, på Jesu og apostlenes tid. Det var først med året 70 e.Kr., at templet blev ødelagt og dets drift dermed ophørte, præstestanden og hele det øvrige personale, der var knyttet til templet, med ét slag forsvandt, og jødedommen efterhånden forvandledes til den rabbinsk prægede jødedom, vi kender den dag i dag. For forståelsen af den ældste kristendom er det af betydning, at templet stod på Jesu tid – »tempelrensningen«, som vi kender fra alle fire evangelier, kan kun forstås på denne baggrund, og tempelrensningen var formodentlig et afgørende moment i Jesu virksomhed og i den proces mod ham, der førte til hans korsfæstelse.

3. De religiøse partier: essæerne, farisæerne og saddukæerne

Litteratur

J. Wellhausen: *Pharisäer u. Sadducäer*, 1874 – stadig væk et af de mest fremragende værker om emnet.
(Hermann L. Strack og) Paul Billerbeck: *Kommentar zum Neuen Testament aus Talmud und Midrasch*, IV.1, München 1928, 3. Aufl.

---

70. Se Marshall D. Johnson, *The Purpose of the Biblical Genealogies*, 1969 (se nedenfor, II.4.).

1961, s. 334-352: 'Die Pharisäer u. Sadduzäer in der altjüdischen Literatur'.
Schürer: *History*, II, 1979, s. 381-403: 'The Pharisees and Sadducees', og s. 555-590: 'The Essenes'.
E. P. Sanders: *Paul and Palestinian Judaism* (foran, I.).
samme: *Jesus and Judaism*, Philadelphia – London 1985.
Jacob Neusner: *Jødedommen i den første kristne tid* (Relieff. Publikasjoner utgitt av Religionsvitenskapelig institutt, Universitetet i Trondheim, 21), opr. engelsk 1984, Trondheim 1987.
Dieter Lührmann: Paul and the Pharisaic Tradition, Journal for the Study of the New Testament 36 (1989), s. 75-94.
E. P. Sanders: *Judaism* (foran, I.), s. 315-494: 'Groups and Parties'.

i. *Josefus og de religiøse partier*
Når Josefus for tiden op til og med Herodes den Store taler om de »filosofier« eller »filosofiske retninger«, der fandtes i den datidige jødedom, og dermed benytter sig af en – om end mangelfuld – analogi, som hans græske læsere måtte formodes at kunne forstå, nævner han tre: essæerne, farisæerne og saddukæerne. Således i Bell. Jud. II, 119-166 (kap. 8,14) og Ant. Jud. XVIII, 11-22 (kap. 1,2-5). Hans viden om disse tre partier i jødedommen skyldes delvis hans egne erfaringer, da han ifølge sin selvbiografi havde gennemgået hver af »skolerne« og således kendte dem indefra: Vita 11-12 (kap. 2). Men hvad en stor del af det historiske stof angår, som vedrører disse partiers oprindelse og forløb, har Josefus' kilde i høj grad også været Nikolaos fra Damaskus, en historieskriver på Herodes den Stores tid, hvis værker vi kun kender indirekte gennem Josefus' brug af dem [71].

71. Se Schürer, *History*, I, 1973, s. 28-32. Josefus kender også en »fjerde filosofi«, nemlig Johannes Galilæerens parti fra omkr. tidsregningens begyndelse: Ant. Jud. XVIII, 23-25 (kap. 1,6); den tilskriver han en hovedskyld for katastrofen, der endte med krigen med romerne år 66-70 og templets ødelæggelse. Men om Judas Galilæerens bevægelse og zeloterne skal der først tales nærmere i forbindelse med det romerske herredømme – i nærværende sammenhæng er der foreløbig kun tale om de tre partier, der opstod og udviklede sig i seleukidisk og makkabæisk tid.

I.3.i. Josefus og de religiøse partier

Historisk nævner Josefus essæerne, farisæerne og saddukæerne – i denne rækkefølge – allerede under Jonatan, altså ved midten af det 2. årh. f.Kr.: Ant. Jud. XIII, 171 (kap. 5,9). Men konkret omtaler han først farisæerne og saddukæerne i forbindelse med Johannes Hyrkan I. (135-104): Ant. Jud. XIII, 288-298 (kap. 10,5-6). Farisæerne har altså eksisteret som parti på Johannes Hyrkans tid, i sidste tredjedel af det 2. årh. f.Kr. Det hedder dér, at Johannes Hyrkan, både ypperstepræst og konge, selv hørte til farisæernes parti og stod sig godt med dem. Da han engang havde indbudt dem (formodentlig til sit palads Baris), sagde han, at han ønskede at være retfærdig (græsk: *díkaios*), og at han i alle ting gjorde, hvad der behagede Gud og dem. Vi ser, at den retfærdighed, der her er tale om, er den retfærdighed, der har gyldighed for Gud [72]. Hvis han, fortsatte Johannes Hyrkan, afveg fra den rette vej, bad han om at blive vejledt af farisæerne. De havde imidlertid intet at sige – bortset fra én, en vis Eleazar, som sagde: Hvis du ønsker at være retfærdig, så giv afkald på ypperstepræsteembedet og lad dig nøje med at være konge.

Det hedder videre, at Johannes Hyrkan ville have grunden at vide og af Eleazar fik den forklaring: Vi har hørt af de ældste, at din mor var krigsfange under Antiokus Epifanes. Meningen er, at Johannes Hyrkans slægtsforhold var uafklarede, og at han derfor var uberettiget til at være præst, endsige ypperstepræst. Denne forklaring er åbenlyst urigtig og legendarisk. Hovedsagen er den farisæiske utilfredshed med sammenkædningen af ypperstepræste- og kongeembedet i én og samme person, og skulle der

---

72. Jfr. Wellhausen, *Pharisäer u. Sadducäer*, s. 18, n. 1. Wellhausen skriver også:»Schon an der Stelle, wo wir zum ersten Male bei Josephus von ihnen hören [det er netop i den her behandlede tekst], benützen die Pharisäer die »Gerechtigkeit« als kritisches Princip. Sie liess sich sehr leicht als solches verwerthen, weil die Thora ihre Norm war, ein äusserst bequemes Taxiermittel.»Dieser Mensch ist nicht von Gott, denn er hält den Sabbath nicht«. Kein Zug tritt im Neuen Testament stärker bei den Pharisäern hervor als ihr inquisitorisches Wesen, ihr ewiges Richten und Controlieren« (s. 20).

gemme sig en sandhed bag Eleazars bagtalelse af Johannes Hyrkan for hans slægtsforhold, da åbenbart den indlysende, at makkabæerslægten ikke var en yppersteprælig slægt, men illegitimt havde tilranet sig dette embede og dermed brudt jødisk tradition. For farisæerne var makkabæernes besiddelse af yppersteprælsteembedet det anstødelige moment. For Johannes Hyrkan var netop dette embede det, der konstituerede hans magt, og i forhold til hvilket kongeembedet kun var af sekundær betydning; række- og rangfølgen: præst – konge, er åbenbar.

Fortsættelsen af beretningen lader os vide, at Johannes Hyrkan i vrede brød med farisæerne, forbød deres retning og straffede dem, der overholdt deres lære (Ant. Jud. XIII, 296), og derpå selv gik over til saddukæernes parti.

ii. *Partiernes historiske oprindelse*
Farisæernes og saddukæernes historiske oprindelse må søges længere tilbage i det 2. årh., eftersom de eksisterede som fast etablerede partier på Johannes Hyrkans tid. Efter eksilet, på Ezras og Nehemias tid, var der næppe nogen forskel på præster og skriftlærde. Men omkr. år 200 f.Kr. ser vi, at præsterne og de skriftlærde har udskilt sig som to selvstændige stænder i Judæa, og at disse to stænder udgjorde folkets ledende lag. Det fremgår af Antiokus III.s brev, der bemærkelsesværdigt nok omtaler de skriftlærde som en stand, der endnu havde nær tilknytning til templet [73].

Af disse to stænder: præster og skriftlærde, hævdes det, udgik nu henholdsvis saddukæerne og farisæerne, og det i tidlig makkabæisk tid [74].

---

73. Se foran, I.1.i., ved n. 5.
74. Se Schürer, *History*, II, 1979, s. 388: »The priests and Torah scholars or 'scribes' were the two leading influences which determined Israel's internal development after the exile. In Ezra's time they were still essentially identical. During the Greek period they grew further and further apart. At about the time of the Maccabaean wars, they evolved into two parties sharply opposed to one another. From the priestly circles emerged the Saducean party, and

I.3.ii. Partiernes historiske oprindelse

Denne skematisering har noget besnærende ved sig og kan ikke uden videre afvises. På den anden side vil opfattelsen kun kunne opretholdes, hvis det også lykkes at gøre rede for den vanskelighed, der består i, at også hasidæernes *synagogé* – og dermed essæerne – opstod på omtrent samme tid [75].

Vi har set, at Jesus Sirak muligvis hørte til blandt templets skriftlærde – ikke blandt hasidæerne [76]. På den anden side er der god grund til at antage en sammenhæng mellem farisæerne og de kredse, der stod bag Danielsbogen, dvs. hasidæerne [77], og grunden hertil er et særkende ved farisæerne, som også findes i Dan 12,2-3: troen på dødes opstandelse og på dom for begåede gerninger. Altså bestod der ingen umiddelbar historisk sammenhæng mellem de skriftlærde og farisæerne; der er endnu mindre tale om nogen identitet mellem de skriftlærde, som var en stand, og farisæerne, som var et parti [78]. Videre kan det heller ikke slet og ret have forholdt sig sådan, at præsterne ved templet blev saddukæere; for saddukæerne var ikke uden videre præster, men et parti, og en del af præsterne udvandrede sammen med en del af hasidæerne fra templet og bosatte sig i Qumran. Virkeligheden må altså have været langt mere kompleks, end det skematiske billede af udviklingen vil give indtryk af. En væsentlig grund hertil er den uafklarede nøgleposition, som hasidæerne indtog i den historiske udvikling.

Måske kan man anskueliggøre udviklingen på følgende måde.

---

from those of the Torah scholars came the party of the Pharisees, the lay experts in religious matters.«
75. Se foran, I.1.vi.
76. Se foran, ved n. 46.
77. Jfr. Schürer, *History*, II, 1979, s. 400-401.
78. Dette forhold gør Wellhausen, *Pharisäer u. Sadducäer*, s. 8-10 og s. 20, opmærksom på: udtrykket »de skriftlærde og farisæerne«, der gør et klart skel gældende mellem de to størrelser, er almindeligt i Det nye Testamente, og: »Als getreueste Schüler schlossen sie [farisæerne] sich den Schriftgelehrten an ... Die Partei [altså farisæerne] überragte an Einfluss den Stand [altså de skriftlærde], an dem sie sich heraufgerankt hatte« (s. 20).

Før Antiokus IV. havde de to grupper: præster og skriftlærde, udskilt sig som selvstændige stænder, og begge var sammen med de førende slægter i landet repræsenteret i det jødiske ældsteråd med ypperstepræsten som leder. Men en tredje gruppe, hasidæernes *synagogé*, blev dannet under Antiokus IV.; den sluttede sig siden hen en overgang til makkabæerne, men brød igen med dem.

Essæerne: Da Jonatan blev ypperstepræst i året 152 f.Kr., drog en del af præsterne – formodentlig anført af den ægte zadokidiske præst, vi kender fra Qumranskrifterne under betegnelsen »Retfærdighedens lærer« – sammen med en del af hasidæerne til Qumran. Som essæisk parti blev disse hasidæeres indflydelse på det jødiske samfund derfor tilsyneladende af forholdsvis ringe betydning; således er essæerne til forskel fra farisæerne og saddukæerne slet ikke nævnt i Det nye Testamente.

Farisæerne: De tilbageblevne hasidæere søgte så godt som muligt at affinde sig med situationen og knyttede sig – nu som farisæernes parti – nært til de skriftlærde. Deres hasidæiske oprindelse ses i deres tro på dødes opstandelse og dom efter gerninger, mens deres tilknytning til de skriftlærde fremgår af den mundtlige overlevering, de hyldede som rettesnor for fortolkningen af tora'en (Moseloven).

Saddukæerne: De præster, der var blevet tilbage i Jerusalem, affandt sig med forholdene og etablerede en alliance med det i mellemtiden opståede saddukæiske parti, der karakteriseredes ved kun at anerkende, hvad der stod i Skriften, men afviste den strenge fortolkning og mundtlige overlevering, som farisæerne stod for. Partiet knyttede sig nært til de makkabæiske fyrster, og betegnelsen 'saddukæerne' (af det ypperstepræstelige navn Zadok!) synes apologetisk-polemisk at skulle udgøre en slags legitimation af makkabæernes usurpation af embedet.

I øvrigt er kort at nævne om essæerne, at de praktiserede indbyrdes ejendomsfællesskab og under det romerske herredømme efter år 63 f.Kr. også boede uden for Qumran i hele Palæsti-

I.3.ii. *Partiernes historiske oprindelse* 59

na; deres indirekte indflydelse på Jesusbevægelsen skal derfor ikke undervurderes. Om farisæerne er det værd at minde om deres forholdsvis ringe antal: ca. 6000 (Josefus, Ant. Jud. XVII, 42), og at fremhæve, at de søgte i det daglige at overholde de renhedsforskrifter, der gjaldt for præsterne; nok var de ansete i folket, men folkelige var de ikke – dette til forskel fra Jesus og den bevægelse, han satte i gang.

iii. *To særlige forhold*
To forhold i forbindelse med de religiøse partier i den antikke jødedom fortjener særlig omtale.

For det første er der af E. P. Sanders blevet sat et spørgsmålstegn ved den sædvanlige opfattelse, at farisæerne som parti overlevede katastrofen i året 70 e.Kr. og var dem, der videreførte den jødiske overlevering, som siden hen blev skriftligt fikseret i den rabbinske litteratur – mishna, talmud osv. Sanders gør i modsætning hertil gældende, at farisæerne ligesom de andre partier forsvandt med katastrofen, og han afviser enhver tale om identitet mellem farisæisk jødedom og den jødedom, de rabbinske skrifter repræsenterer [79]. Der er det rigtige ved Sanders' afvisning af den traditionelle forståelse, at farisæerne ikke var skriftlærde; de var til forskel fra den skriftlærde stand ikke teoretikere, men praktikere – »die Virtuosen der Religion« kaldte Wellhausen dem med en vis ret [80]. Og den rabbinske litteratur er netop – rabbinsk, dvs. udformet af de skriftlærde, og kan ikke som sådan kaldes farisæisk. På den anden side er det ikke tvivlsomt, at den rabbinske litteratur er af farisæisk præg og i sit indhold i hvert fald peger bort fra saddu-

---

79. F.eks. Sanders, *Paul and Palestinian Judaism*, bl.a. s. 426: »It seems to me quite possible that we not only have no Saducean literature, but also virtually no Pharisaic literature, apart from fragments embedded in the Rabbinic material. Thus I know a good deal less about Pharisaism than has been 'known' by many investigators.« Også Sanders, *Jesus and Judaism*, f.eks. s. 49 f.
80. *Pharisäer u. Sadducäer*, s. 20.

kæerne, der slet ikke ville vide af »fædrenes overlevering«. Mod Sanders må det yderligere hævdes, at farisæerne på Jesu tid godt kan have været sådan, som Josefus og Det nye Testamente fremstiller dem, og har vi, som Sanders hævder, ingen farisæisk litteratur, er dette så meget mere tænkeligt.

Sanders' afvisning af at ville beskæftige sig med farisæismen ligner et forsvar for jødedommen, som slet ikke er nødvendigt, hvis jødedommen er, som Sanders i øvrigt gør gældende [81].

For det andet har Sanders med rette peget på et grundtræk ved den antikke jødedom, som ofte er blevet overset eller ligefrem afvist af kristne eksegeter og teologer: at den antikke jødedom efter sit grundpræg var, hvad Sanders kalder »pagtsnomisme« [82]. Dvs.: Først og fremmest regnede den datidige jøde med Guds ubegribelige nåde, der bestod i, at han havde udvalgt det jødiske folk som sit særlige folk og tilmed givet dette folk en pagt, der også sikrede, at det forblev inden for pagten, når det blot overholdt de bestemmelser, der gjaldt dér, og som var indeholdt i tora'en, græsk *nómos*; denne tora indeholdt endog bestemmelser om soning i tilfælde af overtrædelse af pagtens bestemmelser. Først og sidst stod altså Guds nåde – ikke (lov)gerninger, som måtte opfyldes på menneskets side, før Gud kunne vise sig nådig og barmhjertig. Mod Sanders må det hævdes, at farisæerne – selv om Sanders i øvrigt har ret – godt kan have benyttet sig af tora'en som et bekvemt takseringsmiddel [83], og at de som lægmænd – til forskel fra de skriftlærde – meget vel kan tænkes at have udøvet den »lovkontrol«, som til syvende og sidst intet overlod til Guds nåde, fordi tora'en af dem var sat i Guds sted.

---

81. En anderledes og mere traditionel forståelse af farisæerne og deres historie giver Sanders i sin bog *Judaism*, s. 380-412: 'The Pharisees I: History', og s. 413-451: 'The Pharisees II: Theology and Practice'.
82. Se f.eks. Sanders, *Paul and Palestinian Judaism*, s. 422 f.
83. Se Wellhausen, foran, n. 72.

I.3.iii. *To særlige forhold* 61

Principielt må det indvendes mod Sanders' definition af jødedommen som »pagtsnomisme«, at den ved at holde fast ved tora'en i grunden udelukker kristendommen, som dog faktisk er lige så jødisk et »religiøst parti« som essæerne, farisæerne og saddukæerne, fra at kunne rummes inden for jødedommens rammer, og at den ikke tager hensyn til spørgsmålet om messias: Hvis messias kommer og gør andre krav end tora'ens detaljerede bestemmelser gældende i sit rige – hvad så? E. P. Sanders betragter jødedommen og kristendommen som statiske blokke, der står over for hinanden. I nærværende sammenhæng skal den antikke jødedom og den ældste kristendom derimod betragtes som dynamiske størrelser, der i deres indbyrdes udvikling ikke kan begribes uden at begribes historisk.

4. Synagoge og synagogemenighed

Litteratur

Martin Hengel: Proseuche und Synagoge. Jüdische Gemeinde, Gotteshaus und Gottesdienst in der Diaspora und in Palästina, i: G. Jeremias/H.-W. Kuhn/H. Stegemann, edd., *Tradition und Glaube. Das frühe Christentum in seiner Umwelt. Festgabe für Karl Georg Kuhn zum 65. Geburtstag*, Göttingen 1971, s. 157-184 = Joseph Gutmann, ed., *The Synagogue: Studies in Origins, Archaeology and Architecture*, New York 1975, s. 27-54.
Jørgen Skafte Jensen: Den gudfrygtige Kornelius, i: Niels Hyldahl/Eduard Nielsen, edd., *Hilsen til Noack. Fra kolleger og medarbejdere til Bent Noack på 60-årsdagen den 22. august 1975*, København 1975, s. 108-117.
Niels Hyldahl: A Supposed Synagogue Inscription, New Testament Studies 25 (1978-79), s. 396-398.
Schürer: *History*, II, 1979, s. 423-454: 'Synagogue'.
Schürer: *History*, III.1, 1986, s. 150-176: 'Gentiles and Judaism: 'God-Fearers' and Proselytes', især s. 165 ff.
Joyce Reynolds/Robert Tannenbaum: *Jews and God-Fearers at Aphrodisias. Greek Inscriptions with Commentary* (Cambridge Philological Society, Suppl. 12), Cambridge 1987.

62 *Den antikke jødedom: Synagoge og synagogemenighed*

J. Andrew Overman: The God-Fearers: Some Neglected Features, Journal for the Study of the New Testament 32 (1988), s. 17-26.
Helga Botermann: anmeldelse af Reynolds/Tannenbaum: *Jews and God-Fearers at Aphrodisias*, Zeitschrift für Rechtsgeschichte 106 (1989), s. 606-611.
Howard Clark Kee: The Transformation of the Synagogue after 70 C.E.: Its Import for Early Christianity, New Testament Studies 36 (1990), s. 1-24.
Helga Botermann: Die Synagoge von Sardes: Eine Synagoge aus dem 4. Jahrhundert? Zeitschrift für die neutestamentliche Wissenschaft 81 (1990), s. 103-121.

i. *Synagogens historiske oprindelse*
Det har indtil de seneste år været ganske almindeligt, når der var tale om en (jødisk) synagoge på nytestamentlig tid, da først og fremmest at tænke på en bygning. De tre første evangelier skriver gentagne gange om, at Jesus ledsaget af sine disciple besøgte »jødernes synagoger«; beretningen om Jesu første offentlige optræden i Nazarets synagoge i Luk 4,16-30 kan her stå som eksempel på denne udbredte forståelse.

Men dels må der skelnes a) mellem forholdene i Palæstina og forholdene i den jødiske diaspora, i den græsk-romerske verden; dels b) mellem de forskellige betydninger, ordet »synagoge« har; dels c) mellem tiden før og efter året 70 e.Kr., da Jerusalems tempel blev ødelagt og den jødiske præstetjeneste ophørte.

Det ser nemlig ud til, at der for Palæstinas vedkommende slet ikke kan tales om synagoger i den arkitektoniske betydning af 'forsamlingsbygninger' før omkr. år 200 e.Kr., mens der nok har kunnet tales om 'mødesteder' til gudstjeneste og lovstudium både i privathuse og i offentlige bygninger. Således skriver Howard C. Kee i 1990: »there is simply no evidence to speak of synagogues in Palestine as architecturally distinguishable edifices prior to 200 C.E. Evidence of meeting places: 'Yes', both in private homes and in public buildings. Evidence of distinctive architectural features of a place of worship or for study of Torah:

I.4.i. Synagogens historiske oprindelse

'No'« [84]. Dette gælder både for Theodotos-synagogen i Jerusalem, som Adolf Deißmann daterede til nytestamentlig tid [85], men som rettelig hører hjemme i slutningen af det 2. eller begyndelsen af det 3. århundrede e.Kr., og for de »synagoger«, der er blevet udgravet på Masada og i Herodion, og hvor betegnelsen kun for så vidt er anvendelig, som den tillægges betydningen »forsamling(ssted)«. Og det er jo, hvad det græske ord *synagogé* betyder (f.eks. Jak 2,2; Åb 2,9; 3,9). Allerede i Markusevangeliet, det ældste af evangelieskrifterne, forekommer det to gange, at der refereres til »deres [sc. farisæernes og de skriftlærdes] synagoge« (Mark 1,23.39; 3,1); det synes at forudsætte, at også Jesu tilhængere havde deres forsamlinger (men selvfølgelig ikke bygninger!), der nok lignede, men altså ikke var identiske med farisæernes og de skriftlærdes.

Hvad diasporaen angår, ser det ud til, at det græske ord *synagogé* har været brugt om den lokale jødiske menighedsforsamling, mens ordet *proseuché*, »bedested«, blev brugt om selve bygningen, hvor menigheden mødtes (se f.eks. ApG 16,13.16). Dette sidste var ikke mindst tilfældet i Egypten, og man kan med god ret spørge, om ikke synagogeinstitutionen, og dermed også den arkitektoniske bygning, hvor forsamlingen mødtes, har sin historiske oprindelse netop i Egypten; forbilledet har i så fald næppe så meget været den græske skole med dens legemsøvelser som den egyptiske skole, der var knyttet til de egyptiske

---

84. Kee, NTSt 36 (1990), s. 9.
85. Adolf Deißmann, *Licht vom Osten. Das Neue Testament und die neuentdeckten Texte der hellenistisch-römischen Welt*, 4., völlig neubearbeitete Aufl., Tübingen 1923, s. 378-380: 'Die Synagogen-Inschrift des Theodotos zu Jerusalem'; dér følgende påstand: »Man kann von jeder jüdischen Inschrift in griechischer Sprache, die im Schutt Jerusalems auftaucht und die Schriftzüge der frühen Kaiserzeit zeigt, ohne weiteres sagen, daß sie vor 70 n. Chr. entstanden sein muß. Seit diesem Jahre war es auf lange Zeit hinaus keinem Juden erlaubt, das Gebiet der Stadt zu betreten, geschweige zu bauen oder gar eine Synagoge zu errichten« (s. 380).

templer og befattede sig med undervisning i gamle, hellige tekster.

I Mark 13,9-11 tales der om, at de Kristustroende vil blive overgivet »til synedrier og synagoger«. Ordene er skrevet omkr. år 70 e.Kr., da Jerusalems tempel blev ødelagt, og viser, som Kee med rette udtrykker det, at synagogerne i deres egenskab af forsamlinger eller menigheder i det mindste på den tid er begyndt at udgøre socio-politiske strukturer med lovfortolkende procedurer [86].

Hvad der af det foregående skal læres, er, at egentlige synagogebygninger ikke fandtes i Palæstina før ved slutningen af det 2. århundrede e.Kr., og at de synagoger, som evangelisterne, ikke mindst forfatteren af Luk., har kendt fra deres egne omgivelser, uden videre er blevet forudsat som tilstedeværende også i Palæstina på Jesu og disciplenes tid. At dette er anakronistisk, er indlysende. Men det gælder i det hele taget, at mens tidligere tiders tidlige datering af synagogebygninger har vist sig at være fejlagtig, må flere antikke synagogebygninger nu enten dateres til en (betydeligt) senere tid end før antaget eller levnene derfra forklares på anden måde, end man før var vant til – dette sidste gælder bl.a. den bekendte indskrift fundet i 1898 i Korinth med teksten: »Hebræernes synagoge« [87].

ii. *Proselytter og gudfrygtige*
Foruden jøderne selv, både i Palæstina og i diasporaen, havde to andre grupper af forskellig etnisk, men under alle omstændigheder ikke-jødisk herkomst sluttet sig til den antikke jødedom: proselytter og gudfrygtige. Det er ukendt – og stadig genstand

---

86. Kee, NTSt 36 (1990), s. 14.
87. Se Kee, NTSt 36 (1990), s. 18, n. 29. Marmorblokken med indskriften er formodentlig først fra det 2. årh. e.Kr., men dens fundsted: ved handelsgaden, der fører ned til havnebyen Lekæum, vidner alligevel om både de jødiske og de kristne møders særpræg: uformelle forsamlinger i hjemmene, værkstederne eller butikkerne.

I.4.ii. Proselytter og gudfrygtige

for debat – hvor mange det har drejet sig om, både relativt og absolut.

Ved »proselytter« (fra græsk: *proselelytos*, »en, der er kommet til [sc. til jødedommen]«) forstås sådanne ikke-jøder, som har vendt deres egen religion – »afguderne« – ryggen og helt og fuldt har tilsluttet sig den jødiske religion, herunder forpligtelsen til at overholde Moseloven med budet om omskærelse. Fra et ikke nærmere kendt tidspunkt, men formodentlig først fra og med omkr. år 100 e.Kr., hørte også proselytdåben med som den rite, hvorunder optagelsen i jødedommen fandt sted – om omskærelsen for mandspersoner så er sket på et senere tidspunkt eller allerede skal tænkes at have fundet sted i forvejen, vides ikke med sikkerhed; der kan også have bestået forskelle fra sted til sted. Af de syv fattigforstandere i ApG 6,5 siges den sidste (betegnende nok), Nikolaos fra Antiokia, at være proselyt, og jøden Tryfons ledsagere i dialogen med Justin umiddelbart efter den jødisk-romerske krig år 132-135 e.Kr. er at forstå som ikke-jøder, der står i begreb med at gå over til jødedommen [88].

Men om der i det sidstnævnte tilfælde er tale om proselytter eller om gudfrygtige, er ikke ganske klart. Ved »gudfrygtige« forstås traditionelt sådanne ikke-jøder, som uden helt og fuldstændigt at være gået over til jødedommen dog har sluttet sig til den jødiske religion i den forstand, at de har brudt med sædvanlig hedensk gudsdyrkelse, følger den jødiske gudstjeneste på sabbatten og således lærer bl.a. Det gamle Testamente at kende. De underkastede sig hverken omskærelse eller proselytdåb, men har dog været andet og mere end blot sympatisanter. Økonomisk har de kunnet støtte det lokale jødiske samfund og derigennem medvirke til at forbedre dets sociale status og anseelse (se Luk 7,3-5 [89]; ApG 10,1-2). Om den ældste kristne mis-

---

88. Se Theodor Zahn, Studien zu Justinus Martyr, Zeitschrift für Kirchengeschichte 8 (1886), s. 1-84, dér s. 57-61.
89. Det hedder her, at de ældste blandt jøderne priser officeren, hvis tjener er syg, for »at elske vort folk« og for »at have bygget synagogen til os« (Luk

sion har draget fordel af at kunne knytte til ved tilstedeværelsen af gudfrygtige, er et omdiskuteret og stadig væk åbent stående spørgsmål.

Ud fra sprogbrugen i Apostlenes Gerninger var det tidligere uproblematisk at anse »gudfrygtige« for en *terminus technicus* til betegnelse af sådanne ikke-jøder, som har været omtalt ovenfor. Siden omkr. 1950 har det imidlertid været betvivlet, dels om billedet, som Ap.G. formidler af »gudfrygtige« som en gruppe forskellig fra jøderne selv, overhovedet er historisk korrekt, dels om der med udtrykket »gudfrygtige« var tale om en *terminus technicus*. Udtrykket, der bruges, er *foboúmenoi tòn theón* (til og med ApG 13,26), henholdsvis *sebómenoi tòn theón* (fra og med ApG 13,50); også »jøderne og de gudfrygtige proselytter« forekommer (ApG 13,43). Jødiske indskrifter kunne tyde på, at udtrykket betegnede jøder, der var fromme og gudfrygtige.

Fundet i 1976 af en indskrift i Afrodisias i det sydvestlige Lilleasien fra omkr. år 200 e.Kr. har til gengæld på overraskende måde vist, at udtrykket, her i formen *theosebeîs* (svarende til latinsk *metuentes*), var gængs og ligesom *foboúmenoi / sebómenoi tòn theón* betegnede sådanne ikke-jøder, der havde knyttet sig til jødedommen uden dog at lade sig omskære og være helt og fuldt forpligtet på Moseloven, som tilfældet var med proselytter.

Indskriften er i den forstand opsigtsvækkende, at den dokumenterer tilstedeværelsen af et større antal borgere i byen Afrodisias, der med offentliggørelsen af deres navne og tilkendegivelsen af, at de var *theosebeîs*, ikke veg tilbage for at vise deres tilhørsforhold til jødedommen. Indskriften omfatter navne-

---

7,5), ord, der ikke findes i parallel-overleveringen i Matt 8,5 ff. Der er entydigt tale om en synagogebygning i Palæstina på Jesu tid, og det er historisk betragtet i strid med virkeligheden; som Kee bemærker, tjener ordene til at bekræfte det indtryk, at Luk.-Ap.G. er »a document from a hellenistic centre, where (as the archaeological evidence we have examined suggests) Jews in the Diaspora had begun to modify houses or public structures in order to serve more effectively the needs of the local Jewish community«: Kee, NTSt 36 (1990), s. 17.

I.4.ii. Proselytter og gudfrygtige

ne på en lang række personer, der har bidraget økonomisk til bygningen af det jødiske »folkekøkken«, der er tale om til bespisning af fattige jøder (og andre?); det drejer sig altså her ikke om en synagoge. Som den ene af udgiverne af indskriften har udtalt, synes der ikke at have været tale om nogen form for antisemitisme i Afrodisias i tidsrummet omkr. år 200 e.Kr., da bygning og indskrift blev til [90].

iii. Sammenfattende bemærkninger

De få og spredte, og derfor på ingen måde fuldstændige bemærkninger, der er blevet fremført i det foregående, skulle tjene til at kaste lys over de jødiske institutioner, der bestod på Jesu tid. Foruden templet og præsteskabet og de religiøse partier fandtes der også synagogeforsamlinger og – formodentlig – proselytter samt gudfrygtige. Uden tvivl udgjorde det jødiske samfund med dets vidt forgrenede og dog sammenhængende institutioner en af de mest solide sociale strukturer i den antikke verden. Nogle af institutionerne kunne bryde sammen eller bringes til ophør, og dog fortsatte jødedommen med at bestå, så at den har tiltrukket talrige ikke-jøder og givet dem faste ståsteder i tilværelsen.

De få og spredte bemærkninger har også tjent til at skærpe den kritiske holdning til flere af de gængse opfattelser vedrørende den antikke jødedom. Først og fremmest har den været mangfoldig og broget, forskellig fra sted til sted, og selv om også den palæstinensiske jødedom selv var helt igennem hellenistisk præget, har der bestået store modsætninger mellem jøder i Palæstina og jøder i forskellige dele af diasporaen. Desuden er det i betragtning af det, »bibelhistorien« lærer os, overraskende at se, at der næppe har eksisteret synagoger i Palæstina før

---

90. Tannenbaum, *Jews and God-Fearers*, s. 126: »there seem to be no signs here of strong, or at least of open, antisemitism in Aphrodisian society at this date – which is not, of course, to say that Jews might not sometimes be the subject of tensions.«

omkr. år 200 e.Kr., og at de synagoger, der fandtes i diasporaen, gennemgående må dateres senere, i flere tilfælde endda betydeligt senere, end det traditionelt har været hævdet. Synagoge og kirke er med andre ord groet op parallelt og samtidigt med hinanden – ikke sådan, at kirken har kunnet »overtage« en allerede eksisterende institution. I hvor høj grad kristendommens udbredelse er sket på jødedommens bekostning, bl.a. ved udbredelse af kristendommen blandt gudfrygtige og proselytter, der allerede befandt sig i et tilhørsforhold til jødedommen og dens monoteisme, er et spørgsmål, som redegørelsen for den ældste kristendoms historie må søge at besvare.

5. Foreløbige slutninger

I et forsøg på at drage foreløbige slutninger af det, der hidtil er sagt om den antikke jødedom, kan det siges, at *jødedommen blev til i den seleukidiske og makkabæiske tid af det jødiske folks historie*. Makkabæernes opstand betød, at den jødiske religion, og dermed det jødiske folk, undgik den undergang, som ellers havde været vis [91]. Historisk betragtet ville kristendommen, som opstod af jødedommen (jfr. Joh 4,22), så ikke være blevet til. Og hvad kan vi andet end betragte forholdene historisk?

Hos jøderne var fastholdelsen af den nationale selvstændighed uløseligt forbundet med historien: Davids tid skulle komme igen, og den makkabæiske virkeliggørelse af nationalstaten, hvorigennem også truslen om tilintetgørelse af folket og dets religion blev afværget, udfoldede sig netop i historiens rum, som

---

91. Bickermann skriver: »It was the steadfastness of the martyrs, the courage of the Maccabeans, which saved for the Jews, and thus for mankind, the principle of monotheism. It was they who led the people back to the God of Abraham, Isaac, and Jacob« (*God of the Maccabees*, 1979, s. 2). Men denne formulering er i flere henseender anfægtelig.

I.5. Slutninger

en virkeliggørelse af et håb om national og folkelig genfødsel. Tiden gav anledning til bestandige overvejelser af Israels historie — som så fik en foreløbig afslutning med romernes overtagelse af magten i året 63 f.Kr.

II. JESUS

Litteratur

a) Kilder

Det nye Testamente.
Josefus (se I.).
Erich Klostermann: *Apocrypha*, I-III (Kleine Texte für Vorlesungen und Übungen, 3, 8 og 11), Berlin – Bonn 1904 ff.
Montague Rhodes James: *The Apocryphal New Testament being the Apocryphal Gospels, Acts, Epistles, and Apocalypses with other Narratives and Fragments newly translated*, Oxford 1924, repr. 1953.
Wilhelm Schneemelcher, ed.: *Neutestamentliche Apokryphen*, 5., völlig neubearbeitete Aufl., I: Evangelien, II: Apostolisches, Apokalypsen und Verwandtes, Tübingen 1987-89 = *New Testament Apocrypha*, oversat af R. McL. Wilson, 1: Gospels, 2: Writings Relating to the Apostles; Apocalypses and Related Subjects, Cambridge 1990.

b) Almene fremstillinger

Albert Schweitzer: *Geschichte der Leben-Jesu-Forschung*, opr. 1906, 2. Aufl. Tübingen 1913, 6. Aufl. 1951 (se også nedenfor, n. 112) = *The Quest of the Historical Jesus*, 3. ed., London 1954.
Frederik Torm: *Forskningen over Jesu Liv. Tilbageblik og Fremblik*, Københavns Universitets Festskrift, København 1918.
James M. Robinson: Kerygma und historischer Jesus, Zürich – Stuttgart 1960.
Mogens Müller: *Jesus-opfattelser – i den nytestamentlige forskning* (Religion: Tekster og temaer), København 1978.

1. Den historiske og politiske udvikling

Litteratur

Kirsopp Lake, i: F. J. Foakes Jackson/Kirsopp Lake, edd.: *The Beginnings of Christianity*, Part I, Vol. I, Prolegomena, London 1920, s. 421-425: 'Appendix A – The Zealots'.
Abraham Schalit: *König Herodes. Der Mann und sein Werk* (Studia Judaica. Forschungen zur Wissenschaft des Judentums, IV), Berlin 1969.
Christ: *Krise und Untergang der römischen Republik* (se foran, I.1.), s. 424-466: 'Octavians Aufstieg und die Begründung des Principats'.
Martin Hengel: *Die Zeloten. Untersuchungen zur jüdischen Freiheitsbewegung in der Zeit von Herodes I. bis 70 n. Chr.* (Arbeiten zur Geschichte des Spätjudentums und Urchristentums, 1), 1. Aufl. Leiden 1961, 2. verbesserte u. erweiterte Aufl. Leiden – Köln 1976; engelsk oversættelse: *The Zealots. Investigations into the Jewish Freedom Movement in the Period from Herod I until 70 A.D.*, Edinburgh 1989.
C. T. R. Hayward, i: Schürer: *History* (se foran, I.), II, 1979, s. 599-606: 'Appendix B: The Fourth Philosophy: *Sicarii* and Zealots'.
B. Otzen: *Den antike jødedom* (se foran, I.), s. 30-35: 'Romerne og Herodes den Store', og s. 35-39: 'Herodessønnerne, prokuratorerne og de to oprør'.
Richard A. Horsley: *Jesus and the Spiral of Violence. Popular Jewish Resistance in Roman Palestine*, San Francisco 1987.
Niels Willert: *Pilatusbilledet i den antike jødedom og kristendom* (Bibel og historie, 11), Århus 1989.

i. *En kort oversigt*

Med Syriens sammenbrud og romernes magtovertagelse i Palæstina i året 63 f.Kr. ved Pompejus var der igen knyttet en forbindelse mellem jøderne og romerne, om end denne gang af en ganske anden art end den, der blev knyttet under makkabæerne (se foran, I.1.ii. og vii.). Med idumæeren – han var altså ikke jøde (se I.1.viii.) – Herodes den Store som konge år 37-4 f.Kr. på det romerske senats og siden hen den romerske kejsers

Jesus: Den historiske og politiske udvikling

Kort over Palæstina på Jesu tid

betingelser opnåede Palæstina, men ikke det jødiske folk, relativt stor selvstændighed; dog fik jøderne i diasporaen under Cæsar (død år 44 f.Kr.) principielt frihed til at udøve deres egen religion i tilknytning til synagogemenighederne. Under Herodes blev restaureringen af templet i Jerusalem påbegyndt (jfr. Joh 2,20) og makkabæerborgen Baris, der blev kaldt Antonia, ombygget; men det var ham, der enerådigt ind- og afsatte ypper-

II.1.i. En kort oversigt

stepræsterne, og det jødiske synedrium, der allerede under Johannes Hyrkan havde afløst det ældre *gerousía*, fik kun begrænset betydning.

Under Herodes den Store afsluttedes de romerske borgerkrige efter Cæsars død med slaget ved Actium år 31 f.Kr., og Oktavian, der i året 30 f.Kr. også underlagde sig Egypten, afskaffede republikken og indførte principatet i året 27 f.Kr. Som kejser under navnet Augustus herskede han over det vældige romerrige i årene indtil 14 e.Kr.

Omkr. år 25 f.Kr. gennemførte Augustus en nyordning af de romerske provinser, som også var gældende på nytestamentlig tid. De gamle, senatoriske provinser forblev civilt styrede under hver sin prokonsul, mens de nye provinser i romerrigets ydre områder var militært styrede og underlagt kejseren selv, der indsatte legater, dvs. militærguvernører, over dem. I de kejserlige provinser var der derfor stationeret romerske legioner, der kunne fungere både udad mod rigets ydre fjender og indad mod oprørske tendenser i de pågældende provinser. Bortset fra tiden under Herodes den Store, hvis status som (vasal)konge ikke blev anfægtet af kejseren, hørte Palæstina således ind under Syriens legat, der havde residens i hovedstaden Antiokia – sammen med Rom, Efesos og Alexandria en af rigets største byer.

Efter Herodes' død år 4 f.Kr. blev hans kongerige, der omfattede hele Palæstina, med kejserens godkendelse delt i tetrarkier (»fyrstedømmer over fjerdedele«, styret af hver sin tetrark, »fjerdingsfyrste«), men kun mellem *tre* af hans sønner – strengt taget var der således ikke tale om *»fjerdings*fyrster«. Arkelaos (afsat år 6 e.Kr.), der faktisk fik titlen etnark, »folkefyrste«, fik Judæa, Idumæa og Samaria. Filip (død år 33/34 e.Kr.) fik Trakonitis øst og nordøst for Galilæasøen. Og Herodes Antipas (forvist år 39 e.Kr.) fik Galilæa og i landet øst for Jordanfloden Peræa. Om den Herodes, der boede som privatmand i Cæsarea: se nedenfor, II.3.i.

Med Arkelaos' afsættelse år 6 e.Kr. blev hans område, Judæa, Idumæa og Samaria, lagt ind under romerske præfekter, senere:

prokuratorer, der residerede i Cæsarea ved Havet, men også – især under de jødiske valfartsfester – opholdt sig i Jerusalem selv. Den bekendteste af præfekterne var Pontius Pilatus (år 26-36) på kejser Tiberius' tid (år 14-37). Præfekterne stod – om end ret selvstændigt – administrativt under Syriens legat, og Pilatus blev da også afsat af legaten Vitellius kort efter dennes tiltrædelse af sit embede.

Johannes Døber og Jesus havde således deres virksomhed under kejser Tiberius, i Pontius Pilatus' embedstid, mens Herodes Antipas og Filip var tetrarker i Galilæa, Peræa og Trakonitis.

Først henimod aposteltidens slutning blev modsætningen til det romerske fremmedherredømme så udtalt, at det førte til oprør og krig; det var den jødisk-romerske krig i årene 66-70 e.Kr., som endte med Jerusalems indtagelse og templets ødelæggelse. Disse omvæltninger, der altså ikke har nogen umiddelbar betydning for forståelsen af Jesus og apostelvirksomheden selv, skal først siden hen omtales. Der er derimod grund til allerede her at omtale et af de religiøse og politiske partier, der har været tillagt stor betydning også for Jesustiden, nærmere. Det drejer sig om zeloterne (jfr. foran, I.3.i., n. 71).

ii. *Spørgsmålet om zeloterne*
I Det nye Testamentes historiske litteratur nævnes udtrykkeligt Judas Galilæeren som en oprørsfigur, der optrådte på folketællingens tid (jfr. Luk 2,2), og som i det mindste teoretisk sidestilles med Jesus selv (ApG 5,37). Desuden omtales sikarierne under præfekten Felix omkr. år 55 e.Kr. som en oprørsbevægelse, som Paulus i hvert fald en kort overgang mistænkes for at tilhøre (ApG 21,38). Det er endelig bekendt, at en af Jesu disciple, Simon, kaldtes »zeloten« (Luk 6,15; ApG 1,13 [1]) –

---

1. Jfr. Mark 3,18 og Matt 10,4: »kana'anæeren«, som er den semitiske ækvivalent til det græske *zelotés*.

II.1.ii. Spørgsmålet om zeloterne 75

ifølge Martin Hengel »der erste Zeuge für den Parteinamen der Zeloten« [2]. Det er værd at bemærke, at alle henvisningerne er til Luk.-Ap.G.

Judas Galilæeren optrådte sammen med en farisæer ved navn Zaddok, da Arkelaos var blevet afsat i året 6 e.Kr. og Judæa, Samaria og Idumæa blev direkte underlagt romersk styre. Den romerske legat over provinsen Syrien, Quirinius, foretog da en folketælling med henblik på skatteudskrivning (jfr. Luk 2,2), og det førte til en opstand mod romerne under ledelse af Judas. Det siger sig selv, at denne opstand har fundet sted i Judæa – netop Judas' tilnavn »Galilæeren« viser, at han *ikke* optrådte i selve Galilæa, som jo heller ikke blev udsat for en folketælling [3].

Det hedder hos Josefus om denne Judas, at han satte sig i spidsen for »den fjerde filosofi« (de tre andre var essæerne, farisæerne og saddukæerne – se foran, I.3.), som intet havde til fælles med de tre andre; dog hedder det også temmelig inkonsekvent, at Judas i alle henseender stemte overens med farisæerne – jfr. hans forbindelse med farisæeren Zaddok – bortset fra det ene, til gengæld betydningsfulde forhold, at hans tilhængere havde »en næsten uovervindelig passion for frihed, idet de hævdede, at Gud alene var leder og herre« [4]. Dette punkt: ikke at anerkende nogen anden som herre end Gud alene, er da også i egentlig forstand det særligt »zelotiske« og det, der kan siges at karakterisere den bevægelse, som Judas Galilæeren satte i gang.

Judas Galilæerens bevægelse ophørte ikke med opstanden i året 6 e.Kr., men fortsatte mere eller mindre sammenhængende i tiden frem til og med indtagelsen af Jerusalem og ødelæggelsen af templet året 70 e.Kr., ja, til og med romernes (gen)erobring af fæstningen Massada i året 74. Allerede ved udbruddet af krigen mod romerne i året 66 havde Menahem, en af Judas

2. Hengel, *Die Zeloten*, 2. Aufl., s. 344.
3. Jfr. Hengel, *Die Zeloten*, s. 342 f.; 409, n. 2.
4. Josefus, Ant. Jud. XVIII, 23 (kap. 1,6).

Galilæerens sønner, med sine folk sat sig i besiddelse af Massada og dets våbenarsenal, og derfra drog han, efter at andre af de oprørske jøder i Jerusalem havde erobret tempelområdet og borgen Antonia, med en del af sine tilhængere til Jerusalem og satte sig nu i spidsen for forsvaret af byen og templet.

Imidlertid blev både Menahem selv og en del af hans tilhængere kort efter krigens begyndelse myrdet, da han i kongeligt skrud »og omgivet af zeloterne under våben« [5] begav sig til gudstjeneste og befandt sig på tempelpladsen. Varigheden af hans og hans tilhængeres aktive deltagelse i opstanden i Jerusalem indskrænkede sig i virkeligheden til nogle få uger. Mordet blev begået af en præstelig kreds omkring den øverstbefalende for tempelvagten, præsten Eleazar, søn af den moderate ypperstepræst Ananias [6] – den Eleazar, der havde gennemtrumfet, at de to daglige ofre for kejseren blev bragt til ophør. Mordet på Menahem kan bl.a. forklares som blodhævn for det mord på denne ypperstepræst Ananias og hans bror Hezekias, som Menahem i sin iver for at opnå eneherredømmet havde begået [7]. Under alle omstændigheder var al enighed blandt dem, der havde startet opstanden mod romerne, forsvundet med mordet på Menahem, og det lykkedes kun nogle få af hans tilhængere at flygte, hovedsagelig til Massada, hvorefter de ikke yderligere blandede sig i revolten i selve Jerusalem.

Josefus selv opregner en række, hinanden indbyrdes bekæmpende fraktioner blandt dem, der deltog i opstanden mod romer-

---

5. Bell. Jud. II, 444 (kap. 17,9); »attended by his suite of armed fanatics«: såL. H. St. J. Thackerays oversættelse i: *Josephus. With an English Translation*, II, 1927, s. 497 – dog med tilføjelse af en note til 'fanatics':»Greek "zealots."« Jfr. C. T. R. Hayward, i: Schürer, *History*, II, 1979, s. 602, n. 28. Men Hengel har i *Die Zeloten*, 2. Aufl. 1976, s. 398 f., med rette gjort gældende, at der ikke er tale om 'fanatics' eller om 'zealous followers', men om zeloterne – i øvrigt den første omtale af dem hos Josefus. Hvordan forholdet 'zeloterne – sikarierne' så har været, er et spørgsmål for sig.
6. Det er forkert, når Hayward i: Schürer, *History*, II, s. 600 f. og 601, kalder ham Eleazar, søn af Simon; det drejer sig om to forskellige personer.
7. Jfr. Hengel, *Die Zeloten*, s. 407.

II.1.ii. Spørgsmålet om zeloterne

ne i årene 66-70 e.Kr. [8]: 1) de såkaldte »sikariere«, der i deres oprindelse gik tilbage til Judas Galilæeren, men ikke kaldte sig selv sådan; 2) galilæeren Johannes fra Gishala, der med sine tilhængere forsvarede templet til det sidste; 3) Simon bar Giora og hans partigængere, der som de sidste af dem, der deltog i opstanden, var trængt ind i Jerusalem og med den betydeligste del af stridskræfterne bestred hovedforsvaret af byen; 4) idumæerne, der efter at have sluttet sig til forskellige fraktioner omsider kæmpede på Simon bar Gioras side; og 5) de såkaldte »zeloter«, der havde deres egentlige tilholdssted i templet, var domineret af præster ved templet og sammen med Johannes fra Gishala forsvarede det.

En opregning som den her anførte kan nu give anledning til forskellige teoretiske overvejelser, der også har med den implicerede terminologi: zeloter og sikariere, at gøre. Således vil Martin Hengel med sin betydningsfulde bog *Die Zeloten* fra 1961 gøre gældende, at der med den absolutte brug af betegnelsen »zeloterne« er tale om en betegnelse på et religiøst-politisk parti, om hvis eksistens der først kan tales fra og med Judas Galilæerens opstand i året 6 e.Kr., og som med sin distinkte ideologi – Gud alene var at anerkende som herre – ikke havde sin lige i den antikke jødedoms tidligere historie. På den anden side vil C. T. R. Hayward med sin redegørelse fra 1979 i forlængelse af Kirsopp Lakes forståelse fra 1920 hævde, at Judas Galilæeren grundlagde sikariernes parti, og at der først efter krigsudbruddet i året 66 e.Kr. kan tales om »zeloterne«, som til forskel fra sikarierne, til hvem bl.a. Menahem hørte, var et præsteligt parti.

Nu skal der ikke her føres en strid om ord. I streng forstand er det korrekt, at der først kan tales om »zeloter« i det øjeblik, der også er tale om præster, og i opstanden mod romerne sker

---

8. Jfr. Hengel, *Die Zeloten*, s. 390; også Hayward, i: Schürer, *History*, II, 1979, s. 601.

det først ved krigsudbruddet i året 66 e.Kr. Følgelig var Judas Galilæeren og hans søn Menahem ikke zeloter; de tilhørte ikke præstestanden, men var lægmænd, og da det er Judas' bevægelse, der siden hen forbindes med betegnelsen »sikariere« (fra latinsk *sica*, en dolk med opadbøjet spids), vil det næppe være forsvarligt slet og ret at kalde dem zeloter.

Alligevel er det indlysende, at Judas og Menahem hører hjemme i den zelotiske bevægelse. Men zelotismen er ikke først begyndt i og med, at Judas Galilæeren optrådte. Den zelotiske bevægelse: at Gud alene er herre, har vi lært at kende allerede hos makkabæerne, der var præster og påberåbte sig Pinehas som forbillede (se foran, I.1.i., ved n. 6, og I.2.ii.). Når det åbenbart er svært at indse, hvor indlysende dette forhold i grunden er, skyldes det ikke mindst Josefus' terminologi og hele fremstilling. Josefus er ikke interesseret i at fremstille sit folks seneste historie, der endte med katastrofen i året 70 e.Kr., som en på mindste måde logisk følge af, hvad der var gået forud derfor; tværtimod ligger det ham på sinde at undsige dem, der deltog i opstanden mod romerne, som røvere, mordere og banditter, ja, som sikariere, og at skære den sammenhæng, de kunne tænkes at have med jødisk tradition, over.

Men zeloternes traditionssammenhæng både bagud og fremad i tid har Martin Hengel ufrivilligt måttet vedgå. Det drejer sig om forholdet mellem Eleazar, Ananias' søn, og Menahem, Judas' søn, som Hengel overbevisende betragter i lyset af, hvad vi véd fra essæerne og fra den senere Bar Kokhba-opstand (år 132-135 e.Kr.): dobbeltherredømmet, som den præstelige messias og den kongelige messias deltes om at udøve [9]. Til dette tema skal

---

9. Se Hengel, *Die Zeloten*, s. 300 f. med n. 5 og s. 371: »Vielleicht hatten Eleazar und Menahem ursprünglich an eine priesterlich-königliche Doppelherrschaft gedacht, wie wir sie bei den Essenern finden und wie sie später unter Bar Koseba angedeutet wird, doch ließen die militärischen Erfolge des Menahem dessen Streben nach uneingeschränkter Gesamtherrschaft immer unverhüllter hervortreten.«

II.1.ii. *Spørgsmålet om zeloterne* 79

der senere vendes tilbage (se nedenfor, II.4.iii.). Den traditionssammenhæng med den antikke jødedom som helhed, som Hengel heller ikke i øvrigt er blind for [10], viser klart og tydeligt, at »den fjerde filosofi« slet ikke var noget selvstændigt »parti« på linie med de tre andre. Martin Hengel vil gøre zeloterne, »den fjerde filosofi«, til et parti, der historisk går tilbage til Judas Galilæeren; Kirsopp Lake og i hans fodspor C. T. R. Hayward mener oven i købet først at kunne finde zeloterne bevidnet som et historisk parti ved krigsudbruddet i året 66 e.Kr. Men allerede Josefus' betegnelse af zeloterne som et fjerde parti viser, at det var ham om at gøre at indkredse oprørsbevægelsen til en veldefineret og historisk afgrænset størrelse, som markerede en undtagelse i den antikke jødedoms historie, og som, én gang overvundet og nedkæmpet af den romerske militærmagt, måtte ses som et isoleret fænomen, som jødedommen som sådan ikke havde noget at gøre med; oprørerne kunne således skildres som fanatikere og røvere, der som andre oprørsbevægelser var i splid med sig selv og tillige havde undertrykt det jødiske folk og bragt det i ulykke. Martin Hengel og andre historikere har ladet sig vildlede af Josefus' fremstilling og har ikke for alvor gennemskuet motiverne for hans måde at skildre forholdene på. Men zeloterne, for nu at bruge Josefus' betegnelse, udgjorde i virkeligheden den konsekvente fortsættelse af afgørende hovedstrømninger i den forløbne del af den antikke jødedoms historie, oven i købet i den del af denne historie, der betegner selve den antikke jødedom tilblivelse: makkabæer- og hasmonæertiden.

iii. *En samlet vurdering*
Afgørende for den forståelse af den antikke jødedom og dens tilblivelse, der er lagt til grund for fremstillingen her, er netop erkendelsen af makkabæer- og hasmonæertidens helt enestå-

---

10. Hengel, *Die Zeloten*, s. 151-234: 'Der Eifer'.

80 *Jesus: Den historiske og politiske udvikling*

de betydning. Det lykkedes for makkabæerne i en periode af omkr. hundrede år at tilkæmpe sig den politiske magt og at fastholde national selvstændighed for folket. I den periode blev jødedommen til, og en række af dens væsentligste institutioner befæstede sig. Om end fremmedherredømmet under romerne fra og med år 63 f.Kr. igen fratog folket dets nationale selvstændighed, var folket med erfaringerne af sin egen styrke dog blevet sig selv bevidst som folk og var villigt til, når lejligheden bød sig, at bringe de ofre, der skulle til, for igen at erhverve sig politisk og national selvstændighed. Det er forståeligt, ja, indlysende, at der kunne være diskussion om midlerne. Samarbejdspolitik og modstandskamp gik ikke hånd i hånd, og hensynet til den ikke-jødiske omverden, der altid havde opmærksomheden rettet mod, hvad jøderne i og uden for Palæstina foretog sig, var også bestemmende for, hvor langt man i givet fald mente at kunne gå. Alligevel er der en tydelig kontinuitet at spore i det samlede historiske forløb – en kontinuitet, der vel at mærke er til stede også efter romernes magtovertagelse og efter indførelsen af præfekt- og prokuratorstyret i Judæa, Samaria og Idumæa i året 6 e.Kr. Der er fortsat tale om den samme jødedom, som blev til under makkabæerne og hasmonæerne.

Det er den jødedom, der er tale om på Jesu tid.

2. Problematikken vedrørende den historiske Jesus

Litteratur

William Wrede: *Das Messiasgeheimnis in den Evangelien. Zugleich ein Beitrag zum Verständnis des Markusevangeliums*, opr. 1901, 3. Aufl. Göttingen 1963 = *The Messianic Secret*, Cambridge – London 1971.

II.2.i. William Wrede   81

Julius Wellhausen: *Einleitung in die drei ersten Evangelien*, Leipzig 1905, 2. Aufl. 1911.
Martin Dibelius: *Die Formgeschichte des Evangeliums*, opr. 1919, nybearbejdet 2. Aufl. 1933, 3. Aufl. Tübingen 1957 – citeres altid efter udgaven 1933 eller senere.
Karl Ludwig Schmidt: *Der Rahmen der Geschichte Jesu. Literarkritische Untersuchungen zur ältesten Jesusüberlieferung*, Berlin 1919, genoptrykt Darmstadt 1964.
Rudolf Bultmann: *Die Geschichte der synoptischen Tradition* (Forschungen zur Religion und Literatur des Alten und Neuen Testaments, 29), opr. 1921, 2., nybearbejdede Aufl. 1931, 3. Aufl. Göttingen 1957 = *The History of the Synoptic Tradition*, Oxford – New York 1963.
Rudolf Bultmann: Zur Frage der Christologie, opr. 1927, i: samme: *Glauben und Verstehen. Gesammelte Aufsätze*, I, Tübingen 1933, s. 85-113.
Nils Alstrup Dahl: Problemet «Den historiske Jesus», i: samme: *Rett lære og kjetterske meninger*, Oslo 1953, s. 156-202; også på engelsk: The Problem of the Historical Jesus, i: samme: *Jesus the Christ. The Historical Origins of Christological Doctrine*, ed. Donald H. Juel, Minneapolis 1991, s. 81-111.
Hans Conzelmann: *Die Mitte der Zeit. Studien zur Theologie des Lukas* (Beiträge zur historischen Theologie, 17), opr. 1954, 5. Aufl. Tübingen 1964 = *The Theology of St Luke*, London 1960, New York 1961.
Ernst Käsemann: Das Problem des historischen Jesus, opr. 1954, i: samme: *Exegetische Versuche und Besinnungen*, I, Göttingen 1960, s. 187-214 = The Problem of the Historical Jesus, i: samme: *Essays on New Testament Themes*, London 1964, s. 15-47.
Willi Marxsen: *Der Evangelist Markus* (Forschungen zur Religion und Literatur des Alten und Neuen Testaments, 67), opr. 1956, 2. Aufl. Göttingen 1959.
Rudolf Bultmann: *Das Verhältnis der urchristlichen Christusbotschaft zum historischen Jesus* (Sitzungsberichte der Heidelberger Akademie der Wissenschaften, Philol.-hist. Kl., 1960, 3.), Heidelberg 1960 = samme: *Exegetica. Aufsätze zur Erforschung des Neuen Testaments*, ed. Erich Dinkler, Tübingen 1967, s. 445-469 = The Primitive Christian Kerygma and the Historical Jesus, i: C. E. Braaten/R. A. Harrisville, edd., *The Historical Jesus and the Kerygmatic Christ*, Nashville 1964, s. 15-42.

82 Jesus: Problematikken vedrørende den historiske Jesus

Helmut Ristow/Karl Matthiae, edd.: *Der historische Jesus und der kerygmatische Christus. Beiträge zum Christusverständnis in Forschung und Verkündigung*, Berlin 1961.
Ernst Käsemann: Sackgassen im Streit um den historischen Jesus, i: samme: *Exegetische Versuche und Besinnungen*, II, Göttingen 1964, s. 31-68 = Blind Alleys in the »Jesus of History« Controversy, i: samme: *New Testament Questions of Today*, London 1969, s. 23-65.
Rudolf Bultmann: Antwort an Ernst Käsemann, i: samme: *Glauben und Verstehen. Gesammelte Aufsätze*, IV, Tübingen 1965, s. 190-198.
Mogens Müller: Historikerens Jesus, den historiske Jesus og kirkens Kristus-forkyndelse, Dansk Teologisk Tidsskrift 38 (1975), s. 81-104.
Heikki Räisänen: *The 'Messianic Secret' in Mark* (Studies of the New Testament and Its World), Edinburgh 1990.

i. William Wrede

Med William Wredes bog om »messiashemmeligheden« fra 1901 indledtes en ny epoke i den nytestamentlige fortolknings historie. Om end det siden 1838 [11] var fastslået, at Markusevangeliet måtte anses for at være det ældste af vore evangelieskrifter, kunne Wrede med sin undersøgelse af netop dette evangelium godtgøre, at det indeholdt en alt andet end objektiv beskrivelse af Jesu liv og gerning. Tværtimod hørte Mark. i lige så fuldt et omfang som de andre evangelier hjemme i dogmehistorien og var allerede i så høj grad præget af den kristne forståelse af troen på Jesus som Kristus, at det ikke længere var muligt på dette grundlag at udtale sig med nogen større sikkerhed om den historiske Jesus. Med sin undersøgelse af det faktisk foreliggende evangelieskrift (jfr. hans bogs undertitel) banede Wrede således allerede ved århundredeskiftet vejen for den redaktionshistoriske analyse af evangelierne, som ellers først tog fart efter Anden Verdenskrig – herom videre nedenfor.

Hvad hans hovedemne, messiashemmeligheden, angik, mente Wrede at kunne fastslå, at Mark. udviste en overlapning af to

---

11. Med Weißes og Wilkes af hinanden uafhængigt opstillede Markushypotese som en delløsning på det synoptiske problem.

II.2.i. William Wrede

forskellige lag i overleveringen om Jesus: når talen om Jesus som messias eller Kristus i Mark. var udsat for et påfaldende påbud om at holdes hemmelig, så længe Jesu opstandelse endnu ikke havde fundet sted (se især Mark 9,9), skyldtes det ifølge Wrede at den historiske Jesus ikke blev anset for at være messias og heller ikke selv ville gælde for at være det, mens dog på den anden side den ældste menighed netop troede, at han var det. Denne modsigelse i Jesusoverleveringen udlignedes gennem »teorien« om messiashemmeligheden: nok var Jesus messias, men først i og med hans opstandelse blev det åbenbaret, at han var det.

Med denne teori havde Wrede samtidig peget på en faktor, som skulle vise sig at blive af overordentlig betydning for de næste årtiers beskæftigelse med evangelierne: overleveringen om Jesus *forud* for den skriftlige udformning af evangelierne, men *efter* den historiske Jesu egen tid. Da Wrede også havde peget på betydningen af at analysere selve evangelieskrifterne, var der med ét slag gjort opmærksom på hele tre strata vedrørende Jesus og evangelierne: 1) den historiske Jesus selv, 2) den mundtlige overlevering om denne historiske Jesus og 3) evangelisternes litterære behandling af denne mundtlige overlevering.

En næsten øjeblikkelig virkning af Wredes bog fra 1901 var den, at så godt som al seriøs beskæftigelse med spørgsmålet om den historiske Jesus i teologien og eksegesen hørte op: når selv den ældste og – som man måtte mene – pålideligste fremstilling af Jesu liv og gerning, nemlig Mark., ikke længere lod sig bruge som kilde, var det bedre ikke at lade sig optage af et emne, hvortil materialet alligevel ikke slog til. Forstærket i næsten uhyggelig grad blev denne virkning af Albert Schweitzers samtidige påvisning af, at de hidtidige fremstillinger af Jesu liv siden oplysningstiden – og det ikke mindst dem, der ville gælde for at være videnskabelige – viste sig at afspejle deres ophavsmænds egne tidsbestemte ideer og forestillinger langt mere, end man skulle have ventet, og at afsløre vilkårligheden i brugen og udvælgelsen af evangelieteksterne; dertil kom, at Schweitzers

84 *Jesus: Problematikken vedrørende den historiske Jesus*

eget forsøg på at give en fremstilling af den historiske Jesus var lige så tidsbestemt som de fremstillinger, han med så stor skarpsindighed havde kritiseret [12].
Beskæftigelsen med den historiske Jesus – stratum 1) – hørte op og blev af teologien overladt til det grå marked. I stedet koncentrerede eksegeterne sig så meget mere om overleveringen om den historiske Jesus – stratum 2). Når man ikke kunne få den, man elskede, måtte man elske den, man kunne få [13].

ii. *Formhistorien*
Denne beskæftigelse udfoldede sig mest intenst i tiden mellem de to verdenskrige og førte snart til fremkomsten af den formhistoriske skole omkr. år 1920 med navne som Martin Dibelius og Rudolf Bultmann som de fremherskende. Den teologiske betydning heraf var stor. Den kan måske kort sammenfattes i dette: at man eksegetisk, i beskæftigelsen med Jesusoverleveringen, rettede opmærksomheden mod det mundtlige ord, prædikenen, forkyndelsen. For: »Im Anfang war die Predigt« [14],

---

12. Jfr. Dahl, *Rett lære*, s. 184 f.: »en ren konstruksjon var også Schweitzer's egen skisse av Jesu liv. Han tok sitt utgangspunkt ved utsendelsen av de tolv. Jesus hadde ventet at Guds rike skulle komme og han selv bli åpenbaret som Menneskesønnen før de tolv kom tilbake (Matt. 10,23). At dette ikke inntraff, skulle så være grunnen til at Jesus innså at hans egen død var en nødvendig forutsetning for gudsrikets komme og dro opp til Jerusalem for å fremtvinge den. Denne konstruksjonen beror i virkeligheten på en svært vilkårlig kombinasjon av kildene.«
13. Jfr. min formulering i min artikel, Træk af den nytestamentlige eksegeses historie i Danmark i det 20. århundrede, i: Kirkehistoriske samlinger 1979, s. 127-150, her s. 134.
14. Denne berømte formulering af Martin Dibelius findes ikke i hans *Formgeschichte*, men i hans tidligere afhandling, Die alttestamentlichen Motive in der Leidensgeschichte des Petrus- und des Johannesevangeliums, i: *Abhandlungen zur semitischen Religionsgeschichte und Sprachwissenschaft* (Beihefte zur Zeitschrift für die alttestamentliche Wissenschaft, 33), Gießen 1918, s. 125-150, her s. 146; genoptrykt i: Martin Dibelius: *Botschaft und Geschichte. Gesammelte Aufsätze, I: Zur Evangelienforschung*, udg. af Günther Bornkamm, Tübingen 1953, s. 221-247, her s. 242.

II.2.ii. *Formhistorien*

som også den samtidigt fremkomne dialektiske teologi og Lutherforskningen, som oplevede en renaissance, lærte. Man fik øje for menigheden som det sted, hvor Jesusoverleveringen hørte hjemme og plejedes, og blev opmærksom på både denne overleverings og menighedens egne sociologiske aspekter, ligesom beskæftigelsen med de enkelte overleveringsstykkers litterære egenart førte til forståelse af sammenhængen mellem form (»Gattung«) og funktion eller – som det blev udtrykt – »Sitz im Leben«. Der spurgtes ikke, om dette eller hint var historisk pålideligt, for spørgsmålet om den historiske Jesus var som sagt lagt til side. Der spurgtes derimod om overleveringens og dens enkeltdeles funktion. Som et led i disse bestræbelser måtte en adskillelse af redaktion og tradition foretages (bl.a. Karl Ludwig Schmidt); ofte gik det noget hårdhændet ud over redaktionen, der blev skåret bort som relativt uvedkommende, for at man så meget lettere kunne komme til traditionen og udtale sig om den. At evangelisternes omhyggelige redaktionsarbejde på denne måde ikke sjældent blev stedmoderligt behandlet – også ud fra den eksegetiske overbevisning om, at de næppe altid havde forstået, hvad de havde redigeret så slet – og i grunden kun gjort brug af som en slags transparent, der tillod beskueren at få indblik i den bagved liggende tradition, var kun få klare over. Det var forbeholdt tiden efter Anden Verdenskrig med fremkomsten af den redaktionshistoriske skole at søge at råde bod herpå; bemærkelsesværdigt nok viste dette sig at falde sammen i tid med genoptagelsen af spørgsmålet om den historiske Jesus.

Sammenhængen mellem eksegese – her den formhistoriske skoles arbejde – og teologi var tydelig og er allerede påpeget. Hos nogle eksegeter og teologer var denne sammenhæng så indlysende og selvfølgelig, at *nødvendigheden* af at undlade at beskæftige sig med spørgsmålet om den historiske Jesus blev gjort til en teologisk *dyd*. Det var tilfældet hos Rudolf Bultmann, der dels hævdede, at Jesus var forsvundet bag røgen af den brand, han selv havde antændt, dels erklærede sig fornøjet dermed: den historiske Jesus havde teologisk ingen betydning,

86 *Jesus: Problematikken vedrørende den historiske Jesus*

men tjente kun til at sikre troen, som imidlertid ikke skulle sikres på nogen måde [15].

At den historiske nødvendighed på denne måde blev gjort til en teologisk dyd, havde imidlertid sin pris. For i og med, at spørgsmålet om den historiske Jesus blev lagt til side, blev det forhold, at Jesus faktisk var jøde og som sådan hørte hjemme i den antikke jødedom, gjort til noget ligegyldigt, som ikke havde hverken teologisk eller kirkelig relevans. Kristologisk set var der hos Bultmann tale om doketisme (af græsk *dokeîn*, »have skin af« – se også nedenfor, II.5.i.): spørgsmålet om Kristus var reduceret til et punkt – troen på hans død og opstandelse – der i matematisk forstand som bekendt ingen udstrækning har (det kom ikke an på »das Was«, men på »das Daß«), og problemet om den historiske Jesus var i grunden slet ikke løst, men blot lagt til side. Principielt var det det samme, som gnostikerne, herunder Markion (se IV.5.ii.), i oldkirken havde gjort.

iii. *Redaktionshistorien og spørgsmålet om den historiske Jesus*
Det er forunderligt at se, at der omtrent samtidigt, nemlig ved midten af 1950'erne, skete to afgørende, men vidt forskellige ting: dels fremkomsten af den redaktionshistoriske skole, dels genrejsningen af spørgsmålet om den historiske Jesus.

Mens formhistorien havde behersket evangelieforskningen i tiden mellem de to verdenskrige, kom redaktionshistorien, indledt af Hans Conzelmann i 1954, til at beherske store dele af evangelieforskningen i den tyske verden efter Anden Verdenskrig. Men samtidig med, at redaktionshistorien betegner en

---

15. Bultmann, *Glauben und Verstehen*, I, s. 101: »Ich habe mich in meinem kritischen Radikalismus noch nie unbehaglich gefühlt, sondern ganz behaglich. Ich habe aber vielfach den Eindruck, daß meine konservativen Kollegen im Neuen Testament [altså: i *faget* Ny Testamente] sich recht unbehaglich fühlen; denn ich sehe sie immer bei Rettungsarbeiten begriffen. Ich lasse es ruhig brennen; denn ich sehe, daß das, was da verbrennt, alle die Phantasiebilder der Leben-Jesu-Theologie sind, und daß es der *Christòs katà sárka* [vendingen er – med tvivlsom ret – hentet fra 2 Kor 5,16] selbst ist.«

II.2.iii. Redaktionshistorien og den historiske Jesus

berettiget korrektion af formhistorien for så vidt, som den påpegede evangelisternes væsentlige andel i redaktionen af evangelierne, som vi nu har dem i Det nye Testamente, er den redaktionshistoriske analyse af evangelierne også udtryk for, i hvor høj grad man fjernede sig stedse mere fra sagen selv: Jesus. Det drejer sig jo her, i den redaktionshistoriske analyse, om stratum 3). Kunne man, også teologisk, overhovedet komme længere bort?

I 1954 fremkom Bultmann-disciplen, Ernst Käsemann, med sit krav om på ny at stille spørgsmålet om den historiske Jesus. I skarp modsætning til sin lærer gjorde han gældende, at hvis ikke spørgsmålet om den historiske Jesus igen blev sat på teologiens dagsorden, ville teologi, kristendom og kirke komme til at forholde sig til en myte, der ikke havde noget konkret med virkeligheden at gøre. Ganske vist var det klart, at den Leben-Jesu-forskning, som Wrede og Schweitzer havde afsløret ved århundredets begyndelse, ikke skulle eller burde genoplives: hverken Jesu ydre eller indre (altså psykologiske) udvikling lod sig rekonstruere og kortlægge. Men det forhold, at evangelisterne med deres evangelieskrifter dog havde beskæftiget sig med den historiske Jesus og forsøgt at fremstille, hvad der i det mindste lignede historisk fremadskridende fremstillinger, ikke mindst tydeligt i Luk.-Ap.G., måtte tvinge nutidig teologi til at tage spørgsmålet om, hvem Jesus var, og hvad han ville, historisk alvorligt.

Overraskende nok har tiden siden da ikke ført teologien ud af stedet, hvad spørgsmålet om den historiske Jesus angår. Det er stort set blevet ved spørgsmålet. Og hvor det er forsøgt besvaret – der kan her bl.a. henvises til Günther Bornkamms Jesusbog fra 1956 og Ed Parish Sanders' fra 1985 (herom videre nedenfor, II.5.i.) – er svaret i overvejende grad blevet givet som en redegørelse for Jesu forkyndelse (Bornkamm), hvor man som læser ikke altid er sikker på, om det er Jesu forkyndelse eller evangelisternes teologi, der tales om, eller i form af en bekræftelse på, at vi ikke véd ret meget, og at det lidt, vi véd, kun skal tydeliggøre, at Jesus ikke brød med sin tids jødedom (Sanders). I begge tilfælde er det al opmærksomhed værd, at spørgsmålet, om Jesus inden sin død og opstandelse var messias eller ikke, ikke har forfatternes interesse – og det, skønt netop dette spørgsmål kristologisk betragtet næppe kan tilsidesættes som ligegyldigt.

Ikke desto mindre må forsøget på at besvare spørgsmålet om den historiske Jesus voves. Som Nils Alstrup Dahl har udtrykt det: »Lar teologene det ligge, vil andre ta det opp« [16]. Tanken om at reformere kristendommen på grundlag af en kritisk Jesus-forskning kan man ganske vist roligt lade fare; men en sådan forskning er i det mindste et anstændigt arbejde, som man – for at tale paulinsk (1 Kor 7,29 ff.) – er nødt til at påtage sig »som en, der ikke« påtager sig det [17]. Der *er* ting, vi véd. Af disse skal her i korthed kun nævnes to, som står ved henholdsvis begyndelsen og slutningen af Jesu virksomhed: dels er det en ubestridelig kendsgerning, at Jesus blev døbt af Johannes Døber, dels er det et uomtvisteligt faktum, at Jesus blev henrettet som jødernes konge – det sidste fremgår af indskriften på korset. Med Jesu dåb er straks en anden person involveret: Johannes Døber. Det synes, som om vi med disse to personer, Johannes og Jesus, står over for 'præst' og 'konge', og muligvis lader det sig gennem denne iagttagelse gøre at formulere spørgsmålet om Jesus som Kristus eller messias – det kristologiske spørgsmål – på ny.

---

16. Dahl, *Rett lære*, s. 173.
17. Dahl, *Rett lære*, s. 173.

3. Johannes Døber

Litteratur

Martin Dibelius: *Die urchristliche Überlieferung von Johannes dem Täufer* (Forschungen zur Religion und Literatur des Alten und Neuen Testaments, 15). Göttingen 1911.
Harold W. Hoehner: *Herod Antipas* (Society for New Testament Studies, Monograph Series, 17), Cambridge 1972, især s. 110-171: 'Antipas and John the Baptist'.
W. Schenk: Gefangenschaft und Tod des Täufers. Erwägungen zur Chronologie und ihrer Konsequenzen, New Testament Studies 29 (1983), s. 453-483.
Gerd Theißen: Das »schwankende Rohr« in Mt. 11,7 und die Gründungsmünzen von Tiberias. Ein Beitrag zur Lokalkoloritforschung in den synoptischen Evangelien, Zeitschrift des Deutschen Palästina-Vereins 101 (1985), s. 43-55 = samme: *Lokalkolorit und Zeitgeschichte in den Evangelien. Ein Beitrag zur Geschichte der synoptischen Tradition* (Novum Testamentum et Orbis Antiquus, 8), Freiburg (Schweiz) – Göttingen 1989, s. 26-44 = The "Shaken Reed" in Mt 11:7 and the Foundation Coins of Tiberias, i: samme: *The Gospels in Context. Social and Political History in the Synoptic Tradition*, Edinburgh 1992, s. 26-42.
Rainer Riesner: Bethany beyond the Jordan (John 1:28). Topography, Theology and History in the Fourth Gospel, Tyndale Bulletin 38 (1987), s. 29-63.
Josef Ernst: *Johannes der Täufer. Interpretation – Geschichte – Wirkungsgeschichte* (Beiheft zur Zeitschrift für die neutestamentliche Wissenschaft, 53), Berlin – New York 1989.

i. *Overleveringen*

Et af de mærkeligste forhold ved den nytestamentlige beretning om Jesus er dette, at hans person knyttes til en anden: Johannes Døbers. Det ubestridelige faktum, som det må anses for at være, at Jesus lod sig døbe af Johannes Døber i Jordanfloden, viser os, at Jesus knyttede sin person til Johannes Døbers, og Jesu påstand om Johannesdåbens guddommelige herkomst (Mark 11,30) bringer ligeledes til skue, at Jesus anså Johannes for at være sendt af Gud. Der er altså så at sige tale om en slags

»afhængighed« af Johannes Døber på Jesu side. Men omvendt er det ikke muligt med tilsvarende sikkerhed at gøre gældende, at Johannes Døber i Jesu person så en af Gud sendt skikkelse, og at det var om ham, Døberen talte, når han talte om »en kommende« (Mark 1,7). Ganske vist fremstiller de nytestamentlige beretninger forholdet således – at Johannes med andre ord var Jesu forløber. Men denne fremstilling kan være sekundær, og det faktum, som det synes at være, at der endnu i relativt sen apostolsk tid fandtes disciple af Johannes Døber som en selvstændig, af Jesus uafhængig bevægelse (ApG 19,1 ff.; jfr. Mark 2,18; Luk 1,76 ff. – i »Benedictus« – og 3,15; Joh 1,6-8.15.20 ff.), peger snarere i retning af, at mens Jesu person og virksomhed ikke kan tænkes uden på baggrund af Johannes Døbers, er Johannes Døbers person og virksomhed både historisk og teologisk meget vel tænkelig uden Jesus.

Ud over de nytestamentlige beretninger om Johannes Døber er vi i besiddelse af en bemærkelsesværdig fremstilling hos Josefus, Ant. Jud. XVIII, 109-126 (kap. 5,1-3). Den handler om Johannes' fængsling og henrettelse og udgør således en parallel til Mark 6,17-29. Den skal derfor gengives her [18]:

109 På den tid opstod der af følgende grund en strid mellem Aretas, konge af Petra [19], og Herodes [20].

Tetrarken Herodes havde giftet sig med Aretas' datter og havde nu levet sammen med hende i lang tid. Undervejs til Rom gjorde han ophold [formodentlig i Cæsarea ved Havet] hos sin bror Hero-

---

18. Engelsk oversættelse findes hos Louis H. Feldman, i: *Josephus. With an English Translation*, IX, 1965, s. 77 ff.
19. Aretas IV., de arabiske nabatæeres konge år 9 f.Kr.-40 e.Kr.; jfr. 2 Kor 11,32. Petra (jfr. § 120) var nabatæernes hovedstad, beliggende omkring halvvejs mellem Det døde Havs sydende og nordspidsen af den havbugt, der fra Det røde Hav omslutter Sinajhalvøen østfra. Nabatæerne beherskede med andre ord områderne syd og sydøst for Palæstina; jfr. betegnelsen 'Arabien' i Gal 1,17.
20. Herodes Antipas, en søn af Herodes den Store og tetrark over Galilæa og Peræa år 4 f.Kr.-39 e.Kr.

II.3.i. Overleveringen

des [21], der havde en anden mor; denne Herodes var nemlig født af ypperstepræsten Simons datter. 110 Han blev imidlertid forelsket i Herodias, dennes hustru, der var datter af deres bror Aristobul og søster til Agrippa den Store [22], og han dristede sig til at tale om ægteskab. Og da hun sagde ja, blev de enige om, at hun skulle flytte til ham, så snart han var kommet tilbage fra Rom. De var også enige om, at han skulle sende Aretas' datter bort. 111 Med denne aftale sejlede han til Rom.

Men da han var kommet tilbage efter at have udført, hvad han skulle i Rom, gav hustruen, der havde fået nys om aftalen med Herodias, endnu før han erfarede, at hun vidste det hele, besked om, at hun ville rejse til Makærus, der ligger midtvejs mellem Aretas' og Herodes' områder; sin hensigt dermed gav hun ikke til kende. 112 Og Herodes lod hende rejse, da han ikke havde mistanke om, at kvindemennesket mærkede noget. Men i god tid i forvejen havde hun sendt bud til Makærus <som dengang tilhørte hendes far> [23], og alt var af strategen blevet forberedt til hendes flugt, så at hun straks, da hun ankom, kunne rejse videre til Arabien ved hjælp af strategerne, der afløste hinanden, og hurtigt kom til sin far, hvem hun fortalte om Herodes' plan.

113 Han lod dette blive begyndelsen til fjendskabet, også angående grænsedragningen i området ved Gamala [24], og tropper blev

---

21. Herodes, om hvem ikke meget vides; han var — ligesom Herodes Antipas — søn af Herodes den Store og oprindelig bestemt til at være tronarving, men levede formodentlig som privatmand i Cæsarea ved Middelhavet; jfr. foran, II.1.i. I Mark 6,17 kaldes Herodias' første mand for Filip, men det er en fejl (mod Hoehner, *Herod Antipas*, s. 133-136); der er ingen steder hos Josefus, der kunne berettige til at mene, at denne Herodes havde tilnavnet Filip. Tetrarken Filip var derimod den her nævnte Herodes' og Herodias' svigersøn, eftersom han var gift med deres datter Salome, og halvbror til både Antipas og den nævnte Herodes.
22. Agrippa I., konge år 37-44; jfr. ApG 12,1-23.
23. Borgen Makærus tilhørte ikke Aretas, men Antipas og lå i Peræa som en grænsefæstning mod nabatæerne; men håndskriftoverleveringen er usikker, og Feldmans oversættelse beror på en tekstrettelse.
24. Stednavnet rettes ofte af udgiverne, bl.a. Feldman, IX, s. 80 f. Men se Gerd Theißen, *Lokalkolorit u. Zeitgesch.*, s. 85-102: 'Die Legende vom Tod des Täufers — eine Volksüberlieferung mit Nachbarschaftsperspektive' (= The Legend of the Baptizer's Death: A Popular Tradition Told from the Perspective of Those Nearby? i: samme: *The Gospels in Context*, s. 81-97), her s. 86, n. 56: »Gamala liegt im Gebiet des Philippus, also genau in jenem Bereich, den die

samlet på begge sider, så der blev krig, idet de dog sendte strateger i stedet for sig selv. 114 Da det kom til kamp, blev hele Herodes' hær slået, fordi han blev forrådt af nogle flygtninge, som var kommet fra Filips tetrarki [25] og havde sluttet sig til hans hær.
115 Herodes skrev til Tiberius [26] herom. Denne skrev i vrede over Aretas' angreb til Vitellius [27] om at åbne krig og enten gribe Aretas levende og tage ham til fange eller slå ham ihjel og sende sig hans hoved. Dette var, hvad Tiberius pålagde Syriens militærguvernør at gøre.
116 Men for nogle af jøderne var ødelæggelsen af Herodes' hær en retfærdig straf fra Gud som gengæld for Johannes med tilnavnet Døberen. 117 For Herodes havde ladet ham henrette, og det skønt han var en god mand, der formanede jøderne til at leve dydigt, udvise retfærdighed over for hinanden og fromhed over for Gud og at blive forenet ved dåb; for kun således forekom dåben ham at være antagelig, når den ikke skete til forladelse af begåede synder, men til helligelse af legemet, forudsat at også sjælen forud var blevet renset ved retfærdighed. 118 Da også andre sluttede sig til ham, fordi de i høj grad blev revet med ved at høre hans ord, blev Herodes bange for, at hans store evner til at overtale folk skulle føre til opstand; for de så ud til at følge hans råd i alt, hvad de gjorde. Han anså det for langt bedre at gribe ind først og slå ham ihjel, før der fandt et oprør sted på grund af ham, end at der skete en omvæltning, og han selv kom i vanskeligheder, som han måtte fortryde.
119 Af mistænksomhed sendte Herodes ham til den før omtalte fæstning Makærus [28] og lod ham henrette dér. Men for jøderne var tilintetgørelsen af Herodes' hær sket som straf for henrettelsen af ham, eftersom det var Guds vilje at tilføje Herodes skade.
120 Vitellius forberedte sig nu med henblik på krigen mod Aretas med to legioner svært bevæbnet infanteri og det lettere infanteri og

---

Nabatäer 21/20 v.Chr. gekauft hatten, ohne ihn in Besitz nehmen zu können. Hier konnten sie also Ansprüche geltend machen. Wahrscheinlich erhoben sie diese erst nach dem Tod des Philippus 34 n.Chr. Der Krieg mit Antipas fand 36 n.Chr. statt. Die vielen Überläufer aus dem Gebiet des Philippus zeigen: Es waren nicht alle von den besseren Rechtsansprüchen des Antipas überzeugt.«
25. Om tetrarken Filip: se n. 21.
26. Kejser Tiberius, år 14-37 – han døde den 15. marts 37, jfr. nedenfor, § 124.
27. Vitellius, Syriens militærguvernør år 35-39.
28. Se § 112.

II.3.i. Overleveringen

kavaleri, der var tilknyttet dem som hjælpetropper, og med udgangspunkt i kongerigerne under romerne drog han frem mod Petra og indtog Ptolemaïs. ...
124 På den fjerde dag [nemlig af Vitellius' og Antipas' fælles ophold i Jerusalem under påske- eller pinsefesten år 37 e.Kr. [29]], da han fik brev om Tiberius' død [30], lod han mængden tilsværge Gajus [31] troskab. Han tilbagekaldte derpå hæren for at lade hver enkelt tage hjem for vinteren, eftersom han ikke længere som hidtil kunne føre krig, nu da magten var tilfaldet Gajus. ... 126 Vitellius drog derpå tilbage til Antiokia.

Til ovenstående kan føjes Josefus' bemærkning om Herodias og Salome i Ant. Jud. XVIII, 136-137 (kap. 5,4):

136 Herodias ... var gift med Herodes, søn af Herodes den Store og Mariamme, datter af ypperstepræsten Simon. De fik datteren Salome. Efter hendes fødsel giftede Herodias, der så bort fra de fædrene skikke, sig med Herodes [altså Herodes Antipas], sin mands bror ved den samme far [Herodes den Store] og tetrark over Galilæa, og det, skønt hun derved skilte sig fra en mand, mens han endnu var i live. 137 Hendes datter, Salome, giftede sig med Filip, Herodes' [dvs. Herodes den Stores] søn og tetrark over Trakonitis. Da han døde barnløs [32], giftede Aristobul, søn af Agrippas [dvs. Herodes Agrippa I.s] bror Herodes, sig med hende, og de fik tre sønner: Herodes, Agrippa og Aristobul.

Til sammenligning følger her Mark 6,14-29:

14 Og kong Herodes [33] hørte om ham [dvs. om Jesus], thi hans navn var blevet kendt, og man sagde: Johannes Døber er opvakt

---

29. Påsken, dvs. den 14. nisan, faldt i året 37 på den 19. april. Til diskussionen om, hvorvidt det drejede sig om påsken eller om pinsen: se Hoehner, *Herod Antipas*, s. 256 f. og s. 313-316: 'The Date of Pilate's Return to Rome'.
30. Se ovenfor, n. 26.
31. Gaius Caligula, kejser år 37-41.
32. Omkr. år 33/34.
33. Dvs. Herodes Antipas; at han kaldes »konge«, mens han i virkeligheden kun var tetrark over Galilæa og Peræa, er vel folkelig udtryksmåde – medmindre der foreligger en forveksling med Herodes den Store, som faktisk var konge. En anden forklaring hos Theißen, *Lokalkolorit u. Zeitgesch.*, s. 92, hvor der peges på de senere herodæeres faktiske kongetitel: »Daß Antipas in Mk 6,17ff als »König« erscheint, dürfte Erzähler voraussetzen, in deren Erlebenswelt Herodäer selbstverstählich »Könige« waren.«

fra de døde, og derfor virker underfulde kræfter i ham. 15 Andre sagde: Det er Elias, og andre igen: Det er en profet ligesom de andre profeter. 16 Men da Herodes hørte det, sagde han: Ham, som jeg har ladet halshugge, Johannes, han er opstået!
17 Herodes havde nemlig sendt folk ud og ladet Johannes gribe og lænke og kaste i fængsel for sin bror Filips [34] hustru, Herodias', skyld; thi hende havde Herodes taget til ægte, 18 og Johannes havde så sagt til ham: Du har ikke lov til at have din brors hustru!
19 Herodias bar derfor nag til ham og ville gerne have ham slået ihjel, men havde ikke magt til det. 20 Thi Herodes var bange for Johannes, da han vidste, at han var en retfærdig og hellig mand, og han holdt hånden over ham; og når han hørte ham, var han meget tvivlrådig; dog ville han gerne høre ham.
21 Så kom der en belejlig dag, da Herodes på sin fødselsdag gjorde et gæstebud for sine højeste embedsmænd og hærførere og de fornemste folk i Galilæa. 22 Da kom hans [dvs. Herodes Antipas'] datter, Herodias [35], ind og dansede, og hun behagede Herodes og gæsterne. Og kongen sagde til pigen: Forlang af mig, hvad du vil, så skal jeg give dig det! 23 Og han gav sin ed på det og sagde: Hvad du end forlanger, vil jeg give dig – lige til halvdelen af mit kongerige!
24 Så gik hun ud og spurgte sin mor: Hvad skal jeg forlange? Hun sagde: Johannes Døbers hoved! 25 Og straks skyndte hun sig ind til kongen og kom frem med sit forlangende: Jeg ønsker, at du nu med det samme giver mig Johannes Døbers hoved på et fad!

34. Navnet er forkert – se ovenfor, n. 21.
35. I v. 22 er der et vanskeligt tekstkritisk spørgsmål at besvare. Den bedste læsemåde, optaget af både Nestle, af Nestle/Aland, 26. udg., og af *The Greek New Testament*, 3. udg., har *autoû*, altså maskulinum, mens textus receptus har *autês (tês)*, altså femininum. I sidste tilfælde er: 'selve Herodias' datter [dvs. Salome – som vi véd fra Josefus!]', står man over for det problem, at Salome måske var født allerede omkr. år 6 e.Kr. – således Schenk, NTSt 29 (1983), s. 465 – og derfor næppe kunne kaldes for en »(ung) pige«, græsk *korásion* (Mark 6,22.28 – i Mark 5,42 kaldes Jairus' datter også for en *korásion*, og hendes alder angives dér udtrykkeligt at være 12 år). I det første tilfælde hed også Herodes Antipas' og Herodias' fælles datter (pigen kalder Herodias for sin mor) i Mark 6,22 Herodias (det drejede sig i så fald ikke om Salome); ægteskabet var så indgået en del år tidligere, og Aretas' datters flugt til Arabien lå tilsvarende tidligt (se videre nedenfor, ved n. 41). Anderledes Theißen, *Lokalkolorit u. Zeitgesch.*, s. 94 ff., der for så vidt »forsvarer« de historiske unøjagtigheder i Mark 6,14 ff., som han anser dem for at være udtryk for en senere tids folkelige og antiherodianske tradition.

II.3.i. Overleveringen

26 Og skønt kongen blev meget bedrøvet, ville han dog af hensyn til sine eder og til gæsterne ikke give hende afslag, 27 men sendte straks skarpretteren af sted med ordre til at bringe hans hoved. Og han gik hen og halshuggede ham i fængslet, 28 bragte hans hoved på et fad og gav det til pigen, og hun gav det til sin mor [36].
29 Men da hans disciple hørte det, kom de og tog hans lig og lagde det i en grav.

Der består både overensstemmelser og forskelle mellem Josefus' beretning og Markusberetningen. Til overensstemmelserne må først og fremmest regnes det forhold, at beretningen om henrettelsen af Johannes Døber så at sige er fortalt i plusquamperfektum: i anledning af en anden begivenhed (hos Josefus: krigen mellem Antipas og Aretas, hos Markus: Jesu undergerninger) fortælles der om, at Antipas *ved en tidligere lejlighed* havde ladet Johannes Døber henrette. I begge tilfælde er fortællingen om henrettelsen en forklarende tilføjelse til en beretning om noget andet og for så vidt *af underordnet betydning*: §§ 116-119 hos Josefus såvel som v. 17-29 hos Markus har karakter af efterhængt forklaring.

Desuden må det nævnes, at i begge tilfælde har fortællingerne analoge funktioner: hos Josefus det forhold, at Antipas' nederlag i krigen med Aretas ses som en guddommelig rehabilitering af den henrettede Johannes Døber [37], hos Markus den omstændighed, at den henrettede Johannes Døber nu står for sin banemand, Antipas, som den rehabiliterede og ophøjede,

---

36. Om datterens forlangende og hele opførsel skriver Schenk, NTSt 29 (1983), s. 466-467, med rette: »... daß die Tochter 'an der Durchtriebenheit ihrer Mutter teilhat', wird vom mk Text her nicht gedeckt. Wieder werden dabei negative Züge konnotiert – doch ohne zureichende Gründe: Sie agiert eher verlegen, weiß nicht, was sie bitten soll, so daß sie ihre Mutter fragt, damit eher tragisch ein willfähriges Werkzeug der Herodias wird und schließlich – nach der Bluttat – reicht sie die Schüssel mit dem Täuferkopf sofort ihrer Mutter weiter – somit bezeugend, wer der eigentlich Bittende war [nemlig moderen], und deutlich von sich wegweisend. Kommentatoren, die das übergehen, verzeichnen die mk Darstellung der Funktion wie des Charakters der Tochter.«
37. Jfr. Schenk, NTSt 29 (1983), s. 460 og 463.

der derved fremtvinger erkendelse og bekendelse af skyld: Mark 6,16 [38].

Yderligere er der i begge tilfælde tale om en anerkendelse af Johannes Døber som en retfærdig person: Josefus, § 117; Mark 6,20.

Endelig består der den overensstemmelse mellem Josefus og Markus, at begge, om end forskelligt, utvetydigt tilkendegiver den moralske dom over ægteskabet mellem Antipas og Herodias. Der er næppe tænkt på konkrete overtrædelser af Moselovens forskrifter (som Mark 2,23 ff. og 7,1 ff. i øvrigt ikke forsvarer overholdelsen af), men på det moralske forhold, at Herodias ved en skilsmisse forlader sin ægtefælle, og at Antipas uden skrupler vil skille sig af med sin – altså i begge tilfælde simpelt hen ægteskabsbrud.

Af forskellene mellem Josefus' og Markus' beretninger må anføres: Josefus begrunder henrettelsen af Johannes Døber med politiske hensyn, mens Markus tilkender Herodias et udelukkende moralsk ansvar for, at henrettelsen fandt sted. Der behøver ikke nødvendigvis at være nogen saglig modsigelse mellem disse to forklaringer, idet fængslingen af Johannes Døber under alle omstændigheder skyldtes Antipas; dog er allerede fængslingen ifølge Markus moralsk motiveret, hos Josefus derimod politisk.

Vigtigere er den forskel, at Markus er ene om at se en sammenhæng mellem Antipas' og Herodias' ægteskab på den ene side og fængslingen og henrettelsen af Johannes Døber på den anden side. Hos Josefus er der ikke tale om en sådan sammenhæng, men kun om en politisk motivering: Johannes Døber fængsles og henrettes af politiske grunde, og ægteskabet mellem Antipas og Herodias fører nok til krigen mellem Antipas og Aretas, men har ifølge Josefus' fremstilling slet ikke været nævnt, endsige fordømt, af Johannes Døber.

38. Jfr. Schenk, smst., s. 471-472.

II.3.i. Overleveringen

Øjensynlig véd Markus ikke besked med de politiske forviklinger og med forholdet til Aretas og med Antipas' tidligere ægteskab med hans datter.

Yderligere må det fremhæves, at gæstebudet, under hvilket Johannes Døber ifølge Markus henrettedes, efter alt at dømme fandt sted i Galilæa (og dog: hvorfor så kun hans hoved? Mogens Müller), mens henrettelsen ifølge Josefus fandt sted på borgen Makærus i det sydlige Peræa. Dette forhold lader sig næppe forklare anderledes, end at Josefus' beretning på dette punkt er den rigtige og dermed udelukker, at Markus i denne henseende har bevaret en korrekt erindring om hændelsesforløbet.

Alt i alt må Josefus' fremstilling foretrækkes, mens Markus' – med dens notoriske urigtigheder: Filip som Herodias' tidligere ægtemand og Galilæa (?) som stedet for henrettelsen af Johannes Døber – beror på alment udbredte fortællinger af folkelig art om Døberens død, men ikke skyldes solid overlevering, som kunne have nået evangelisten f.eks. via Døberkredse [39].

ii. Tre forhold

Tre forhold fortjener særlig omtale.

Wolfgang Schenk har i den omtalte afhandling fra 1983 plæderet for en ny kronologi i forbindelse med Johannes Døber. Ægteskabet mellem Antipas og Herodias blev ifølge Schenk først indgået efter tetrarken Filips død år 33/34 og var politisk motiveret af ønsket om også at komme i besiddelse af Filips tetrarki øst og nordøst for Galilæasøen – kejser Tiberius lod imidlertid området indgå under direkte forvaltning af Syriens militærguvernør, og først under Caligula (år 37-41) blev det tildelt Agrippa I., Herodias' bror. Desuden gør Schenk gældende, at Johannes Døber først er blevet henrettet omkr. år 35 og følgelig har overlevet Jesu korte virksomhed med flere år [40]. Men bå-

---

39. Jfr. Schenk, smst., s. 470.
40. Se Schenk, NTSt 29 (1983), s. 463 f. Han henviser herfor bl.a. til Karl Theodor Keims historiske undersøgelser fra sidste halvdel af 1800-tallet,

de det ene og det andet er uholdbart. Netop Josefus etablerer ingen som helst sammenhæng mellem Herodias' og Antipas' ægteskab på den ene side og fængslingen og henrettelsen af Johannes Døber på den anden side; desuden er der intet i teksterne, der så meget som blot antyder, at ægteskabet først var indgået i sammenhæng med den barnløse Filips død [41], og endelig er det ikke nødvendigt at antage, at Johannes Døber først er blevet fængslet og henrettet umiddelbart før krigen mellem Antipas og Aretas i året 36 (krigen havde udtrykkeligt også grænsestridigheder mellem Antipas og Aretas som årsag: Josefus, § 113) – således hævdede Hegesip en sammenhæng mellem henrettelsen af Jesu bror Jakob i året 62 e.Kr. og Jerusalems fald i året 70, altså et åremål på otte år [42], og efter Matt 22,7 at dømme bestod der en forbindelse mellem Jesu død og Jerusalems ødelæggelse 40 år senere.

Gerd Theißen har i 1985 søgt at sætte Jesusordet i Matt 11,7-9 om »det svajende siv« i ørkenen ind i en lokalkoloristisk sammenhæng – til trods for f.eks. 3 Makk 2,22, hvor vendingen også forekommer. Mønter fra Herodes Antipas' regeringstid, efter at han omkr. år 19 e.Kr. havde grundlagt sin efter kejseren

---

hvorefter Johannes Døber ligeledes først blev henrettet ved midten af 30'erne; svarende hertil ansatte Keim ganske konsekvent Jesu død til påsken år 35 eller år 36 – hvilket Schenk i overensstemmelse med den fremherskende kronologiske forståelse af i dag dog afviser; derfor må Døberen i stedet for have overlevet Jesus! Jeg er ikke i stand til at indse, hvorfor en senere datering af Jesu død i og for sig ikke skulle kunne accepteres. Hvis Paulus' omvendelse først har fundet sted i året 40 – se min bog, *Die paulinische Chronologie* (Acta Theologica Danica, XIX), Leiden 1986, s. 120 ff. – er der principielt intet til hinder for en relativt sen ansættelse af Jesu korsfæstelse; det eneste reelle hensyn, der skal tages, er Pilatus' embedstid, år 26-36. Se også mine bemærkninger mod Harald Riesenfeld i min artikel, Otto Møller og astronomien, i: *Teologi og tradition. Festskrift til Leif Grane*, Århus 1988, s. 66-84, især s. 76 ff. Men det må understreges: Schenks sene datering af Døberens død er ubegrundet, og den samlede nytestamentlige overlevering lader entydigt Jesus overleve Døberen; jfr. Theißen, *Lokalkolorit u. Zeitgesch.*, s. 94 f.
41. Se også foran, n. 35.
42. Euseb, Hist. eccl. II, 23,18.

II.3.ii. Tre forhold

opkaldte hovedstad Tiberias på Galilæasøens vestbred, viser netop sivet som hans emblem [43], og modsætningen 'fyrste – asket' er fremherskende i Jesusordet. Netop siv fandtes i ørkenen, ved Jordan. »Der Protest des Täufers gegen Antipas und seine Eheschließung mit Herodias ist ... Teil einer Reaktion im Volke gegen das Vordringen »fremder« Sitten in der Oberschicht der Herodäer: Ihr anpasserisches Verhalten, ihr Luxus, ihr Familienleben stieß auf Ablehnung im einfachen Volk. Johannes der Täufer ist das Sprachrohr dieser einheimischen Opposition und Reaktion,« skriver Theißen [44]. Han gør gældende, at Jesusordet efter alt at dømme er af palæstinensisk oprindelse og må være ægte: den ældste kristendom anså ganske vist Døberen for at være profet for Jesus, hans forløber; men her stilles han af Jesus endog over alle profeter: »mere end en profet« (Matt 11,9).

Rainer Riesner har i 1987 overbevisende identificeret det »Betania på den anden side af Jordan, hvor Johannes [Døber] opholdt sig og døbte« (Joh 1,28; jfr. 10,40-42). Som bekendt findes der ifølge Joh. hele to Betania'er: ét ved Jerusalem (Joh 11,1; 12,1) og et andet hinsides Jordan. Der er ganske vist i Joh. også tale om andre steder, hvor Johannes Døber udfoldede sin døbervirksomhed; i Joh 3,23 nævnes således Ænon nær ved Salem, »fordi der var rigeligt med vand dér« – det var på Vestbredden. Men Betania hinsides Jordan var åbenbart Johannes' foretrukne sted. Efter en imponerende gennemgang af den samlede forskningshistorie vedrørende emnet når Riesner frem til det resultat, at dette Betania ikke var en by, men en egn (græsk *tópos*: Joh 10,40), nemlig det samme som Batanæa (ordligheden mellem 'Betania' og 'Batanæa' skal ikke overhø-

---

43. Se Hoehner, *Herod Antipas*, s. 99, n. 2; Theißen, ZDPV 101 (1985), s. 45 ff. = samme, *Lokalkolorit u. Zeitgesch.*, s. 26 ff.
44. Theißen, ZDPV 101 (1985), s. 55 = *Lokalkolorit u. Zeitgesch.*, s. 43-44. Jfr. samme, Jesusbewegung als charismatische Wertrevolution, New Testament Studies 35 (1989), s. 343-360, især s. 345.

res!), dvs. det gammeltestamentlige Basan, øst og nordøst for
Galilæasøen [45]. Med andre ord: Johannes Døber udfoldede en
væsentlig del af sin virksomhed i tetrarken Filips område, nær
Betsajda Julias og Cæsarea Filippi, ved Jordanflodens udspring
i Palæstinas nordlige egn. Og dér søgte også Jesus selv tilflugt
og vandt sig mange tilhængere (Joh 10,40-42) – et forhold, der
igen bør sammenholdes med oplysningerne i Joh 1,35 ff., hvor-
efter Jesu første disciple først havde været disciple hos Johannes
Døber og blev henvist til Jesus af ham; desuden lokaliserer
denne tekst udtrykkeligt Jesu første discipelkaldelser til egnen
omkring Betsajda Julias, tetrarken Filips hovedstad og ifølge
Joh 1,44 disciplene Andreas', Peters og Filips by. Derfra – altså
endnu ikke i Galilæa (trods Joh 12,21!) – ville Jesus med sine
disciple drage videre til Galilæa (Joh 1,43; jfr. 2,1: Kana i
Galilæa), og selv var han fra Nazaret i Galilæa (Joh 1,45).

Både Theißens og Riesners undersøgelser viser, til forskel fra
Schenks forgæves forsøg på at opstille en alternativ kronologi,
at Johannes Døbers virksomhed hørte hjemme i tiden før tetrar-
ken Filips død i året 33/34 og ikke mindst udfoldede sig i Filips
og Antipas' områder.

iii. *Tre iagttagelser*
Tre iagttagelser skal gøres i tilslutning til det foregående.

For det første skal det fastslås, at Johannes Døber var af
præstelig herkomst. Oplysningen i Luk 1,5 ff. herom lader sig
næppe tilsidesætte: Zakarias selv var præst og tilhørte Abijas
præsteklasse, og Elisabeth var af Arons slægt, jfr. 2 Mos
6,23 [46]. Iagttagelsens rigtighed lader sig så meget stærke-

---

45. Således nu også Klaus Wengst, *Bedrängte Gemeinde*, 3. Aufl. 1990 (se nedenfor, IV.2.), s. 172.
46. Jfr. Ernst, *Johannes der Täufer*, s. 122 med n. 32; desuden s. 269-272: 'Die Abstammung des Johannes aus priesterlichem Geschlecht'. Fantastisk fore-kommer Michael Goulders afvisning af Johannes' præstelige herkomst mig at være: *Luke. A New Paradigm* (Journal for the Study of the New Testament, Suppl. Series, 20), I-II, Sheffield 1989, s. 212 ff.

II.3.iii. Tre iagttagelser

re fastslå, som netop præsterne ved Jerusalems tempel måtte kunne gøre rede for deres slægtsforhold – hvad vi tidligere har set [47]. Johannes Døber selv var imidlertid efter alt at dømme ikke selv præst ved templet i Jerusalem, og der er ingen grund til at formode, at han nogensinde havde været det. Han levede tværtimod som asketisk profet og fremkom som en sådan profet med en omvendelses- og bodsforkyndelse. Et præsteligt element i hans virksomhed kan derimod spores i hans døbervirksomhed for så vidt, som dåben, han praktiserede, var en renselsesdåb (jfr. især Josefus' forståelse: § 117) og derigennem viser en sammenhæng med kulten [48].

For det andet skal det fastslås, at Johannes' vanddåb til forskel fra de datidige jødiske renselsesbade var en éngangsdåb og som sådan betegnede en initiation i et »nyt« samfund, anderledes i sit væsen end det sædvanlige jødiske. (Inden for den antikke jødedoms rammer kan der kun peges på én mulig analogi til Johannes' dåb, nemlig den jødiske proselytdåb, hvormed ikke-jøder blev optaget i den jødiske religion; men det er forbundet med stor usikkerhed, om proselytdåben kan forudsættes praktiseret også i tiden forud for år 70 e.Kr. og den rabbinske jødedoms tilblivelse.) Johannes' dåb sigtede på jøder. Men i og med, at netop jøder blev indbudt til at underkaste sig hans dåb, var det også tilkendegivet, at jødedommen som sådan i en vis forstand ikke var »tilstrækkelig«, og at også ikke-jøder dermed havde adgang til Johannes' dåb – dette sidste også, selv om vi ikke har kendskab til, at andre end jøder lod sig døbe af Johannes. Johannes' ord om, at »Gud kan opvække Abraham børn af stenene dér« (Matt 3,9 = Luk 3,8), vidner om, at den »pagtsnomisme«, som E. P. Sanders har peget på, og som ellers

---

47. Se foran, I.2.ii., ved n. 69.
48. Derimod må eventuelle forestillinger i retning af, at Johannes Døber havde hørt til det essæiske Qumransamfund ved Det døde Hav, afvises som ubegrundet spekulation.

er kendetegnende for den antikke jødedom [49], allerede er gennembrudt med Johannes Døbers virksomhed [50]. Betydningen af denne iagttagelse kan næppe overvurderes, når det gælder spørgsmålet om Jesu og den ældste kristendoms stilling til hedningerne.

For det tredje skal det fastslås, at Johannes' vanddåb var det umiddelbare forbillede for den kristne dåb – eller for at udtrykke forholdet mere præcist: Jesus selv praktiserede ingen dåb (jfr. Joh 4,2 – det var kun hans disciple, dvs. den ældste kirke, der gjorde det), men *at* Jesus lod sig døbe af Johannes Døber (Mark 1,9-11 = Matt 3,13-17 = Luk 3,21-22; jfr. Joh 1,29-34), var ensbetydende med den kristne dåbs indstiftelse: som Jesus havde gjort, måtte også de kristne gøre. Den kristne dåb er kristen i og med, at den er den samme, som også Jesus selv underkastede sig, og spørgsmålet om, hvad de omkring tolv Johannesdisciple ved Efesos opnåede ved også at blive døbt med Jesusdåben (ApG 19,1-7), er nok snarere et litterært end et historisk spørgsmål [51].

---

49. Se foran, I.3.iii.
50. Jfr. Dale C. Allison, Jesus and the Covenant: A Response to E. P. Sanders, Journal for the Study of the New Testament 29 (1987), s. 57-78, især s. 58-61; min artikel, E. P. Sanders' Jesusbog, Dansk Teologisk Tidsskrift 51 (1988), s. 104-111, især s. 110.
51. Det er værd at lægge mærke til, at Apollos i teksten lige forud, ApG 18,24-28, »kun kendte Johannes' dåb,« men alligevel ikke – som tilfældet er med Johannesdisciplene i 19,1-7 – blev døbt med en Jesusdåb.

4. Forholdet mellem Johannes Døber og Jesus

Litteratur

Benedikt Otzen: Die neugefundenen hebräischen Sektenschriften und die Testamente der zwölf Patriarchen, Studia Theologica 7 (1953), s. 125-157.
Marshall D. Johnson: *The Purpose of the Biblical Genealogies with special Reference to the Setting of the Genealogies of Jesus* (Society for New Testament Studies, Monograph Series, 8), Cambridge 1969 (2. ed., 1989), s. 115-138: 'Genealogical Speculation on the Ancestry of the Messiah'.
Anders Hultgård: *L'eschatologie des Testaments des Douze Patriarches, I. Interprétation des textes* (Acta Universitatis Upsaliensis, Historia Religionum, 6), Uppsala 1977.
samme: *L'eschatologie des Testaments des Douze Patriarches, II. Composition de l'ouvrage; textes et traductions* (Acta Universitatis Upsaliensis, Historia Religionum, 7), Uppsala 1981.
Schürer, *History* (se foran, I.), III.2, 1987, s. 767-781: 'The Testaments of the Twelve Patriarchs'.
Matthias Klinghardt: *Gesetz und Volk Gottes. Das lukanische Verständnis des Gesetzes nach Herkunft, Funktion und seinem Ort in der Geschichte des Urchristentums* (Wissenschaftliche Untersuchungen zum Neuen Testament, 2., 32), Tübingen 1988, s. 71-77: 'Die Konzeption der beiden Messias in Qumran und TestXII'.

i. Et tilsyneladende ensidigt forhold
Da der ikke findes sikre vidnesbyrd om, at Johannes Døber har sat sig selv i et særligt forhold til Jesus eller overhovedet har taget stilling til Jesu ord og gerninger [52], mens derimod

---

52. Det eneste sted, der kunne være tale om, er Johannes Døbers spørgsmål gennem sine disciple fra fængslet til Jesus om, hvorvidt Jesus er »den kommende, eller vi skal vente en anden« (Matt 11,2-3 = Luk 7,18-20). Selv hvis dette kunne henføres til traditionen (hvad det dog næppe kan) og ikke blot var redaktionelt, ville det højst kunne bringe til udtryk, at Johannes Døber *overvejede* muligheden for, at Jesus var noget særligt, men ikke, at han på nogen måde anså det for en given sag.

Jesus flere gange udtrykkeligt har udtalt sig om Johannes Døber, foruden at Jesus lod sig døbe af ham, skal der i dette afsnit ikke gøres ophold ved det spørgsmål, om Johannes Døber i gængs forstand var Jesu forløber. Derimod skal i videre forstand forholdet 'Johannes Døber – Jesus' så vel som Jesu udtrykkelige omtale af Johannes Døber gøres til genstand for en om end også ufuldkommen og foreløbig undersøgelse. Ofte har forholdet 'Johannes Døber – Jesus' været anskuet som et uproblematisk 'forløber – messias'-forhold, og når denne forståelse måtte opgives som historisk ubegrundet, forblev forholdet – enestående, som det under alle omstændigheder er – henlagt som uforklarligt, eller Johannes Døber blev simpelt hen anset for at være en profet, der ligesom Jesus selv, og så at sige i konkurrence med ham, forkyndte Guds umiddelbare komme.

At allerede Johannes Døber med ordene om, at »Gud kan opvække Abraham børn af stenene dér« (se slutningen af forrige afsnit), havde gennembrudt den for den antikke jødedom karakteristiske »pagtsnomisme«, lader sig muligvis ikke sige ud fra de nævnte ord alene. I sig selv kunne de jo blot være en domsprofeti eller -trussel: ligesom Gud har udvalgt Abrahams børn, dvs. jøderne, til at være sit folk, vil han i givet fald også kunne forkaste dem og således gøre udvælgelsen til intet – medmindre de da gør bod og omvender sig. I så fald er der ud fra et jødisk synspunkt intet usædvanligt ved ordene.

På den anden side implicerer de dog en latent mulighed for, at *andre* kan gøres til Abrahams børn; desuden betegner selve Johannesdåben ved sin éngangs-karakter en henvisning til, at jødedommen som sådan ikke er »tilstrækkelig«, og at noget andet må forventes af fremtiden end det, jødedommen med alle dens præstelige og kultiske institutioner kan tilbyde – en

II.4.i. Et tilsyneladende ensidigt forhold

iagttagelse, som E. P. Sanders med urette har undladt at gøre [53]. Det er således vanskeligt at komme uden om, at Johannes Døber med sin forkyndelse og virksomhed — sine »ord og gerninger« — har udsat sin tids jødedom for skarp kritik ved *ikke* at henvise til de bestående institutioner, men indføre en ny: Johannesdåben. I og med at Johannes Døber indførte denne kultiske nyskabelse og selv praktiserede denne dåb, udøvede han — præstesønnen — også en *præstelig* funktion. Men forskellen mellem de makkabæiske præstesønner og præstesønnen Johannes Døber er iøjnefaldende. Og han var ikke den eneste, der udsatte Jerusalems tempel og præsteskab for kritik [54]. Der er ganske vist grund til at gøre opmærksom på, at det var en ganske anden kritik af tempel og præsteskab, Johannes Døber fremkom med, end den, der kom til orde i Qumranmenigheden ved Det døde Hav: dér kritiseredes templet og præsteskabet ved templet — og det netop hovedsagelig fra præstelig side! — fordi templet midlertidigt ikke fungerede, som det skulle og burde [55], mens Johannes Døber med sin forkyndelse og dåbsvirksomhed vendte tempel og præsteskab ryggen og således også genoptog træk fra de gammeltestamentlige profeters kult- og tempelkritik. Men det er svært at skelne, og den historiske udvikling kan i tiden, der gik siden Qumranmenighedens grundlæggelse omkr. år 152 f.Kr., have udslettet specifikke grunde til tempel- og præstekritikken: i en vis forstand vendte jo også Qumranmenigheden tempel og præsteskab ryggen, og det er uvist, om en virkelig og tilbundsgående reform af den jerusalemitiske tempelkult ikke kunne have tilfredsstillet selv en Johannes Døber.

---

53. Se n. 50.
54. Se om præstedatteren Mirjam foran, I.2.ii.
55. Jfr. Maier, *Tempelrolle*, 1978, s. 68: »So fallen [sic!] schroffste Kritik am bestehenden Tempel mit höchster Bejahung des Tempelkultus ineins.«

Under alle omstændigheder er der både noget profetisk og noget præsteligt ved Johannes Døber: han blev af Jesus kaldt for profet, ja, mere end en profet, og han institutionaliserede og praktiserede en kultisk og dermed præstelig handling, som Jesus vedkendte sig.

Hvad det sidste angår, er det al opmærksomhed værd, at Jesus vedkendte sig Johannesdåben ikke blot ved selv at underkaste sig den, men også ved i en ganske bestemt sammenhæng at henvise til den. Det drejer sig om den synoptiske overlevering om »spørgsmålet om Jesu fuldmagt« (Mark 11,27-33 = Matt 21,23-27 = Luk 20,1-8). Dette spørgsmål besvarer Jesus med et modspørgsmål: »Var Johannes' dåb fra himlen (dvs. fra Gud) eller (kun) fra mennesker?« Om Jesu egen opfattelse kan der ikke herske tvivl: Johannesdåben var ikke et menneskeligt påfund, men Guds handling; bag Johannes' dåbsvirksomhed stod altså Gud selv. Men modspørgsmålet kan ikke besvares med ord; for ville modstanderne sige »fra himlen (altså fra Gud)«, måtte de i samme øjeblik erkende, at de dog ikke havde gjort alvor af denne opfattelse, og ville de svare »fra mennesker«, måtte de frygte folks reaktioner, for folk anså Johannes Døber for at være en af Gud sendt profet [56]. Altså tav de, og Jesus svarede derfor heller ikke på spørgsmålet om sin fuldmagt.

Det er dermed tilkendegivet, at folkets ledere – det drejede sig om ypperstepræsterne, de skriftlærde og de ældste i Jerusalem (Mark 11,27 = Matt 21,23 = Luk 20,1) [57] – i Johannesdåben ikke havde set en guddommelig handling, men tværtimod taget afstand fra den. Således var Johannesdåben altså også en kritik af, hvad folkets ledere stod for, siden de tog afstand fra den.

Men vigtigere endnu er det forhold, at spørgsmålet om Jesu fuldmagt er fremsat i en ganske bestemt, i den synoptiske tekst

---

56. Jfr. Josefus' fremstilling, §§ 116 og 119, foran, II.3.i.
57. Altså i virkeligheden repræsentanter for synedriet, der afløste det tidligere *gerousía*.

II.4.i. Et tilsyneladende ensidigt forhold 107

endnu tydeligt erkendelig sammenhæng: i sammenhæng med og forlængelse af »tempelrensningen« (Mark 11,15-17 = Matt 21,12-17 = Luk 19,45-48). Spørgsmålet om, med hvilken fuldmagt Jesus gør »dette« (græsk *taûta*: Mark 11,28 = Matt 21,23 = Luk 20,2), sigter netop til den kort forinden stedfundne tempelrensning og kan ikke sigte til noget andet. At tempelrensningen – på en eller anden måde – var tempel- og præstekritisk, kan næppe diskuteres. Det betydningsfulde er imidlertid her dette, at Jesus som modspørgsmål ikke spørger modstanderne om skriftlærde forhold, men om Johannesdåben. For dermed er Johannesdåben af Jesus selv sat ind i *den samme sammenhæng*, hvori også tempelrensningen skulle forstås, og også Johannesdåbens tempel- og præstekritiske funktion bliver derigennem bekræftet og fremhævet.

ii. Johannes som præstelig messias

Johannes Døber var en eskatologisk skikkelse. Det ses af hans forkyndelse, der taler om Guds snarlige komme til doms. I forsøget på at komme til en nærmere forståelse af forholdet 'Johannes Døber – Jesus' nytter det næppe meget at henvise til tidens andre eskatologiske eller messianske bevægelser eller skikkelser i al almindelighed. Derimod er det af betydning at pege på ganske bestemte træk i den antikke jødedom, som især fundet af Qumranskrifterne har gjort aktuelle, og som også kaster lys bagud på de forudsætninger, der må tænkes med og tages i betragtning, hvis det skal lykkes at komme til en forståelse af det her omhandlede forhold.

Allerede Damaskusskriftet (nu: CD), der blev opdaget i 1896 og udgivet i 1910, men ved fundet af Qumranskrifterne, blandt hvilke det også befandt sig, har vist sig at være essæisk, indeholdt flere gange en påfaldende omtale af »Arons og Israels messias« eller »messias fra Aron og Israel«: CD 12,23 f.; 14,19; 19,10 f.; 20,1. Det var uklart – og omstridt – om der med dette udtryk skulle tænkes på én messias eller på to messiasskikkelser. Men fundet af selve Qumranskrifterne har definitivt afgjort dette til gunst for, at der virkelig er tale om to messias'er: en fra Aron og en fra Israel – altså en præstelig messias *og* en kongelig messias. Dette følger af Sekthåndbogen (1QS), hvor der udtrykkeligt og umisforståeligt er tale om to messias'er: »... indtil der kommer en profet og Ahrons og Israels (to) Messias'er« (1QS 9,11), og af Sektreglen (1QSa), der er næsten lige så klar: "Når Gud lader Messias fremstå hos dem, skal præsten [dvs. Arons messias] gå ind i spidsen for hele Israels menighed sammen med alle Ahrons sønners øverster, præsterne, de til festforsamling kaldede, de navnkundige mænd, og de skal tage sæde foran ham, hver mand efter sin rang, og derefter skal Israels Messias gå ind, og foran ham skal så Israels tusinders øverster tage sæde ...« (1QSa 2,11-15) [58]. Der er altså tale om to eskatologiske messiasskikkelser, der skal komme, den ene præstelig, den anden verdslig, og den præstelige messias har forrang frem for den verdslige.

Med iagttagelsen af dette unægtelig overraskende og påfaldende forhold blev der imidlertid også kastet lys over andre tekster fra den antikke jødedom, som havde været – og fortsat er – stærkt omdiskuterede: De 12 Patriarkers Testamenter [59]. Her skal kun anføres nogle enkelte tekster derfra.

Fra Test. Jud.:

21,1 Og nu, børn, elsk Levi, for at I må bestå; og sæt jer ikke op imod ham, for at I ikke skal gå til grunde. 2 Thi mig [det er patriarken Juda, der taler i Test. Jud.] har Herren givet kongedømmet, men ham [altså Levi] præstedømmet. Og han har sat kongedømmet under præstedømmet. 3 Mig har han givet de ting, der er på jorden; ham de ting, der er i himlen. 4 Ligesom himlen står over jorden, således står Guds præstedømme over kongedømmet på jorden, hvis det [altså præstedømmet] ikke falder fra Herren ved synd og bliver behersket af det jordiske kongedømme. 5 Thi Herrens engel sagde til mig: Herren har udvalgt ham fremfor dig, så at han kan nærme sig ham, nyde godt

---

58. Oversættelserne fra Nielsen/Otzen, *Dødehavsteksterne*, 1959, s. 86 og s. 212 ff.
59. Oversat af Otzen, 1974, i: *De gtl. Pseudepigrafer*, II, s. 677-789.

II.4.ii. Johannes som præstelig messias

af hans bord og ofre det bedste af Israels sønners førstegrøde. Men du skal være Jakobs konge. ... 24,1 Og herefter skal der for jer opgå en stjerne i fred, og der skal fremstå et menneske af min sæd [altså: af Juda stamme] som retfærdighedens sol; han skal vandre sammen med menneskenes børn i mildhed og retfærdighed, og ingen synd skal findes i ham. 2 Og over ham skal himlene åbne sig ...

Fra Test. Rub.:

6,5 I kan nære skinsyge mod Levis sønner og prøve at hæve jer over dem; men I skal ikke være i stand til det. 6 Thi Gud vil hævne dem, og I skal lide en forsmædelig død. 7 Thi til Levi gav Herren førerskabet – og til Juda; sammen med dem også til mig [dvs. Ruben] og til Dan og til Josef, så at vi kunne være førere. 8 Derfor pålægger jeg jer at adlyde Levi, thi han skal opnå indsigt i Herrens lov, og han skal give bestemmelser om domfældelse og ofringer for hele Israel, indtil tidernes fuldendelse ... 10 Og Levi skal I nærme jer i hjertens ydmyghed, så at I kan modtage velsignelse af hans mund. 11 Thi han skal velsigne Israel og Juda, fordi Herren har udvalgt ham [dvs. Juda] til at herske over hele folket. 12 Og bøj jer for hans [altså Judas] efterslægt, thi ... blandt jer skal han være en evig konge.

Fra Test. Sim.:

7,1 Og nu, børnlille, adlyd Levi, så skal I opnå forløsning ved Juda. Og rejs jer ikke mod disse to stammer; thi af dem skal oprinde Guds frelse for jer. 2 Thi Herren vil af Levi oprejse en, der er en ypperstepræst lig, og af Juda en, der er en konge lig ...

Teksterne siger tydeligt nok, at Levi og Juda har en forrang i Israel, og at ypperstepræst og konge skal hentes fra netop disse to stammer.

Det er ikke stedet her at gøre rede for de komplicerede litterære forhold bag De 12 Patriarkers Testamenter eller at tage stilling til de stærkt divergerende bedømmelser af skriftets jødiske grundbestand og dets kristne bearbejdelse. Der synes dog i stigende grad at herske tillid til, at den kristne bearbejdelse er af forholdsvis ringe omfang, og at det virkelig drejer sig om et skrift fra den antikke jødedom, som formodentlig bedst dateres til første halvdel af det 1. årh. f.Kr.; det er sandsynligt, at skriftet – især i de såkaldte Levi-Juda-stykker – polemiserer mod den makkabæisk-hasmonæiske sammenfatning af ypperstepræste- og kongeembedet i én og samme person og derfor er blevet til, før romerne erobrede Palæstina i året 63 f.Kr. [60]

Anders Hultgård har i sin bog fra 1977 om eskatologien i De 12 Patriarkers Testamenter understreget betydningen af Levis forrang frem for Juda og i Levi set den eskatologiske ypperstepræst, »le Prêtre-sauveur«, præfigureret. Hvad mere er: Hultgård har som en af de første gjort opmærksom på visse lighedspunkter, som han anser for slående, mellem denne præstelige messiasskikkelse og Johannes Døber [61]. Luk 1,5 ff., der delvis synes at stamme fra Johannes Døberkredse – hvilket længe har været bemærket af fortolkere – viser, som vi har set [62], at Johannes Døber var af præsteslægt. Heraf drager Hultgård umiddelbart denne konklusion: »On pouvait donc sans difficulté lui [altså: Johannes Døber] appliquer la conception d'un prêtre-messie« [63]. I sig selv er dette dog ikke andet end blot en mulighed, som kun kan bruges til noget, hvis teksterne taler derfor. Nu tillægger Luk 1,16 f. for så vidt Johannes Døber en messiansk funktion, som han skal »berede Herren et velskikket folk« – men dette svarer ifølge Hultgård til den funktion, der tillægges Testamenternes levitiske »prêtre -sauveur«: Test Jud 18,8-9 og Test Dan 5,11. Både i Test Dan 5,11 og i Luk 1,17 tales der desuden om de »genstridige« eller »ulydige« (græsk *apeitheîs*), som Hultgård forstår som hedningerne. Det må dog siges kun at være en spinkel mulighed. Også sidste halvdel af »Benedictus« (Luk 1,68-79), hvor Zakarias henvender sig direkte til barnet Johannes, viser ifølge Hultgård

---

60. Jfr. Otzen, i: *De gtl. Pseudepigrafer*, II, s. 684; Schürer, *History*, III.2, 1987, s. 774 ff. Især er det vanskeligt at tage stilling til Marinus de Jonges studier fra 1953 ff. og hans hævdelse af, at Testamenterne i grunden er et kristent skrift, der ikke mindst er optaget af Israels forpligtelse på Kristustroen.
61. Hultgård, *L'eschatologie*, I, s. 376-378. Se dog også Ernst, *Johannes der Täufer*, s. 123 f., for lignende, tidligere forsøg.
62. Se foran, II.3.iii.
63. Hultgård, *L'eschatologie*, I, s. 377.

II.4.ii. Johannes som præstelig messias 111

overensstemmelser med både Test Naft 4,5 og Test Levi 18,3, hvad angår den eskatologiske, præstelige frelsers funktion. Alt i alt kan de af Hultgård påpegede analogier ikke afvises, men meget siger de ikke; frem for alt viser de ikke, at Testamenterne har haft den indflydelse, Hultgård hævder, men understreger på den anden side de pågældende Lukasteksters tilhørsforhold til den antikke jødedoms messianske forestillinger.

I sin iver for at påvise skriftets betydning og indflydelse er Hultgård tilbøjelig til at undervurdere to forhold: 1) at ikke Levi, men Levi-Juda, forstået som den to-leddede størrelse 'præst og konge', udgør et væsentligt og konstituerende element i Testamenterne, og 2) at 'præst og konge'-temaet må ses i sammenhæng med den antikke jødedom som helhed, ikke som et særkende ved De 12 Patriarkers Testamenter, der adskiller dette skrifts eskatologi fra tidens forestillinger i øvrigt. Måske kan grundfejlen hos Hultgård siges at være den, at han i sin rekonstruktion af traditionerne bag Testamenterne og i sin analyse af skriftet forledes til at tro, at den levitiske »prêtre-sauveur« er den absolutte hovedskikkelse og oprindelig var den eneste messias, der så først sekundært og som følge af de senere makkabæeres/hasmonæeres tilegnelse også af kongemagten er blevet »suppleret« med den kongelige messias af Juda stamme [64]. Men vi har jo tidligere set, at tornen i øjet på farisæerne ikke så meget var Johannes Hyrkan I.s besiddelse af kongemagten, der politisk næppe var af særlig betydning på hans tid, som snarere hans uberettigede besiddelse af ypperstepræsteembedet [65] eller af begge embeder på én gang. Og selv om det er rigtigt – som påpeget af Hultgård [66] – at

---

64. Med rette gør Hultgård opmærksom på, at den makkabæiske eller hasmonæiske tilegnelse af kongemagten var illegitim, eftersom makkabæerslægten som præsteslægt slet ikke var af Juda stamme. Men der findes i den jødiske litteratur ingen kritik af makkabæerne eller hasmonæerne på grund af deres ikke-judæiske herkomst.
65. Se foran, I.3.i.
66. Hultgård, *L'eschatologie*, I, s. 61.

112 Jesus: Forholdet mellem Johannes Døber og Jesus

jøderne ved Pompejus' magtovertagelse bad sig fritaget for overhovedet at have en konge, da det tværtimod var skik hos dem af adlyde præster, forudsat at disse ærede Gud (Josefus, Ant. Jud. XIV, 41), kan denne oplysning ikke tages til indtægt for den opfattelse, at De 12 Patriarkers Testamenter i særlig grad vendte sig mod det makkabæiske/hasmonæiske kongedømme. Den er snarere betinget af de særlige omstændigheder ved situationen omkring romernes overtagelse af magten. Jøderne havde fået nok af makkabæernes herredømme.

iii. *Gammeltestamentlige og jødiske forudsætninger*
For at forstå talen om de to messias'er: en præstelig af Levi stamme og af Arons slægt og en kongelig af Juda stamme og af Davids slægt, er det nødvendigt at tage Israels historie i eftereksilsk tid i betragtning – hvad Hultgård afviser nytten af, når det drejer sig om Testamenternes eskatologi [67].

Allerede hos Ezekiel er det de sadokidiske præster [68], der sammen med »fyrsten« skal varetage landets ledelse: Ez 44,15 ff.; 45,7 ff. – altså den kultiske, henholdsvis den politiske ledelse, og vel at mærke: i den anførte rangfølge. Hos Haggaj og Zakarias fra tiden for genopbygningen af templet omkr. år 520 f.Kr. hører vi om ypperstepræsten Josva og om den davidiske konge Zerubbabel som de to salvede (altså i og for sig allerede to »messias'er«, om end det ikke er denne betegnelse, der bruges), der sammen leder landet: Zak 4,1 ff.; men allerede i Zak 6,11 er den oprindelige tekst, der må have handlet om kroningen af Zerubbabel, ændret til at handle om ypperstepræsten Josva – den davidiske kongemagt blev jo alligevel ikke genindført efter eksilet. Se også Hag 1,1 ff.; 2,20 ff og Zak 3,8 ff.

I tiden derefter var Israel uden konge. Ved seleukidernes magtovertagelse omkr. år 200 f.Kr. under Antiokus III. stod

---
67. Hultgård, *L'eschatologie*, I, s. 65 ff.
68. Jfr. foran, I.2.ii.

II.4.iii. Gammeltestamentlige og jødiske forudsætninger   113

ypperstepræsten som folkets øverste leder, som etnark [69]. Men det davidiske kongeembede var ikke glemt. Både hos Jesus Sirak fra omkr. år 175 f.Kr. og i 1 Makk. fra omkr. år 100 f.Kr. er det davidiske kongeembede tænkt med, men udtrykkeligt på andenpladsen i forhold til ypperstepræsteembedet. Således hedder det i »Forfædrenes Pris« (Siraks Bog 44-50):

45,23 Og Pinehas, Eleazars søn, var den tredje i ære, fordi han var nidkær for at fremme Herrens frygt, og fordi han, da folket faldt fra, stod fast i sin sjæls ædle stræben og skaffede Israel soning [70]; 24 derfor blev der også med ham oprettet en fredens pagt: at han skulle varetage helligdommen og hans [dvs. Guds] folks tarv, og at ypperstepræstedømmet i al evighed skulle tilhøre ham og hans slægt. 25 Som der bestod en pagt med David, Isajs søn, af Juda stamme, at kongeværdigheden skulle gå i arv fra søn til søn, således skulle også Arons stilling gå i arv fra slægt til slægt [71].

Og præsten Mattatias siger tilsvarende i sin afskedstale til sine fem sønner (1 Makk 2,49 ff.; sml. De 12 Patriarkers Testamenter, hvad genren 'afskedstale' angår):

2,54 Med vor stamfader Pinehas blev der på grund af den nidkærhed, han udviste [72], sluttet en pagt om et evigt præstedømme. ... 57 David opnåede ved sin gudsfrygt en kongetrone til evig tid [73].

Der kan på grundlag af disse historiske, profetiske og eskatologiske tekster, der tilsammen strækker sig over mere end 400 år af det israelitiske folks historie, ikke herske tvivl om, at Israels ideale ledelse endnu i den antikke jødedoms tid tænktes at bestå af ypperstepræst og konge af henholdsvis Arons og Davids slægt, af Levi og Juda stamme. Der er for en nærmere

---

69. Jfr. foran, I.1.i.
70. 4 Mos 25; jfr. foran, I.2.ii.
71. Sir 45,23-25.
72. Jfr. n. 70! Påberåbelsen af Pinehas er i den pro-makkabæiske litteratur bemærkelsesværdig og tjener åbenbart til at legitimere de senere makkabæiske usurpatorers tilegnelse af ypperstepræsteembedet; jfr. den følgende n. 73.
73. 1 Makk 2,54 ff. Ordene om det evige *davidiske* kongedømme er mere end påfaldende i den makkabæiske propagandalitteratur, som 1 Makk. er! De skyldes sikkert traditionen, som altså ses at have været fasttømret.

betragtning derfor heller intet mærkeligt i det ved første øjekast ganske vist påfaldende forhold, at De 12 Patriarkers Testamenter såvel som Qumranskrifterne uafhængigt af hinanden udtrykkeligt taler om to messias'er. Det lå simpelt hen i tiden, der altså kendte til en messias af Levi stamme såvel som til en messias af Juda stamme. Det hænger på det nøjeste sammen med Israels eftereksilske historie og udvikling [74].

Lad det derfor her være fastslået, at temaet 'præst og konge' – i denne rækkefølge! – har været af central betydning i den antikke jødedoms eskatologi og viser, netop ved at gennemspilles eskatologisk, den datidige fremtidsforventnings eminent *politiske* betydning vis à vis den til enhver tid herskende magt, hvad enten denne nu var persisk, syrisk, makkabæisk/hasmonæisk eller romersk.

Johannes Døber blev fængslet og henrettet af *politiske* årsager; det har vi set hos Josefus [75]. Det samme var uden tvivl tilfældet med Jesus; herom senere. Det betydningsfulde i den foreliggende sammenhæng er imidlertid at pege på, at ligesom den antikke jødedoms eskatologi bl.a. og ikke mindst handlede om forventningen om den præstelige messias af Levi

---

74. Jfr. en rabbinsk tekst, anført hos (Hermann L. Strack og) Paul Billerbeck, *Kommentar zum Neuen Testament aus Talmud und Midrasch*, I, München 1926, s. 87: »Jenem Geschlecht (in Ägypten) hast du Erlösung gesandt nur durch zwei Erlöser, s. Ps 105,26: »Er sandte Mose, seinen Knecht, Aaron, den er erwählt hatte.« Und auch diesem Geschlecht (in der messian. Zeit) sendet er zwei, die jenen (zwei) entsprechen: »sende dein Licht u. deine Wahrheit« Ps 43,3; »dein Licht«, das ist der Prophet Elias aus dem Hause Ahron [n. 1: Elias wird hier mit Pin^echas identifiziert, der als Kohen Çedeq, als Hoherpriester der Messiaszeit zurückerwartet wird, das »Licht« gilt dabei als Symbol des Priestertums], von dem geschrieben steht Nu 8,2: »Nach der Vorderseite des Leuchters sollen die sieben Lampen ihr Licht werfen«; u. »deine Wahrheit«, das ist der Messias b. David, s. Ps 132,11: »Geschworen hat Jahve dem David Wahrheit, davon wird er sich nicht wenden.« Und ebenso heißt es Mal 3,23: »Siehe, ich sende euch den Propheten Elias«; siehe, das ist der eine; u. der andre: »Siehe, mein Knecht, den ich aufrecht halte« Jes 42,1.« Se også foran, II.1.ii., ved n. 9.
75. § 118, se foran, II.3.i.

II.4.iii. *Gammeltestamentlige og jødiske forudsætninger* 115

stamme og Arons slægt og om den kongelige messias af Juda stamme og Davids slægt, således var Johannes Døber og Jesus tilsvarende den præstelige, henholdsvis den kongelige messias, som hele Israel forventede [76].

iv. *Johannes ikke kun en »forløber«*
Blandt de forsøg, der har været gjort på at forklare forholdet mellem Johannes Døber og Jesus, skal E. P. Sanders' omtales nærmere – ikke fordi forklaringen, han giver, i sig selv er særligt overbevisende, men fordi han som en af de få har øje for forholdet og er sig betydningen af en forklaring på det bevidst. Samtidig viser Sanders' redegørelse med al mulig tydelighed, at det er umuligt at tage stilling til forholdet mellem de to personer uden også at tage stilling til, hvad Jesus ville – med andre ord: til den kristologiske problematik (se videre nedenfor, II.5.).

Sanders tager først afstand fra den opfattelse, som bl.a. Martin Hengel har gjort gældende: at Jesus blev henrettet ved en fejltagelse, fordi romerne såvel som disciplene i misforståelse troede, at hans forkyndelse var politisk, mens den i virkeligheden var harmløs og følgelig ikke burde have ført til korsfæstelse; var Jesu rige virkelig ikke af denne verden, men en fuldstændig upolitisk størrelse, som Martin Hengel mener, var der jo heller ingen grund til at slå ham ihjel [77]. (Man må ganske vist her undre sig over, hvordan der teologisk kan tillægges Jesu død

---

76. Josef Ernst har i sin bog *Johannes der Täufer*, 1989, s. 122-125, udførligt taget stilling til spørgsmålet, om Johannes Døber og Jesus – som antaget af nogle få fortolkere – kan anskues som den præstelige, henholdsvis den kongelige messias, og kommer til det resultat, at ikke blot er Johannes ikke fremstillet som en messiasskikkelse i Luk 1 (hvilket muligvis er en korrekt iagttagelse), men heller ikke er en forventning om to messias'er historisk påviselig: »Eine jüdische Zwei-Messias-Erwartung (königlicher und priesterlicher Herkunft) ist geschichtlich nicht nachweisbar« (s. 124). Selvfølgelig må denne kritiske holdning gøre indtryk. Alligevel mener jeg, at den er udtryk for en skepticisme, som de gammeltestamentlige og jødiske forudsætninger må gøre til skamme; se også Klinghardt, *Gesetz und Volk Gottes*, s. 69 ff.
77. Om Hengels opfattelse: se Sanders, *Jesus and Judaism*, 1985, s. 223 ff.

nogen frelsesbetydning, hvis henrettelsen skete på et forkert grundlag og derfor var et beklageligt justitsmord; men det er en sag for sig.) Hengel gør imidlertid gældende, at det var saddukæerne, der stod bag korsfæstelsen og alene af alle *ikke* havde misforstået Jesus, så lidt som de siden hen, i året 62 e.Kr., misforstod Jesu bror, Jakob, da de lod ham henrette ved stening (se herom senere, i kap. III.). Med rette skriver Sanders: »There are obviously difficulties with this view. How could the Sadducees have understood what the disciples did not?« [78] Sanders foreslår derfor en løsning, der implicerer, at Jesus »saw his work as bearing on the fate of Israel as a people« [79], og det er i denne sammenhæng, at Sanders kommer ind på forholdet 'Johannes Døber – Jesus' [80].

Johannes Døber havde forkyndt omvendelse og bod med henblik på den kommende dom; det gjorde Jesus ikke (jfr. nedenfor, om Matt 11,16-19 = Luk 7,31-35). »It may well be,« skriver Sanders, »that, in Jesus' view, he [Jesus] did not himself have to do it *all*. Although we all know that we should not follow the Gospels and relegate John to the status of an intentional forerunner of Jesus, we often fail to explore the possibilities inherent in Jesus' positive relationship to John. He may have seen himself as supplementing and thus completing John's work. John had called on Israel to repent and had warned of a coming general judgment, but too few had responded. Jesus then set out to promise inclusion to the most obvious outsiders. It is not that he did not 'believe in' repentance and a general judgment, but that he left the basic proclamation of them to his great predecessor. ... His special mission was to promise inclusion in the coming kingdom to the outsiders, the wicked, if they heeded to his call« [81].

78. Sanders, smst., s. 225.
79. Sanders, smst., s. 226.
80. Sanders, smst., s. 227-228.
81. Sanders, smst., s. 227.

II.4.iv. Johannes ikke kun en »forløber«

Der er helt bestemt noget rigtigt i disse til dels meget præcise formuleringer af Sanders', selv om han selv er klar over, at løsningen som helhed er »obviously speculative« [82]. Det rigtige ved Sanders' iagttagelse består i den præcision, hvormed han sætter Jesus i forhold til Johannes (ikke omvendt!), og i antydningen af, hvordan Jesus supplerer eller fuldender, hvad Johannes havde påbegyndt og været i færd med at udføre. Det forkerte eller »spekulative« ved løsningen består deri, at Sanders 1) lader Johannes Døbers bodsforkyndelse være rettet til Israel, men 2) samtidig lader Jesus henvende sig til »the outsiders«, »the wicked« [83]. For netop derved bliver det umuligt at se, hvordan Jesus med sin forkyndelse kan have suppleret eller fuldendt Johannes Døbers gerning. Der er ingen sammenhæng alligevel, men snarere mangel på sammenhæng mellem det, Johannes gjorde, og det, Jesus gjorde. Sanders har heller ikke sat Johannes Døber og Jesus i forhold til den antikke jødedoms eskatologi og dens messianske forestillinger. Sanders' »løsning« er ikke nogen løsning.

Vel værd at bemærke er, at Sanders ved at lade Jesus henvende sig til »the outsiders« og »the wicked« i grunden forstår Jesus som en, der bryder med den sædvanlige »pagtsnomisme«. I en anden forbindelse erkender Sanders da også, at »Jesus ... looked to a new age, and therefore he viewed the institutions of his age as not final, and in that sense not adequate« [84]. Som vi har set [85], var der allerede med ordene om, at

---

82. Sanders, smst., s. 227.
83. »Syndere« er ikke at forveksle med jøder i almindelighed, med *am ha-ares*; end ikke farisæerne betragtede ifølge Sanders andre jøder som »syndere«; se Sanders, *Paul and Palestinian Judaism*, 1977, s. 152-157: 'The 'amme ha- 'arets'; samme, *Jesus and Judaism*, s. 174-211: 'The Sinners'. At der består en virkelig modsætning mellem Sanders' og Wellhausens opfattelse (se foran, I.3.i., n. 72), kan næppe afvises. Men Sanders nævner overhovedet ikke Wellhausens arbejde om farisæerne og saddukæerne fra 1874.
84. Sanders, *Jesus and Judaism*, s. 269; se min omtale heraf, DTT 51 (1988), s. 110.
85. Ovenfor, II.3.iii.

»Gud kan opvække Abraham børn af stenene dér,« brudt med denne »pagtsnomisme«, og med Johannesdåben var de datidige jødiske institutioner erklæret for utilstrækkelige eller »ikke adækvate«. Det er gennem en sådan iagttagelse, at en eller anden sammenhæng eller overensstemmelse mellem Johannes' forkyndelse og Jesu forkyndelse kan skimtes og bliver synlig — ikke gennem Sanders' konkrete løsning.

v. *Jesusord om forholdet*
Bortset fra Johannesevangeliet, der i bedømmelsen af Johannes Døber — også i den bedømmelse af ham, der kommer til udtryk i gengivelsen af Jesu ord om ham — er ambivalent, for ikke at sige negativ [86], findes der i Matthæus- og Lukasevangeliet et par udsagn af Jesus om Johannes Døber, som bør nævnes.

Det første af disse er svært eller umuligt at forstå — også fordi det gengives forskelligt hos de to synoptikere og i forskellig sammenhæng: Matt 11,12-14 og Luk 16,16. Gengivelsen i Matt. lyder således: »Fra Johannes Døbers dage indtil nu tages Himmeriget [altså Guds rige] med storm (græsk: *biázetai*), og de, der stormer det (græsk: *hoi biastaí*), river det til sig; thi alle profeterne <og loven> har profeteret indtil Johannes. Og hvis I vil tage imod det: Han er Elias, som skulle komme,« og i Luk. således: »Loven og profeterne havde deres tid, til Johannes kom; fra den tid forkyndes evangeliet om Guds rige, og alle og enhver stormer (græsk: *biázetai*) ind i det.« Problemet består i, om Johannes Døber her henregnes til profeterne og dermed til tiden, *før* Guds rige forkyndes og »bestormes«, eller om han henregnes til den nye tid, som han således så at sige indleder.

---

86. Johannes Døber var *ikke* lyset, men kun et menneske (Joh 1,6-8); Johannes kom ganske vist først, men var alligevel bagefter (1,15); Johannes var *ikke* den Salvede, *ikke* Elias, *ikke* profeten, men kun en røst i ørkenen (1,20-23); Johannes skulle aftage, Jesus tiltage (3,30); Johannes var kun en lampe, der brændte og skinnede for en tid (5,35). Se i øvrigt Ernst, *Johannes der Täufer*, s. 186-216: 'Johannes der Täufer im vierten Evangelium'.

II.4.v. *Jesusord om forholdet* 119

Ordene om, at han var Elias (Matt 11,14; jfr. Mark 9,11-13 = Matt 17,10-12), hvilke ord ikke findes i Luk., der snarere anskuer Jesus selv som profet [87], synes ganske vist at tilkende Johannes Døber en ubetinget rang og betydning, der tyder på, at han virkelig henregnes til den nye tid, hvor evangeliet forkyndes. Men ordene om Guds rige, der »bestormes«, er i øvrigt så dunkle, at jeg afstår fra en nærmere bestemmelse.

Det andet af de to Jesusord om Johannes Døber, der skal nævnes, er anderledes klart og – synes det – utvetydigt: Matt 11,16-19 = Luk 7,31-35. Det er gengivet omtrent ens hos begge synoptikere, og i samme sammenhæng. Det er derfor nok at anføre ordene i Matt.: »Hvad skal jeg sammenligne denne slægt med? Den ligner børn, som sidder på torvene og råber til de andre og siger: 'Vi blæste på fløjte for jer, og I dansede ikke; vi sang klagesange for jer, og I jamrede ikke.' For Johannes kom, som hverken spiser eller drikker, og man siger: 'Han er besat!' Menneskesønnen [dvs. Jesus selv] [88] kom, som både spiser og drikker, og man siger: 'Se, hvilken frådser og vindranker, ven med toldere og syndere!' Dog, visdommen er retfærdiggjort ved sine gerninger (Luk.: ved alle sine børn).« Her sætter Jesus på anskuelig og næsten plastisk vis Johannes Døber og sig selv op over for hinanden – tilsyneladende som asketen og livsnyderen, under alle omstændigheder som modsætninger, der dog på den anden side indgår i et forhold til og en sammenhæng med hinanden og begge har en opgave at udføre over for folket. Meningen er: Lige lidt hjalp det; folk tog under alle omstændigheder afstand fra dem begge.

---

87. Jfr. Johnson, *The Purpose of the Biblical Genealogies*, 1969, s. 240-252: 'Jesus as Prophet'.
88. Udtrykket »menneskesønnen« er *ikke* nogen titel, endsige da en messiasbetegnelse, men i det mindste i den her omtalte sammenhæng blot en omskrivning for Jesus. Se Mogens Müller, *Der Ausdruck »Menschensohn« in den Evangelien. Voraussetzungen und Bedeutung* (Acta Theologica Danica, XVII), Leiden 1984.

Det er værd at lægge mærke til, at den afvisende holdning til både Johannes Døber og Jesus, der kommer til udtryk i ordene, kun gælder dem, der faktisk *tog* afstand fra dem, og det var »børnene«, dvs. Israel – ikke dem, der tilsluttede sig. Det er nemlig næppe rimeligt at henføre ordene til en (sen) fase i Jesu virksomhed, hvor han formodes at have indset både Johannes Døbers og sit eget nederlag; det ville være en psykologisering, som ordene ikke kan bære, og som hører den gamle Leben-Jesu-forskning fra før Wrede til. Ordene om Johannes, der hverken spiser eller drikker, og om Jesus, der både spiser og drikker, skal tværtimod karakterisere de to personer, også i deres forhold til hinanden, sådan som Jesus så det, og folks negative reaktion er netop reaktionen hos dem, der tog afstand fra dem begge.

Det er også værd at lægge mærke til, at det er »børn«, der råber til andre »børn« – dvs. Johannes Døber og Jesus selv sættes hverken over folket eller uden for folket, men er lige med det og del af det.

Men kan den karakteristiske modsætning mellem de to personer, mellem »klagesangeren« og »fløjtespilleren«, virkelig forstås som en modsætning mellem asketen og livsnyderen? Det synes ikke at give megen mening. I den forstand var Johannes næppe en asket, at han i askesen så et formål i sig selv (snarere skal hans askese forstås i modsætning til kongehusenes luksus: Matt 11,7-8 = Luk 7,24-25 [89]), lige så lidt, som Jesus har været en livsnyder, der ikke tænkte på andet end sig selv. Karakteristikken er derimod velegnet til at understrege, hvad vi allerede har omtalt: at vi står over for præst og konge som Israels ideale, men af flertallet afviste ledere.

Dermed understreges nok en gang forholdets politiske, samfundsrelevante og -kritiske karakter, og dets dybe forankring i Israels historie fastholdes.

---

89. Jfr. Theißen: se foran, II.3.ii., ved n. 44.

5. Den kristologiske problematik

Litteratur

Ernst Käsemann: Das Problem des historischen Jesus, 1954 – se foran, II.2.
Günther Bornkamm: *Jesus von Nazareth* (Urban-Bücher, 19), Stuttgart 1956, 8. Aufl. 1968 = *Jesus fra Nazaret*, oversat af H. B. Graabæk (Munksgaardserien, 28), København 1969.
Oscar Cullmann: *Die Christologie des Neuen Testaments*, opr. 1957, 3., durchgesehene Aufl., Tübingen 1963.
Ferdinand Hahn: *Christologische Hoheitstitel. Ihre Geschichte im frühen Christentum* (Forschungen zur Religion und Literatur des Alten und Neuen Testaments, 83), opr. 1963, 3. Aufl., Göttingen 1966.
Martin Hengel: Christology and New Testament Chronology. A Problem in the History of Earliest Christianity, opr. tysk 1972, i: samme: *Between Jesus and Paul. Studies in the Earliest History of Christianity*, London 1983, s. 30-47.
Ragnar Leivestad: *Hvem ville Jesus være?* Oslo 1982.
E. P. Sanders: *Jesus and Judaism*, 1985 – se foran, I.3.
P. M. Casey: *From Jewish Prophet to Gentile God. The Origins and Development of New Testament Christology* (The Edward Cadbury Lectures at the University of Birmingham, 1985-86), Cambridge – Louisville (Kentucky) 1991, s. 57-77: 'Jesus of Nazareth'.
Villy Sørensen: *Jesus og Kristus*, København 1992.

i. Problematikken i nyere forskning

Til det forsøg, der i denne fremstilling gøres på at tilvejebringe en forståelse af Jesus ud fra de forudsætninger, der var til stede i den antikke jødedom, og som Jesus selv levede under, og ikke ud fra den *senere* dogmatiske og kirkelige lære om Jesus som Guds Søn og Kristus, en lære, som derpå uvidenskabeligt og anakronistisk projiceres tilbage til Jesu egen tid – til et sådant forsøg hører også overvejelser af og kritisk stillingtagen til den del af nutidig nytestamentlig teologi, der kaldes kristologien.

122 *Jesus: Den kristologiske problematik*

I tiden efter Wredes bog fra 1901 om »messiashemmeligheden« har den kristologiske problematik i Det nye Testamente ofte været anskuet som et kronologisk problem. Forudsætningen blev nemlig anset for at være den med »messiashemmelighedsteorien« givne: at den historiske Jesus hverken selv udgav sig for at være messias eller af sine disciple blev anset for at være det – netop teorien om »messiashemmeligheden« tjente jo til at forklare, hvordan troen på Jesus som messias kunne opstå i de ældste menigheder, når der dog fortsat var en viden til stede om, at Jesus selv ikke var messias; forklaringen var den, at først i og med opstandelsen blev Jesus til messias, til Kristus – inden da havde han været det i hemmelighed.

Den religionshistoriske Skole i årtierne omkr. århundredeskiftet, som Wrede, Bousset, Gunkel o.a. tilhørte [90], og som formulerede teorien om »messiashemmeligheden« i den form, der blev almindelig i eftertiden, bl.a. hos Bultmann, fik med rette stor betydning i nytestamentlig eksegese og teologi. Således udgav Bousset i 1913 – altså efter Wrede! – sin bog *Kyrios Christos* og anskuede heri kristologien som et religionshistorisk fænomen, der først opstod i de hellenistiske, græsktalende menigheder og betød, at man nu gav sig til at dyrke Herren Kristus som en kulthero – altså i grunden en helt ny religion [91]. Det er også forklaringen på, at Rudolf Bultmanns *Theologie des Neuen Testaments* som et af hovedafsnittene indeholder en fremstilling af den hellenistiske menigheds keryg-

---

90. Om Den religionshistoriske Skole, der opstod ved det teologiske fakultet i Göttingen (ikke at forveksle med Den liberalteologiske Skole, der hørte hjemme i Berlin under Adolf Harnack), se Gerd Lüdemann, Die Religionsgeschichtliche Schule, i: Bernd Moeller, ed., *Theologie in Göttingen. Eine Vorlesungsreihe* (Göttinger Universitätsschriften, Serie A: Schriften/Band 1), Göttingen 1987, s. 325-361; Gerd Lüdemann/Martin Schröder, edd., *Die Religionsgeschichtliche Schule in Göttingen. Eine Dokumentation*, Göttingen 1987.
91. Wilhelm Bousset, *Kyrios Christos. Geschichte des Christusglaubens von den Anfängen des Christentums bis Irenäus*, opr. 1913, 5. Aufl. (med forord af Rudolf Bultmann), Göttingen 1965.

II.5.i. Problematikken i nyere forskning

ma før og samtidig med Paulus [92]. Herhjemme gav Holger Mosbech, der knyttede sig til Den religionshistoriske Skole og i Göttingen havde lært Bousset at kende, i 1922 udtryk for den samme opfattelse af kristologien i leksikonartikler, der i kraft af indholdet og udbredelsen også til ikke-teologer vakte betydelig opsigt [93]. Han skrev dér bl.a.:

[Den historiske forskning] maa nødvendigvis se sin Opgave i, dels at bearbejde Kilderne, saaledes at der deraf fremkommer en Levnedstegning af Jesus, der paa alle Omraader holder sig inden for den Begrænsning, at han var et Menneske som alle andre, en af Menneskehedens Stormænd, et religiøst Geni, men dog kun et Menneske; og dels i at forklare, hvorledes det kunde gaa til, at dette Menneske forholdsvis kort Tid efter sin Død blev æret og tilbedt som en Guddom [94].

Enten kan man søge at vise, at der paa Jesu Person er blevet overført en Rk. overnaturlige Forestillinger, som laa i Tiden, særlig saadanne, som var knyttede til mytiske Forløserguddomme ...; ell. man kan antage, at Jesus under sit Jordeliv selv har gjort Krav paa at være og anses for mere end et Menneske; men ud fra de liberale Forudsætninger bliver det da meget vanskeligt at undgaa den Konsekvens, at han har været en sindssyg Sværmer [95].

Naar man ... antager, at Jesus kun var et Menneske, men alligevel baade af Paulus og Evangelisterne betragtes som et guddommeligt Væsen, maa nødvendigvis det Spørgsmaal frembyde sig: hvorledes er det muligt, at et jordisk Menneske 20-30 Aar efter sin Død, ja rimeligvis endnu før, er bleven tilbedt og dyrket som Guddom? [96]

---

92. Rudolf Bultmann, *Theologie des Neuen Testaments*, 2. Aufl., Tübingen 1954, §§ 9-15: 'Das Kerygma der hellenistischen Gemeinde vor und neben Paulus'.
93. Holger Mosbech, art. 'Jesus Kristus', i: *Salmonsens Konversationsleksikon*, 2. udg., bind XIII, København 1922, s. 76-86; og i: *Hagerup's illustrerede Konversationsleksikon*, 3. udg., bind V, 1922, s. 393-395. Se min omtale heraf i: Kirkehistoriske samlinger 1979, s. 140-141.
94. Mosbech, i *Salmonsen*, XIII, s. 77.
95. Mosbech, smst., s. 79; talen om »de liberale Forudsætninger« er at forstå ud fra Mosbech tilknytning også til liberalteologien – i Berlin havde han truffet Harnack.
96. Mosbech, smst., s. 79.

124   *Jesus: Den kristologiske problematik*

Kristologien – altså læren om Jesus som Kristus – er her forstået som et *kronologisk* problem: Jesus selv var ikke messias (eller Kristus, som det hedder på græsk), men meget hurtigt kom de ældste menigheder til tro på, at han var det, og tiden, der levnedes til denne udvikling, synes så kort, at det udgør et kronologisk problem, der må løses ad (religions)historisk vej.

Det er i virkeligheden det samme, der er tilfældet hos Ferdinand Hahn, da han i 1963 udgav sin bog om *Christologische Hoheitstitel*, og det er det i grunden fortsat, da Martin Hengel i 1972 skrev sin afhandling om kristologien og den nytestamentlige kronologi, hvor han kunne tale om »the enormously rapid christological development of the first years« [97]. Der findes næppe nogen vej frem her. Selv om nogle af repræsentanterne for denne kristologi kan gå ind for, at visse træk i den antikke jødedom og hos den historiske Jesus kan have været af grundlæggende betydning for den efterfølgende kristologiske udvikling, bliver det kristologiske problem dog ved med at være et kronologisk: at der simpelt hen ikke er tilstrækkelig tid til, at udviklingen af en kristologi overhovedet kan finde sted. Den religionshistoriske Skoles forsøg på at forklare kristologiens opkomst er forgæves.

En forklaring af en helt anden art er inspireret af den dialektiske teologis fremkomst kort efter Første Verdenskrig. Herhjemme kan den siges at have været repræsenteret af Bent Noack, der i 1956 i sammenhæng med en redegørelse for Johannesevangeliets messiasbillede og kristologi forstod 'messianologi' og 'kristologi' som to forskellige ting, der ikke har meget med hinanden at gøre [98]. Ifølge denne sondring er »messiasbil-

---

97. Hengel, *Between Jesus and Paul*, s. 42. Cullmanns *Christologie* repræsenterer en mærkværdig apologi for den traditionelle kirkelige kristologi; nytestamentlig kristologi behøver imidlertid ingen apologi, og hans bog skal derfor ikke omtales nærmere her.
98. Bent Noack, Johannesevangeliets messiasbillede og dets kristologi, Dansk teologisk Tidsskrift 19 (1956), s. 129-155; hertil mine udtalelser i *Udenfor og indenfor. Sociale og økonomiske aspekter i den ældste kristendom* (Tekst &

II.5.i. Problematikken i nyere forskning

lede« eller messianske forestillinger et begreb, der hører hjemme i den antikke jødedom og handler om indholdet af de forventninger, jøderne nærede til den messianske konge, de ventede skulle komme, og af de forestillinger, de gjorde sig om hans væsen, oprindelse og virksomhed; »kristologi« derimod er et kristent begreb og drejer sig om de sammenhængende udsagn, de kristne fremkom med om Jesu Kristi person, hans oprindelse, væsen og virksomhed [99]. Således forstået er messianologi altså den jødiske lære om de jødiske messiasforventninger, mens kristologi er den kristne lære om Jesus Kristus.

Men med en sådan sondring mellem messianologi og kristologi er der set bort fra, at 'messias' og 'Kristus' (græsk: *christós*) dog faktisk betyder ét og det samme, nemlig »den Salvede«; desuden er der etableret en næsten uendelig stor afstand mellem jødedom og kristendom – en afstand, som må siges at være uhistorisk, eftersom kristendommen nu engang udsprang af jødedommens midte og ikke på nogen måde kan forstås uden på baggrund af Israels historie, Det gamle Testamente og den antikke jødedom. Måske kan det siges så skarpt, at der bag den her nævnte sondring lurer en skjult markionitisme, som 1) liberalteologien, Den religionshistoriske Skole og den dialektiske teologi – kort: den tyske teologiske tradition – ikke er uden skyld i, som 2) desuden rummer antijødiske træk, og som 3) endelig også indeholder antydninger af en doketisk kristologi af gnostisk præg [100].

Tolkning, 5), København 1974, s. 99-100.
99. Noack, DTT 19 (1956), s. 129.
100. I 1920 udgav liberalteologen Adolf Harnack sin store bog om kætteren Markion: *Marcion. Das Evangelium vom fremden Gott*, 2. Aufl., Leipzig 1924 (se nedenfor, IV.5.), hvori han bl.a. skrev: »das AT im 2. Jahrhundert zu verwerfen [som Markion angiveligt ville], war ein Fehler, den die große Kirche mit Recht abgelehnt hat; es im 16. Jahrhundert beizubehalten [som reformatorerne gjorde], war ein Schicksal, dem sich die Reformation noch nicht zu entziehen vermochte; es aber seit dem 19. Jahrhundert als kanonische Urkunde im Protestantismus noch zu konservieren, ist die Folge einer religiösen und kirchlichen Lähmung« (s. 217 – dér udhævet). Og hvad kristologien

126 Jesus: Den kristologiske problematik

Det kunne med rette have været forventet af fornyelsen af Leben-Jesu-forskningen efter 1954, at den kristologiske problematik blev formuleret på ny. Men det må konstateres *ikke* at have været tilfældet. Tværtimod bevæger problemstillingen sig fortsat i de gamle baner, der blev afstukket af Den religionshistoriske Skole, hvilket både Günther Bornkamms Jesusbog fra 1956 og – trods alle forskelle – E. P. Sanders' fra 1985 med tilstrækkelig tydelighed viser. Allerede Rudolf Bultmann selv kunne i indledningen til sin Jesusbog fra 1926 skrive:

Ich persönlich bin der Meinung, daß Jesus sich nicht für den Messias gehalten hat, ... Ich habe aber in der folgenden Darstellung diese Frage überhaupt nicht berücksichtigt, und zwar im letzten Grunde nicht deshalb, weil sich darüber nichts Sicheres sagen läßt, sondern weil ich die Frage für nebensächlich halte [101].

Det samme gentager sig hos hans elev, Bornkamm, der først behandler »Die Messiasfrage« i kap. VIII af sin Jesusbog og besvarer det negativt: Jesus selv brugte ingen messianske betegnelser om sig selv; først den ældste menighed tillagde ham messiansk værdighed, for med opstandelsen opstod også troen på, at han var alt det, de messianske titler udsagde om ham [102].

I nogen grad anderledes går Sanders frem. Han går nemlig ud fra, at Jesus forkyndte et kongerige, hvori hans disciple ville få tildelt centrale pladser, og intet er derfor mere nærliggende end at antage, at Jesus selv var konge – eller vicekonge under den sande konge, Gud. »If Jesus taught his disciples that there

---

hos religionshistorikeren og den dialektiske teolog Rudolf Bultmann angår, er den med rette blevet beskyldt for at være doketisk: Regin Prenter, *Skabelse og genløsning. Dogmatik*, III, København 1953, s. 375-381; det hænger sammen med Bultmanns adskillelse af jødedom og kristendom, idet den historiske Jesus for ham ingen teologisk betydning har, men var en jødisk rabbi, mens kristendom og teologi forholder sig til Kristi død og opstandelse som det afgørende moment.
101. Rudolf Bultmann, *Jesus* (opr. 1926 i en serie, der hed »Die Unsterblichen«!), Tübingen 1951, s. 12.
102. Bornkamm, *Jesus von Nazareth*, 155-163.

II.5.i. Problematikken i nyere forskning

would be a kingdom and that *they* would have a role in it, he certainly, at least by implication, gave himself a role also. 'Messiah' will do perfectly well for the person who is superior to the judges of Israel, even if he was not a warrior« [103]. Men han tilføjer også:»I do not doubt that ... he was unique; in some way or other everyone is unique. ... What is unique is the result. But, again, we cannot know that the result springs from the uniqueness of the historical Jesus« [104]. Så resultatet bliver alligevel det samme.

Så Ernst Käsemann selv da? Det var dog ham, der i 1954 genåbnede debatten om den historiske Jesus og med rette gjorde gældende, at evangelisterne ved at skrive om den historiske Jesus viste, at de ikke var sindede at lade en myte trædc i stedet for historien eller et himmelvæsen i stedet for Jesus fra Nazaret [105]. Og Käsemann skriver da i det mindste også følgende ord i forbindelse med 'die Eigenart der Sendung Jesu': »Die einzige Kategorie, die seinem Anspruch gerecht wird, ist völlig unabhängig davon, ob er sie selber benutzt und gefordert hat oder nicht, diejenige, welche seine Jünger ihm denn auch beigemessen haben, nämlich die des Messias« [106].

Men er dette beskedne og ret beset forbeholdne udsagn virkelig den betydningsfulde sag værdigt? Kommer sagen selv til sin ret?

---

103. Sanders, *Jesus and Judaism*, s. 234.
104. Sanders, smst., s. 240.
105. Käsemann, *Exeg. Versuche u. Besinnungen*, I, s. 196: »... wenn die Urchristenheit den erniedrigten mit dem erhöhten Herrn identifiziert, so bekundet sie damit zwar, daß sie nicht fähig ist, bei der Darstellung seiner Geschichte von ihrem Glauben zu abstrahieren. Gleichzeitig bekundet sie jedoch damit, daß sie nicht willens ist, einen Mythos an die Stelle der Geschichte, ein Himmelswesen an die Stelle des Nazareners treten zu lassen.«
106. Käsemann, smst., s. 206.

ii. Jesus som Kristus og messias

Det er måske på tide, at teologi og nytestamentlig eksegese omsider vedkender sig, at den person, som den ældste menighed bekendte sin tro på som Kristus, også i sin jordiske tilværelse ville gælde for og af sine tilhængere blev anset for at være messias, *christós*, »den Salvede«. Enhver anden antagelse, som på en eller anden måde søger at undgå denne identifikation, fører kun til uklarhed.

Den gamle Leben-Jesu-forsknings optagethed af Jesu sjæleliv og (messianske) »selvbevidsthed« er med rette opgivet. I stedet har forskningen i det omfang, den overhovedet berørte spørgsmålet om den historiske Jesus, befattet sig med Jesu forkyndelse (således f.eks. Bultmann og Bornkamm) eller med Jesu virksomhed (således E. P. Sanders) og af Jesu »ord og gerninger« således beskæftiget sig *enten* med det ene *eller* med det andet. Men betegnende nok har man ladet spørgsmålet om Jesu person ligge – formodentlig i en slags erkendelse af, at dette spørgsmål i for høj grad mindede om den gamle Leben-Jesu-forsknings optagethed af Jesu psykologi, som vi jo af mange og gode grunde ikke er i stand til at udtale os om.

Men spørgsmålet om Jesu person er ikke et psykologisk spørgsmål, men et spørgsmål om Jesu funktion eller om, hvem han ville være [107]. Det kan også udtrykkes helt anderledes skarpt og præcist: Spørgsmålet om Jesu person er ikke kun et uinteressant spørgsmål af underordnet betydning (således især Bultmann og Bornkamm), men er selve det kristologiske spørgsmål, som ingen teolog eller eksegurk kan tillade sig at se bort fra.

Det er jo nemlig just det spørgsmål, Jesus selv stillede sine disciple ved Cæsarea Filippi i det nordligste Palæstina [108]: »Hvem siger *I* at jeg er?« (Mark 8,27-33 = Matt

---

107. Jfr. Leivestad, *Hvem ville Jesus være?* 1982.
108. Området ved Cæsarea Filippi er ikke et tilfældigt sted; i det gamle Nordriges tid indrettede Jeroboam I. et kultsted i Dan (1 Kong 12,28 ff.), og

II.5.ii. *Jesus som Kristus og messias* 129

16,13-23 = Luk 9,18-22), og Peter svarede på discipelkredsens vegne: »Du er den Salvede (græsk: *christós*)« (således Mark 8,29), »Du er den Salvede, den levende Guds Søn« (således Matt 16,16) eller »Du er Guds Salvede« (således Luk 9,21) – ord, som næppe kan forstås uden på baggrund af den gammeltestamentlige kongesalmes ord om »Herren (dvs. Gud) og hans Salvede« (Sl 2,2) og »Du er min Søn, jeg har født dig i dag« (Sl 2,7).

6. Jesus som messias (grunden til processen, Jesu død)

Litteratur

Albert Schweitzer: *Geschichte der Leben-Jesu-Forschung*, 6. Aufl. 1951 (se foran, II.), s. 390-443: 'Die Lösung der konsequenten Eschatologie'.
Joseph Blinzler: *Der Prozeß Jesu. Das jüdische und das römische Gerichtsverfahren gegen Jesus Christus auf Grund der ältesten Zeugnisse dargestellt und bearbeitet*, 3. Aufl. Regensburg 1960, 4. Aufl. 1969.
Nils Alstrup Dahl: Der gekreuzigte Messias, i: Ristow/Matthiae, edd., *Der historische Jesus und der kerygmatische Christus*, 1961 (se foran, II.2.), s. 149-169; også på engelsk: The Crucified Messiah, i: Nils A. Dahl: *Jesus the Christ* (se foran, II.2.), 1991, s. 27-47.
Olof Linton: Processen mod Jesus. Kilder, kildevurdering og teorier i den nyere debat, Dansk Teologisk Tidsskrift 25 (1962), s. 1-35.
E. P. Sanders: *Jesus and Judaism*, 1985 (se I.3.), s. 294-318: 'The Death of Jesus'.
Christopher Rowland: *Christian Origins*, 1985 (se foran, I.), s. 164-174: 'The Arrest and Trial of Jesus'; s. 174-187: 'Jesus' Personal Claim'.

her stod slaget ved Paneas (se foran, I.1.i.). Se også Rainer Riesner, foran, II.3.ii.; desuden George W. E. Nickelsburg, Enoch, Levi, and Peter: Recipients of Revelation in Upper Galilee, Journal of Biblical Literature 100 (1981), s. 575-600. Området hen imod Damaskus er også stedet for Paulus' omvendelse.

i. Den korsfæstede messias

Også den norske nytestamentlige ekseget Nils Alstrup Dahl er klar over, at der selv efter genåbningen af debatten om den historiske Jesus i 1954 ikke er sket substantielle fremskridt, men at debatten er forblevet hængende i metodespørgsmål uden at være kommet væsentligt videre: »Von Zeit zu Zeit müssen die großen und grundlegenden Fragen gestellt werden, damit Holzwege entlarvt und neue Wege für die weitere Forschung eröffnet werden. Aber es ist selten fruchtbar, sich zu lange bei den methodologischen und prinzipiellen Diskussionen aufzuhalten. Es war sehr notwendig und sehr nützlich, daß vor einigen Jahren das Problem des historischen Jesus neu gestellt wurde [Dahl henviser her til Käsemann, 1954]. Jetzt scheint mir schon die Zeit gekommen zu sein, wo wir uns besser der Arbeit mit bestimmten Einzelfragen wieder zuwenden« [109].

Udeblivelsen af fremskridtene skyldes også ifølge Dahl (jfr. foran, II.5.ii.), at man har fornemmet risikoen for at komme til at gentage den gamle psykologiserende Leben-Jesu-forsknings fejltagelser. Men denne tilbageholdenhed er i betragtning af de påtrængende, endnu uløste problemer ikke berettiget: »... eigentlich ist ja in den letzten Jahrzehnten recht wenig mit diesen Fragen gearbeitet worden. Das liegt wohl an dem Irrewerden an der biographischen Leben-Jesu-Forschung des 19. Jahrhunderts, ist aber keine mit Recht daraus gezogene Konsequenz« [110].

Dahl kan fuldt ud tilslutte sig Käsemann i, at det ikke er muligt at rekonstruere hverken det ydre eller det indre forløb af Jesu liv. Men han tilføjer med rette: »Daraus scheint mir ... nicht zu folgen, daß historische Fragen nach kausalem Zusammenhang überhaupt nicht gestellt werden können oder dürfen. Fragen nach Voraussetzungen und Folgen des Todes Jesu lassen

---

109. Dahl, i: *Der hist. Jesus*, s. 151.
110. Dahl, smst., s. 157.

II.6.i. *Den korsfæstede messias* 131

sich durchaus sinnvoll stellen; dann müssen sie aber auch gestellt werden, ob das uns angenehm ist oder nicht« [111].

Dahl kaster sig derfor med energi ud i arbejdet med et konkret enkeltspørgsmål: spørgsmålet om meningen med og berettigelsen af det udsagn, at Jesus blev henrettet som messias.

ii. *Wrede eller Schweitzer?*
For at forstå Dahls undersøgelse må man være opmærksom på, at han bevidst griber tilbage i forskningshistorien og — med Albert Schweitzers egen formulering — med rette peger på, at den gamle Leben-Jesu-forskning fik en *dobbelt udgang* omkring århundredeskiftet: med William Wrede (1859-1907) og med Albert Schweitzer (1875-1965). Schweitzer var således i stand til at redegøre for og tage stilling til Wredes bog om »messiashemmeligheden« fra 1901 og fremkom desuden selv med en fremstilling af sin egen opfattelse [112].

Albert Schweitzer hørte hverken til Den liberale Skole eller til Den religionshistoriske Skole, men til sin egen: Den konsekvente eskatologis Skole, der dog havde lært af Johannes Weiß' *Die Predigt Jesu vom Reiche Gottes*, 1892. Fra Schweitzer mente den efterfølgende nytestamentlige forskning imidlertid kun at have arvet problemet om eskatologien, som består i, at Guds rige tilsyneladende alligevel ikke kom, hvorimod den lod hånt om Schweitzers påvisning af hovedproblemet vedrørende spørgs-

---

111. Dahl, smst., s. 165.
112. Samtidig med Wredes bog udgav Schweitzer sin *Das Messianitäts- und Leidensgeheimnis. Eine Skizze des Lebens Jesu* (Das Abendmahl im Zusammenhang mit dem Leben Jesu und der Geschichte des Urchristentums, 2. Heft), Tübingen – Leipzig 1901 (se også foran, n. 12). En sammenfatning heraf og en diskussion med Wrede findes hos Schweitzer selv: *Geschichte der Leben-Jesu-Forschung* (1. Aufl. 1906 under titlen *Von Reimarus zu Wrede*), 2. Aufl. 1913, s. 368-443: 'Die Kritik der modern-historischen Anschauung durch Wrede und die konsequente Eschatologie' (s. 368-375), 'Darstellung und Kritik der Konstruktion Wredes' (s. 376-389) og 'Die Lösung der konsequenten Eschatologie' (s. 390-443). Til denne sammenfatning og diskussion hos Schweitzer selv henholder jeg mig.

målet om den historiske Jesus: problemet om den ikke-messianske karakter af Jesu offentlige virksomhed i forhold til hans af kilderne, dvs. de nytestamentlige skrifter, hævdede messianitet: »Von Albert Schweitzer hat sich die spätere Forschung zu Unrecht nur die Probleme der Eschatologie und der »Parusie-Verzögerung« stellen lassen, nicht aber zugleich das Hauptproblem des Lebens Jesu, d. h. das Problem des nicht-messianischen Charakters der öffentlichen Wirksamkeit Jesu in ihrem Verhältnis zu seiner von den Quellen behaupteten Messianität,« skriver Dahl [113].

Den dobbelte udgang på den gamle Leben-Jesu-forskning kunne Schweitzer selv formulere ved at pege på, at den modsigelse, der synes at være til stede mellem Jesu offentlige virksomheds ikke-messianske karakter og hans faktiske, af kilderne hævdede messianitet, *enten* skyldes det datidige jødiske messiasbegreb (således Schweitzer selv) *eller* Markusevangelistens forestilling (således Wrede [114]): »Das Widerspruchs-volle zwischen der Wirksamkeit Jesu und seiner Messianität liegt entweder in dem Wesen des jüdischen Messiasbegriffes oder in der Vorstellung des Evangelisten begründet. Es gibt entweder die eschatologische Lösung, ... oder die literarische, ... Tertium non datur,« skrev Albert Schweitzer [115].

Altså: Enten var det særlige ved Jesu messianitet at forstå ud fra de forudsætninger, der var givet med den antikke jødedoms eskatologi, hvad Schweitzer selv hævdede, eller også opstod troen på, at Jesus var Kristus, først ude i den græske, hellenistiske verden, hvad Den religionshistoriske Skole gjorde gældende.

113. Dahl, i: *Der hist. Jesus*, s. 158.
114. At dette var Wredes opfattelse: at »messiashemmelighedsteorien« var Markusevangelistens *litterære* løsning, er nu ikke ganske korrekt; Wrede selv gjorde opmærksom på, at »teorien« var indeholdt i traditionen forud for Mark.s tilblivelse og altså ikke først skyldtes evangelisten. Denne detalje er i den foreliggende sammenhæng dog af underordnet betydning.
115. Schweitzer, *Gesch.*, s. 375; jfr. citatet hos Dahl, i: *Der hist. Jesus*, s. 158.

II.6.ii. *Wrede eller Schweitzer?* 133

(At den palæstinensiske jødedom selv var hellenistisk, var endnu ikke blevet erkendt ved århundredets begyndelse.)

Man kan også sige det sådan: Enten hører »messiashemmeligheden« historisk virkelig hjemme hos den historiske Jesus selv (Schweitzer), eller også er »messiashemmeligheden« – og dermed hele kristologien – et teologisk og litterært produkt af den ældste kristendom (Wrede).

iii. *Den konsekvente eskatologi*
For Albert Schweitzer [116] var Jesus virkelig af kongelig, davidisk herkomst. Han var messias – hvilket imidlertid ikke var givet allerede med Jesu davidiske herkomst, men først med den antikke jødiske eskatologi, der forudsatte Guds riges komme og messias' forvandling til herlighed (jfr. 1 Kor 15,51-52). Men tiden til at åbenbare, at Jesus var messias, var endnu ikke kommet. Guds rige ville først komme, når tilstrækkeligt mange tilsluttede sig hans forkyndelse af dets nærhed, og forkyndelsen heraf lod Jesus ske med udsendelsen af disciplene: Matt 10,5 ff. Med ordene i Matt 10,23: »I skal ikke komme til ende med Israels byer, før menneskesønnen [dvs. Jesus selv i forvandlet skikkelse] kommer,« tilkendegav Jesus over for sine disciple, at han ikke forventede dem tilbage i den nuværende verdens tid, men når Guds rige var kommet, og da som Jesu medherskere i dette Guds rige – så hurtigt ville det hele være sket.

Men forkyndelsen af Guds riges snarlige komme gik ikke i opfyldelse – disciplene vendte jo raske og sunde tilbage! I stedet blev det Jesus klart, at *han* alene måtte udstå lidelse og død, for at Guds rige kunne komme. Denne erkendelse gav Jesus udtryk for ved Cæsarea Filippi, hvor disciplene med Peter som talsmand var kommet til tro på, at Jesus var messias. Med dette formål for øje: gennem lidelse og død at fremtvinge Guds riges

---

116. Se Schweitzer, *Gesch.*, s. 390-443: 'Die Lösung der konsequenten Eschatologie'.

frembrud, drog Jesus sammen med sine disciple op til Jerusalem. I glimt lod han sin messianitet komme til syne, bl.a. ved indtoget i Jerusalem, men uden at folk virkelig erkendte det. Ved forhøret for ypperstepræsten blev det afgørende spørgsmål stillet: »Er du den Salvede, den Højlovedes Søn?« (Mark 14,61), og Jesus bekræftede det. Hvorfra vidste ypperstepræsten, at Jesus var messias? Schweitzers berømte svar var: Det vidste ypperstepræsten gennem Judas' forræderi.

Albert Schweitzers historiske eller eskatologiske løsning var ifølge hans egen opfattelse alternativet til William Wredes »litterære« løsning på spørgsmålet om Jesu messianitet. *Tertium non datur*, som han skrev. Det er klart, at selv om adskillige enkeltheder i Schweitzers fremstilling kan og må anfægtes – først og fremmest det fundamentale, at netop Schweitzer, der burde vide bedre, faldt for fristelsen til at udtale sig om både det ydre og det indre forløb af Jesu liv – er ét forhold klart hos ham: Jesus var af kongelig, davidisk slægt og regnede sig selv for at være messias, med rod i den antikke jødedoms eskatologi. I denne henseende består der en absolut forskel mellem Schweitzer og Wrede. Spørgsmålet er, om der derfor også er tale om et alternativ.

iv. *Jesu kongelige, davidiske herkomst*
Hvad det netop nævnte forhold vedrørende Jesu kongelige, davidiske herkomst angår, kan der være grund til at opholde sig lidt længere ved Albert Schweitzer, fordi han er en af kun få nytestamentlige eksegeter, der har fæstet lid til oplysningen herom – ikke fordi hans udsagn i sig selv er udslaggivende (det er under alle omstændigheder teksterne, der er det), men fordi han har peget på forhold, der ellers synes at være gået i glemmebogen.

At Jesus var af kongelig og davidisk slægt, siges som bekendt bl.a. i Jesu slægtsregister: Matt 1,1-17 og Luk 3,23-31 (jfr. 2,4), og hos Paulus: Rom 1,3. At Jesus var den førstefødte, står – alt andet ufortalt – fast. Schweitzer skriver: »Ein Grund, die dahin-

II.6.iv. Jesu kongelige, davidiske herkomst

gehenden Angaben der beiden ersten Evangelien [117] und des Paulus anzuzweifeln, liegt nicht vor. Aus der Tatsache, daß die später aufgestellten davidischen Geschlechtsregister aus Matthäus (1,1-17) und Lukas (3,23-38) nicht stimmen können, folgt noch nicht, daß die Familie Jesu sich nicht aus dem königlichen Stamm ableitete. Mit Serubabel war ein Teil des davidischen Hauses aus dem Exil zurückgekehrt. Seine politische Rolle, die die Propheten Haggai (2) und Sacharja (3 und 4) zu messianischen Hoffnungen ermutigte, war bald ausgespielt. Aber es ist undenkbar, daß die Nachkommen sich der Abstammung nicht erinnerten. Ob sie sie durch genau geführte Genealogien erweisen konnten, ist eine Frage für sich« [118].

Schweitzer henviser yderligere til den ofte omtalte oplysning hos Hegesip om de to slægtninge af Jesus, efterkommere efter Jesu bror Judas (Mark 6,3), som kejser Domitian (år 81-96) lod bringe for sig på grund af rygtet om deres mulige politiske krav [119]. Oplysningen hos Hegesip viser i det mindste – dette i modsætning til Schweitzers forståelse – at kongelig herkomst af den romerske kejsermagt *ikke* blev betragtet som et politisk harmløst forhold.

Endelig skal der henvises til en antydning hos Julius Wellhausen, der viser, at han var sig visse herhen hørende sammenhænge bevidst. Det drejer sig om en beretning hos Josefus i Ant. Jud. XVII, 41-45 (kap. 2,4) om farisæerne og deres messianske tro. Farisæerne havde ved slutningen af Herodes den Stores regeringstid (år 37-4 f.Kr.) skaffet sig indflydelse ved hans hof og ikke mindst hos Herodes' bror, Feroras, som Herodes havde

---

117. Det drejer sig bl.a. om Matt 3,16-17 og Mark 1,10-11 om åbenbaringen ved Jesu dåb, som sagde ham, at han var messias – således ifølge Schweitzer.
118. Schweitzer, *Gesch.*, s. 393-394. Til slægtsregistrene i Matt. og Luk.: se Johnson, *Biblical Genealogies*, 1969 (se, II.4.), s. 139-228: 'The Genealogy of Jesus in Matthew', og s. 229-252: 'The Genealogy of Jesus in Luke'. Til ypperstepræsten Josva og kongen Zerubbabel (jfr. Luk 3,27!): se foran, II.4.iii.
119. Schweitzer, *Gesch.*, s. 395. Hegesips overlevering er gengivet hos Euseb, Hist. eccl. III, 19-20; se videre nedenfor, III.2.v.

gjort til tetrark over Peræa i Østjordanlandet. De forudsagde, at Gud ville fratage Herodes den Store og hans efterkommere kongemagten og give den til Feroras og dennes børn, og nøjedes ikke med at fortælle dette til Feroras og hans hustru, men også til medlemmer af Herodes' hof; yderligere stillede de en eunuk ved navn Bagoas, der hørte til Herodes' personale, i udsigt, at han engang ville blive kaldt Fader og Velgører af ham, som skulle være folkets konge, og af ham få evnen til at blive gift og få børn – formodentlig en messiansk anvendelse af Es 56,2-5 om det »udtørrede træ«. I sit raseri lod Herodes selvfølgelig de skyldige henrette, bl.a. de implicerede farisæere og Bagoas, men desuden »alt det i hans hus, som havde skænket det, farisæerne sagde, tiltro« (Ant. Jud. XVII, 44). Wellhausen konkluderer: »Die Pharisäer erwarteten also gegen das Lebensende des Herodes in sehr naher Zeit das Auftreten des Messias. ... Es ist die messianische Bewegung, die von den Pharisäern getragen durch die Frauen und Höflinge eindringt in den Pallast des Usurpators auf dem Throne Davids und dem mistrauischen Alten [dvs. Herodes den Store] Angst macht, so dass »er Alles umbringt, was in seinem Hause dem, was die Pharisäer sagten, zugefallen war.« Vgl. Matth. 2 [dvs. barnemordet i Betlehem]« [120].

v. *Et tredje standpunkt?*
Det alternativ, som forskningen lige siden Wrede og Schweitzer ellers næppe er kommet ud over [121], kan Nils Alstrup Dahl ikke bøje sig for. Han gør gældende, at der *findes* en tredje mulighed, som oven i købet ikke bygger på formodninger, men på kendsgerninger.

De kendsgerninger, Dahl peger på, er følgende: A) indskriften på korset, »Jødernes Konge«, og B) den slet og ret gennemgåen-

---

120. Wellhausen, *Pharisäer u. Sadducäer*, 1874, s. 25-26. Se også Schürer, *History*, II, 1979, s. 505.
121. Dahl, i: *Der hist. Jesus*, s. 158: »Über diese Alternative ist auch die heutige Forschung [1961!] kaum hinausgekommen.«

II.6.v. Et tredje standpunkt? 137

de og med Jesusnavnet uløseligt forbundne brug af Kristusbetegnelsen i de nytestamentlige skrifter.

Disse to kendsgerninger viser for Dahl to ting: 1) at Jesus virkelig blev korsfæstet som jødernes konge, og at denne historiske kendsgerning fik afgørende betydning for formuleringen af det første kristne dogme: Jesus er messias; og 2) at bekendelsen til Jesus som messias ikke betegner en »rejudaisering« af Jesu forkyndelse og person, men tværtimod en gennemgribende, radikal kristianisering af den jødiske messiastitel: »1. Daß Jesus als König der Juden gekreuzigt wurde, ist nicht ein dogmatisches Motiv, das in den Passionsgeschichten historisiert worden ist, sondern vielmehr umgekehrt, es ist eine historische Tatsache, die eine entscheidende Bedeutung bekam für die Formulierung des ersten christlichen Dogmas: Jesus ist der Messias. 2. Das Bekenntnis zu Jesus als dem Messias ist nicht als »Rejudaisierung« der Verkündigung und der Person Jesu, sondern vielmehr als eine durchgreifende, radikale Christianisierung des jüdischen Messiastitels zu verstehen« [122].

På spørgsmålet om, hvordan det kunne gå til, at Jesus blev korsfæstet som messias, svarer Dahl imidlertid ret undvigende. Jesus *kan* gennem sin virksomhed have rejst det spørgsmål blandt både tilhængere og modstandere, om han mon ville være messias, og den myndighed, hvormed han optrådte, kan have gjort dette spørgsmål forståeligt og nærliggende. Men ifølge Dahl må det have været hans modstandere, der har draget spørgsmålet frem i forgrunden og gjort det til det afgørende moment, hvoraf hans liv og død afhang. »Die Kreuzesinschrift setzt voraus, daß Jesus vor Pilatus auf Grund von Ansprüchen auf königlich-messianische Würde angeklagt war. Das hat aber wiederum zur Voraussetzung, daß Jesus, vor die Anklage gestellt, ob er der Messias sein wolle, jedenfalls durch sein Schwei-

---

122. Dahl, smst., s. 163.

gen eingestanden hat, daß dem so sei« [123]. Og: »Der Anspruch, der Messias zu sein, ist also Jesus abgezwungen worden. Von sich aus hat er ihn nicht – jedenfalls nicht ausdrücklich und direkt – erhoben. Vor die Anklage gestellt, angesichts des drohenden Todes, hat er aber nicht verleugnet, daß er der Messias sein wollte« [124]. Og endelig: »Es erscheint als wahrscheinlich, daß der Messiastitel als Ausdruck falscher Erwartungen, als Anklage und als Spottname an Jesus herangebracht wurde, ehe er nach den Erscheinungen des Auferstandenen als zusammenfassender Ausdruck des Bekenntnisses und der Verkündigung aufgenommen wurde« [125].

Den tredje mulighed, hvormed Dahl søger at undvige Schweitzers alternativ, går altså ud på, at Jesus i sin virksomhed, med sine ord eller med sin person ganske vist *ikke udtrykkeligt* har villet være messias, *men dog alligevel* er blevet korsfæstet som messias. Han modsagde ikke anklagen, da den blev rejst imod ham, og denne kendsgerning blev bestemmende for den kristne forkyndelse – udgangen på Jesu liv blev forkyndelsens indhold. Den historiske Jesus såvel som den forkyndte Kristus er den korsfæstede messias [126].

Er Nils Alstrup Dahls opfattelse, som adskillige har tilsluttet sig [127], nu en løsning, der virkelig – som han selv hævder – er ensbetydende med en overvindelse af det alternativ, som Albert Schweitzer formulerede?

Hertil må beklageligvis svares nej.

---

123. Dahl, smst., s. 166.
124. Dahl, smst., s. 167.
125. Dahl, smst., s. 168.
126. Jfr. Dahl, smst., s. 167-168.
127. Bl.a. Hengel, *Between Jesus and Paul*, 1983, s. 36 med n. 34 på s. 162; Sanders, *Jesus and Judaism*, 1985, s. 406, n. 2. Det er tankevækkende at lægge mærke til, i hvor høj grad – også hvad detaljer angår – Sanders' forståelse svarer til Dahls, også hvor Sanders ikke udtrykkeligt gør opmærksom på det: Sanders, smst., s. 294 ff.: 'The Death of Jesus'.

II.6.v. *Et tredje standpunkt?*

For det første står Dahl fortsat over for nøjagtig den samme kronologiske vanskelighed, hvad kristologien angår, som også den øvrige nytestamentlige eksegese, der har søgt at holde sig Albert Schweitzers eskatologiske opfattelse fra livet, sidder fast i: at der ikke er tid til overs til tilblivelsen af nogen kristologi, om end tilstedeværelsen af en sådan dog på den anden side må konstateres (jfr. foran, II.5.i.). Dahl må nemlig indrømme: »Der Christusname Jesu [at Jesus blev kaldt Kristus, messias] muß also *seit den ersten Anfängen des griechisch redenden Christentums, wenige Jahre nach der Kreuzigung*, festgestanden haben. Die Voraussetzung dafür ist, daß Jesus *schon auf aramäischem Sprachgebiet* als »der Messias« und »Jesus der Messias« bezeichnet wurde. Insofern muß die Christologie der Urgemeinde *von Anfang an* eine Messias-Christologie gewesen sein« [128]. Det er jo det samme kronologiske problem, som også Martin Hengel endnu så sent som i 1972 – efter Dahl! – står overfor [129]; overhovedet er Dahls og Hengels tale om de aramaisk- og græsktalende kristne, bag hvilken tale hypotetiske forestillinger om hellenisterne og hebræerne i ApG 6,1 ff. gemmer sig, ikke overbevisende – som vi senere skal se [130]. Og at troen på Jesu opstandelse nødvendigvis måtte blive til troen på den korsfæstede *messias'* opstandelse, alene fordi han var blevet korsfæstet som messias, og kun derfor, som Dahl hævder [131], er ikke indlysende.

---

128. Dahl, i: *Der hist. Jesus*, s. 160-161 – fremhævelserne i citatet er mine.
129. Se foran, ved n. 97.
130. Se nedenfor, III.3.
131. Dahl, i: *Der hist. Jesus*, s. 161: »War er [Jesus] als angeblicher Messias gekreuzigt worden, dann – aber auch nur dann – mußte der Glaube an seine Auferstehung zum Glauben an die Auferstehung des gekreuzigten Messias werden.« Men sæt nu, det var med urette, at Jesus var blevet korsfæstet som messias (»als angeblicher Messias«) – ville disciplene og den ældste menighed så overhovedet lade troen på Jesu opstandelse tage farve deraf? De ville dog vel have vidst bedre besked og hverken lade sig påvirke af ypperstepræst eller af prokurator!

For det andet er det ud fra Dahls fremstilling og opfattelse ubegribeligt, hvorfor Jesus blev korsfæstet som messias. Jesus havde jo ifølge Dahl ikke udtrykkeligt sagt, at han var messias, og både bekendelsen ved Cæsarea Filippi (Mark 8,29 med par.), spørgsmålet om Davids søn/Davids herre (Mark 12,35-37 = Matt 22,41-46 = Luk 20,41-44) og andre mulige indicier afvises af Dahl som vidnesbyrd om, at den historiske Jesus anså sig selv og af andre blev anset for at være messias – i hvert fald er de så tvetydige, at de er ubrugelige [132]. Men så er Dahls forklaring: at Jesu modstandere brugte påstanden om, at han var messias, som anklage, også helt og aldeles uholdbar – den anklage forudsætter jo, at der var noget om snakken, at det virkelig var rigtigt, at Jesus var og ville være messias, men kan ikke forstås som noget, der blot var blevet Jesus »aftvunget« *in statu confessionis*.

Nils Alstrup Dahls tredje standpunkt er et dristigt sted at stille sig. Han balancerer midt imellem Schweitzer på den ene side og Wrede på den anden, midt imellem den historiske Jesus på den ene side og den forkyndte Kristus på den anden, og tror i betegnelsen af Jesus som »Jødernes Konge« at have fundet *det* ene sted, hvor de uforligelige alternative muligheder kan mødes. Det kan de ikke. For det er på den knivskarpe kant mellem to svimlende afgrunde, og enhver, der befatter sig med den kristologiske problematik, er nødt til at vælge side.

vi. *Sanders' løsning*
Selv om han ikke er den første eller den eneste, har E. P. Sanders efter mit bedste skøn med rette fundet grunden til, at de jødiske myndigheder, dvs. ypperstepræsten, de øverste præster og de skriftlærde, ville Jesus til livs, i »tempelrensningen« (Mark 11,15-18 med par.) [133]. Han skriver: »the temple scene

---

132. Se Dahl, i: *Der hist. Jesus*, s. 163 ff.
133. Sanders, *Jesus and Judaism*, s. 61-71: 'The 'cleansing' of the temple', og s. 301 ff.

II.6.vi. Sanders' løsning

is the last public event in Jesus' life: he lived long enough for it, but not much longer. In this case it seems entirely reasonable to argue *post hoc ergo propter hoc«* [134].

Til forskel fra Sanders gør jeg imidlertid gældende, at forudsætningen for denne offentlige handling – uanset hvad der i detaljer blev gjort og sagt ved den lejlighed – er den, at Jesus var messias, offentligt gjorde det gældende og med tempelrensningen handlede lige så tempel- og kultkritisk som Johannes Døber havde gjort med sin dåb (jfr. ovenfor, II.4.i.).

Forudsætningen for »tempelrensningen« er yderligere, at Jesus er kommet til Jerusalem og befinder sig dér – med andre ord: at Jesu indtog i Jerusalem (Mark 11,1-11 = Matt 21,1-11 = Luk 19,28-40 = Johs 12,12-19) har fundet sted. Indtoget i Jerusalem er for Sanders »one of the most puzzling [passages] in the Gospels,« og han er tilbøjelig til at betragte begivenheden som uhistorisk: »Perhaps the event took place but was a small occurrence which went unnoticed. Perhaps only a few disciples unostentatiously dropped their garments in front of the ass ..., while only a few quietly murmured 'Hosanna'« [135]. Hvis det ikke er at lade fantasien løbe, véd jeg ikke, hvad fantasi er! Også for Albert Schweitzer var indtoget i Jerusalem problematisk: »Der Einzug ist also von seiten Jesu ein messianisches Handeln, in dem sein Selbstbewußtsein [sic!] hervorbricht, ... Aber diejenigen, die jauchzend in dem Zug einhergehen, wissen nichts von der Bedeutung, die er für Jesus hat« [136] – tilskuerne skal kun have set en profet i Jesus ved indtoget (Matt 21,10-11), ikke den, som Jesus ville være. Men det er Schweitzer jo nødt til at sige af hensyn til sin teori om, at det var Judas, der forrådte Jesu messianitet til de jødiske ledere.

Til forskel fra Schweitzer og Sanders og alle andre, der forholder sig tvivlende over for indtoget i Jerusalem, gør jeg

---

134. Sanders, smst., s. 302.
135. Sanders, smst., s. 306; se i øvrigt s. 306-308 og n. 43 på s. 408.
136. Schweitzer, *Gesch.*, s. 440.

gældende, at det har fundet sted og kun kan forstås som en klart messiansk handling, og at alle øjeblikkelig har begrebet, hvad det drejede sig om:

> Bryd ud i jubel, Zions datter,
> råb af fryd, Jerusalems datter!
> Se, din konge kommer til dig,
> retfærdig og sejrrig,
> sagtmodig, ridende på et æsel,
> på en æselhoppes føl.
> Jeg tilintetgør vognene i Efraim
> og hestene i Jerusalem,
> krigsbuerne skal tilintetgøres.
> Han udråber fred for folkene,
> han hersker fra hav til hav
> og fra floden til jordens ender (Zak 9,9-10).

Sanders skriver et sted: »outside the Christian movement there is no evidence for the combination of 'Messiah' and 'Son of God'« [137]. Ikke det? Hvad da med Sl 2,2.7? Wilhelm Bousset hævdede, at »Herren« (jfr. 1 Kor 12,3) som kristologisk titel først var tænkelig på græsk og hellenistisk grund, men ikke i Palæstina [138]. Ikke det? Hvad da med 1 Kor 16,22, hvor »vor Herre, kom!« (jfr. Åb 22,20) gengives på aramaisk: *maråna thá*, og med de mange steder i evangelierne, hvor Jesus tiltales som »Herre« og omtales som »Herren«?

Sandelig var han Guds Søn, Herre, Herrens Salvede, messias (Joh 1,41; 4,25), Kristus og Israels konge!

---

137. Sanders, *Jesus and Judaism*, s. 298.
138. Bousset, *Kyrios Christos*, 1913 – se foran, n. 91.

7. Jesu opstandelse

Litteratur

Hans Frhr. von Campenhausen: *Der Ablauf der Osterereignisse und das leere Grab* (Sitzungsberichte der Heidelberger Akademie der Wissenschaften, Philos.-hist. Kl., Jahrgang 1952, 4. Abhandlung), opr. 1952, 3. Aufl. Heidelberg 1966.
Hans Graß: *Ostergeschehen und Osterberichte*, opr. 1956, 4. Aufl. Göttingen 1970.
Johannes Lindblom: *Gesichte und Offenbarungen. Vorstellungen von göttlichen Weisungen und übernatürlichen Erscheinungen im ältesten Christentum* (Acta Reg. Societatis Humaniorum Litterarum Lundensis – Skrifter utgivna av Kungl. humanistiska Vetenskapssamfundet i Lund, LXV), Lund 1968, s. 78-113: 'Christophanien und Christusepiphanien'.
H. C. C. Cavallin: *Life After Death. Paul's Argument for the Resurrection of the Dead in I Cor 15. Part I: An Enquiry into the Jewish Background*, Lund 1974.
Niels Hyldahl: Auferstehung Christi – Auferstehung der Toten (1 Thess. 4,13-18), i: Sigfred Pedersen, ed.: *Die Paulinische Literatur und Theologie. Anlässlich der 50.jährigen Gründungs-Feier der Universität von Aarhus* (Teologiske Studier, 7), Århus – Göttingen 1980, s. 119-135.
Christopher Rowland: *Christian Origins*, 1985 (se foran, I.), s. 187-193: 'The Resurrection Narratives'.
Andrew T. Lincoln: The Promise and the Failure: Mark 16:7, 8, Journal of Biblical Literature 108 (1989), s. 283-300.

i. *Troen på den opstandne konge*
Jesu opstandelse betyder for den troende, at Gud stillede sig bag ham og gav ham ret – ret i hans ord og hans gerninger, og ret i, at han var den, han var: Israels konge.

Derfor berettiger talen om Jesu Kristi opstandelse heller ikke til nu at se bort fra spørgsmålet om den historiske Jesus og at kaste sig ud i et helt nyt projekt om den forkyndte Kristus, men fordrer tværtimod en overvejelse af, *hvad* det var, Gud gav ham ret i; det var jo ingen ukendt person, der nu forkyndtes om, men den Jesus, hvis ord og gerninger den historiske overlevering om ham videregav.

Og her står vi muligvis ved det punkt i Nils Alstrup Dahls afhandling (se II.6.v., foran), der gør, at den alligevel betegner et fremskridt i retning af en løsning på de gamle problemer omkring spørgsmålet om den historiske Jesus og kristologien. Temaet for afhandlingen var »den korsfæstede messias«. Vi véd intet sikkert om, hvad Jesus selv og disciplene tænkte sig ved indtoget i Jerusalem – bortset fra det forhold, at det drejede sig om en klart messiansk handling, og at Jesus var en konge, som ikke fór frem med oprør og krig, men tværtimod stiftede fred mellem folkene.

Blev denne konge korsfæstet, fik en fastholdelse af troen på ham den betydning, at det rige, der skulle komme, ganske vist hørte fremtiden til, men på den anden side – alt efter de givne omstændigheder – dog allerede var at virkeliggøre her og nu ved grundlæggelse (ikke af en usynlig kirke, som af gode grunde ikke kunne forfølges, men) af synlige menigheder, der fungerede som samfund, også politisk og socialt. Det er, hvad troen på »den korsfæstede messias« betød, og heri ligger efter min mening den egentlige betydning af Nils Alstrup Dahls afhandling. Paulus' vidt omspændende menigheder har ikke været grundlagt for at tilvejebringe rammen om et kun »åndeligt« fællesskab for ligesindede, men har skullet udgøre en ny verdensorden, kendt af alle mennesker, kendt også af alle magthavere.

Og netop dette er, hvad der med det samme finder sted – først blandt jøderne i Palæstina, dernæst blandt jøderne i diasporaen, og dernæst også blandt ikke-jødiske folkeslag både inden for og uden for den græsk-romerske verden. Det forbløffende er både den hurtighed, hvormed dette sker, og den selvfølgelighed, hvormed det gennemføres; en problematisering af ikke-jøders adkomst opstår først senere i forbindelse med den såkaldte judaismes fremkomst omkring midten af det 1. århundrede og har sine ganske særlige grunde – herom i III.4.

II.7.i. *Troen på den opstandne konge* 145

Yderligere overvejelser skal imidlertid ikke anstilles i den her foreliggende sammenhæng. Derimod skal spørgsmålene om Jesu opstandelse, om den opstandnes tilsynekomster og om den tomme grav gøres til genstand for en historisk undersøgelse.

ii. *Påskebegivenhedernes forløb*
Ingen har været vidne *til* Jesu opstandelse, men mange har været vidner *om* den. At det ud fra tilsynekomsterne af den opstandne eller ud fra den tomme grav er muligt at slutte sig til, at Jesus så må være opstået fra de døde, kan ingen med rette gøre gældende; tilsynekomsterne kunne jo være hallucinationer, og at graven var tom, kan også forklares på anden måde end med Jesu opstandelse (jfr. Matt 28,11 ff.). Jesu opstandelse kan ikke forstås som en historisk begivenhed i denne betegnelses sædvanlige forstand og har som sådan næppe nogen selvstændig betydning.

At det forholder sig sådan, bekræftes af to forhold.

For det første var det ikke hvem som helst, den opstandne Jesus viste sig for, men kun for dem, Paulus nævner i 1 Kor 15, 5-8: Kefas (Peter), de tolv, de godt 500 brødre (og søstre?) på én gang, Jesu bror Jakob, alle apostlene, deriblandt Paulus selv som den sidste. Med undtagelse af Paulus, der fra sin virksomhed som forfølger af de Kristustroende dog udmærket godt vidste besked med Kristustroen og dens indhold, drejer det sig sandsynligvis i alle tilfælde om folk, der allerede i forvejen troede, at Jesus var messias.

For det andet er der intet, der tyder på, at Jesu opstandelse straks blev forstået i lyset af de dødes opstandelse som det overordnede, også Jesu opstandelse omfattende begreb. I så fald ville Jesu opstandelse kun være et særligt eksempel på de dødes opstandelse – særligt også derved, at den allerede havde fundet sted, hvorimod de dødes opstandelse først skulle finde sted engang i fremtiden. Tværtimod knyttes Jesu opstandelse og de dødes opstandelse – eller rettere: de Kristustroendes opstandelse – først sammen, da der så at sige bliver brug for det: da der indtræffer dødsfald blandt de kristne i Paulus' menighed i Thessalonika omkr. år 50 e.Kr.: 1 Thess 4,13 ff., og da der opstår tvivl om dødes opstandelse blandt de kristne i Paulus' menighed i Korinth omkr. år 54: 1 Kor 15,12 ff. (se også nedenfor, n. 140). I begge tilfælde begrundes dødes opstandelse med Jesu opstandelse – ikke f.eks. med en henvisning til opstandelsen i al almindelighed, som også farisæerne (og Paulus havde været farisæer!) troede på.

I spørgsmålet om påskebegivenhedernes forløb og om den tomme grav er det nyttigt at følge Hans von Campenhausen i hans arbejde fra 1966. Oprindelig udfærdiget i 1952 kan 1966-udgaven tage stilling til bl.a. Hans Graß' mere traditionelle, men redelige fremstilling fra 1956, der på sin side drog nytte af Campenhausens første redegørelse fra 1952; desuden kan Campenhausen i 1966 udsætte bl.a. Willi Marxsens redaktionshistoriske analyse af Markusevangeliet fra 1956 [139] for en berettiget og skarp kritik. Dertil kommer, at Campenhausens arbejde er et ægte historisk arbejde, velegnet til at belyse de problemer, en historisk fremstilling af begivenhederne omkring opstandelsen og den tomme grav stilles overfor.

Ældst og pålideligst af overleveringerne om Kristi opstandelse og beretningerne om Kristustilsynekomsterne er Paulus' i 1 Kor 15,1-11:

3 ..., at Kristus døde for vore synder efter skrifterne, 4 og at han blev begravet, og at han opstod på den tredje dag efter skrifterne, 5 og at han blev set af Kefas, derefter af de tolv; 6 dernæst blev han set af mere end 500 brødre på én gang, af hvilke de fleste endnu er i live, men nogle også er sovet hen; 7 dernæst blev han set af Jakob, derefter af alle apostlene; 8 sidst af alle blev han også set – ligesom af et ufuldbårent foster – af mig. ... 11 Hvad enten det nu er mig eller de andre: Således prædiker vi, og således kom I til tro [140].

---

139. Se foran, II.2.
140. 1 Kor 15,1-11 handler om det fælles trosgrundlag, der ikke rådede tvivl om: Kristi opstandelse, hvorimod 1 Kor 15,12-58 handler om dødes opstandelse, som har været draget i tvivl i den korinthiske menighed; det har med

II.7.ii. Påskebegivenhedernes forløb 147

At opregningen er kronologisk ment, bør ikke drages i tvivl: Kristi død, begravelse og opstandelse på den tredje dag – »efter skrifterne«. Hvad dette sidste angår, har det hidtil ikke været muligt at udpege noget overbevisende skriftsted fra Det gamle Testamente, der kunne begrunde opstandelsen »på den tredje dag« [141]. Man må derfor ifølge Campenhausen regne med, »daß »der dritte Tag« irgendwie schon vorhanden war, ehe man ihn im Alten Testament entdecken und daraufhin auch in das Bekenntnis [sc. i 1 Kor 15,3 ff.] übernehmen konnte« [142]. »So wird man die Möglichkeit zum mindesten offen lassen müssen,« skriver Campenhausen, »daß die Angabe des »dritten Tages« geschichtlich gegeben war. Natürlich kann dieses geschichtliche Datum dann nicht unmittelbar in der Auferstehung selber gefunden werden, für die es nach den Berichten aller älteren, kanonischen Evangelien keine Zeugen gegeben hat [143]. Es wäre als solches zunächst vielmehr nur auf das Bekanntwerden, die »Entdeckung« der stattgehabten Auferstehung zu beziehen. Doch kann diese Entdeckung ... dann schwerlich erst durch die ersten Erscheinungen des Auferstandenen veranlaßt worden sein, auf die das Datum [sc. »på den tredje dag«] niemals unmittelbar bezogen wird. Diese [sc.

andre ord ikke været en given ting, at Kristi opstandelse og de dødes opstandelse hørte sammen som to sider af samme sag. Se min Auferstehung Christi – Auferstehung der Toten, 1980, især s. 121.
141. Jens Christensen har i sin afhandling: Opstanden på den tredje dag efter skrifterne, Dansk Teologisk Tidsskrift 51 (1988), s. 91-103, forsøgt at forstå den uvisse skrifthenvisning i 1 Kor 15,4b – hvor fortolkerne oftest har henvist til Hos 6,2, hvilket under alle omstændigheder er højst usikkert – på baggrund af datidig jødisk skrifttolkning som en kombination af 1 Mos 1,11-13 og Es 11,10: livets træ blev plantet på den tredje skabelsesdag og er typologisk at forstå som Kristi opstandelse på den tredje dag. Men Jens Christensens forsøg på at finde den rette skriftbegrundelse bag 1 Kor 15,4b overbeviser ikke; desuden kender han tilsyneladende ikke Campenhausens argumentation.
142. Campenhausen, *Ablauf der Osterereignisse*, s. 12.
143. Der fandtes, som tidligere fremhævet, ingen vidner *til* opstandelsen, men nok vidner *om* den.

den opstandnes tilsynekomster] gehören aller Wahrscheinlichkeit nach nicht nach Jerusalem, sondern nach Galiläa, und für den Weg von Jerusalem dorthin ist der Zeitraum – besonders wenn man den Sabbath mit in Rechnung stellt – gewiß zu kurz« [144].

Altså: Tidsangivelsen »på den tredje dag« (1 Kor 15,4) har intet med Kristustilsynekomsterne – som tilmed først hører hjemme i Galilæa og aldrig dateres til en bestemt dag – at gøre, men vedrører »opdagelsen« af den stedfundne opstandelse: at opstandelsen havde fundet sted, blev *opdaget* på den tredje dag; denne tidsangivelse, »på den tredje dag«, er at anse for historisk og er først sekundært blevet begrundet med en (for os uvis) skrifthenvisning.

At disciplenes møde med den opstandne (1 Kor 15,5) fandt sted i Galilæa, ikke i Jerusalem, er udtrykkeligt *forudsagt* i Mark 14,28 og 16,7 og konkret *skildret* i Matt 28,16 ff. og i Joh 21,1 ff., mens derimod Luk.-Ap.G. og Joh 20,19 ff. lader tilsynekomsterne finde sted i – eller i nærheden af – Jerusalem. Historisk betragtet er der imidlertid næppe tvivl om, at Mark. og Matt. gengiver det rette: »Galiläa war ja die alte Heimat Jesu, wo seine Anhängerschaft herkam und stark war, und noch später hat es hier größere, von Jerusalem unabhängige Gemeinden gegeben, die auch Mission trieben« [145].

---

144. Campenhausen, *Ablauf der Osterereignisse*, s. 12; han tilføjer s. 59, at F. Scheidweiler i 1959 anser det for muligt, at »rüstige junge Männer den Weg in knapp zweieinhalb Tagen zurückgelegt haben,« og at hans egen bemærkning på s. 12 om den for lange afstand mellem Jerusalem og Galilæa så måtte afsvækkes tilsvarende. Kender man Campenhausen, véd man dog, at han næppe lader sig rokke det mindste af en påstand om, at rejsen fra Jerusalem til Galilæa kunne gennemføres på 2½ dage af raske unge mænd!
145. Campenhausen, *Ablauf der Osterereignisse*, s. 15. Åbenbaringen for de mere end 500 brødre på én gang (1 Kor 15,6) kan næppe have fundet sted i Jerusalem og er allerede derfor ikke identisk med pinsedagsbegivenheden i Jerusalem (ApG 2,5 ff.); jfr. Campenhausen, smst., s. 13-14 og s. 18, n. 58; desuden s. 60. Den er også af den grund ikke identisk med pinsedagsbegivenheden, at denne ikke var nogen Kristusåbenbaring. Se dog også videre

II.7.ii. Påskebegivenhedernes forløb 149

Matt., Luk. og Joh. omtaler også andre Kristustilsynekomster, bl.a. for kvinderne ved graven og for de to disciple på vej til Emmaus ved Jerusalem. Men den ældste evangelietekst, Mark 16,1-8, skildrer vel at mærke overhovedet ikke nogen Kristusåbenbaring (det er en engel, der viser sig for kvinderne ved den tomme grav), og dette forhold viser, at det i de andre evangelieskrifter drejer sig om legendære træk – som i de apokryfe evangelieskrifter gøres fantastiske.

Efter Paulus' opregning at dømme var Paulus selv den sidste, for hvem den opstandne viste sig (1 Kor 15,8 – andre og senere »Kristusvisioner«, f.eks. 2 Kor 12,1 ff., står på et andet blad). Man kan selvfølgelig hævde, at Paulus' viden om tilsynekomster, som andre kunne have fået siden hen, var mangelfuld. Men det er ikke sandsynligt, og det må derfor siges, at der i de omkring 15 år, der var gået mellem Paulus' omvendelse og affattelsen af 1 Kor., slet og ret ikke havde fundet Kristusåbenbaringer sted [146].

Mens Kristustilsynekomsterne (1 Kor 15,5 ff.) geografisk peger i retning af det nordlige Palæstina som det område, hvor de har fundet sted [147], siger Paulus selv intet konkret om de jerusalemitiske påskebegivenheders forløb. Ganske vist véd han som allerede udtrykkeligt omtalt, at Kristus døde og blev begravet (1 Kor 15,3-4). Men at han derfor også regnede med, at graven blev tom, kan ikke siges med sikkerhed (men på den anden side heller ikke udelukkes) – det kan jo være, at vendingen »død og begravet« for ham kun skal understrege dødens realitet [148].

---

nedenfor, ved n. 165.
146. Jfr. Campenhausen, smst., s. 19-20. Campenhausen taler endog om »etwa zwei Jahrzehnte« (s. 19), men efter min mening har man almindeligvis dateret Paulus' omvendelse for tidligt; se foran, n. 40.
147. Jfr. ovenfor, ved n. 145; sml. også foran, n. 108.
148. Jfr. Campenhausen, *Ablauf der Osterereignisse*, s. 20-21 og s. 60-61. Der består her en divergens mellem Campenhausen og Graß: Campenhausen regnede oprindelig ret bestemt med, at Paulus med sin omtale af Jesu be-

Hvad påskebegivenhederne i Jerusalem angår, er man derfor først og fremmest henvist til den ældste af evangelieberetningerne, nemlig Mark., der efter Campenhausens opfattelse i denne henseende i det store og hele er troværdig. Korsfæstelsen blev kun overværet på afstand af nogle kvinder, der var fulgt med Jesus fra Galilæa, og de var også til stede ved begravelsen: Mark 15,40 ff. Disciplene holdt sig borte. »So hatte die Gemeinde für alles Geschehene später kein anderes christliches Zeugnis erster Hand zur Verfügung als das Zeugnis der Frauen, die auch bei der Grablegung zugegen waren« [149].

Den efterfølgende beretning om kvinderne ved den tomme grav påskemorgen, Mark 16,1-8, hvormed Mark. afsluttes, lyder således:

1 Og da sabbatten var ovre, købte Maria Magdalene og Maria, Jakobs mor, og Salome salve for at gå ud og salve ham. 2 Og meget tidligt på den første dag i ugen kommer de til graven, da solen var stået op. 3 Og de sagde til hinanden: 'Hvem skal vi få til at rulle stenen fra døren for graven?' 4 Men da de så op, ser de, at stenen er blevet rullet fra, for den var meget stor.

5 Og da de gik ind i graven, så de en ung mand sidde til højre, klædt i en hvid dragt, og de blev forfærdede. 6 Men han siger til dem: 'Vær ikke forfærdede! I søger Jesus fra Nazaret, den korsfæstede. Han er opstået, han er ikke her. Se, her er stedet, hvor de lagde ham. 7

---

gravelse (1 Kor 15,4) forudsatte, at graven så også blev tom, mens Graß, *Ostergeschehen und Osterberichte*, s. 146 ff., på det bestemteste afviser berettigelsen af en sådan tankegang og anser traditionerne om opdagelsen af den tomme grav for at være »durchweg sekundär gegenüber dem paulinischen Osterzeugnis« (smst., s. 309); jfr. Graß, Zur Begründung des Osterglaubens, Theologische Literaturzeitung 89 (1964), sp. 405-414: »Paulus hat den massiven Realismus der evangelischen Osterberichte noch nicht vertreten. Vom leeren Grab verrät er keine Kunde, und bei der Auferstehungsleiblichkeit betont er das totaliteraliter« (sp. 411). Campenhausen forbliver dog stort set ved sin opfattelse og betoner de jødiske opstandelsesforestillinger, der implicerer den *legemlige* opstandelse: *Ablauf der Osterereignisse*, s. 20, n. 67, og s. 60; dog erkender han, at Paulus intet konkret meddeler om påskebegivenhederne i Jerusalem (herunder om den tomme grav), og at man derfor, hvad disse angår, er henvist til evangelieberetningerne, især Mark 16,1-8.
149. Campenhausen, *Ablauf der Osterereignisse*, s. 22-23.

II.7.ii. Påskebegivenhedernes forløb 151

Men gå og sig til hans disciple og til Peter: Han drager forud for jer til Galilæa; dér skal I få ham at se, som han har sagt jer!' [150]
 8 Og de gik ud og flygtede bort fra graven, for de var grebet af skælven og var ude af sig selv; og de sagde ikke noget til nogen, thi de var bange.

Hvad der her berettes, er – bortset fra visse logiske inkonsekvenser vedrørende indkøbet af salven og gangen til graven, når kvinderne ikke véd, hvordan de skal få den åbnet – såre enkelt: Graven viser sig at være åbnet, og en engel, en *angelus interpres*, forklarer, hvad der er sket, og giver kvinderne besked om at gå til disciplene og minde dem om, hvad de allerede er blevet forberedt på: at Jesus nu drager forud for dem til Galilæa, og dér skal de få ham at se. Åbenbart er Jesus allerede kommet så langt, at der ikke mere kan være tale om nogen åbenbaring af ham i Jerusalem, endsige for kvinderne – det berettes da heller ikke [151]. Lige så stilfærdig er englens optræden: han fungerer kun som en *angelus interpres*, og dramatiske hændelser finder ikke på nogen måde sted [152].

Det overraskende er Mark.s slutning: Kvinderne gør ikke, hvad englen har givet dem besked om, men forholder sig tavse og siger intet til nogen (Mark 16,8). De er altså ulydige mod englens befaling, og hvordan disciplene, der endnu opholder sig i Jerusalem, så får beskeden om at drage til Galilæa, står hen

---

150. Henvisningen gælder Mark 14,28.
151. Dette til forskel fra Matt 28,8 ff., hvor kvinderne efter at have forladt graven møder den opstandne Jesus selv, der giver dem besked om at gå til disciplene og sige dem, at de skal drage til Galilæa, hvor de skal få ham at se. Hvorfor disciplene ikke straks kunne få den opstandne at se i Jerusalem, når kvinderne kunne, forbliver uklart.
152. Dette igen til forskel fra Matt 28,2 ff., hvorefter der skete et voldsomt jordskælv, og englen fór ned fra himlen og væltede stenen fra den tomme grav, mens kvinderne så til. Så må Jesus jo være faret ud igennem stenen som et sæt af atomer! Jfr. Campenhausen, *Ablauf der Osterereignisse*, s. 30: »Auf diese Weise ergibt sich ... die seltsame Folgerung, daß Jesus vorher aus dem noch geschlossenen Grabe durch den Felsblock hindurch gefahren sein muß.«

152   *Jesus: Jesu opstandelse*

i det uvisse – og om noget møde i Galilæa mellem den opstandne og disciplene berettes der følgelig intet [153].

Julius Wellhausen gav i 1903 en traditionshistorisk forklaring, som siden hen har vundet talrige eksegeters tilslutning, på dette overraskende forhold. Han skrev: »Der Widerspruch [nemlig mellem englens befaling og kvindernes ulydighed] liegt auf der Hand, ist aber wol, da 16,8 als Schluß unentbehrlich ist, unbewußt [sic!] von dem Verfasser selber begangen. Er will erklären, daß dieser Auferstehungsbericht der Frauen erst nachträglich bekannt wurde. Paulus weiß in der Tat noch nichts davon« [154].

Denne forklaring betyder, at overleveringen om den tomme grav er en sen og uhistorisk legende, og at også evangelisten selv er klar over dette, idet han på forhånd søger at værge sig mod alle betænkeligheder: når efterretningen om, at graven var tom, først blev kendt på et sent tidspunkt, skyldtes det netop kvindernes tavshed.

Campenhausen indvender overbevisende, at en sådan forklaring er usandsynlig og plump: skønt evangelisten véd, at det drejer sig om en sen og uhistorisk legende, gør han alligevel brug af den. Desuden gør Campenhausen med rette gældende, at en årelang forsinkelse af efterretningens fremkomst umuligt ville kunne forklares; senest ved kendskabet til Kristustilsynekomsterne i Galilæa og ved den ældste menigheds opståen måtte kvinderne fortælle, hvad de havde set og hørt – ikke først efter års eller årtiers forløb [155].

---

153. Dette igen til forskel fra Matt 28,16 ff., hvorefter den opstandne Jesus viser sig på et bjerg i Galilæa for de elleve disciple på én gang og giver dem missions- og dåbsbefalingen.
154. Julius Wellhausen, *Das Evangelium Marci übersetzt und erklärt*, Berlin 1903, s. 145-146; jfr. Graß, citeret foran, n. 148. En del af citatet også gengivet hos Campenhausen, *Ablauf der Osterereignisse*, s. 26.
155. Campenhausen, *Ablauf der Osterereignisse*, s. 26-28.

II.7.ii. Påskebegivenhedernes forløb

Campenhausens egen forklaring [156] må foretrækkes frem for Wellhausens. Campenhausen hæfter sig ved det urimelige i, at kvinderne ikke retter sig efter englens besked, men tier med deres viden og med den befaling, de har fået: dette træk må være evangelistens ombøjning af traditionen, gjort af apologetiske grunde for at undgå enhver mistanke om, at kvinderne selv eller andre havde sørget for, at liget blev fjernet; som evangelisten lader sit evangelieskrift slutte, vil Kristustilsynekomsterne i Galilæa (Mark 14,28 og 16,7) have fundet sted helt uden kvindernes mellemkomst.

Der er tale om en af evangelisten selv valgt »Gewaltlösung« [157], som viser, at diskussionen om den tomme grav allerede var i fuld gang, da Mark. blev affattet. Oprindelig har traditionen, som bortset fra vers 8 i øvrigt er gengivet troværdigt i Mark 16,1-7, naturligvis berettet om, hvordan kvinderne gjorde, hvad de havde fået besked om ved den tomme grav. Ydermere er der derigennem nået så langt tilbage i tid, at det bliver sandsynligt, at traditionen om den tomme grav virkelig er gammel og kan gøre krav på at være historisk. Og på dette grundlag lader det sig så også gøre at give en overbevisende forklaring på dateringen til »den tredje dag«: den er historisk og vedrører kvindernes opdagelse på tredjedagen af, at graven var tom; dateringen vedrører derimod ikke Kristusåbenbaringerne for disciplene i Galilæa [158]. Endelig taler alt for, at også traditionen om Josef fra Arimatæa (Mark 15,42 ff.) er historisk pålidelig [159].

Selvfølgelig er en påvisning af, at traditionen om den tomme grav er historisk, ikke noget bevis på Jesu Kristi opstandelse – det kunne jo være svindel alt sammen. »Wer mit einer Umbettung, Verwechslung oder sonstigen Unglücksfällen rechnen

---

156. Campenhausen, smst., s. 37-39.
157. Campenhausen, smst., s. 39.
158. Jfr. foran, ved n. 142 og n. 144.
159. Campenhausen, *Ablauf der Osterereignisse*, s. 41-42.

möchte,« skriver Campenhausen, »kann seine Phantasie natürlich beliebig spielen lassen – hier ist alles möglich und nichts beweisbar.« Men han fortsætter: »Aber das hat mit kritischer Forschung dann nichts mehr zu tun. Prüft man das, was sich prüfen läßt, so kommt man m. E. nicht darum herum, die Nachricht vom leeren Grab selbst und von seiner frühen Entdeckung stehen zu lassen. Es spricht vieles für und nichts Durchschlagendes und Bestimmtes gegen sie; sie ist also wahrscheinlich historisch« [160].

Af afgørende betydning i Campenhausens historiske redegørelse for påskebegivenhedernes forløb er det forhold, at disciplene endnu opholder sig i Jerusalem, hvor de holder sig skjult, da kvinderne opdager, at graven er tom – ellers ville englens befaling til kvinderne om at give disciplene besked være meningsløs: »überhaupt alle Evangelisten stimmen darin überein, daß die Jünger zunächst in Jerusalem geblieben sind und sich zur Zeit, als das leere Grab entdeckt wurde, noch in der Stadt befanden. Es besteht nicht der geringste Grund, an der Richtigkeit dieser Angabe zu zweifeln« [161]. Og: »daß die Nachricht [om opdagelsen af den tomme grav], wenn die Jünger noch in Jerusalem waren, diese auch erreicht hat, läßt sich ... kaum ernsthaft bezweifeln; die entgegengesetzte, tendenziöse Behauptung des Markus [Mark 16,8] ist sekundär und kommt nach dem Text der Engelbotschaft selbst [Mark 16,7] so wenig in Betracht, wie sie bei den übrigen Evangelisten festgehalten wird« [162].

Desuden fandt der ifølge Campenhausen ingen Kristusåbenbaringer sted i Jerusalem, men først senere, i det nordlige Palæstina.

---

160. Campenhausen, smst., s. 42. Jfr. Rowland, *Christian Origins*, s. 189 ff., der uafhængigt af Campenhausen tillægger fundet af den tomme grav stor historisk betydning.
161. Campenhausen, *Ablauf der Osterereignisse*, s. 44.
162. Campenhausen, smst., s. 49.

II.7.ii. Påskebegivenhedernes forløb

Campenhausen gør yderligere gældende, at der ikke var tale om nogen »flugt« fra Jerusalem – tværtimod var det ifølge hans opfattelse Peter (jfr. Mark 16,7), der tog initiativet til, at disciplene drog til Galilæa for dér at gense den opstandne. Det sidste kan, efter min mening, være tvivlsomt; i hvert fald véd vi intet derom, og nogen anden rationel forklaring på disciplenes tilbagevenden til Galilæa kan vel næppe gives end den, at disse pilgrimme, der var draget på valfart til Jerusalem, før eller siden måtte rejse hjem igen [163].

For Campenhausen er problemet dog snarere, hvad der har fået dem til efter kort tids forløb nok en gang at rejse til Jerusalem og nu åbent og offentligt at optræde med Kristusforkyndelsen (jfr. ApG 2,5 ff.): »Nicht die Rückkehr nach Galiläa, sondern nur die abermalige Reise nach Jerusalem bedarf der Erklärung« [164]. Forklaringen, som Campenhausen giver herpå, er netop Kristusåbenbaringerne i det nordlige Palæstina: disse åbenbaringer skal have foranlediget disciplene til at vende tilbage til Jerusalem og dér forkynde den nye tro.

---

163. Jfr. Campenhausen, smst., s. 44, n. 175 (på s. 45). S. 37, n. 147 (også på s. 38), foretager Campenhausen et overbevisende opgør med Marxsens redaktionshistoriske opfattelse i dennes *Der Evangelist Markus*, 1956: Marxsen forstår »Galilæa« som et teologisk og altså meget mere og andet end historisk-geografisk begreb, nemlig som stedet for Jesu parusi; i denne sammenhæng peger Marxsen på traditionen hos Euseb om de kristnes udvandring fra Jerusalem til Pella i forbindelse med den jødisk-romerske krig år 66-70 og hævder, at denne udvandring hænger sammen med den i Galilæa ventede parusi. Det forekommer mig, at selve opfattelsen gendriver sig selv. Hvorfor skulle Herrens genkomst dog finde sted i Galilæa, når Mark 13,21 ff. selv gør gældende, at den vil være en *universal* begivenhed? Og hvordan kan selve Mark. med nogen rimelighed forstås som et apokalyptisk flyveskrift, der skulle opfordre de Kristustroende til at udvandre – ikke til Galilæa, men til Pella, der lå i Østjordanlandet? Se også den præcise udredning hos Lincoln, JBL 108 (1989), s. 285, der med rette gør gældende, at Mark 16,7 refererer »to a resurrection appearance of Jesus, not to the parousia;« desuden Räisänen, *The 'Messianic Secret'*, s. 207-211.
164. Campenhausen, *Ablauf der Osterereignisse*, s. 44, n. 175 (på s. 45).

Med henblik på dette sidste må det imidlertid udtrykkeligt fastslås, at der i Det nye Testamente ikke findes nogen beretning om disciplenes »tilbagevenden« fra Galilæa til Jerusalem. At vi næsten med nødvendighed forestiller os, at de må være »vendt tilbage«, skyldes udelukkende fremstillingen i Luk.-Ap.G., der imidlertid slet ikke lader Jesus og disciplene drage til Galilæa, men kun beretter om åbenbaringer og himmelfart i og i nærheden af Jerusalem [165]. Hverken evangelierne eller Ap.G. lader disciplene »vende tilbage« fra Galilæa til Jerusalem, og forestillingerne om, at noget sådant må være sket, forårsages kun af vore uvilkårlige forsøg på at tilvejebringe harmoni mellem beretningerne – en harmoni, som dog ikke lader sig tilvejebringe. Vi véd med andre ord ikke, hvordan eller hvornår troen på Kristi opstandelse først er blevet forkyndt og udbredt i selve Jerusalem. Traditionshistorisk betragtet betyder denne erkendelse, at åbenbaringen for de mere end 500 brødre på én gang, som Paulus omtaler (1 Kor 15,6), og som næppe har fundet sted i Jerusalem, meget vel kan tænkes at ligge til grund for beretningen om underet på pinsedagen, som der fortælles om i ApG 2,5 ff.

iii. *Afsluttende bemærkninger*
For Campenhausen forbliver kun ét forhold historisk gådefuldt: spørgsmålet om, hvad der satte forløbet af påskebegivenhederne i gang – med andre ord: spørgsmålet om, hvad der blev af Jesu lig. Der findes ingen øjenvidner til, hvordan graven blev åbnet og legemet forsvandt. Den kristne véd det godt; skeptikeren ligeledes. »Schwierig ist die Lage nur für den, der den Auferstehungsglauben ernst nehmen möchte, die leibliche Auferstehung jedoch für überflüssig oder gar für unannehmbar hält. Ihm bleibt nur der einigermaßen peinliche Ausweg, in dem Bekennt-

---

165. Se Mikeal C. Parsons, *The Departure of Jesus in Luke-Acts. The Ascension Narratives in Context* (Journal for the Study of the New Testament, Supplement Series, 21), Sheffield 1987.

II.7.iii. *Afsluttende bemærkninger* 157

nis zum Auferstandenen den alten Christen, in dem aber, was dies Bekenntnis hervorgerufen hat, vielmehr den Juden zu folgen« [166].

Med dette sidste er i grunden det gamle spørgsmål om jødedommen ('die Juden') og kristendommen ('die alten Christen'), om forholdet mellem den historiske Jesus og den forkyndte Kristus, berørt igen og stillet på ny. Lad derfor afsnittet her, og dermed kap. II., afsluttes med en henvisning til det faktum, som det må anses for at være, at Jesus blev lagt i graven af en fornem rådsherre, Josef fra Arimatæa (Mark 15,42 ff.). Ville han have gjort det, hvis det ikke drejede sig om Israels konge?

---

166. Campenhausen, *Ablauf der Osterereignisse*, s. 52.

III. APOSTELTIDEN

Litteratur

a) Kilder

Det nye Testamente, især Paulus' breve og Apostlenes Gerninger.
Josefus — se foran, I.
Filon — se foran, I.
Hugh Jackson Lawlor/John Ernest Leonard Oulton, edd.: *Eusebius, Bishop of Cæsarea, The Ecclesiastical History and the Martyrs of Palestine. Translated with Introduction and Notes,* I-II, London 1927-28, genoptrykt 1954.
Eduard Schwartz, ed.: *Eusebius, Kirchengeschichte. Kleine Ausgabe,* 5. Aufl. Berlin 1955.
Knud Bang, ed.: *Eusebs Kirkehistorie* (Skrifter udgivet af Selskabet til historiske Kildeskrifters Oversættelse, 12. Række, 4 og 8), København 1940-45.

b) Almene fremstillinger

Eduard Meyer: *Ursprung und Anfänge des Christentums,* I (Die Evangelien), II (Die Entwicklung des Judentums und Jesus von Nazaret), III (Die Apostelgeschichte und die Anfänge des Christentums), Stuttgart 1923-25 (I-II: 4. og 5. Aufl., III: 1.-3. Aufl.), genoptrykt 1962.
F. J. Foakes Jackson/Kirsopp Lake, edd.: *The Beginnings of Christianity, Part I: The Acts of the Apostles,* Vol. I-V, London 1920-33 (der er aldrig udkommet andet end »Part I«).
Maurice Goguel: *Jésus et les origines du christianisme: La naissance du christianisme,* Paris 1946.
samme: *Jésus et les origines du christianisme: L'église primitive,* Paris 1947.
Leonhard Goppelt: *Die apostolische und nachapostolische Zeit* (Die Kirche in ihrer Geschichte. Ein Handbuch, udg. af Kurt Dietrich/ Ernst Wolf, I, A), Göttingen 1962.

III.1.i. *Konservativ eller radikal tilgang?*

Bo Reicke: *Neutestamentliche Zeitgeschichte. Die biblische Welt 500 v. — 100 n. Chr.* (Sammlung Töpelmann, II, 2), Berlin 1965 = *Kristendomens historiska bakgrund. Den bibliska världen 500 f.Kr. — 100 e.Kr.*, Stockholm 1967.
Hans Conzelmann: *Geschichte des Urchristentums* (Grundrisse zum Neuen Testament. Das Neue Testament Deutsch, Ergänzungsreihe, 5), Göttingen 1969.
Gerd Lüdemann: *Das frühe Christentum nach den Traditionen der Apostelgeschichte. Ein Kommentar*, Göttingen 1987 = *Early Christianity according to the Traditions in Acts. A commentary*, Philadelphia — London 1988.

1. Kronologi. Paulus' breve — Apostlenes Gerninger

Litteratur

John Knox: *Chapters in a Life of Paul*, New York — Nashville 1950 = London 1954; Revised Edition by the author and introduced by Douglas R. A. Hare, Macon (Georgia) 1987 = London 1989.
John Coolidge Hurd: Pauline Chronology and Pauline Theology, i: W. R. Farmer/C. F. D. Moule/R. R. Niebuhr, edd.: *Christian History and Interpretation: Studies Presented to John Knox*, Cambridge 1967, s. 225-248.
Niels Hyldahl: *Die paulinische Chronologie* (Acta theologica Danica, XIX), Leiden 1986.
Lars Aejmelaeus: *Die Rezeption der Paulusbriefe in der Miletrede (Apg 20:18-35)* (Annales Academiæ Scientiarum Fennicæ, B/232), Helsinki 1987.
Dixon Slingerland: Acts 18:1-18, the Gallio Inscription, and Absolute Pauline Chronology, Journal of Biblical Literature 110 (1991), s. 439-449.

i. *Konservativ eller radikal tilgang?*

Det traditionelle spørgsmål om Apostlenes Gerningers historiske pålidelighed kan ikke besvares, hvis der ikke skabes klarhed over forholdet mellem Ap.G. og Paulus' breve — de to vigtigste kilder til kendskabet til aposteltiden, dvs. de ca. 40 år fra Jesu død i eller omkr. år 30 [1] til Jerusalems indtagelse og templets ødelæggelse i året 70.

Ses der på Ap.G. for sig selv, kan der strides i det uendelige om skriftets historiske værdi og pålidelighed, og afgørelsen vil bero på stridsmændenes eget ståsted.

Er de konservative, vil de værdsætte Ap.G. højt for den store viden og detajlrigdom og gøre gældende, at uden dette skrift ville det være umuligt at give en *sammenhængende* fremstilling af den ældste kristendoms historie. De vil også pege på de vitterligt påfaldende »vi«-stykker i Ap.G. (ApG 16,10-17; 20,5-8.13-15; 21,1-18 og 27,1-28,16) og hævde, at det »vi«, der kommer til orde deri, er ingen anden end forfatteren af Ap.G., der dermed giver til kende, at han var øjenvidne til væsentlige dele af den historie, han fortæller; de vil også inddrage forordet til Lukasevangeliet og i dets omtale af »øjenvidner« (Luk 1,2) se deres opfattelse bekræftet. De vil yderligere pege på tilsyneladende konkrete historiske enkeltheder, hvis korrekthed ad anden vej skal have vist sig at være rigtig, bl.a. Gallio-episoden (ApG 18,12 ff.) og fundet af Gallio-indskriften i Delfi, der tillader at datere Gallios embedstid som prokonsul i Akaja (Grækenland) til begyndelsen af 50'erne.

Er stridsmændene derimod radikale, vil de henholde sig til Apostlenes Gerningers gennemgående *sekundære* karakter, som et skrift må have, der først stammer fra relativt sen efterapostolsk tid og ikke på noget punkt forudsætter, at forfatteren var øjenvidne til det, han beretter om — omtalen af øjenvidner i Luk 1,2 viser netop, at forfatteren af Luk. og Ap.G., der må være én

---

1. Se også foran, II.3.ii., n. 40.

III.1.i. *Konservativ eller radikal tilgang?* 161

og samme person, kun påberåber sig sådanne, der havde været øjenvidner, og derfor ikke selv kan have hørt til deres gruppe. De vil desuden pege på åbenbare historiske fejl som f.eks. omtalen af Teudas *før* Judas Galilæeren (ApG 5,36-37 – se foran, II.1.ii.) og på visse diskrepanser mellem Ap.G. og Paulus' breve, bl.a. vedrørende antallet af Jerusalemrejser, hvor Ap.G.s fremstilling må forkastes i sammenligningen med Paulus' breve. Endelig vil de gøre gældende, at »vi«-stykkerne i Ap.G. ikke kan fremføres som argument for Ap.G.s historiske pålidelighed, så længe forekomsten af »vi« i disse tekststykker ikke er blevet forklaret tilfredsstillende.

Afgørelsen af Ap.G.s historiske værdi eller pålidelighed kan derfor først træffes på grundlag af en sammenligning med Paulus' breve og efter en stillingtagen til det næsten retoriske spørgsmål, om ikke de primære aktstykker, som Paulus' breve er – de udgør vitterligt de ældste kristne dokumenter, der findes – slet og ret må tilkendes prioritet i forhold til Ap.G.

ii. *Den »nye« kronologi*

Den »nye« Pauluskronologi, som bl.a. repræsenteres af Ernst Barnikol (1929), John Knox (1936 og senere), Donald W. Riddle (1940), John Hurd (1967), Robert Jewett (1979), Gerd Lüdemann (1980) og mig selv (1986) og således må siges at have en bemærkelsesværdig international udbredelse i amerikansk, tysk og skandinavisk teologi, synes trods modstand at vinde stigende opmærksomhed og forståelse [2].

---

2. Ernst Barnikol, *Die drei Jerusalemreisen des Paulus. Die echte Konkordanz der Paulusbriefe mit der Wir-Quelle der Apostelgeschichte* (Forschungen zur Entstehung des Urchristentums, des Neuen Testaments und der Kirche, 2), Kiel 1929; John Knox, "Fourteen Years Later": A Note on the Pauline Chronology, Journal of Religion 16 (1936); samme, The Pauline Chronology, Journal of Biblical Literature 58 (1939), s. 15-29; Donald W. Riddle, *Paul. Man of Conflict. A Modern Biographical Sketch*, Nashville 1940; John Knox, *Chapters*, 1950 = London 1954 (Revised Edition, Macon (Georgia) 1987 = London 1989); John Coolidge Hurd, *The Origin of 1 Corinthians*, London 1965 (Reprinted

Den kendetegnes ved to forhold. For det første betragtes Paulus' breve som absolut primære i forhold til Ap.G., når det drejer sig om Paulus og hans virksomhed og teologi. For det andet ligestilles apostelmødet i Jerusalem, som Paulus omtaler i Gal 2,1-10, med ApG 18,22 — ikke med f.eks. ApG 15,4-35, endsige med ApG 11,27-30 og 12,25.

Af disse to forhold udspringer der straks en mulig kritik af Ap.G.s Paulusfremstilling. Ifølge Paulus' breve, der som nævnt er primære i sammenligning med Ap.G., besøgte apostlen i tiden efter sin omvendelse Jerusalem tre gange — og kun tre gange: 1) Gal 1,18-19; 2) Gal 2,1-10 og 3) Rom 15,25-27.31. Men Ap.G.s forfatter lader i samme tidsrum Paulus rejse til Jerusalem ikke færre end fem gange: 1) ApG 9,26-30; 2) 11,27-30 og 12,25; 3) 15,4-35; 4) 18,22 [3] og 5) 21,17 ff. Af disse i alt fem besøg, som Paulus ifølge Ap.G. aflagde i Jerusalem efter omvendelsen ved Damaskus, er altså to at fjerne som ikke-stedfundne og som

---

with Corrections and a New Preface, Macon (Georgia), 1983), s. 3-42: 'Pauline Biography and Pauline Theology'; samme, Pauline Chronology and Pauline Theology, i: *Christian History and Interpretation*, 1967, s. 225-248; samme, The Sequence of Paul's Letters, Canadian Journal of Theology 14 (1968), s. 189-200; Robert Jewett, *A Chronology of Paul's Life*, Philadelphia 1979 = *Dating Paul's Life*, London 1979 (tysk oversættelse: *Paulus-Chronologie. Ein Versuch*, München 1982); Gerd Lüdemann, *Paulus, der Heidenapostel, Band I: Studien zur Chronologie* (Forschungen zur Religion und Literatur des Alten und Neuen Testaments, 123), Göttingen 1980 (engelsk oversættelse: *Paul, apostle to the Gentiles. Studies in Chronology*, Philadelphia 1984); Bruce Corley, ed., *Colloquy on New Testament Studies: A Time for Reappraisal and Fresh Approaches*, Macon (Georgia) 1983, s. 263-364: 'Seminar on Pauline Chronology'; Hyldahl, *Chronologie*, 1986; John Knox, On the Meaning of Galatians 1:15, Journal of Biblical Literature 106 (1987), s. 301-304; samme, On the Pauline Chronology: Buck — Taylor — Hurd revisited, i: Robert T. Fortna/Beverly R. Gaventa, edd., *The Conversation Continues: Studies in Paul & John In Honor of J. Louis Martyn*, Nashville 1990, s. 258-274.

3. At ApG 18,22 slet ikke drejer sig om et besøg i Jerusalem, fordi dette ikke udtrykkeligt er nævnt i teksten, modsiges af den entydige brug af verberne *anabaínein* og *katabaínein*; at Jerusalem ikke udtrykkeligt er nævnt, skyldes den redaktionelle bearbejdelse af stoffet; jfr. nedenfor, note 37.

III.1.ii. Den »nye« kronologi

udtryk for, at et redaktionelt arbejde med Paulusstoffet er foretaget.

Det er nærliggende – for ikke at sige uomgængeligt – at ligestille Gal 1,18-19 og ApG 9,26-30, som begge handler om det første Jerusalembesøg, med hinanden, ligeledes Rom 15,25 ff. og ApG 21,17 ff. om det sidste besøg i Jerusalem, og som nævnt – et kernepunkt i hele sagen – ligestilles Gal 2,1-10 med ApG 18,22. »Overskydende« i forhold til Paulus' breve bliver da dels ApG 11,27-30 og 12,25, dels 15,4-35; stoffet fra disse to »overskydende« steder i Ap.G. er så at sige at henvise til deres rette pladser: henholdsvis ApG 21,17 ff. og 18,22. Det kan skematisk opstilles således:

     Gal 1,18-19 = ApG 9,26-30
     Gal 2,1-10 = ApG 18,22 (og 15,4-35)
     Rom 15,25 ff. = ApG 21,17 ff. (og 11,27-30/12,25)

Der kan straks udledes flere iagttagelser heraf:

1) Det følger for det første umiddelbart heraf, at lægen Lukas, som ifølge Filem 24 og Kol 4,14 (og 2 Tim 4,11) var en af Paulus' medarbejdere (ikke bare en af hans rejseledsagere!), men ikke er nævnt i Ap.G. eller i Det nye Testamente i øvrigt, ikke kan være Ap.G.s – og dermed heller ikke Lukasevangeliets – forfatter. For til forskel fra, hvad der vil have været tilfældet med lægen Lukas, har Ap.G.s forfatter åbenbart intet personligt kendskab haft til Paulus' liv; hvis han havde haft det, ville det være umuligt at forklare, hvorfor han mod bedre vidende har »opfundet« to »overskydende« Paulusrejser til Jerusalem, som ikke har fundet sted. I samme retning af manglende personligt kendskab til Paulus' liv hos forfatteren peger også den tydeligt efterapostolske forestilling om tolv – og kun tolv – apostle, som Ap.G.s forfatter præsenterer, og som udelukker apostlen Paulus selv (Rom 1,1; 1 Kor 1,1 osv.) fra at være »apostel« i Ap.G.s forståelse af ordet [4]. Lægen Lukas er altså ikke forfatteren til Luk. og Ap.G.

---

4. Se videre nedenfor, III.2.iv.

164 *Aposteltiden: Kronologi. Paulus' breve – Ap.G.*

2) Det ses heraf for det andet også, at forfatteren af Luk. og Ap.G. ikke har været øjenvidne til de begivenheder, han beretter om (jfr. Luk 1,2, hvorefter ikke forfatteren selv, men ophavsmændene til det, han beretter, var øjenvidner og Ordets tjenere); forordet, Luk 1,1-4, kan altså selv i det tilfælde, at det ikke kun dækker Lukasevangeliet, men også Ap.G., ikke tages til indtægt for den opfattelse, at forfatteren har været øjenvidne til begivenheder, han beretter om [5] – en væsentlig iagttagelse i forbindelse med Ap.G.s tilblivelse.

3) Det følger for det tredje yderligere heraf, at han heller ikke kan være identisk med det »vi«, der kommer til orde i Ap.G.s »vi«-stykker: ApG 16,10-17; 20,5-8.13-15; 21,1-18 og 27,1-28,16, og som – til forskel fra, hvad der som nævnt ikke gælder forfatteren til Luk. og Ap.G. – på en eller anden måde repræsenterer en øjenvidnefunktion. At Paulus' medarbejder Lukas ikke er identisk med dette »vi«, bekræftes yderligere af den følgende iagttagelse.

4) For det fjerde repræsenterer dette »vi« kun rejseledsagere, ikke – hvad bl.a. lægen Lukas var (Kol 4,14; Filem 24) – Paulusmedarbejdere [6].

---

5. At Luk 1,1-4 skulle vise, at forfatteren til Luk.-Ap.G. var øjenvidne til dele af, hvad han beretter om – fortrinsvis »vi«-stykkerne i Ap.G., hvorigennem forfatteren tilkendegav, at han selv havde deltaget i de pågældende begivenheder – er bl.a. gjort gældende af Henry J. Cadbury, i: Foakes Jackson/Kirsopp Lake, edd., *The Beginnings*, Part I, Vol. II, 1922, s. 489-510: 'Commentary on the Preface of Luke'; samme, 'We' and 'I' Passages in Luke-Acts, New Testament Studies 3 (1956-57), s. 128-132. Diskussionen om Luk 1,1-4 er imidlertid blevet en anden med de arbejder, der er udført af Loveday Alexander: Luke's Preface in the Context of Greek Preface-Writing, Novum Testamentum 28 (1986), s. 48-74, og samme: *Luke to Theophilus: The Lucan Preface in Context* (Society of New Testament Studies, Monograph Series) – endnu ikke offentliggjort.

6. Jfr. Hans Conzelmann, *Die Apostelgeschichte* (Handbuch zum Neuen Testament, 7), Tübingen 1963, s. 6: »Es [dvs. »vi« i »vi«-stykkerne] stellt ja den Berichterstatter nicht als Mitarbeiter dar, sondern als Begleiter ...« Til forskel fra Paulus' medarbejder Lukas (Filem 24; Kol 4,14; 2 Tim 4,11) var altså hverken Ap.G.s forfatter eller det »vi«, der kommer til syne i »vi«-stykkerne,

III.1.ii. *Den »nye« kronologi* 165

Alt i alt altså fire betydningsfulde erkendelser, når det drejer sig om at forstå redaktionen af Ap.G. Det er og bliver således Paulus' breve, der efter den nye kronologi så at sige »styrer« forståelsen og læsningen af Ap.G.s Paulusafsnit, ikke omvendt. Resultatet heraf er en kritisk holdning til Ap.G.s historiske troværdighed, hvad Paulusberetningen angår, ja, spørgsmålet om Ap.G.s historiske værdi reduceres til spørgsmålet om, hvordan Ap.G. bedst og rigtigst forstås og læses.

Ap.G. har sædvanligvis været bedømt ganske anderledes – nemlig som den afgørende og uundværlige historiske fremstilling, der udgjorde rygraden i eftertidens forståelse af den ældste kristendom og dens historie, og som i alt væsentligt gengav det historiske hændelsesforløb pålideligt og troværdigt. Kun hvor Ap.G. ikke selv oplyste noget om forholdene, har det været almindeligt at inddrage Paulus' breve til udfyldning af hullerne, hvorved Ap.G.s formodede krav på at være en primær fremstilling netop blev understreget så meget desto mere.

I betragtning af, hvor overordentlig udbredt denne holdning til Ap.G. har været og fortsat er, siger det sig selv, at en kritisk – og samtidig overbevisende – redegørelse for, hvordan Ap.G. er blevet til, og hvordan den historiske fremstilling deri i grunden er at forstå, vil medføre betydelige ændringer i forhold til den traditionelle opfattelse af Ap.G.s historiske pålidelighed. Der kan være grund til at understrege, at disse ændringer ikke tilstræbes for deres egen skyld, men for at få indsigt i Ap.G.s redaktionelle tilblivelse, der vil vise sig at have været betydeligt mere kompliceret end hidtil antaget; det vil derigennem også være muligt at nå frem til en bedre, mere pålidelig og sikker forståelse af kristendommens første begyndelse, end det hidtil har været muligt. Det gælder altså om så at sige at »se Ap.G.s

---

medarbejdere; »vi« var højst medrejsende eller ledsagere, og Ap.G.s forfatter var ikke engang det.

forfatter over skulderen«, mens han udarbejdede sit værk, og således danne sig en begrundet mening om dets tilblivelse. Hvis der nu bestod enighed om udformningen af den nye Pauluskronologi, ville opgaven: ud fra Pauluskronologien at underkaste Ap.G. en kritisk prøvelse, være metodisk let at løse. Én ting er, at den nye kronologi er stødt på modstand [7]. Noget andet er at bringe den i anvendelse på Ap.G. på en sådan måde, at dens rigtighed bekræftes – ikke af Ap.G. eller af traditionerne bag skriftet, men – alene ved at kunne bruges, og sådan, at analysen af Ap.G. overbeviser allerede ved at kunne gennemføres.

7. Se bl.a. Ernst Haenchen, *Die Apostelgeschichte* (Kritisch-exegetischer Kommentar über das Neue Testament, III), 13. Aufl., Göttingen 1961, s. 60; Udo Borse, *Der Standort des Galaterbriefes* (Bonner Biblische Beiträge, 41), Köln 1972, s. 14; samme, Paulus in Jerusalem, i: Paul-Gerhard Müller/Werner Stenger, edd., *Kontinuität und Einheit. Für Franz Mußner*, Freiburg (Breisgau), 1981, s. 43-64; Hengel, *Between Jesus and Paul*, 1983, s. 157, n. 5; F. F. Bruce, Chronological Questions in the Acts of the Apostles, Bulletin of the John Ryland University Library of Manchester, Vol. 68, No. 2, Manchester 1986, s. 273-295, især s. 290 ff.; Edvin Larsson, *Apostlagärningarna 13-20* (Kommentar till Nya Testamentet, 5B), Uppsala 1987, s. 409-411; samme, Claudius, judarna och den nya Pauluskronologin, i: Peter Wilhelm Bøckman/Roald E. Kristiansen, edd., *Context. Festskrift til Peder Johan Borgen/Essays in Honour of Peder Johan Borgen* (Relieff. Publikasjoner utgitt av Religionsvitenskapelig institutt, Universitetet i Trondheim, Nr. 24), Trondheim 1987, s. 107-120; Alfred Suhl, Theologische Literaturzeitung 113 (1988), sp. 186-191; Barclay, JSNT 47 (1992) (se nedenfor, n. 142), s. 67, n. 32. Mens Haenchens, Hengels, Suhls og Barclays bemærkninger nærmest er at forstå som en latterliggørelse, går Bruce og Larsson ind på visse enkeltheder, som de anser for uacceptable og derefter bruger til fuldstændigt – men uberettiget – at afvise den nye kronologis grundprincipper til fordel for en apologetisk accept af Ap.G.s traditionelle kronologi; i denne anses Gallios prokonsulat (ApG 18,12 ff.) fortsat for at være hovedsagen. Til Borse, der selv fremfører en helt ny kronologi, se min *Chronologie*, s. 69, n. 10; s. 118-119. Gerhard Schneider, *Die Apostelgeschichte* (Herders Theologischer Kommentar zum Neuen Testament, V), 1-2, Freiburg – Basel – Wien 1980-82, ytrer sig tilsyneladende ikke om den nye Pauluskronologi; det synes heller ikke Jürgen Becker at gøre: *Paulus. Der Apostel der Völker*, Tübingen 1989, s. 17-32: 'Chronologische Fragen zum Leben des Apostels', og hos Taylor, *Paul, Antioch and Jerusalem*, 1992 (se nedenfor, III.5.), s. 51-59, affærdiges den i et appendix.

III.1.ii. Den »nye« kronologi

Dette sidste har især Gerd Lüdemann forsøgt. Dels har han gjort det i første bind af sin Paulustrilogi, *Studien zur Chronologie* fra 1980 [8], dels i sin kommentar til Ap.G., *Das frühe Christentum nach den Traditionen der Apostelgeschichte* fra 1987. Lüdemanns grundopfattelse er den, at mens Ap.G. som sådan ikke kan gøre krav på historisk troværdighed, forholder det sig ganske anderledes med traditionerne bag Ap.G.; lykkes det at adskille redaktion og tradition, vil det vise sig, at den rekonstruerede tradition eller traditionsmasse indeholder værdifuldt og pålideligt historisk stof, hvis troværdighed bekræftes af Paulus' breve.

Der kan ud fra den nye Pauluskronologis synspunkt næppe være tvivl om, at Lüdemanns metode i princippet er korrekt: først at tilvejebringe en kronologi alene på grundlag af Paulus' breve, dernæst at tage stilling til Ap.G. [9] Men spørgsmålet er, hvordan Lüdemann i praksis gennemfører sin undersøgelse, og om undersøgelsen da viser sig at kunne overbevise om sin egen rigtighed. Og her melder tvivlen sig.

For det første er det påfaldende og tankevækkende, at undersøgelsen af Ap.G. i grunden foretages to gange: både i 1980 og i 1987 – som om undersøgelsen i 1980 ikke havde været tilstrækkelig i sig selv. Ganske vist vedrører kommentaren fra 1987 ikke kun Paulusafsnittene i Ap.G., men hele skriftet fra først til sidst, og det er i sig selv en stor gevinst. Men man kommer næppe udenom, at Lüdemanns kommentar i det mindste i et vist omfang tjener det formål at skulle bekræfte rigtigheden af hans Pauluskronologi eller ligefrem være et forsvar for denne. Dette gælder bl.a. den tidlige datering af den paulinske mission i Makedonien og Grækenland til omkr. år 40, delingen af beretningen om Paulus i Korinth i ApG 18,1-17 i to tradi-

---

8. Se foran, n. 2; det drejer sig om s. 152-206: 'Die Einpassung der Traditionen der Apg in den allein aufgrund der pln. Briefe gewonnenen Rahmen'.
9. Jfr. min *Chronologie*, s. 17 med n. 36.

tionsblokke [10] og anbringelsen af episoden i Antiokia *før* apostelmødet i Jerusalem som dettes foranledning [11]. Alle tre dele er og bliver usandsynlige antagelser [12]. Men dermed falder den nye Pauluskronologi ikke! Det er kun dens kritikere, der mener dette [13]. Den nye Pauluskronologi – hvilken udformning den end får – skal ikke bekræftes af noget som helst, heller ikke af en analyse af Ap.G., men alene overbevise i kraft af sig selv; ellers er Pauluskronologien slet ikke »ny« – hvad Lüdemann synes at overse. Med andre ord: Det er tvivlsomt, om en adskillelse af redaktion og tradition i Ap.G. foretaget alene ud fra teksten i Ap.G. – og det er, hvad Lüdemann vil – overhovedet lader sig gennemføre med nogenlunde sikkerhed, og om de således rekonstruerede traditioner kan bringes til at bekræfte rigtigheden af den nye kronologi.

For det andet – og sammenhængende hermed – er det påfaldende, i hvor ringe udstrækning Lüdemann gør brug af den nye kronologis erkendelser ved den analyse, han foretager af Ap.G. I stedet for at hente inspiration i de centrale og virkelig nye indsigter, Pauluskronologien kan bringe, foretager han en i og for sig traditionel undersøgelse af Ap.G. med henblik på kristendommens ældste historie, men bekymrer sig mindre om, i hvilken grad og på hvilken måde Ap.G.s forfatter har redigeret sit materiale – adskillelsen af redaktion og tradition tjener i grunden kun det formål at kunne kassere redaktionen som sekundær. Nok giver fremgangsmåden en vis sikkerhed for, at intet bliver overset. Men sammenhængen og de store linier

---

10. Lüdemann, *Chronologie*, s. 174-203: 'Zur Frage der in Apg 18,1-17 enthaltenen Einzeltraditionen'; s. 213-271: 'Die eschatologischen Aussagen in 1Thess 4,13ff und 1Kor 15,51f als Bestätigung der frühen mazedonischen Wirksamkeit Pauli'; samme, *Das frühe Christentum*, s. 17-20 og 202-212.
11. Lüdemann, *Chronologie*, s. 77 ff. og 101 ff. Se også nedenfor, n. 22 og 96.
12. Se min *Chronologie*, s. 82, note 16, og s. 123-124; desuden Udo Schnelle, Der erste Thessalonicherbrief und die Entstehung der paulinischen Anthropologie, New Testament Studies 32 (1986), s. 207-224, især s. 208 f.
13. Se foran, n. 7.

III.1.ii. Den »nye« kronologi

risikerer at forsvinde; materialet falder fra hinanden og bliver til fragmenter af tradition, som kan indeholde historisk værdifuldt stof, men til syvende og sidst ikke bidrager meget til en samlet forståelse af den ældste kristne udvikling og historie. Det skyldes formodentlig den anvendte fremgangsmåde, som virker atomiserende: hvert afsnit af Ap.G. gennemgås med henblik på: I. Gliederung, II. Redaktion, III. Traditionen og IV. Historisches. Anderledes udtrykt: At adskille redaktion og tradition i afsnit efter afsnit af Ap.G.s samlede tekst – i form af en gennemgående kommentar – gør det næppe muligt at rekonstruere kristendommens ældste historie. Skal kristendommens ældste historie fremstilles, må Pauluskronologien lægges til grund for arbejdet hermed og Ap.G. bringes til at føje sig herefter.

iii. *Eventuel brug af Paulus' breve i Apostlenes Gerninger?*
Måske hænger de problemer, der her er berørt, sammen med spørgsmålet om forholdet mellem Ap.G. og Paulus' breve. Til forskel fra 1800-tallet, da det for det meste blev forudsat som noget indlysende, at forfatteren af Luk. og Ap.G. kendte og brugte Paulus' breve, er indstillingen i 1900-tallet helt anderledes. Således fastslog Hans Conzelmann i 1963 lakonisk: »Benützung des Corpus Paulinum ist nicht zu erkennen« [14]. Og Christoph Burchard kunne i sin bog om Ap.G.s Paulusafsnit, *Der dreizehnte Zeuge*, i 1970 gøre gældende, at forfatteren nok vidste, at der fandtes Paulusbreve, men han kendte dem ikke og

---

14. Conzelmann, *Die Apostelgeschichte*, s. 2. Dog tilføjer han: »Die vereinzelten Berührungen (Act 9,21–Gal 1,13.23; Act 9,25–II Cor 11,33) beruhen auf Tradition des paulinischen Missionsgebietes. Man kann sich kaum vorstellen, daß Lk die Briefe des Paulus nicht kannte. Er ignoriert sie also möglicherweise (Klein [*Die zwölf Apostel. Ursprung und Gehalt einer Idee* (Forschungen zur Religion und Literatur des Alten und Neuen Testaments, 77), Göttingen 1961] 189 ff). Anders O'Neill [*The Theology of Acts in its Historical Setting*, London 1961] 18, obwohl er eine Spätdatierung verficht und Lk zeitlich nahe an Justin heranrückt (um 115-130 nCh). Auf diese Weise erklärt er die theologische Übereinstimmung zwischen Lk und Justin« (s. 2 – i citatet er årstallet '115' korrigeret fra '150', som er en trykfejl).

anså dem for at være »belanglos« i forhold til hans øvrige materiale [15]. Gerhard Schneider hævder i 1980, at Ap.G.s forfatter ikke har benyttet Paulus' breve, da han ikke havde til hensigt at skildre Paulus som brevskriver eller at oplyse om hans teologi, men at påvise, hvor afgørende nær »verdens ende« (ApG 1,8) netop Paulus bragte evangeliet [16]. Som en af de sidste har Gerd Lüdemann i 1987 påpeget, at ingen af de kendte overensstemmelser mellem Paulus' breve og Ap.G. beviser, at Ap.G.s forfatter har benyttet brevene, og han konkluderer: »Es fragt sich daher, ob nicht ... der Befund besser durch die Annahme zu erklären ist, Lukas habe Traditionen der paulinischen Missionsgebiete benutzt, von denen einzelne aus der Lektüre der Briefe stammen mögen. Wir setzen die »Traditionshypothese« im folgenden probeweise als richtig voraus« [17].

Paulus' breve er hos Lüdemann stillet over for Ap.G.s Paulusafsnit, der igen tænkes sammensat af tradition og redaktion. Det er klart, at Paulus' breve ikke er eller kan være det samme som traditionen bag Ap.G.s Paulusafsnit, så at Ap.G. slet og ret ville være en sum eller sammenlægning af Paulus' breve og den redaktionelle bearbejdelse, som vi finder i Ap.G. Men på den anden side benægter Lüdemann enhver direkte eller umiddelbar sammenhæng mellem Paulus' breve og traditionen bag Ap.G. såvel som mellem Paulus' breve og redaktionen af Ap.G. – en benægtelse, som i betragtning af de usikre forudsætninger næppe er rimelig. Det betyder desuden, at adskillelsen af tradition og redaktion i Ap.G.s Paulusafsnit (tilsyneladende) foretages helt uden brug af Paulus' breve – hvilket hverken er muligt eller ønskværdigt.

15. Christoph Burchard, *Der dreizehnte Zeuge. Traditions- und kompositionsgeschichtliche Untersuchungen zu Lukas' Darstellung der Frühzeit des Paulus* (Forschungen zur Religion und Literatur des Alten und Neuen Testaments, 103), Göttingen 1970, s. 155-158: 'Lukas' Verhältnis zu den Paulusbriefen'.
16. Schneider, *Die Apostelgeschichte*, 1, s. 116-118.
17. Lüdemann, *Das frühe Christentum*, s. 14-16; citatet fra s. 15-16.

III.1.iii. *Eventuel brug af Paulus' breve i Ap.G.?*

Sidst har imidlertid Lars Aejmelaeus med sin værdifulde undersøgelse af *Die Rezeption der Paulusbriefe in der Miletrede* fra 1987 søgt at gøre gældende, at Ap.G.s forfatter kendte og brugte flere af Paulus' breve [18]. Også spørgsmålet om dateringen af Luk.-Ap.G. er igen blevet rejst; således anser C. F. Evans i 1990 Luk. for at være skrevet i tiden 75 – 130 e.Kr. og hælder endda mest til den sidste del af denne periode [19]. Det er indlysende, at jo senere Luk.-Ap.G. dateres, desto mere usandsynligt bliver det, at forfatteren ikke har kendt og brugt Paulus' breve.

Hvordan forholdet mellem Paulus' breve, traditionen bag Ap.G. og redaktionen af Ap.G. end er at forstå – og forholdet må fortsat siges at være uafklaret – er det ikke rimeligt, som bl.a. Lüdemann gør, at foretage en analyse af Ap.G.s Paulusafsnit uden at gøre brug af Paulus' breve. Tværtimod at forsøge på at se bort fra Paulus' breve bør de netop lægges til grund for en analyse af Paulusafsnittene i Ap.G. Måske vil det da også vise sig muligt at udtale sig med større sikkerhed, end det hidtil har kunnet gøres, om forholdet mellem brevene på den ene side og traditionen og redaktionen på den anden side og således undgå på forhånd at lægge sig fast på en bestemt hypotese, som muligvis viser sig ikke at være rigtig.

iv. *Nye indsigter*

Det er faktisk – viser det sig hurtigt – ikke så lidt, der allerede med det samme kan siges om Ap.G.s fremstilling ud fra den paulinske kronologi. Men det må også understreges, at det, der

---

18. Også Michael Goulder har i *Luke. A New Paradigm*, 1989 (se foran, II., n. 46), s. 132-146: 'Did Luke know any of the Pauline Letters?' besvaret spørgsmålet positivt: forfatteren af Luk. kendte og brugte 1 Kor. og 1 Thess.
19. C. F. Evans, *Saint Luke* (TPI New Testament Commentaries), London – Philadelphia 1990, s. 14: »All that can be suggested ... as the date for Luke-Acts is between AD 75 and 130,« og s. 111: »... that Luke wrote an apologia, in the fullest sense of the word, for a non-Christian readership, and that, like Justin's *Apology*, it became by some route part of Christian literature.«

således kan siges, for det meste er udsagn af overvejende negativ karakter: at Ap.G.s fremstilling på de og de punkter og i de og de henseender er urigtig og følgelig uhistorisk. Også en negativ viden – en viden om, hvordan det *ikke* forholdt sig – er imidlertid værdifuld, og netop på de punkter og i de henseender, hvor Ap.G.s fremstilling notorisk er urigtig og følgelig også uhistorisk, gælder det om at sætte ind med analysen!

En hovedsag er selvfølgelig det åbenlyse forhold, at de tre missionsrejser, vi kender fra Ap.G., og som med de mest forskelligartede stiplede linier gang på gang genfindes også i nutidens bibelatlas og behersker historiebilledet den dag i dag, simpelt hen er uhistoriske og alene skylder Ap.G.s redaktion deres tilblivelse. De har intet holdepunkt i Paulus' breve [20]. Mellem »første« og »anden« rejse var der intet ophold eller mellemrum [21], for stoffet i ApG 15,4 ff. er i virkeligheden at transponere til 18,22, og opholdet i Antiokia forud for apostelmødet i Jerusalem: ApG 14,26-15,2, har ganske enkelt ikke fundet sted; jfr. 18,22 [22]. Og hvad angår rejsen til

---

20. Jfr. Conzelmann, *Die Apostelgeschichte*, s. 7: »Das wichtigste Stilmittel um diese Einlinigkeit zu gewinnen, ist die Schematisierung der Mission des Paulus zu Reisen. Sie beherrscht das Geschichtsbild bis in die Gegenwart;« s. 72: »Das Schema der »Reisen« ist eine Schöpfung des Lk.« Se også nedenfor, ved n. 23.
21. Se min *Chronologie*, s. 83, n. 19. Jfr. Joachim Jeremias, Untersuchungen zum Quellenproblem der Apostelgeschichte, Zeitschrift für die neutestamentliche Wissenschaft 36 (1937), s. 205-221, især s. 217-218 = samme, *Abba. Studien zur neutestamentlichen Theologie und Zeitgeschichte*, Göttingen 1966, s. 238-255, som anså skildringen af apostelmødet i ApG 15 for at være et »Einschub« i den »antiokenske« kilde; det må dog udtrykkeligt tilføjes, at Jeremias betragtede ApG 15,1-33 og 11,30/12,25 som dubletter og derfor anbragte apostelmødet *før* »første missionsrejse«.
22. Jfr. Lüdemann, *Chronologie*, s. 167; min *Die paul. Chronologie*, s. 82, n. 16; s. 83, n. 19; Lüdemann, *Das frühe Christentum*, s. 170 og 171, hvor det med rette siges, »daß ... die Rückkehr nach Antiochien [ApG 14,26] auf 13,1 f zurücklenkt und die Hand des Redaktors Lukas erkennen läßt. Jene Reise scheidet daher als Traditionselement aus« (s. 171). Men når Lüdemann, smst., s. 214-215, gør gældende, at ApG 18,21b-23 indbefatter en rejse til Antiokia forud for apostelmødet i Jerusalem (episoden i Antiokia, Gal 2,11 ff., som foranledningen til apostelmødet, Gal 2,1-10 – altså den omvendte rækkefølge),

III.1.iv. *Nye indsigter* 173

Jerusalem i 18,22, som i Ap.G.s retliniede fremstilling [23] sætter skel mellem »anden« og »tredje« rejse, betegnede den kun en kortvarig afbrydelse i Paulus' tre-årige ophold i Efesos, ikke et skel mellem to »missionsrejser« – og det, om end dette besøg i Jerusalem på den anden side dog gjaldt selve apostelmødet.

Hvad angår rejsen til Jerusalem i ApG 11,27-30 og 12,25, hører den som allerede sagt ikke hjemme i den historiske virkelighed, men skyldes udelukkende Ap.G.s redaktion [24].

Hvad endelig angår Paulus' to besøg i landskabet Galatien: ApG 16,6 og 18,23, da underbygges de tilsyneladende af Gal 4,13, men også kun tilsyneladende; i virkeligheden var Paulus kun én gang i Galatien, svarende til ApG 16,6, hvorved ApG 18,23 bortfalder som indicium på et besøg [25].

Det må imidlertid også siges, at der samtidig med de her påpegede uoverensstemmelser mellem Ap.G.s Paulusafsnit og

---

udtaler han sig mod alle indicier; se foran, ved n. 11. Se videre nedenfor, ved n. 38 og 96.
23. Udtrykkene »Geradlinigkeit« og »Einlinigkeit« bruges af Conzelmann, *Die Apostelgeschichte*, s. 7.
24. Jfr. Georg Strecker, Die sogenannte Zweite Jerusalemreise des Paulus (Act 11,27-30), opr. 1962, i: samme, *Eschaton und Historie. Aufsätze*, Göttingen 1979, s. 132-141. Jfr. Schneider, *Die Apostelgeschichte*, 1, s. 113 med n. 54: »Die Apg 11,27-30 berichtete zweite Jerusalemreise des Paulus widerspricht den Angaben von Gal 1,18; 2,1. Sie ist durch eine Kombination des Verfassers »entstanden«. Paulus war zwischen seiner Berufung und dem Apostelkonzil (Gal 2,1-10; Apg 15,1-35) *nur einmal* in Jerusalem« – men henvisningen til Acta 15,1-35 her er forstyrrende og forvirrende, og når Schneider senere, *Die Apostelgeschichte*, 2, s. 116 og 191, ytrer sig om apostelmødets placering, synes han at være tilbøjelig til at ville anbringe det *før* »første missionsrejse« (ApG 13-14) – dvs. just dér, hvor han ellers havde fundet en kombination af redaktionel art!
25. Jfr. min *Chronologie*, s. 78 ff. med n. 7 og 9; også Michael Wolter, Apollos und die ephesinischen Johannesjünger (Act 18,24-19,7), Zeitschrift für die neutestamentliche Wissenschaft 78 (1987), s. 49-73, især s. 55 ff.: »lukanische Fiktion«. Hvad angår Gal 4,13, mener ganske vist også Wolter, s. 55, n. 42, at der kun har været ét Paulusbesøg i Galatien, nemlig da menighederne blev grundlagt, men han henviser herfor til Lüdemann, *Chronologie*, s. 124 f., og det er ikke berettiget (se min *Chronologie*, s. 79, n. 9). Se nedenfor, n. 88.

Paulus' breve findes betydelige overensstemmelser, som ikke kan tilsidesættes som blot tilfældige, og som derfor heller ikke gør det lettere at få indblik i forholdet mellem tradition og redaktion.

Det drejer sig her først og fremmest om den »Geradlinigkeit« eller »Einlinigkeit«, som Hans Conzelmann og andre efter ham har talt om som et særkende ved Ap.G.s hele fremstilling, og som også præger skriftets Paulusafsnit [26]. Det retliniede i Ap.G.s fremstilling kan ganske vist bedømmes forskelligt: enten kritisk som udtryk for, at en uhistorisk forenkling har fundet sted, eller positivt som udtryk for, at Ap.G.s fremstilling i det store og hele er korrekt. Men hverken den ene eller den anden bedømmelse af forholdet er rigtig. Det forholder sig snarere sådan, at i en række henseender er Ap.G.s fremstilling – eller traditionen bag fremstillingen – faktisk lige så retliniet, som Paulus' breve viser at det historiske forløb i virkeligheden var.

Det drejer sig bl.a. om rækkefølgen af Paulus' opholdssteder: Filippi – Thessalonika – Korinth – Efesos, og det drejer sig om varigheden af opholdene i Korinth (1½ år: ApG 18,11 [27]), og i Efesos (3 år: ApG 20,31 [28]), som selv efter en kritisk prøvelse må siges at svare til virkeligheden. Til gengæld er den

---

26. Se foran, n. 23; desuden f.eks. Lüdemann, *Das frühe Christentum*, s. 214-215. Th. H. Campbell, Paul's "Missionary Journeys" as Reflected in His Letters, Journal of Biblical Literature 74 (1955), s. 80-87, så den tidsmæssige rækkefølge for de paulinske missionsstationer i Ap.G. bekræftet af Paulus' breve. Dette blev udnyttet til forsvar for Ap.G.s historiske pålidelighed af W. G. Kümmel, *Einleitung in das Neue Testament*, 14. Aufl., Heidelberg 1965, s. 177 = samme, *Introduction to the New Testament*, New York – Nashville 1975, s. 254; men se hertil Hurd, i: *Christian History and Interpretation*, 1967 (se foran, III.1.), s. 230 f.; Alfred Suhl, *Paulus und seine Briefe. Ein Beitrag zur paulinischen Chronologie* (Studien zum Neuen Testament, 11), Gütersloh 1975, s. 81, n. 7; Hare, i: Knox, *Chapters*, 1987/89 (se foran, III.1.), s. xii-xiii.
27. Til Lüdemanns forståelse af ApG 18,1-17: se foran, n. 10.
28. Til oplysningerne i ApG 19,8.10 om tre måneder, henh. to år i Efesos: se nedenfor, ved n. 32.

III.1.iv. *Nye indsigter* 175

korte varighed af opholdet i Thessalonika: tre uger (ApG 17,2), helt forkert og strider bl.a. mod Fil 4,16 [29]. Men det drejer sig herudover også om antallet af besøg, som Paulus aflagde dér, hvor han havde opholdt sig og grundlagt menigheder. I Korinth havde Paulus således kun været én gang, nemlig ved grundlæggelsen af menigheden dér, da han skrev sine breve til den korinthiske menighed – besøget i Grækenland (dvs. Korinth), som omtales i ApG 20,2-3, var virkelig først hans andet besøg, hvad den korinthiske korrespondance til fulde bekræfter [30]. Ap.G.s retliniede fremstilling betyder altså i dette tilfælde ikke, at omtalen af et besøg i Korinth for den historiske og litterære forenklings skyld er sprunget over. Noget lignende gælder de makedoniske menigheder; Filippi og Thessalonika havde Paulus virkelig kun besøgt én gang, da han skrev 1 og 2 Thess. og Fil., nemlig ved grundlæggelsen af menighederne dér, og besøgene i Makedonien, som omtales i ApG 20,1.4 ff., *er* virkelig de første, han aflægger efter grundlæggelsen af disse menigheder. Til gengæld hører vi i Ap.G. intet om fængselsopholdet i Efesos, hvorfra fangenskabsbrevene – Fil., Kol. og Filem. – blev skrevet [31], og skildringen af Paulus' tre-

---

29. Se min *Die paul. Chronologie*, s. 109.
30. Se min *Die paul. Chronologie*, især s. 34-41 og 102-106. Siden da er jeg blevet bekendt med Eduard Golla, *Zwischenreise und Zwischenbrief*, 1922 (se nedenfor, III.6.) – en undersøgelse, hvori ligeledes enhver tale om »mellembesøg« og »mellembrev« blev afvist, men som desværre blev fuldstændig overskygget af Hans Windisch' kommentar til 2. Kor. fra 1924.
31. At Fil. – og Kol. og Filem. – blev skrevet under et fængselsophold i Efesos, har jeg godtgjort i min *Die paul. Chronologie*, s. 18-26: 'Die Gefangenschaft des Paulus in Ephesus'. Til forskel fra de mange andre fortolkere, der går ind for denne opfattelse, men som regel kun fremkommer med sandsynliggørelser for dens rigtighed, mener jeg at have ført bevis derfor: den dobbelte rejseplan for Timotheus, henh. Paulus selv i Fil 2,19-23.24 gentager sig i 1 Kor 4,17.18-21 (jfr. nedenfor, ved n. 33); bemærk også *tachéos* i Fil 2,24 og 1 Kor 4,19 – i det første tilfælde et løfte, i det andet en trussel; 1 Kor. er skrevet i Efesos (1 Kor 16,8) – altså er Fil. skrevet under et fængselsophold i Efesos, og vel at mærke: før affattelsen af 1 Kor. F. F. Bruce har i en anmeldelse af min bog i Journal of Theological Studies 38 (1987), s. 505-507, krævet en forklaring

årige ophold i Efesos: ApG 18,19-20,1 [32], er som helhed intet mindre end misvisende – en skildring, som på den anden side dog punktuelt indeholder visse korrekte udsagn: dels Paulus' afsendelse af Timotheus (og Erastos) fra Efesos til Makedonien: ApG 19,22, som er identisk med Timotheus' (og brødrenes: 1 Kor 16,11!) rejse fra Efesos til Filippi og Korinth: Fil 2,19-23 og 1 Kor 4,17 [33], dels Apollos' af Paulus uafhængige virksomhed i Korinth: ApG 18,24-28, som svarer til 1 Kor 3,6 [34].

Vi hører i Ap.G. heller intet om, at Paulus skrev breve – kun breve, som citeres efter deres ordlyd, finder omtale: Jakobs brev

på, hvordan der kunne være et *praetorium* (Fil 1,13) i den civilt styrede, prokonsulariske provins Asia (se foran, II.1.i.): »Any one who assigns an Ephesian provenance to Philippians should explain what a *praitórion* was doing in Ephesus« (s. 506). Jeg kan heroverfor foreløbig kun henvise til Martin Dibelius, *An die Thessalonicher I/II. An die Philipper* (Handbuch zum Neuen Testament, 11), 3. Aufl., Tübingen 1937, der også går ind for, at Fil. er blevet til under Paulus' fængselsophold i Efesos, og skriver, at *praitórion* kan betegne »die Bewohner (so wegen der Parallele *toîs loipoîs*) des Statthalterpalastes ..., in Ephesus übrigens auch die dort stationierten Prätorianer, vgl. die Grabinschrift bei Wood Discoveries at Ephesus, Grabinschriften im Appendix Nr. 2 S. 4« (s. 65). Henvisningen hos Dibelius gælder J. T. Wood, *Discoveries at Ephesus including the Site and Remains of the Great Temple of Diana*, London 1877, appendix (Inscriptions from Tombs, Sarcophagi, etc.), s. 4, no. 2: DIS MANIBVS/T. VALERIO. T. F. SECVNDO. MILITIS. COH/ORTIS VII/ PRAETORIAE. CENTVRIAE. SEVERI/T. VALERIVS. T. F. SECVNDVS. MILES./ COHORTIS. VII. PRAETORIAE. CEN/TVRIAE. SEVERI. DOMO. LIGVRIAE/ MILITAVIT. ANNIS. VIII. STATI/ONARIVS. EPHESI. VIXIT/ ANNOS. XXVI. MENSES VI. Dog må det understreges, at heller ikke Dibelius har tolket indskriften (som i virkeligheden er to indskrifter) korrekt; jeg håber sammen med Bengt Malcus at kunne vende tilbage til hele dette spørgsmål og derigennem endeligt få fastslået, at Paulus' Fil. virkelig stammer fra det omtalte fængselsophold i Efesos. Til prætorium, se også foran, I.2.i., n. 62.
32. Herom: Walter Grundmann, Paulus in Ephesus, Helikon 4 (1964), s. 46-82; Francis Pereira, *Ephesus. Climax of Universalism in Luke-Acts. A Redaction-Critical Study of Paul's Ephesian Ministry (Acts 18.23-20.1)* (Jesuit Theological Forum Studies, 1), Anand (India) 1983.
33. Se foran, n. 31.
34. Se min *Die paul. Chronologie*, s. 8, n. 17; s. 17, n. 37; s. 85, n. 24.

III.1.iv. Nye indsigter

med aposteldekretet, ApG 15,23-29, og Lysias' brev til Felix, 23,26-30.

Af ikke mindre betydning er spørgsmålet om judaisterne og den mangelfulde omtale af dem i Ap.G.

Om judaisternes virksomhed i de paulinske menigheder – et spørgsmål, vi skal vende tilbage til nedenfor, III.4. – hører vi intet i Ap.G. Fra Paulus' Galalaterbrev véd vi imidlertid, at judaisterne udfoldede deres virksomhed netop i Paulus' menigheder, men at de på den anden side ikke gjorde sig gældende, før Paulus var kommet til Efesos. Vi ved yderligere, at det var under hans tre-årige ophold dér, at han sammen med Barnabas (som ikke er omtalt i Ap.G. efter 15,36-41, men se Kol 4,10 og 1 Kor 9,6) og Titus (som slet ikke er omtalt i Ap.G., men kun i Paulus' breve [35]) rejste til apostelmødet i Jerusalem for at få løst det judaistiske problem. Og vi véd endelig, at Paulus' breve – med undtagelse af 1 og 2 Thess. – alle er skrevet inden for et tidsrum på højst ét år (nemlig fra februar år 54 til februar år 55), dels henimod afslutningen af fængselsopholdet i Efesos, som skyldtes kampen med judaisterne, dels i tiden umiddelbart derefter, og at flere af disse breve afspejler opgøret med judaisterne og dermed også forståelsen af Moseloven og Paulus' forsøg på at komme til rette med den [36].

Men efter ApG 18,18 at dømme var det ikke i Efesos, men allerede i Kenkreæ – altså før ankomsten til Efesos – at Paulus lod sit hår klippe og påtog sig et nasiræatsløfte, som kun kunne indfries ét sted: i Jerusalems tempel, og derfor forpligtede ham til ufortøvet at rejse til Judæa [37]. Hvorfor Paulus overho-

---

35. Paulus traf først Titus i Efesos, og Titus havde ikke været i Korinth (2 Kor 7,14!), før Paulus sendte ham dertil med 1 Kor.: se min *Die paul. Chronologie*, s. 84 f. med n. 21; s. 96-98. Se også nedenfor, n. 86.
36. Se min *Chronologie*, især s. 76-88: 'Die Erwähnung von Titus im Galaterbrief'.
37. Problemet angående nasiræatsløftet har Grundmann, Helikon 4 (1964), s. 50, n. 7, formuleret således: Til gunst for den antagelse, at Paulus ifølge ApG 18,22 drog til Jerusalem (se foran, note 3), taler »auch das Gelübde, von

vedet skulle til Judæa (ApG 18,22!), siger Ap.G.s forfatter intet om – og det skyldes ikke kun, at han allerede i ApG 15,4 ff. har »brugt« stoffet vedrørende apostelmødet, men også, at han ikke vidste det. Og hvad judaisterne angår, hører vi i Ap.G. kun om dem, når de optræder i snævreste forbindelse med Jerusalem: i ApG 15,1-2.5 og 21,20-22. Men den første af disse tekster er notorisk mistænkelig. For dels handler den om en sammenkomst i Antiokia, som ikke har fundet sted [38], dels udgør den en uigennemskuelig redaktionel eksposition for den følgende beretning om apostelmødet i Jerusalem [39]. Og hvad den sidste tekst angår, skal der ifølge den endog have været titusinder af judaister blandt jøderne – hvilket minder om F. C. Baurs berømte og besnærende konjektur [40]. Baurs konjektur, hvorefter der ikke ville være tale om judaister, dvs. lovtro

---

dem Apg. 18,18 gesprochen ist und bei dem an Paulus, nicht aber an Aquila als Subjekt zu denken ist; nur entsteht die Schwierigkeit, daß das Scheren des Haares in Jerusalem zu geschehen hat, vgl. Joseph. Bell. Jud. II 15,1; Strack-Billerbeck, Kommentar zum NT aus Talmud und Midrasch II 747-751, während Lukas von einem Scheren in Kenchreä spricht.« Jeg har altid forstået stedet på den måde, at nok kunne nasiræatsløftet først indfries i templet i Jerusalem og håret derefter klippes igen; men som tegn på, at løftet blev indgået, og af praktiske grunde (der kunne jo gå lang tid, før det igen blev muligt at få det klippet!), lod Paulus også håret klippe ved indgåelsen af løftet. Jfr. Conzelmann, *Die Apostelgeschichte*, s. 108: »Natürlich ist nichts dagegen einzuwenden, daß man sich vor dem Gelübde noch einmal die Haare schneiden ließ; aber Lk faßt das bereits als Bestandteil desselben auf.« Præcist hvilken misforståelse Ap.G.s forfatter – eller traditionen før ham – har gjort sig skyldig i, kan diskuteres.
38. Se foran, ved n. 22.
39. Se Lüdemann, *Das frühe Christentum*, s. 173.
40. Konjekturen går ud på at slette ordene *tôn pepisteukóton*, ApG 21,20, så teksten handler om jøderne, ikke om judaisterne: Baur, *Paulus* (se nedenfor, III.4.), Stuttgart 1845, s. 199 f. = 2. Aufl., I, Leipzig 1866, s. 227 f. Ifølge Haenchen, *Die Apostelgeschichte*, s. 539, n. 3, havde Baur foreslået konjekturen så tidligt som i 1829; den blev genfremsat bl.a. af Johannes Munck, *Paulus und die Heilsgeschichte* (Acta Jutlandica, XXVI,1), København 1954 (engelsk oversættelse: *Paul and the Salvation of Mankind*, London 1959), s. 235 f. – en af de få overensstemmelser mellem Baur og Munck.

III.1.iv. *Nye indsigter* 179

jødekristne, men om lovivrige jøder, om »zeloter« [41], er ganske vist forkert og derfor uantagelig, da det netop ligger Ap.G.s forfatter på sinde at fremhæve det stadig større antal Kristustroende jøder; jfr. ApG 1,15; 2,41; 4,4; 6,1.7 [42]. Men under alle omstændigheder er Ap.G.s oplysninger om judaisterne tilfældige og aldeles utroværdige [43]. Og hvad meningen med nasiræatsløftet i ApG 18,18 er, ses ikke umiddelbart, da forfatteren som nævnt ikke selv er klar over det; en formodning om en genetisk sammenhæng mellem nasiræatsløftet i ApG 18,18 og de fire nasiræere i ApG 21,23 ff. er nærliggende og vil, hvis den viser sig at være rigtig, sammen med den viden om judaismens tilblivelse, som Paulus' breve formidler, kunne bidrage til at kaste lys over den indgribende karakter, redaktionen af Ap.G. har haft.

I forlængelse af det, der her er sagt om Ap.G.s mangelfulde information om judaisterne, er det af betydning at gøre sig klart, at Paulus' breve utvetydigt viser, at judaisterne først optræder fra og med et bestemt tidspunkt: da Paulus er kommet til Efesos [44]. Det betyder nemlig, at den sammenhæng mellem »hebræerne« (ApG 6,1 ff.) og judaisterne på den ene side og »hellenisterne« (ApG 6,1 ff.) og Paulus på den anden side, som forskningen lige siden F. C. Baur har vænnet sig til at forudsætte som en given ting, ikke er holdbar. Forestillingen om denne sammenhæng, som har været og fortsat er konstituerende for nutidens forståelse af den ældste kristendoms historie og ud-

---

41. Se foran, II.1.ii.
42. Jfr. Lüdemann, *Das frühe Christentum*, s. 240. Alligevel skriver Lüdemann om traditionsgrundlaget: »Der Jerusalemer Gemeinde gehören viele Juden an, die Eiferer für das Gesetz sind« (s. 242); desuden hævder han, at »der nomistische Charakter der Gemeinde Jerusalems in den fünfziger Jahren« står historisk fast (s. 244). Men dette konglomerat af redaktion og tradition overbeviser ikke. Sammenlignet hermed er analysen hos Walter Schmithals, *Paulus und Jakobus* (Forschungen zur Religion und Literatur des Alten und Neuen Testaments, 85), Göttingen 1963, s. 70-80, langt bedre.
43. Jfr. Schmithals, *Paulus und Jakobus*, s. 73.
44. 2 Kor 7,14. Se foran, n. 35.

vikling [45], skyldes ikke Paulus' breve, men alene Ap.G.s fremstilling, som i denne henseende er forkert: der består ingen historisk sammenhæng mellem judaisterne, hvis historiske fremkomst er at ansætte så sent som til begyndelsen af 50'erne, og »hebræerne«, så lidt som mellem Paulus og »hellenisterne«. Virkeligheden har været langt mere kompliceret, end denne forenklede forestilling lader formode. Det er derfor nødvendigt at inddrage også ApG 6,1 ff. og hele den sammenhæng, hvori hebræerne og hellenisterne optræder, i analysen af Ap.G. og i undersøgelsen som helhed for at kunne nå frem til en bedre forståelse af den ældste kristendoms historie.

Der er hermed allerede peget på, at den her foreliggende undersøgelse må gribe ud over de egentlige Paulusafsnit i Ap.G. og også tage stilling til skriftets første dele, her ApG 6,1 ff. Det vil ske i III.3.

Noget tilsvarende gælder imidlertid også for Ap.G.s sidste dele. Fra og med ApG 20,2-3, hvor der tales om de tre måneders ophold i Grækenland (dvs. Korinth, hvor Paulus skrev Romerbrevet), »dækkes« Ap.G.s fremstilling ikke længere af Paulus' breve. Til gengæld begynder netop her en beretning, der synes at tillade os at følge Paulus næsten dag for dag, indtil ankomsten i Rom, og det er samtidig de dele af Ap.G., der – bortset fra ApG 16,10-17 – i vidt omfang »dækkes« af »vi«-stykkerne: ApG 20,5-8.13-15; 21,1-18 og 27,1-28,16. Lad det være sagt med det samme: Disse »vi«-stykker udgør én, sammenhængende beretning, som Ap.G.s forfatter har bearbejdet, og hvis dele han har anbragt dér, hvor vi finder dem nu. Der er med andre ord tale om en »kilde«, som har krav på opmærksomhed, både for dens egen skyld, og fordi bearbejdelsen af den giver indblik i den måde, hvorpå Ap.G.s forfatter har redigeret sit stof.

---

45. Som repræsentativ for denne opfattelse kan gælde Martin Hengel, Zeitschrift für Theologie und Kirche 72 (1975), s. 151-206 (se nedenfor, III.3.) = samme, *Between Jesus and Paul*, 1983 (se II.5.), s. 1-29. Se også foran, II.6.v., ved n. 130.

2. Disciple og apostle

Litteratur

J. B. Lightfoot: *Saint Paul's Epistle to the Galatians. A Revised Text with Introduction, Notes, and Dissertations*, London 1865 (senere genoptrykt mange gange), s. 92-101: 'The name and office of an Apostle'.

Adolf Harnack: *Die Lehre der Zwölf Apostel nebst Untersuchungen zur ältesten Geschichte der Kirchenverfassung und des Kirchenrechts* (Texte und Untersuchungen zur Geschichte der altchristlichen Literatur, II/1-2), Leipzig 1884.

samme: *Die Mission und Ausbreitung des Christentums in den ersten drei Jahrhunderten*, opr. 1902, 4. Aufl. Leipzig 1924, s. 332-379: 'Die christlichen Missionare (Apostel, Evangelisten, Propheten, bzw. Lehrer; nicht-berufsmäßige Missionare)'.

Karl Holl: Der Kirchenbegriff des Paulus in seinem Verhältnis zu dem der Urgemeinde, opr. 1921, i: samme: *Gesammelte Aufsätze zur Kirchengeschichte*, II, Tübingen 1928, s. 44-67 = K. H. Rengstorf, ed.: *Das Paulusbild in der neueren deutschen Forschung* (Wege der Forschung, XXIV), Darmstadt 1964, 2. Aufl. 1969, s. 144-178.

Olof Linton: *Das Problem der Urkirche in der neueren Forschung. Eine kritische Darstellung* (Uppsala Universitets Årsskrift 1932), Uppsala 1932, s. 69-101: 'Die Apostel'.

K. H. Rengstorf: art. '*apostéllå, apóstolos*', i: Theologisches Wörterbuch zum Neuen Testament, I, Stuttgart 1933, s. 397-448.

Hans von Campenhausen, Der urchristliche Apostelbegriff, Studia Theologica 1 (1947-48), s. 96-130.

Ferdinand Hahn: Der Apostolat im Urchristentum. Seine Eigenart und seine Voraussetzungen, Kerygma und Dogma 20 (1974), s. 54-77.

Gerd Theißen: *Soziologie der Jesusbewegung. Ein Beitrag zur Entstehungsgeschichte des Urchristentums* (Theologische Existenz heute, 194), München 1977, 2. Aufl. 1978 = samme: *Jesusoverleveringen og dens sociale baggrund. Et sociologisk bidrag til den tidligste kristendoms historie*, oversat af Geert Hallbäck, København 1979.

Wilhelm Pratscher: *Der Herrenbruder Jakobus und die Jakobustradition* (Forschungen zur Religion und Literatur des Alten und Neuen Testaments, 139), Göttingen 1987.

1. Problemet

J. B. Lightfoot [46] underkastede i 1865 apostelbegrebet en kritisk undersøgelse, hvis værdi fortsat består. Han påpegede bl.a., at ordet, når det anvendes om en person, ikke blot betegner et sendebud (en »engel«), men en delegat med samme myndighed og magt som den, der har sendt ham.

Men Lightfoot understregede også, hvor inadækvat en henvisning til den klassiske græske brug af ordet er: det betegner dér for det meste ikke en person, men »a naval expedition, a fleet despatched on foreign service«. I den klassiske græske litteratur udviser kun Herodot (5. årh. f.Kr.) et par eksempler på, at ordet kan bruges om en person; heri synes han til gengæld at repræsentere den folkelige sprogbrug, der genfindes i den græske oversættelse af Det gamle Testamente (LXX, Septuaginta), i Det nye Testamente og i den datidige officielle jødedoms sprog.

Det græske ord *apóstolos* forekommer kun én gang i LXX (1 Kong 14,6, dér som oversættelse af det hebraiske part. pass. *shaluach*), men er i øvrigt anvendt om de jødiske udsendinge, der blev sendt fra de jødiske ledere i Palæstina til diasporaen, f.eks. med breve af officielt indhold (jfr. ApG 28,21) eller – i tiden indtil templets ødelæggelse i året 70 e.Kr. – for at indsamle den årlige tempelskat. Selv om denne jødiske sprogbrug først er bevidnet relativt sent, er den dog ifølge Lightfoot en forudsætning for den kristne sprogbrug, ja, for Jesu betegnelse af sine nærmeste disciple som »apostle« – herom dog også senere.

Imidlertid understreger Lightfoot, at betegnelsen »apostle«, når den bruges i kristen sammenhæng, på ingen måde var begrænset til de tolv disciple. Tværtimod er det kun sjældent, at disciplene kaldes »apostle« i evangelierne, i Mark. således kun

---

46. Joseph Barber Lightfoot (1828-89) udgjorde sammen med Fenton John Anthony Hort (1828-92) og Brooke Foss Westcott (1825-1901) det berømte Cambridge-triumvirat; se f.eks. Graham A. Patrick, *F. J. A. Hort. Eminent Victorian*, Sheffield 1987.

III.2.i. *Problemet* 183

én gang (Mark 6,30), ligeledes i Matt. (Matt 10,2); i Joh. bruges det overhovedet ikke om dem — udsagnet i Joh 13,16 bringer uden direkte sammenhæng med de tolv disciple kun til udtryk, at »en tjener ikke er større end sin herre og en udsending (gr. *apóstolos*) ikke større end han, der har sendt ham«, her altså i den betydning, ordet i almindelighed har, når det bruges om personer: en delegat. Og selv om Luk 6,13 indskrænker betegnelsen til kun at bruges om de tolv disciple, har den samme forfatter dog også en udvidet brug af ordet, idet han kalder både Barnabas og Paulus for apostle (ApG 14,4.14) — herom dog også mere nedenfor.

Paulus selv, det ældste vidne om den kristne sprogbrug, har ikke begrænset brugen af betegnelsen til de tolv disciple alene. Tværtimod synes 1 Kor 15,5.7, hvor der tales om henholdsvis »de tolv« og »alle apostlene«, at vise, at den sidste betegnelse er den mere omfattende; desuden mener Lightfoot, at også Jakob, Jesu bror, var apostel (1 Kor 15,7; Gal 1,19), ligeledes Silvanus (1 Thess 2,6) og Junias og Andronikos (Rom 16,7).

En nærmere bestemmelse af det kristne apostelbegreb er vanskelig. Meget tyder dog på, at en apostel foruden at have set den opstandne Kristus (hvad Paulus havde: 1 Kor 9,1; 15,8) også måtte have et kald (hvad Paulus havde: f.eks. 1 Kor 1,1). De mere end 500 brødre, der på én gang havde set den opstandne (1 Kor 15,6), havde åbenbart ikke noget kald og var derfor ikke apostle, mens omvendt Timotheus og Apollos ikke havde set den opstandne og af denne grund ikke var apostle.

Lightfoots iagttagelse af, at betegnelsen ikke kun bruges om de tolv disciple, er ganske vist betydningsfuld, men er ikke præcis. Betydningsfuld er også hans påpegning af sammenhængen med jødisk sprogbrug. Men hvorfor drager han så ikke den nærliggende slutning, at apostlens funktion havde med kommunikationen mellem Palæstina og diasporaen at gøre (og at Paulus' apostolat var usædvanligt ved netop i denne henseende at sprænge de med denne funktion givne rammer), og at jødisk herkomst var en forudsætning for at kunne være apostel? Og endelig: Lightfoots påpegning af, at »apostel«-betegnelsen kun forekommer én gang i LXX, synes at hindre ham i at iagttage andre sammenhænge med gammeltestamentlig tænkemåde, f.eks. sammenhængen mellem profetbegrebet og apostelbegrebet – både profet og apostel var dog Guds udsendinge.

ii. *Fundet af Didaké*
Da Didaké (eller De tolv Apostles Lære) blev udgivet af Philotheos Bryennios (1833-1914) i 1883, vakte det umådelig opsigt [47]. Skriftet indgik hurtigt i gruppen af »De apostolske Fædre« og blev anset for at være af høj alder, muligvis stammende fra apostolsk tid. Man fandt i den samling af menighedsforskrifter, som Didaké indeholdt, at det kirkelige embede endnu ikke havde den centrale plads, det senere fik, men at de karismatiske kirkeledere – altså ikke embedsindehaverne, om end også disse er nævnt (biskopper og diakoner: Did 15,1-2; jfr. allerede Fil 1,1) – blev tilkendt den centrale betydning. Blandt disse var også de omvandrende apostle. Afsnittet om omvandrende lærere, apostle og profeter (jfr. til disse tre kategorier 1 Kor 12,28 – dér i rækkefølgen: apostle, profeter, lærere) lyder således (Did 11,1-13,7):

11,1 Den som da kommer og lærer jer alt det, som her er sagt, ham skal I modtage. 2 Men hvis læreren selv slår om og fører anden lære for at bryde ned, så hør ikke efter ham; er det derimod for at øge retfærdighed og Herrens kundskab, så modtag ham som Herren selv.
3 Så om apostlene og profeterne. Efter evangeliets befaling [jfr. Matt 10,40; Luk 10,16; Joh 13,20] skal I gå sådan til værks: 4 Enhver apostel, der kommer til jer, skal modtages som Herren selv. 5 Mere end én dag skal han ikke blive, om fornødent dog den næste med. Men bliver han i tre, er han en falsk profet. 6 Når en apostel rejser, må han

---

47. Sidst oversat til dansk af Bent Noack i: *De apostolske Fædre i dansk oversættelse med indledninger og noter*, 1985, s. 19-42, og af Søren Giversen: *De apostolske Fædre i oversættelse med indledning og noter*, 1985 (se nedenfor, IV.), II, s. 9-38. Omslaget på den førstnævnte udgave gengiver to blade af Didaké fra håndskriftet, der blev fundet af Bryennios selv i Konstantinopel 1873; det findes nu i det græsk-ortodokse patriarkat i Jerusalem.

III.2.ii. *Fundet af Didaké*

ikke tage andet med end brød nok, til han kommer i hus. Beder han om penge, er han en falsk profet [jfr. Matt 10,9-10 og par.; Luk 22,36].
7 I skal ikke prøve eller vurdere nogen som helst profet, der taler under Åndens magt. For »enhver synd skal tilgives, men den synd skal ikke tilgives.« 8 Ikke enhver, der taler under Åndens magt, er dermed profet; det er han kun, hvis han har Herrens sædvaner; på deres sædvaner vil den falske og den sande profet kunne kendes. 9 Enhver profet, som under Åndens magt kræver et bord dækket, spiser ikke selv ved det, med mindre han er en falsk profet. 10 Enhver profet, som nok lærer sandheden, er dog en falsk profet, hvis han ikke selv gør det, han lærer. 11 Enhver profet, som er prøvet, og som virkelig er det, og som handler med henblik på den jordiske side af kirkens hemmelighed, uden at lære jer at gøre alt det, han selv gør, skal ikke stå til ansvar for jer; han står til ansvar for Gud. Sådan var det også med de gamle profeter. 12 Men den, som i Ånden siger: »Giv mig penge,« eller hvad det nu kan være, ham skal I ikke høre efter. Men beder han jer om at give til andre, til nødlidende, skal ingen dømme ham. ... 13,1 Enhver virkelig profet, som vil slå sig ned hos jer, »er sin føde værd.« 2 Ligeså er en virkelig lærer også som »arbejderen sin føde værd« [Matt 10,10; Luk 10,7; 1 Kor 9,14; 1 Tim 5,18]. ... [48]

Udgivelsen af Did. i 1883 fik den betydning, at man anså den hidtidige forståelse af det kirkelige embedes tilblivelse og udvikling for i det store og hele at være rigtig, ja, at blive bekræftet. Først fandtes der de omvandrende, karismatiske forkyndere (»vandrekarismatikerne«, for at bruge Gerd Theißens betegnelse) i deres modsætning til de fastboende menigheder, og dette repræsenterede den oprindelige ordning; derefter kom de lokale, fastboende kirkeledere, der ved institutionalisering af deres magt fik faste (lønnede?) embeder. Selv om Did. ikke var et skrift fra selve apostoltiden, men først hørte hjemme i efterapostolsk tid, gav det dog tilstrækkelig tydeligt til kende, hvordan udviklingen var forløbet, og den skepsis, der er at spore i skriftet over for de omvandrende lærere, apostle og profeter, blev just taget til indtægt for den opfattelse, at Did. endnu afspejlede selve apostoltidens »oprindelige« forhold.

---

48. Bent Noacks oversættelse i: *De apostolske Fædre*, s. 39-40.

Det var i væsentlig grad på baggrund af Did., at Harnack dannede sig sin opfattelse af apostelbegrebet, en opfattelse, der i kraft af Harnacks autoritet fik stor indflydelse på hele eftertidens forståelse. Lærere, apostle og profeter blev som karismatiske personer stillet på linie med hinanden, idet lærere og profeter blev »apostoliseret«, mens omvendt apostle blev »af-apostoliseret« (således kan betegnelserne »apostel« og »profet« faktisk udskiftes med hinanden: Did 11,6 — se ovenfor). Et karakteristisk træk ved alle tre kategorier fandt Harnack desuden i det forhold, at de vandrede fra menighed til menighed.

Men med rette er det blevet påpeget, at det *at vandre* ikke i sig selv kan være bestemmende for apostelbegrebet og ikke er ensbetydende med — hvad der dog er og bliver det centrale ved det kristne apostelbegreb — *at være udsendt* [49]. Man kan tilføje: Intet i Paulus' breve taler for, at apostlen Paulus rastløst drog fra sted til sted; tværtimod opholdt han sig længe i de menigheder, han grundlagde (han nedsatte sig jo også som håndværker: 1 Thess 2,9; 2 Thess 3,8; 1 Kor 4,12; ApG 20,34), for så vidt muligt at sikre sig, at de kunne stå på egne ben, før han rejste videre [50]. Væsentligst ved Harnacks apostelbegreb er imidlertid forestillingen om det karismatiske: med lærer og profet har apostlen det til fælles: personligt, åndeligt og moralsk at være udstyret med en særlig »nådegave« (græsk *chárisma*: 1 Kor 12,28; jfr. Did 11,7 ff.) og derigennem at være i besiddelse af en uindskrænket, af enhver institution og ethvert embede uafhængig autoritet. I denne i grunden psykologiske bestemmelse ligger noget for liberalteologien, som Harnack tilhørte, særdeles karakteristisk. Men apostelbegrebet står uafklaret, fordi det skal være fælles med bestemmelsen af lærere og profeter om åndbesiddelsen som det afgørende moment.

---

49. Se Linton, *Das Problem der Urkirche*, s. 78 f.
50. Se foran, III.1.iv., ved n. 27-29.

III.2.ii. *Fundet af Didaké* 187

Hvad angår »dem, der var apostle før Paulus selv« (Gal 1,17), havde Harnack følgende udredning.

Ud over det oprindelige, karismatiske og uindskrænkede – og også i antal ubegrænsede – apostolat, hvis fornemste repræsentant Paulus var, regnede Harnack også med en fast afgrænset apostelkreds: de jerusalemitiske ledere selv. Harnack skelnede med andre ord mellem det *karismatiske* apostolat (f.eks. Paulus) og det *traditionalistiske* apostolat (f.eks. Jakob, Herrens bror). Det traditionalistiske apostelbegreb havde sin historiske oprindelse i det jødiske apostelbegreb, der var forbundet med kommissions- og opkrævningsopgaver (jfr. foran om det jødiske materiale, Lightfoot havde fremdraget), men ikke med forkyndelse. I det øjeblik, det karismatiske apostolat mødte dette traditionalistiske apostolat – og det skete ifølge Harnack på apostelmødet i Jerusalem: Gal 2,10 – underkastede det sig dette og overtog forpligtelsen til på dets vegne at opkræve tribut fra de karismatisk grundlagte menigheder til de jerusalemitiske ledere. »Daß die Zwölfe fortan in der Geschichte als die zwölf *Apostel*, ja als *die* Apostel gelten, das hat Paulus mit begründet, und er hat es begründet – paradox genug –, um seine eigene Bedeutung zu fixieren,« skrev Harnack [51].

Denne udredning, så fantasifuld den end er, kan imidlertid ikke accepteres. For det første er det langtfra en given ting, at der på apostelmødet er tale om en skat, som Jerusalemmenigheden pålægger de hedningekristne menigheder. For det andet er det ubegrundet at finde den historiske oprindelse til det jerusalemitiske apostelbegreb i det jødiske; Lightfoot selv havde i 1865 erklæret, at det jødiske materiale kun var af ringe betydning for forståelsen af det kristne apostolat, men havde på den anden side anset det for at være en nødvendig, men ikke tilstrækkelig forudsætning for, at Jesus udnævnte sine tolv disciple til at være apostle. For det tredje er det usikkert, om

---

51. Harnack, *Mission u. Ausbreitung*, s. 336.

den jerusalemitiske urmenigheds ledere med rette kan siges at repræsentere et »traditionalistisk« apostelbegreb til forskel fra Paulus' »karismatiske«; har også de jerusalemitiske ledere haft Kristustilsynekomster og -visioner (1 Kor 15,5 ff.), er det svært at se, hvorfor de ikke ligesom f.eks. Paulus selv skulle være »karismatikere« – medmindre der principielt skal gøres forskel på Kristustilsynekomster her på jorden og ekstatiske Kristusvisioner [52].

Det er altså ikke lykkedes Harnack at forklare forholdet mellem Paulus og urmenighedens ledere. Grunden hertil er formodentlig den, at han fortrinsvis har interesseret sig for det »karismatiske« apostelbegreb, som han så repræsenteret af Paulus og af Did., mens han ikke kunne finde nogen overbevisende forklaring på forekomsten af det jerusalemitiske apostelbegreb, der i hans øjne måtte være ganske anderledes.

iii. »*De tolv*« = »*alle apostlene*«?
Netop forholdet mellem Paulus' og Jerusalemmenighedens apostel- og kirkeforståelse gjorde Karl Holl til genstand for sin undersøgelse i 1921. Han så i 1 Kor 15,5 ff. en tekst, der vidnede om to forskellige opfattelser: v. 5, der handler om Kristustilsynekomsterne for Kefas (dvs. Peter) og »de tolv«, og v. 7, der handler om Kristustilsynekomsterne for Jakob, Herrens bror, og »alle apostlene«, og på den anden side v. 8 f., der handler om Kristustilsynekomsten for Paulus selv. Den mest nærliggende forståelse af denne tekst: at »de tolv« og »alle apostlene« er forskellige – i hvert fald ikke identiske – størrelser, undgår Holl ved at hævde, at »alle apostlene« er = »de tolv« + Jakob, Herrens bror, der hurtigt satte sig i spidsen for apostelkredsen, og at Paulus – i og for sig loyalt – har gengivet de to sæt af tilsynekomster i 1 Kor 15,5 og 7 [53]. Eller anderledes udtrykt:

52. Jfr. Lindblom, *Gesichte u. Offenbarungen*, 1968 (se foran, II.7.), s. 78-113: 'Christophanien und Christusepiphanien'.
53. Holl, i: *Paulusbild*, s. 149 ff.

III.2.iii. »De tolv« = »alle apostlene«?

Holl vender sig mod den siden Lightfoot hævdede opfattelse, at »alle apostlene« var en videre kreds (også omfattende Paulus selv, Barnabas, Andronikos og Junias o.a.), og gør gældende, at kredsen af »alle apostle« var en *sluttet og afgrænset* kreds [54]. Gal 2,10 om indsamlingen til Jerusalem viser desuden, at Jerusalemmenigheden anså sig for berettiget til at udøve autoritet over alle andre menigheder, og at Paulus måtte bøje sig herfor. Hvad Paulus' apostolat angår, knyttede han sig ifølge Holl til en allerede afsluttet kreds (1 Kor 15,8) og var sig denne kendsgerning fuldt bevidst (Paulus kalder sig dér et *éktrōma*, »en, der er født i utide«), og dette afstedkom også den mangelfulde eller manglende anerkendelse af ham fra urapostlenes side, som han ifølge Holl o.a. stedse måtte kæmpe med.

I alt dette så Holl en bekræftelse på rigtigheden af F. C. Baurs og Tübingerskolens opfattelse: den ældste kristendom beherskedes af to uforligelige fløje, den jerusalemitiske og den paulinske [55]. Selv om Holls opfattelse minder om Harnacks, er den dog forskellig fra hans: Holl gør historisk gældende, at det *traditionalistiske* apostolat (»de tolv« + Jakob) ikke først opstår efterhånden, men opstod spontant, umiddelbart i nærheden af begivenhedernes kilde, Kristustilsynekomsterne [56], og når Paulus for sit vedkommende søgte anerkendelse af sit apostolat, var det udtryk for, at hans kirkebegreb var et andet end urmenighedens.

Imod Holl må det imidlertid anføres, at Paulus' betegnelse af sig selv som »(d)en, der er født i utide« (1 Kor 15,8) ikke kan tages til indtægt for den opfattelse, at han anså »alle apostlene« (1 Kor 15,7) for at være en lukket og afsluttet kreds. For under

---

54. Opfattelsen minder trods alle forskelle om Harnacks, som i 1924-udgaven af sin *Mission u. Ausbreitung* formodentlig ikke er upåvirket af Holl; se også den følgende n. 55.
55. Se Holl i: *Paulusbild*, s. 164, om indsamlingen: »Die Tübinger Schule hatte ein richtigeres Gefühl dafür, was eigentlich dahinterstak. Sie hat nur ihren Gedanken nicht tief genug ins einzelne verfolgt.«
56. Jfr. Linton, *Problem der Urkirche*, s. 89.

alle omstændigheder er Paulus' selvbetegnelse jo »eine masslose Übertreibung« [57]. Vigtigere endnu er det, at »alle apostlene« (med eller uden Jakob) umuligt kan være de samme som »de tolv«, og at det formodentlig kun har været et fåtal af »de tolv«, der også var apostle; med sikkerhed kan kun nævnes Peter og Zebedæussønnerne Jakob – der ifølge ApG 12,2 allerede blev martyr under Herodes Agrippa I. (død år 44) – og Johannes (Gal 2,9).

Men afgørende for bedømmelsen af både Harnacks og Holls forståelse af det jerusalemitiske og det paulinske apostelbegreb bliver det endnu åbent stående spørgsmål, om de ikke begge uden at være sig dette forhold bevidst har ladet sig påvirke af det 12-mands apostelbegreb, vi møder i Luk.-Ap.G., og som nedenfor skal tages nærmere i øjesyn.

iv. *Apostelbegrebets historiske oprindelse*
I spørgsmålet om apostelbegrebets historiske herkomst havde Lightfoot peget på den jødiske apostel-institution. Det samme gjorde Harnack, da han skulle bestemme det jerusalemitiske apostelbegreb i dets modsætning til Paulus'. Derimod tillagde Holl kun de jødiske forudsætninger nogen betydning i sammenhæng med de kristne menighedsudsendinge (Fil 2,25; 2 Kor 8,23; jfr. ApG 14,4.14).

Netop disse jødiske forudsætninger blev imidlertid underkastet fornyede undersøgelser, bl.a. af Karl Heinrich Rengstorf, og det kan måske fastslås som et resultat heraf, at det jødiske apostelbegreb – en »delegat« med fuldmagt fra den, der har sendt ham (jfr. Joh 13,16) – udkrystalliserede sig som et rent formalt begreb, hvis *indhold* udelukkende skyldtes den, der udsendte den pågældende.

Og hvis det er tilfældet, er det at være apostel ikke i sig selv noget, men at være *Kristi* apostel er noget ganske særligt. Som

57. Linton, smst., s. 87.

III.2.iv. *Apostelbegrebets historiske oprindelse* 191

Linton udtrykte det i 1932: »Wenn dem so ist ..., dann müssen wir die »Merkmale« der Apostel Christi, den *Inhalt* des Apostolats nicht daraus herleiten, dass sie Apostel sind, sondern daraus[,] dass sie Apostel *Christi* sind« [58].

Hans von Campenhausen lagde i 1947-48 denne erkendelse til grund for sin skelsættende afhandling om det urkristne apostelbegreb. I tilgift hertil pegede han på nødvendigheden af at henholde sig til dokumenter fra selve aposteltiden, når det drejer sig om at begribe, hvad det vil sige at være Jesu Kristi apostel – med andre ord: at henholde sig til Paulus' breve som de eneste kristne dokumenter, der stammer fra aposteltiden selv.

Campenhausen kunne derigennem hurtigt fastslå, at forestillingen om tolv apostle slet ikke hørte hjemme i aposteltiden selv (Paulus kunne tale om »de tolv«, men ikke om »de tolv apostle«, hvorved han jo også ville udelukke sig selv fra at kunne være apostel), men først stammer fra den efterapostolske tid, nærmere betegnet: fra Luk.-Ap.G., hvor »de tolv (disciple)« slet og ret identificeres med apostlene, og Paulus – en hovedperson i Ap.G.! – således udelukkes fra at kunne regnes til apostelkredsen: Luk 6,13; ApG 1,15-26 [59]. Barnabas og Paulus (i denne rækkefølge!) kaldes ganske vist »apostle« i ApG 14,4.14, men det er i betydningen »menighedsudsendinge«, nemlig udsendinge fra menigheden i Antiokia (ApG 13,1-3 – det drejer sig om den såkaldte »første missionsrejse«) [60].

Når der også er tale om, at »de tolv (disciple)« i Mark 6,30 og Matt 10,2 i sammenhæng med udsendelsen af dem kaldes for »apostle«, er der på ingen måde tale om nogen titel: »Niemand

---

58. Linton, *Problem der Urkirche*, s. 93; jfr. Campenhausen, StTh 1 (1947-48), s. 103 med n. 2, der også citerer disse ord og med rette tillægger Linton æren for at have indset dette formalt-materiale forholds grundlæggende betydning.
59. At denne kendsgerning udelukker forfatteren af Luk.-Ap.G. fra at kunne være Paulus' medarbejder Lukas, lægen (Kol 4,14; Filem 24), er allerede blevet omtalt tidligere (foran, III.1.ii.).
60. Campenhausen, StTh 1 (1947-48), s. 115.

würde hinter diesem einmaligen Gebrauch von *apóstolos* einen besonderen Titel der Zwölf vermuten, wenn wir nicht durch Lukas und die spätere Überlieferung gewohnt wären, ihn vorauszusetzen« [61]. Som allerede omtalt bruger Joh. slet ikke betegnelsen »apostle« om disciplene.

Paulus' egen sprogbrug er utvetydig: Foruden sig selv (Rom 1,1; 1 Kor 1,1; 2 Kor 1,1; Gal 1,1 o.a.) regner Paulus også med »alle apostlene«: 1 Kor 15,7, til hvilken kreds han tillige som noget aldeles indiskutabelt, men af den grund ikke noget selvfølgeligt, henregner sig selv. Det er væsentligt at lægge mærke til, at Paulus' rang som Kristi apostel ikke anfægtes af de andre apostle (tværtimod anerkendes hans og Barnabas' apostolat fuldt ud på apostelmødet i Jerusalem: Gal 2,7-9), lige så lidt, som han anfægter de andre apostles rang som Kristi apostle. Når det kan tage sig anderledes ud (jfr. bl.a. Harnack og Holl), skyldes det en misforståelse af, hvad Paulus selv siger i Gal 1,1 ff. Der er imidlertid dér *ikke* tale om, at Paulus forsvarer sit apostolat i forhold til dem, der var apostle før ham selv, fordi de muligvis skulle have anfægtet hans ret til at være apostel, men om, at Paulus over for sine egne galatiske menigheder, der er udsat for påvirkning fra judaistisk side (se III.4. nedenfor), gør det klart, hvad det overhovedet vil sige at være Jesu Kristi apostel: »was Paulus betonen will, ist nicht ein besonderer Vorzug, der gerade seinen Apostolat auszeichnete, sondern das Wesen des neuen christlichen Apostolats schlechthin, dessen Vollmacht darum auch durch keine wie immer begründete menschliche Bevollmächtigung, etwa aus Jerusalem, durchkreuzt werden darf« [62]. Overhovedet kan Campenhausen ikke finde tegn på, »daß Paulus in all den Kämpfen mit seinen Rivalen seinen Apostelrang gerade als solchen verteidigt. Es geht ihm um seine Verkündigung, um sein geistliches Vermö-

---

61. Campenhausen, smst., s. 105.
62. Campenhausen, smst., s. 104.

III.2.iv. Apostelbegrebets historiske oprindelse

gen, um seine Lauterkeit und seine Treue im Apostelsein, auch um das Recht, das er in bestimmten Gemeinden als Apostel besitzt – aber nicht um seinen Apostolat als solchen« [63].

Der er således ikke tale om, at det apostelbegreb, som vi møder i Paulus' breve *fra aposteltiden selv*, har haft afgørende indflydelse på eftertidens opfattelse – det var Harnacks påstand [64]. Tværtimod har apostelbegrebet i Luk.-Ap.G. *fra den efterapostolske tid*: »apostlene« = »de tolv (disciple)«, præget eftertidens forståelse: »Durch ihn [Luk.-Ap.G.] ist im Ausgleich der Überlieferungen das feste, die Zukunft bestimmende Bild des Apostels entstanden, der zugleich Zeuge und Missionar ist. Die zwölf Apostel<n> Jesu vertreten es allein in sozusagen symbolischer Konzentration,« skriver Campenhausen med rette [65]. Netop dette forhold – det drejer sig jo bl.a. om Ap.G., der traditionelt har udgjort grundlaget for eftertidens dom om aposteltiden – gør det også vanskeligt at gøre sig fri af dette i bund og grund uhistoriske apostelbegreb, der på den anden side unægtelig har den fordel, at det er teologisk let at håndtere.

Det kan være nyttigt at minde om ligheder og forskelle mellem Lightfoots og Campenhausens forståelse af apostelbegrebet. Til lighederne hører, at de begge regner med et videre apostelbegreb: vi kender ikke antallet på dem, der var apostle; måske hørte bl.a. Jakob, Herrens bror, og Barnabas med. Til forskellene hører, at Lightfoot regnede de tolv disciple med til apostelkredsen – Jesus havde selv udpeget dem og udtrykkelig givet dem navn af apostle (Luk 6,13!) – mens Campenhausen netop gør gældende, at dette er uhistorisk: at de tolv disciple

---

63. Campenhausen, smst., s. 108.
64. Se foran, ved n. 51. Med rette vender Campenhausen sig imod denne påstand, StTh 1 (1947-48), s. 118, n. 1: »Paulus ist an dieser Entwicklung gänzlich unbeteiligt, obgleich die entgegengesetzte Behauptung seit Ad. Harnack ... immer wieder ausgesprochen wird.«
65. Campenhausen, StTh 1 (1947-48), s. 118.

også var apostle, er først noget, vi finder i Luk.-Ap.G., ikke før. Der kan ikke være tvivl om, at Campenhausen har ret i denne korrektion af Lightfoots opfattelse.

I tiden efter Campenhausen har bl.a. Ferdinand Hahn i 1974 beskæftiget sig med apostelbegrebet, men har dog ikke kunnet føje væsentlige momenter til det allerede forelagte. Fortjenstfuldt har han imidlertid opregnet de i alt fire tekstsammenhænge hos Paulus, hvor han finder forekomsten af betegnelsen »apostel«: 1) Fil 2,25 og 2 Kor 8,23 om menighedsudsendinge med tidsbegrænsede opgaver; 2) 1 Kor 9,5; 15,7; Gal 1,17-19 om en fast kreds af udsendinge med varig apostolsk funktion, til hvilken kreds sandsynligvis Barnabas, Herrens bror Jakob, Andronikos og Junias hørte; 3) Gal 1,1.11-12.15-17; 2,6-9 o.a. om Paulus' egen plads og funktion som apostel; og 4) 2 Kor 11,5 og 12,11 om de såkaldte »overapostle«, som Hahn ikke identificerer med urapostlene i Jerusalem, men med de såkaldte »pseudoapostle« (11,13), der forklæder sig som »Kristi apostle« (også 11,13) [66].

Af disse fire grupper har i denne sammenhæng kun 2) og 3) interesse – samt muligvis gruppe 4), hvis den, i det mindste delvis, alligevel er identisk med gruppe 2). Hvad Hahn og andre i øvrigt har bidraget med til belysning af problematikken, er uden væsentlig betydning; frem for alt lykkes det ikke Hahn klart at fastholde Campenhausens erkendelse: at størrelsen »de tolv apostle« er en uhistorisk fiktion produceret af forfatteren til Luk.-Ap.G. eller traditionen bag dette forfatterskab.

Sammenfattende kan det fastslås, at »disciple« og »apostle« er to vidt forskellige ting, og at der højst kan være tale om et delvist sammenfald mellem de to grupper; således véd vi med sikkerhed kun, at Peter og de to Zebedæussønner Jakob og

---

66. Med denne tolkning tilslutter Hahn, KuD 20 (1974), s. 60, sig den nu gængse opfattelse. Anderledes Campenhausen, StTh 1 (1947-48), s. 107: »ob Paulus hier nicht doch vielleicht gerade jerusalemische Autoritäten im Auge hat.« Men se videre nedenfor, III.6.

III.2.v. *Jakobs særlige position* 195

Johannes var både disciple og apostle, men de andre, der hørte til de tolv disciple, er forsvundet i mørket.

Denne iagttagelse taler for, at der i det hele taget først kan tales om apostle efter Jesu død og opstandelse, ikke før. Med dem blev kirken til og voksede og bredte sig, og man kan tale om en ny begyndelse, der grundede sig på besindelsen på, hvad Jesusbegivenhederne havde at betyde.

v. *Jakobs særlige position*

Én person må efter al sandsynlighed regnes med til apostlene: Jakob, Jesu bror (se Gal 1,19; 2,9.12; 1 Kor 9,5; 15,7), og det på trods af bemærkningen i Joh. om, at Jakob og de andre brødre ikke troede på Jesus i hans levetid (Joh 7,5). Kun under forudsætning af, at Jakob var apostel – ja, måske mere end det: se videre nedenfor – kan det forklares, at han nævnes særskilt i Gal 1,19 og som en selvfølgelighed indtager førstepladsen ved apostelmødet i Jerusalem, der således virkelig ville være et *apostel*møde med Jakob, Peter og Johannes på den ene side af forhandlingsbordet og apostlene Paulus og Barnabas på den anden (Titus, der også var med i Jerusalem: Gal 2,1.3, var selvfølgelig ikke deltager i forhandlingerne). Efter Gal 2,12 at dømme krævedes der kun et ord fra Jakob, for at Peter uden tøven rettede sig efter ham. Ifølge Ap.G. er denne Jakob den ubestridte leder af menigheden i Jerusalem (ApG 12,17; 15,13 ff.; 21,18 ff.) og står også ifølge Paulus' breve faktisk som apostlenes førstemand (Gal 2,9; 1 Kor 15,7). Jakob er selvfølgelig også omtalt i evangelierne som den førstnævnte af Jesu brødre, dvs. som den næstældste af søskendeflokken (Mark 6,3 med parr.).

Hvordan er det gået til?

Om Jesu bror Jakob hører vi ikke kun i Det nye Testamente, men også hos Josefus (død omkr. år 100) og hos Hegesip (død omkr. år 180). Disse to er fælles om at berette om Jakobs martyrdød: Josefus, Ant. Jud. XX, 199-203 (kap. 9,1), og Hegesip hos Euseb, Hist. eccl. II, 23,4-18. Beretningerne er uafhængige af hinanden, men fortæller hver på sin måde om henrettelsen ved stening af Jakob og nogle andre jødiske kristne, og begivenheden kan tidsfæstes til omkr. år 62. Hos Josefus omtales Jakob som Jesu, den såkaldte Kristus' bror.

For mig at se kan Jakobs fremtrædende stilling i den ældste kristendoms historie kun forklares ved at henvise til hans herkomst: han var intet mindre end den korsfæstede Jesu nærmeste bror og som sådan den jordiske arvtager efter Jesus, hvad kongelig værdighed angår; jfr. foran, II.4., 5., 6. og 7.

At Jesu slægtninges kongelige herkomst ikke var uden betydning, fremgår af en beretning hos den nævnte Hegesip, gengivet af Euseb, Hist. eccl. III, 19-20,6 og 32,5-6. Det fremgår deraf, at to sønnesønner af Judas, en bror til Jesus (jfr. Mark 6,3), på grund af deres davidiske herkomst blev bragt for kejser Domitian (år 81-96), der udspurgte dem dels om deres ejendomsforhold, dels om deres politiske ståsted. Angående det første kunne de sige, at de tilsammen ejede 9000 denarer og et stykke land, som de dyrkede, og som bevis på, at det forholdt sig sådan, måtte de fremvise deres hænder, der ikke lod kejseren i tvivl om, at de levede af landbrug; angående det andet refererede de Jesu forkyndelse om verdens ende og den forestående dom. Først da kejseren således havde forvisset sig om, at de var harmløse folk, kunne de tage hjem og blev ifølge Hegesip betroet opsynet med menighederne [67]. Også ellers vidner Hegesip om, at davidisk herkomst blev betragtet med den største mistænksomhed [68].

Utvivlsomt ville det være at gå for vidt at tale om Jakobs stilling som om et urkristent »kalifat« eller »pavedømme« [69]. Det er der imidlertid heller ikke tale om. Både

---

67. Se Niels Hyldahl, Hegesipps Hypomnemata, Studia Theologica 14 (1960), s. 70-113, dér s. 86 f.
68. Hyldahl, smst., s. 89 ff.
69. Til diskussionen herom: se Hans von Campenhausen, Die Nachfolge des Jakobus. Zur Frage eines urchristlichen »Kalifats«, Zeitschrift für Kirchengeschichte 63 (1950-51), s. 133-144; Martin Hengel, Jakobus der Herrenbruder – der erste »Papst«? i: Erich Gräßer/Otto Merk, edd., *Glaube und Eschatologie*.

III.2.v. *Jakobs særlige position*

»kalif« og »pave« peger i forkerte retninger. Hvad der er tale om, er derimod davidisk og dermed kongelig herkomst. Efter Jesu død var Jakob den ældste i sin slægt og selvskreven til at overtage den kongelige værdighed, Jesus havde. Og det er så meget mindre underligt, som disciplene selv havde fået overdraget kongelig magt [70]: Luk 22,28-30; Matt 19,28, og de kristne skulle være konger og præster og udøve domsfunktion: 1 Kor 6,3; 1 Pet 2,1-10. Over for Jesu bror Jakob måtte selv apostle vige.

3. Hellenisterne og hebræerne

Litteratur

Niels Hyldahl: *Udenfor og indenfor. Sociale og økonomiske aspekter i den ældste kristendom* (Tekst & Tolkning, 5. Monografier udgivet af Institut for Bibelsk Eksegese), København 1974, s. 7-52: 'Udenfor – Jødisk fattigforsorg på Jesu tid'.
Martin Hengel: Between Jesus and Paul. The 'Hellenists', the 'Seven' and Stephen (Acts 6.1-15; 7.54-8.3), opr. tysk 1975, i: samme: *Between Jesus and Paul. Studies in the Earliest History of Christianity*, London 1983, s. 1-29, med noter s. 133-156 (se også foran, II.5. og II.6.v., ved n. 130).
Nikolaus Walter: Apostelgeschichte 6.1 und die Anfänge der Urgemeinde in Jerusalem, New Testament Studies 29 (1983), s. 370-393.
Heikki Räisänen: The »Hellenists« – a Bridge Between Jesus and Paul? i: samme: *The Torah and Christ. Essays in German and English on the Problem of the Law in Early Christianity / Deutsche und englische Aufsätze zur Gesetzesproblematik im Urchristentum* (Pub-

---

Festschrift für Werner Georg Kümmel zum 80. Geburtstag, Tübingen 1985, s. 71-104.
70. Se hertil Gerd Theißen, NTSt 35 (1989), s. 343-360 (se foran, II.3.ii).

lications of the Finnish Exegetical Society, 45), Helsinki 1986, s. 242-306 – med udførlig, men ikke fuldstændig bibliografi. Edvin Larsson: Hellenisterna och urförsamlingen, i: Tryggve Kronholm og andre, edd.: *Judendom och kristendom under de första århundradena. Nordiskt patristikerprojekt 1982-85*, Vol. I, Stavanger – Oslo – Bergen – Tromsø 1986, s. 145-164 = Die Hellenisten und die Urgemeinde, New Testament Studies 33 (1987), s. 205-225. Craig C. Hill: *Hellenists and Hebrews. Reappraising Division within the Earliest Church*, Minneapolis 1992.

i. Den hidtidige forståelse

Som allerede sagt i sammenhæng med overvejelserne af spørgsmålet om forholdet mellem Paulus' breve og Apostlenes Gerninger (slutningen af III.1.iv.) er det nødvendigt af hensyn til forståelsen af den ældste kristendoms historie og forholdet til den antikke jødedom også at undersøge spørgsmålet om hellenisterne og hebræerne i ApG 6,1 ff.

Grunden hertil er den, at hebræerne og hellenisterne og striden mellem dem i de sidste mange års nytestamentlige eksegese har været forstået som udtryk for en dybtgående uoverenstemmelse i teologi og kirkeopfattelse i den ældste kristendoms historie, og at modsætningen mellem de to derigennem identificerede fløje: den hebraiske og den hellenistiske, blev set som en umiddelbar forløber for den uoverensstemmelse, Paulus' breve bevidner tilstedeværelsen af ved århundredets midte: modsætningen mellem judaisterne og Paulus selv. Om judaisterne skal det næste afsnit handle. Her gælder det spørgsmålet om hellenisterne og hebræerne.

I ApG 6,1 ff. læser vi følgende:

1 I de dage, da disciplene [71] øgedes i antal, opstod der en knurren hos hellenisterne mod hebræerne, fordi deres [dvs. hellenister-

---

71. Ved »disciple« forstår Ap.G. kristne i almindelighed. De »tolv disciple« er jo ifølge Luk.-Ap.G. de samme som »apostlene«, af hvilke der følgelig kun var tolv, og betegnelsen »disciple« kan derfor bruges om alle de kristne; jfr. foran, III.2.iv.

III.3.i. *Den hidtidige forståelse* 199

nes] enker blev forbiset i den daglige uddeling [72]. 2 De tolv [dvs. apostlene, jfr. vers 6] kaldte mængden af disciple sammen og sagde: »Det er ikke rigtigt, at vi forlader Guds ord for at tjene ved bordene. 3 Men udvælg I, brødre, blandt jer syv mænd med godt vidnesbyrd, fulde af ånd og visdom; så vil vi indsætte dem til dette hverv, 4 men vi selv vil fortsætte med bønnen og ordets tjeneste.« 5 Og den tale vandt bifald hos hele mængden, og de udvalgte Stefanus, en mand fuld af tro og Helligånd, og Filip og Prokoros og Nikanor og Timon og Parmenas og Nikolaos, en proselyt fra Antiokia. 6 Dem kom de med til apostlene, der bad og lagde hænderne på dem.

7 Og Guds ord voksede, og antallet af disciple i Jerusalem øgedes meget, og også en stor skare af præsterne var lydige mod troen.

Derefter følger beretningen om Stefanus og forhøret og steningen af ham (ApG 6,8-7,60), og det hedder derpå i ApG 8,1 f.:

1 ... Men der udbrød på den dag en stor forfølgelse af menigheden i Jerusalem, og alle blev adspredt til landskaberne Judæa og Samaria undtagen apostlene. ...

Der berettes så i de følgende kapitler om kristendommens udbredelse i Samaria og Syrien, derunder også om Paulus' omvendelse ved Damaskus og hans første besøg i Jerusalem som kristen, hvor han kom i strid med hellenisterne, der ville slå ham ihjel (ApG 9,29), hvorfor han måtte bringes til Tarsus. I ApG 11,19 ff. hedder det dernæst:

19 De, der var blevet adspredt siden forfølgelsen, der opstod på Stefanus' tid, kom nu til Fønikien og Cypern og Antiokia ...

Netop i Antiokia gav kristne fra Cypern og Kyrene sig til at forkynde evangeliet også for grækere, og overgangen til hedningemission – hvorved jødemissionen selvfølgelig ikke blev bragt til ophør – var dermed gjort (ApG 11,20) [73].

---

72. Den vestlige tekst tilføjer: »i hebræernes tjeneste«, og tilkendegiver dermed korrekt, at det var hebræerne, der havde ansvaret for den daglige uddeling; tilføjelsen repræsenterer ikke den oprindelige tekst, men en korrekt forståelse af den.
73. I ApG 11,20 findes der to læsemåder: »grækerne« (græsk: *toùs hellénas*) og »hellenisterne« (græsk: *toùs hellenistás*). Denne sidste læsemåde er desværre accepteret af Nestle-Aland, 26. udg., og af *The Greek New Testament*, 3. udg., men den er og bliver meningsløs og er udtryk for en konfusion. Den

Lige siden F. C. Baur (1792-1860) i 1845 udgav sin Paulusbog, har det været den nytestamentlige forsknings næsten enerådende opfattelse, at beretningen om hellenisterne og hebræerne og de syv fattigforstandere i ApG 6,1 ff. dækkede over en dybtgående, teologisk modsætning mellem to partier eller fløje i den ældste kristendom. På den ene side var der hebræerne, der var strengt lovtro og ikke adskilte sig fra deres jødiske omgivelser undtagen i henseende til deres Kristustro; de blev ledet af apostlen Peter i spidsen for de tolv. På den anden side fandtes hellenisterne, ledet af Stefanus i spidsen for de syv, og de forbandt Kristustroen med frihed fra forpligtelse til at overholde Moseloven. Hellenisterne, ikke hebræerne, var derfor også de eneste, der blev udsat for forfølgelse efter Stefanus' martyrdød og udbredte det lovfri evangelium blandt ikke-jødiske folkeslag efter at være fordrevet fra Jerusalem. Den siden Baur så ofte hævdede modsætning mellem judaisme og paulinisme havde således sit grundlag i den jerusalemitiske menigheds ældste historie [74].

Det er et stadigt genkommende træk i den almindelige opfattelse af beretningen i ApG 6,1-7, at selv erkendelsen af, at

---

gamle Nestle havde valgt den rigtige læsemåde: »grækerne«. Betegnelsen »hellenister« forekommer altså i Ap.G. kun i 6,1 og 9,29.

74. Baur, *Paulus, der Apostel Jesu Christi* (se nedenfor, III.4.), 1845, s. 38-41 = 2. Aufl., I, 1866, s. 45-49; jfr. Goguel, *La naissance du christianisme*, 1946 (se foran, III.), s. 190-201; Haenchen, *Die Apostelgeschichte*, 13. Aufl. 1961 (se foran, III.1.ii., n. 7), s. 218-222; Conzelmann, *Die Apostelgeschichte*, 1963 (se III.1.ii., n. 6), s. 43 f. – og mange, mange andre. Hos Baur hedder det: »Man muss daher annehmen, dass diese erste Christenverfolgung für die Gemeinde in Jerusalem die wichtige Folge hatte, dass die beiden bisher zwar noch verbundenen, aber, wie es scheint, schon in eine gewisse Differenz zu einander gekommenen Bestandtheile derselben, die Hebräer und Hellenisten, nun auch äusserlich von einander getrennt wurden. Seitdem die jerusalemische Gemeinde aus blossen Hebräern bestund, hielt sie nun um so mehr an ihrem streng judaisirenden Charakter fest, aus welchem sich in der Folge sogar eine Opposition gegen das freiere hellenistische Christenthum entwickelte« (s. 39 = 2. Aufl., I, s. 46-47). Hellenisten Stefanus kaldes udtrykkeligt Paulus' forgænger (s. 41 ff. = 2. Aufl., I, s. 49 ff.).

III.3.i. Den hidtidige forståelse

flere væsentlige problemer vedrørende forståelsen — f.eks. om hellenisterne og hvem de var, de syv, konfliktsituationen som sådan — endnu er uløste, ikke har hindret antagelsen af, at beretningen dækker over en dybtgående konflikt i selve urmenigheden i Jerusalem. At der fra et meget tidligt tidspunkt har bestået et modsætningsforhold mellem to grupper i menigheden, hellenisterne og hebræerne, er simpelt hen den almindelige opfattelse. Ved en given lejlighed er denne modsætning trådt umiskendeligt frem og har manifesteret sig i hellenisternes krav om medbestemmelse eller — hvilket også er blevet hævdet — i hebræernes forsøg på at trænge hellenisterne ud. Resultatet var ifølge denne forståelse under alle omstændigheder, at en dobbelt organisation oprettedes: et styre ved de tolv og et styre ved de syv med henholdsvis Peter og Stefanus som leder. De syvs rolle har ikke fortrinsvis været af social karakter, men været parallel med de tolvs, og modsætningen mellem de to grupper har været teologisk. Henrettelsen af Stefanus blev optakten til fordrivelsen af den hellenistiske del af menigheden, og det var i hellenisternes kreds, at hedningemissionen, så ilde set i den anden del af den jerusalemitiske menighed, tog sin begyndelse. Efter fordrivelsen af hellenisterne bestod den jerusalemitiske menighed derfor udelukkende af hebræere; den var fri for enhver indblanding fra hellenisternes side og kunne derfor uhindret udfolde sin iver for Moseloven, jfr. ApG 21,20 [75]. Endelig kaster Stefanus' tale (ApG 7,2 ff.) muligvis lys over hellenisternes teologi og viser, at den var kritisk over for templet og offerkulten i Jerusalem.

ii. Åbne spørgsmål

Spørgsmålet er dog, om ikke hele denne konstruktion beror på en mangelfuld forståelse af ApG 6,1 ff. og er udtryk for en cirkelslutning. At det er tilfældet, synes f.eks. Conzelmann uden

---

75. Se om dette sted foran, III.1.iv, ved n. 40 – 43.

selv at vide det at gøre ganske tydeligt. Han skriver: »Die wirklichen Vorgänge, die diesem Bericht von der Wahl der Sieben zugrunde liegen, sind nur noch verschwommen zu erkennen, da Lk das Bild stark übermalt hat, um den Anschein einer inneren Krise in der Apostelzeit zu vermeiden« [76]. Efter disse ord er de virkelige begivenheder bag beretningen vanskelige at erkende, fordi beretningen er uklar, og omvendt er beretningen uklar, fordi de virkelige begivenheder drejede sig om en krise, som beretningen vil tilsløre tilstedeværelsen af. Men dermed er det, der skulle bevises, nemlig tilstedeværelsen af en modsætning mellem de tolv og de syv, mellem hebræerne og hellenisterne, jo faktisk forudsat! Den bestandige skelen til de formentlige historiske begivenheder under tolkningen af beretningen, som dog er og bliver den eneste kilde til indsigten i, hvad der fandt sted, har under sådanne omstændigheder fortegnet både den historiske virkelighed og beretningen selv. Det må forlanges, at beretningen tages i øjesyn for sin egen skyld, og at tolkningen gennemføres uden hensyn til de historiske resultater – et krav, som en redaktionshistorisk analytiker som Hans Conzelmann allerede burde have stillet til sig selv.

Hvis den omtalte tolkning var rigtig, ville det implicere flere oplagte urimeligheder. For det første ville bemærkningen i beretningens indledning om menighedens vækst i så fald betegne en årsag til konfliktens opståen – men dette ville stride mod beretningens slutning, hvor det siges, at menigheden efter bilæggelsen af konflikten voksede stærkt, og at også mange præster ved templet i Jerusalem sluttede sig til Kristustroen; den ældste kristendoms historie måtte således, alene ved at Kristustroen bredte sig, være udsat for bestandige trusler om fornyede sammenbrud, hvad der på den anden side faktisk ikke berettes noget om. For det andet ville det være impliceret, at den hidtidige økonomiske og sociale ordning i menigheden med

---

76. Conzelmann, *Die Apostelgeschichte*, s. 43.

III.3.ii. *Åbne spørgsmål* 203

fælleseje forvaltet af apostlene (bl.a. ApG 4,34-35) nu var brudt uhjælpeligt sammen og måtte erstattes af en helt ny forvaltning ved de syv fattigforstandere, for at menigheden overhovedet kunne fungere. En sådan modstrid mellem ApG 2-5 og 6 kunne selvfølgelig forklares med henvisning til, at forfatteren af Ap.G. netop fra og med 6,1 gjorde brug af en ny kilde, som han ikke har brugt i de foregående kapitler; men i så fald har han enten misforstået sin kilde eller ikke været opmærksom på, hvor afslørende den i grunden var i forhold til det, der var blevet berettet i kap. 2-5, og begge muligheder er usandsynlige.

iii. *En ny forståelse*
Materialet til at bestemme, hvad betegnelsen »hellenist« (ApG 6,1; 9,29) dækker over, er yderst sparsomt; betegnelsen »hebræer« forekommer derimod oftere (ApG 6,1; 2 Kor 11,22; Fil 3,5; Hebr.s overskrift). Dog er det ikke tvivlsomt, at betegnelserne har med en forskel i sprog at gøre: hellenisterne var græsktalende jøder, mens hebræerne var aramaisktalende. Desuden taler ApG 6,9 stærkt for, at denne sprogforskel også hang sammen med en forskel i kultur og sociologi: hebræerne var indfødte palæstinajøder, mens hellenisterne var indvandret fra diasporaen og nu bosat i Palæstina. Om dette grundlæggende forhold hersker der udbredt enighed. Både hellenisterne og hebræerne var altså jøder.

Med denne bestemmelse er det også muligt at etablere en forbindelse bagud til tidligere dele af Ap.G., om end hverken »hellenisterne« eller »hebræerne« har været omtalt udtrykkeligt tidligere. Det drejer sig om beretningen om pinsedagen, ApG 2,1-13. I 1968 kunne Bent Noack fastslå følgende: »Hele sammenhængen gør det klart, at hvad forfatteren vil sige er, at i Jerusalem boede ikke blot den befolkning der var født og opvoxet i byen, men også diasporajøder der har slået sig ned i den hellige stad. Den bemærkning [nemlig ApG 2,5: »Der var fromme jøder fra ethvert folkeslag under himlen bosiddende i Jerusalem«] er simpelt hen nødvendig for at forberede listen i vers 9-11 og hindre at den opfattedes som en liste over fremmede folkeslag overhovedet. Anderledes udtrykt: når læseren kommer til vers 6: »mængden strømmede sammen«, veed han at »mængden« betegner hele Jerusalems befolkning eller dog et repræsentativt udsnit af den, *både indfødte og tilflyttere, både palæstinajøder og tidligere diasporajøder*« [77].

Men dermed er i virkeligheden også sagt, hvad meningen med »hebræerne« og »hellenisterne« i ApG 6,1 er: Jerusalems befolkning, bestående af henholdsvis indfødte palæstinajøder og tilflyttede, tidligere diasporajøder. Længere skal man ikke gå i bestemmelsen af, hvem »hebræerne« og »hellenisterne« i beretningen er – altså heller ikke gå så langt som til at påstå, endog som noget selvfølgeligt eller indlysende, at de var kristne.

Paul Billerbeck har i 1924 fremlagt det materiale, der vedrører jødisk fattigforsorg i Palæstina på Jesu tid [78].

Det fremgår heraf, at to kategorier af jødiske fattige havde krav på understøttelse af offentlige midler: A) de stedlige fattige, der boede fast i den pågældende by og var både født og opvokset dér, og B) andre fattige, først og fremmest fattige, der midlertidigt opholdt sig i den pågældende by – f.eks. i Jerusalem som valfartende – men også jøder, som havde taget fast ophold som tilflyttere og af den ene eller den anden grund var havnet i fattigdom.

A) Til understøttelsen af de stedlige fattige måtte alle fastboende på stedet bidrage med penge, der blev indsamlet ugent-

---

77. Bent Noack, *Pinsedagen. Litterære og historiske problemer i Acta kap. 2 og drøftelsen af dem i de sidste årtier* (Københavns Universitets festskrift, marts 1968), København 1968, s. 116. Udhævelsen i citatet er min.

78. (Hermann L. Strack og) Paul Billerbeck, *Kommentar zum Neuen Testament aus Talmud und Midrasch*, II, München 1924, s. 643-647; desuden: samme, IV/1, 1928, s. 536-558: 'Die altjüdische Privatwohltätigkeit'. Jfr. Hyldahl, *Udenfor og indenfor*, 1974, s. 39 ff. (dér yderligere litteraturhenvisninger); Schürer, *History*, II, 1979, s. 437 (meget kortfattet). Se også bemærkningen foran, I.2.i, ved n. 55.

III.3.iii. *En ny forståelse*

ligt i en særlig bøsse eller kasse (hebr. *chupa*) [79]; uddelingen fandt ligeledes sted ugentligt, sædvanligvis om fredagen: til hver fattig, som her kom i betragtning, uddeltes der som regel så mange penge, at det var nok til 14 måltider, altså to om dagen i den efterfølgende uge.

B) Til understøttelsen af de fremmede måtte de stedlige fastboende også bidrage, her dog dagligt, og der samledes ind på en bakke eller et fad (hebr. *tamchuj*), sædvanligvis naturalier, altså fødevarer; uddelingen fandt i overensstemmelse hermed også sted dagligt i form af én dagration til hver af de fremmede fattige, der her kom i betragtning.

Ingen af de fortolkere, der gennem Billerbeck lærte de datidige jødiske forhold vedrørende fattigforsorg at kende, kunne stille noget op med hans materiale, når det drejede sig om at anvende det på ApG 6,1 ff. Det gælder Joachim Jeremias, Kirsopp Lake, Ernst Haenchen o.a. [80]

End ikke Jeremias formår at anvende oplysningerne, men fastslår, at understøttelsen i ApG 6,1 blev givet i form af naturalier som forsyning for én dag ad gangen, og at den var centraliseret til ét sted, Jerusalem; men det beror strengt taget ikke på oplysningerne fra Billerbeck, men på ApG 6,1 selv.

Kirsopp Lake henviser i 1933 til Billerbeck og skriver følgende:»It is obvious that these facts throw a flood of light on the 'daily ministration' of Acts vi. 1,« men han fortsætter med følgende konklusion:»and the natural explanation of the story is that the Christians formed a separate community in so far as they collected and distributed a 'basket' and a 'tray' independently of the rest of the Jewish population« [81]. Her er

---

79. Jfr. 1 Kor 16,2!
80. Joachim Jeremias, *Jerusalem zur Zeit Jesu. Kulturgeschichtliche Untersuchung zur neutestamentlichen Zeitgeschichte*, Leipzig, II A, 1924 (Die sozialen Verhältnisse: Reich und arm), s. 47; Kirsopp Lake, *Beginnings*, Part I, Vol. V, 1933, s. 140-151: 'The Communism of Acts II. and IV.-VI. and the Appointment of the Seven'; Haenchen, *Die Apostelgeschichte*, 1961, s. 215.
81. Lake, *Beginnings*, Part I, Vol. V, s. 149.

vanskeligheden ved at bringe de to arter af jødisk fattigforsorg ('basket' og 'tray') i overensstemmelse med ApG 6,1 (»the 'daily ministration'«) snarere skudt til side end overvundet, og resultatet er en påstand om en særlig kristen fattigforsorg uafhængig af den jødiske (»independently of the rest of the Jewish population«) – en kristen fattigforsorg, som der ellers ikke ville være noget som helst grundlag for at formode eksistensen af.

Også Haenchen omtaler i 1961 de to slags forsorg, som han kender fra Billerbeck, men fastslår på linie med Jeremias o.a., at den daglige uddeling i ApG 6,1 hverken svarer til A) eller til B). Uddelingen i ApG 6,1 gælder nemlig ifølge Haenchen stedlige fattige og er dog ikke ugentlig som ved A), men daglig som ved B). Heraf slutter Haenchen ligesom Lake, at der allerede før konflikten mellem hebræerne og hellenisterne angående de sidstes enker må have eksisteret en kristen fattigforsorg, der ganske vist lignede den jødiske, men ikke var helt magen til den, og som først var blevet nødvendig, da de kristne ikke længere fik understøttelse fra jødisk side; man må derfor ifølge Haenchen forudsætte, at de kristne blandt jøderne i Jerusalem allerede i længere tid havde været lukket ude fra det jødiske samfund. Faktisk er det meget vidtgående konsekvenser, Haenchen drager af den manglende nytte, der også efter hans mening kan gøres af de jødiske iagttagelser: 1. I begyndelsen omfattede den jødiske fattigforsorg også de fattige blandt de kristne; 2. men tidligt blev de kristne udelukket fra det jødiske samfund og etablerede derfor selv daglige uddelinger i menigheden, bl.a. til menighedens hellenistiske enker, men administreret af menighedens hebraiske fløj; 3. på grund af den teologiske og kirkelige modsætning mellem hellenisterne og hebræerne unddrog disse på et givet tidspunkt de hellenistiske enker andel i de daglige uddelinger; og 4. derfor etablerede hellenisterne sig som en selvstændig menighed i Jerusalem med egen fattigforsorg under ledelse af de syv.

Det er fortsat den dag i dag den herskende opfattelse, at den ældste kristendom fra første færd stod splittet i en hebraisk og

III.3.iii. *En ny forståelse* 207

en hellenistisk fløj, og at hellenisterne blandt de kristne var de progressive, der hurtigt frigjorde sig fra traditionel jødedom og således udgjorde bindeledet til Paulus og hans kristendomsforståelse [82].

iv. *Anvendelsen af Billerbecks iagttagelser*
Der kan efter min mening ikke være tvivl om, at man for hurtigt har opgivet at udnytte de jødiske oplysninger, som Paul Billerbeck fremdrog, i forståelsen af konfliktsituationen i ApG 6,1. At den daglige uddeling, der tales om dér, gjaldt de stedlige fattige, som i den jødiske fattigforsorg ellers skulle have haft ugentlig understøttelse, og derfor må have været en specifik kristen foranstaltning, er en forhastet påstand, som ikke er holdbar. Den daglige uddeling i ApG 6,1 gjaldt jo udtrykkeligt de *hellenistiske* enker, og de var netop ikke stedlige fattige, men *fremmede*.

Det billede, der herefter tegner sig af konflikten, er dette: I Jerusalem havde hebræerne – den indfødte befolkning, der som noget selvfølgeligt havde pligten til at forvalte både de ugentlige og de daglige uddelinger – indstillet deres hjælp til de enker, der stammede fra diasporaen. Virkningen af deres vægring var følelig, og hellenisterne gjorde derfor på enkernes vegne indsigelse mod hebræerne og foreholdt dem deres misligholdte forsørgerpligt. Men forholdsvis få, som hellenisterne var, har deres protest intet hjulpet; de hellenistiske enker blev fortsat

---

82. Således Hengel, 1975; David Seccombe, Was there Organized Charity in Jerusalem before the Christians? Journal of Theological Studies 29 (1978), s. 140-143; Räisänen, 1986; Larsson, 1986; Lüdemann, *Das frühe Christentum*, 1987, s. 79-85, især s. 84. Den eneste undtagelse, jeg kender, er Nikolaus Walter, 1983, som er kommet til en lignende forståelse af ApG 6,1 ff. som jeg, men uafhængigt af mig; se især Walter, NTSt 29 (1983), s. 376 ff. Dog er det ikke lykkedes Walter at forklare overensstemmelsen mellem understøttelsen af de fremmede med naturalier, omtalt hos Billerbeck, og »den daglige tjeneste ved bordene« i ApG 6,1-2.

forbiset i den daglige uddeling af måltider ved bordene, som de ellers havde krav på fra hebræerne.

I denne situation kunne den kristne menighed, der i kraft af sin vækst (ApG 6,1!) havde ressourcer til sin rådighed, træde hjælpende til og gøre det fornødne: ved at etablere en organisation af kristne hellenister overtage forsorgen for de ikke-kristne enker blandt de hellenistiske jøder i Jerusalem. At dette så stødte på modstand fra jødisk side (ApG 6,8 ff.; 9,29), er en sag for sig.

Nok er der altså med hebræerne og hellenisterne tale om en sprog- og kulturforskel, sådan som der jo *må* have været forskel i sprog og kultur mellem palæstinajøder og diasporajøder. Men da striden mellem dem var en rent jødisk, ikke en kristen affære, er der intet grundlag for også at tale om en teologisk, endsige da en kirkelig modsætning, og for allerede i hebræerne og hellenisterne at se modsætningen mellem »judaismen« og »paulinismen«, som vi lærer at kende gennem Paulus' breve fra midten af det 1. årh., aftegnet. Og hvad specielt sprogforskellen angår, kan den let overvurderes; også i Palæstina har jøderne som regel kunnet tale græsk [83], og apostlen Peter har bl.a. opholdt sig i Antiokia, Syriens hovedstad (Gal 2,11 ff.), hvor ikke ret mange har kunnet tale aramaisk.

Hvad dernæst angår bemærkningen i ApG 8,1 om, at alle kristne i Jerusalem *undtagen apostlene* blev spredt på grund af forfølgelsen, der udbrød efter Stefanus' martyrdød (jfr. 11,19), er den af rent redaktionel art og giver ikke mulighed for at drage slutninger om den historiske virkelighed. Forestillingen om, at »apostlene sad i Jerusalem og bied på Herrens time« (Den

---

83. Saul Lieberman, *Greek in Jewish Palestine. Studies in the Life and Manners of Jewish Palestine in the II-IV Centuries C. E.*, New York 1942; Johnson, *Purpose of the Biblical Genealogies*, 1969 (se foran, II.4.), s. 187: »It is well known that knowledge of Greek was common even among Aramaic-speaking peasants in Palestine, and especially among the upper and middle classes, including Palestinian Rabbis;« se i øvrigt materialet smst., s. 187 ff.

III.3.iv. *Anvendelsen af Billerbecks iagttagelser*

Danske Salmebog, nr. 239; jfr. Luk 24,49), har åbenbart sat sig så fast også hos forfatteren til Luk.-Ap.G., at han ikke har kunnet tænke sig andet, end at de fortsat skulle blive dér; men bemærkningen i ApG 8,1 lader sig ikke bruge til andet end at få indsigt i redaktionen af forfatterskabet – og Grundtvigs salme viser til fulde, hvor indflydelsesrigt netop begrebet om »de tolv apostle« i Luk.-Ap.G. har været gennem tiderne.

Som foran påpeget må der udtrykkeligt skelnes mellem A) ugentlig understøttelse af stedlige med penge og B) daglig uddeling til fremmede af levnedsmidler – i sig selv logisk nok. Noget andet er, om praksis altid og alle vegne var således.

Hvad nemlig spørgsmålet om historiciteten bag ApG 6,1 ff. angår, kan der være god grund til at forholde sig skeptisk. Én ting er, at det er blevet godtgjort, at konflikten mellem hebræerne og hellenisterne altså ikke udspandt sig inden for den ældste menighed i Jerusalem, men i det jødiske samfund udenfor. Noget andet er, om beretningen også således forstået skal tages efter pålydende. Her er det af afgørende betydning, at Ap.G. er et relativt sent og i forhold til de paulinske breve sekundært skrift. Men hertil kommer, at skriftet formodentlig snarere afspejler forhold, der var kendt af forfatteren som hjemmehørende på hans egen tid. Den tidligere omtalte indskrift fra Afrodisias i Lilleasien fra omkr. år 200 e.Kr. (se foran, I.4.ii.) hidrører fra et jødisk »folkekøkken« til bespisning af fattige. Det peger i retning af den foran nævnte gruppe B), der fik daglig understøttelse i form af levnedsmidler, ikke ugentlig understøttelse i form af penge som ved gruppe A). Det drejer sig om en bygningsinskription, der straks ved begyndelsen har det ellers ukendte græske ord *pátella*. Om dette ord skriver den ene af udgiverne: »The Mishnaic Hebrew word for 'dish' [*tamchuj*] is used in the Mishnah and Tosephta and in both Talmudim as a name of the charitable institution, organised in Jewish communities for the daily collection (in a dish, in fact) and distribution of cooked food *gratis* to the poor and vagrants. ... *pátella*, we suggest, could stand for the distribution station for charity food – i.e. a community soup-kitchen« [84]. Hvis det er fra den jødiske diaspora, forfatteren til Ap.G. kender den jødiske fattigforsorg, lader det sig ikke gøre at lade ApG 6,1 ff. gælde som dokumentation for nogen strid mellem hebræere og hellenister i Jerusalem i det 1. århundrede, i aposteltiden selv, og al tale om en splid mellem to fløje i den tidligste kristendom må da definitivt forstumme.

4. Judaismen

Litteratur

Ferdinand Christian Baur: *Paulus, der Apostel Jesu Christi. Sein Leben und Wirken, seine Briefe und seine Lehre. Ein Beitrag zu einer kritischen Geschichte des Urchristenthums*, opr. Stuttgart 1845, 2. Aufl. Leipzig, I-II, 1866-67, her især I, s. 280-287: 'Der Brief an die Galater'.
Walter Schmithals: *Paulus und Jakobus* (Forschungen zur Religion und Literatur des Alten und Neuen Testaments, 85), Göttingen 1963.
Philipp Vielhauer: Gesetzesdienst und Stoicheiadienst im Galaterbrief, i: Johannes Friedrich/Wolfgang Pöhlmann/Peter Stuhlmacher, edd., *Rechtfertigung. Festschrift für Ernst Käsemann zum 70. Geburtstag*, Tübingen/Göttingen 1976, s. 543-555 = samme: *Oikodome. Aufsätze zum Neuen Testament*, Band 2, ed. Günter Klein (Theologische Bücherei, 65), München 1979, s. 183-195.

84. Robert Tannenbaum, i: Reynolds/Tannenbaum, *Jews and God-Fearers at Aphrodisias* (se foran, I.4.), s. 27. — Foruden til de i dette afsnit behandlede tekster bør der også henvises til Jobs Testamente; se Bent Noack, Om Jobs Testamente som kristent skrift, i: *Israel — Kristus — Kirken. Festskrift til professor, dr. theol. Sverre Aalen på 70-årsdagen den 7. december 1979* (Tillegshefte 5 til Tidsskrift for Teologi og Kirke), Oslo — Bergen — Tromsø 1979, s. 27-40; Berndt Schaller, *Das Testament Hiobs*, i: *Jüdische Schriften aus hell.-röm. Zeit* (se foran, I.), III/3, 1979, s. 301-387; Michael A. Knibb/Pieter W. van der Horst, edd., *Studies on the Testament of Job* (Society for New Testament Studies, Monograph Series, 66), Cambridge 1989.

III.4.i. *Judaismens opkomst*   211

Gerd Lüdemann: *Paulus und das Judentum* (Theologische Existenz heute, 215), München 1983.
Jürgen Becker: *Paulus. Der Apostel der Völker*, Tübingen 1989, s. 277-285: 'Das antiheidenchristliche Judenchristentum'.

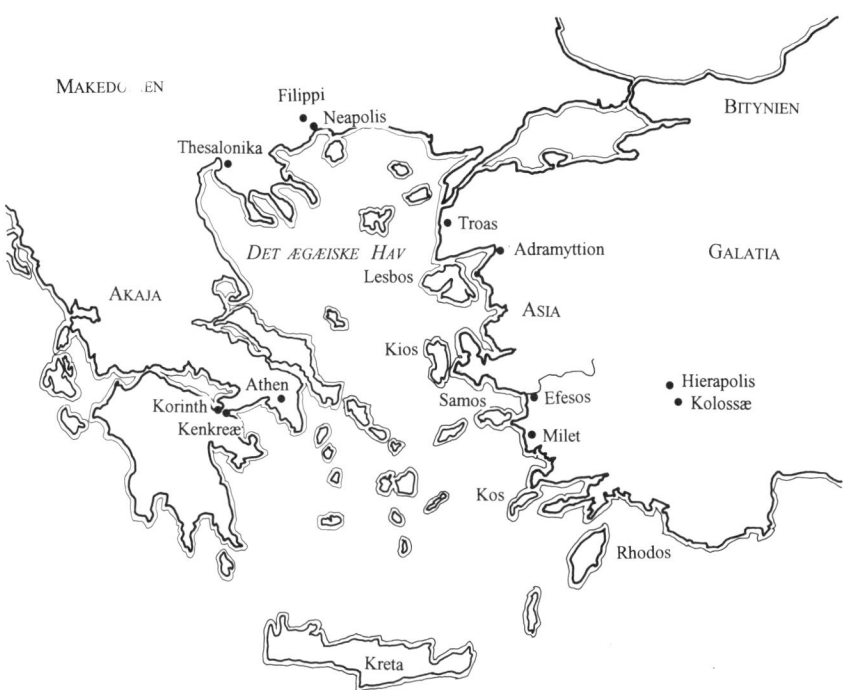

Kort over det ægæiske område på Paulus' tid.

i. *Judaismens opkomst*

I spørgsmålet om judaismen, som vi kun lærer virkeligt at kende gennem Paulus' breve, ikke gennem Apostlenes Gerninger, er det af betydning at få rede dels på det kronologiske problem om dens fremkomst, dels på det saglige problem om dens væsen.

Hvad kronologien angår, har vi allerede kunnet fastslå (jfr. foran, III.1.iv.), at judaismen kan spores tilbage til Paulus' tre-årige ophold i Efesos, men på den anden side heller ikke lader sig spore længere tilbage. Det var nemlig først i Efesos – ikke før! – at Paulus mødte Titus, der var »græker«, dvs. ikkejøde (Gal 2,3), og gjorde ham til en af sine medarbejdere. At det forholder sig sådan, fremgår entydigt af 2 Kor 7,14: Før Paulus sendte Titus til den korinthiske menighed med Første Korintherbrev (»tårebrevet«, som blev skrevet i Efesos: 1 Kor 16,8, og overbragt netop af Titus: 2 Kor 2,13; 7,6-7.15; 8,6.10; 12,18), havde Titus aldrig været i Korinth, hvor Paulus selv netop havde været; for havde Titus været i Korinth før, eller endog selv været indfødt korinther [85], kunne Paulus ikke have skrevet, som han gør: at han over for Titus havde rost sig [86] af den korinthiske menighed, men ikke var blevet gjort til skamme, da Titus vendte tilbage fra Korinth. Med andre ord: Først da Paulus efter grundlæggelsen af sine galatiske, makedoniske og græske menigheder kommer til Efesos i provinsen Asia, møder han Titus.

Eftersom den samme Titus blev taget med af Paulus til apostelmødet i Jerusalem (Gal 2,1.3), er apostelmødet altså kronologisk at anbringe *efter* Paulus' ankomst til Efesos og *efter* hans møde med Titus dér.

Det betyder videre, at apostelmødet i Jerusalem (Gal 2,1-10 = ApG 18,22) fandt sted *på et relativt sent tidspunkt* af Paulus' hele missionsvirksomhed som hedningeapostel, nærmere bestemt: i det tredje år forud for affattelsen af Andet Korinther-

---

85. Dette sidste blev hævdet bl.a. af Lüdemann, *Chronologie*, 1980, s. 199, n. 103, hvor Titus identificeres med Titius Justus i ApG 18,7. Det var et forsøg på at få den ellers ikke omtalte Titus anbragt i Ap.G.; den samme fejl begik jeg under indflydelse af Lüdemann: min *Galaterbrevet fortolket* (Bibelselskabets kommentarserie), 1982, s. 38. Men se min *Chronologie*, 1986, s. 84, n. 20.
86. »*kekaúchemai* [2 Kor 7,14], als Titus nach Korinth abreiste. Dieser kannte damals also die Korinther noch nicht«: således med rette Lietzmann, *An die Korinther I/II* (Handbuch zum Neuen Testament, 9), 4. Aufl. ed. W. G. Kümmel, Tübingen 1949, s. 133; Kümmel, smst., s. 208; Charles H. Buck, The Collection for the Saints, Harvard Theologival Review 43 (1950), s. 1-29, dér s. 6 f.; min *Chronologie*, s. 84 med n. 21. Jfr. foran, III.1.iv., ved n. 35.

III.4.i. Judaismens opkomst

brev og som en kun kortvarig afbrydelse af Paulus' tre-årige ophold i Efesos; det kan i den absolutte kronologi med en stor grad af sandsynlighed fastlægges til året 53, dvs. betydeligt senere end de sædvanlige dateringer.

Har nu dette kronologiske spørgsmål overhovedet nogen særlig betydning?

Hertil må der svares ja. For dermed er det på forhånd givet, at apostelmødet i Jerusalem fandt sted for at afklare problemer, som var opstået som følge af den allerede gennemførte hedningemission, men som ikke fandtes forud derfor, hvad ApG 15 vil prøve at give det udseende af. Judaismen er altså opstået som en reaktion mod fremkomsten af hedningekristne menigheder, som ikke hørte under jødisk jurisdiktion, men tværtimod var unddraget jødisk kontrol. For at skaffe afklaring på de med judaismen opståede problemer er det, at apostelmødet finder sted, og det finder sted på baggrund af en gennem mange år gennemført hedningemission.

Det betyder videre, at den konflikt i Antiokia (Gal 2,11 ff.), der fandt sted umiddelbart efter afholdelsen af apostelmødet (Gal 2,1-10), og som let kan overfortolkes i retning af en skærpelse af den judaistiske reaktion mod de hedningekristne menigheder og som udtryk for et definitivt brud mellem Paulus og Jerusalem, der fik ham til at forlade de østlige områder og herefter søge sine egne veje mod vest uden risiko for at være under direkte opsyn af de judaistiske kræfter – at denne konflikt næppe har haft en så definitiv karakter, men snarere har været af midlertidig betydning. Paulus skulle under alle omstændigheder tilbage til Efesos efter apostelmødet, og han har næppe efter konflikten betragtet sig selv som en person, der havde tabt slaget, og har næppe heller for en objektiv betragtning haft grund til at gøre det. Tværtimod ser vi efter apostelmødet og konflikten i Antiokia hurtigt Paulus og Barnabas i samarbejde igen (Kol 4,10; 1 Kor 9,6), formodentlig om indsamlingen til Jerusalem, og om noget brud mellem de to hedningeapostle kan der i grunden slet ikke være tale. Hertil kommer det umiskendelige vidnesbyrd, som selve Galaterbrevet aflægger: dette brev ville næppe være blevet bevaret for eftertiden, hvis Paulus havde lidt nederlag i forhold til sine galatiske menigheder. Og endelig tyder alt på, at indsamlingen til Jerusalem (Gal 2,10; 1 Kor 16,1-4; 2 Kor 8-9; Rom 15,25-29) stort set er blevet gennemført efter planen.

Kronologisk kan det altså fastslås, at judaismen først er opstået efter midten af det første kristne århundrede. Allerede af denne grund er det yderst vanskeligt at knytte judaismen sammen med tidligere fænomener i den ældste kristendoms historie, f.eks. med konflikten mellem hellenisterne og hebræerne (se foran, III.3.), selv om dette ofte har været forsøgt eller ligefrem været forudsat som en selvfølgelig ting.

Også Galaterbrevet understreger på forskellig måde judaismens relativt sene fremkomst – og vel at mærke: ikke som et led i Paulus' apologi, men som en kendsgerning, der kan aflæses af brevet selv.

Først og fremmest kan der peges på, at Paulus først fremfører sin retfærdiggørelseslære skriftligt i sine breve (Gal., 1 og 2 Kor., Rom.; dertil kommer Fil 3,7 ff.), ikke allerede mundtligt, da han grundlagde sine menigheder. Gerd Lüdemann har et sted formuleret denne iagttagelse præcist: Forudsætningen for, at judaisterne kunne udfolde deres virksomhed i Paulus' hedningekristne menigheder, var den enkle, at disse menigheder slet ikke var forberedt derpå; havde Paulus allerede ved sin grundlæggelse af de galatiske menigheder givet dem sin lære om retfærdiggørelse – ikke ved lovgerninger, men – ved tro, ville de også have stået langt bedre rustet i kampen mod judaisterne; nu måtte Paulus gribe ind ved hjælp af et brev og deri give dem våbnet i hænde [87].

---

87. Lüdemann, *Paulus u. das Judentum*, s. 49, n. 74: »Hätten die Galater sie [dvs. retfærdiggørelseslæren] gekannt, wären sie gegenüber den Eindringlingen besser gewappnet gewesen.«

III.4.i. *Judaismens opkomst* 215

For det andet indeholder Gal 1,6 f. en bemærkning om judaismens hurtige indflydelse i de galatiske menigheder: »Det undrer mig, at I *så hurtigt* har skiftet om fra ham, der kaldte jer ved Kristi nåde, til et andet evangelium, 7 som slet ikke er et evangelium, ...« Ordene »så hurtigt« betegner her ikke en eventuelt kort tid efter Paulus' grundlæggelse af menighederne i Galatien; for hvorfor havde Paulus så ikke grebet ind længe før? Ordene betegner derimod den kun korte tid, der er gået siden judaismens fremkomst, men som på den anden side åbenbart var nok til, at judaismen, efter først at have vist sig i de galatiske menigheder, kunne gøre sin virkning. Judaisterne skulle praktisk talt blot indfinde sig, så var de galatiske menigheder med det samme rede til at følge dem!

For det tredje er det først i Galaterbrevet, at Paulus overhovedet kan oplyse sine galatiske menigheder om det stedfundne apostelmøde (Gal 2,1-10), der netop skyldtes judaismens fremkomst i tiden, der var forløbet, siden de galatiske menigheder blev grundlagt. Måske er denne iagttagelse – så selvfølgelig den også er, når den først er gjort – den vanskeligste, men også den vigtigste at foretage. Ganske vist kan andre kristne, f.eks. judaisterne selv, forud for eller samtidig med Paulus have informeret galaterne om apostelmødet, ja, det må anses for at være sandsynligt, at noget sådant er sket. Men Paulus selv er først i stand til at informere derom i sit brev (ikke f.eks. ved grundlæggelsen af de galatiske menigheder!). For omtalen af apostelmødet er ikke en yderligere uddybning af en viden, Paulus allerede på et tidligere tidspunkt havde givet dem derom, men er virkelig den første information, han giver galaterne; dette forhold er samtidig det bedst tænkelige indicium på, at den »nye« Pauluskronologi (Gal 2,1-10 = ApG 18,22) er rigtig. At Paulus altså ikke har kunnet informere om apostelmødet allerede dengang, da han grundlagde de galatiske menigheder (og dette sidste er sket så tidligt som i 40'erne), men først kan gøre det i sit brev – som samtidig betegner hans andet »besøg« hos dem (Gal 4,13 [88]) – viser således igen, at judaismen var et relativt nyt fænomen; det eksisterede slet og ret ikke, da de galatiske menigheder blev grundlagt.

ii. *Judaismen som fænomen*
Hvad judaismen som fænomen angår, er vi først og fremmest henvist til Galaterbrevet. Også Fil 3,2 ff. og muligvis andre tekster (f.eks. 2 Tess 3,2?) handler ganske vist utvivlsomt om judaisterne – derimod næppe 2 Kor 10-13. Men uden Gal. ville vi være ude af stand til at sige noget præcist og afgørende om judaismen som sådan.

Her skal det da først og fremmest fastslås, at Gal.s tale om lovgerninger og omskærelse entydigt peger væk fra datidig synkretisme og/eller gnosticisme som problemkredse, konflikten mellem Paulus og hans galatiske menigheder drejer sig om. At det fænomen, Paulus går i rette med galaterne om, var synkretistisk og gnostisk, og altså ikke judaisme, er ganske vist i nyere tid blevet hævdet af bl.a. Wilhelm Lütgert i 1919 og Walter Schmithals i 1956 [89]. Men selv om den af Schmithals hævdede synkretisme og gnosticisme indrømmes at være af jødekristen oprindelse – og dermed at være af jødisk herkomst,

---

88. At selve Gal. er en erstatning for et besøg og derved selv bliver til et »besøg«, har jeg gjort rede for i min *Chronologie*, s. 79-80 med n. 9 og 10. Paulus besøgte kun de galatiske menigheder én gang, ved grundlæggelsen; ApG 18,23 med en omtale af nok et besøg i »det galatiske landskab og Frygien« er en redaktionel fordobling af Apg 16,6 (»Frygien og det galatiske landskab«), som *kan* skyldes (en forkert!) læsning af Gal 4,13; se foran, III.1.iv., n. 25.

89. Wilhelm Lütgert, *Gesetz und Geist. Eine Untersuchung zur Vorgeschichte des Galaterbriefes* (Beiträge zur Förderung christlicher Theologie, 22/6), Gütersloh 1919; Walter Schmithals, Die Häretiker in Galatien, opr. 1956, i: samme, *Paulus und die Gnostiker. Untersuchungen zu den kleinen Paulusbriefen* (Theologische Forschung, 35), Hamburg – Bergstedt 1965, s. 9-46 – at henregne Gal. til »de små Paulusbreve«, som Schmithals her gør, er usædvanligt. Det må understreges, at mens Lütgert hævdede, at Paulus i den galatiske konflikt kæmpede på to fronter, mod judaisme og mod gnosticisme (jfr. hans bogs titel), slog Schmithals disse to fronter sammen til én: en jødekristen gnosticisme.

III.4.ii. *Judaismen som fænomen*

hvilket i øvrigt kun gør billedet endnu mere broget – har Philipp Vielhauer med sin afhandling fra 1976, hvor han især tager stilling til Schmithals' fremstilling, gjort op med denne opfattelse [90]. Den »gnosticisme«, der på grundlag af 1 Kor. (og 2 Kor.?) med betydelig ret vil kunne tales om i den korinthiske menighed, og som i vidt omfang vil kunne forklare den korinthiske situation på 1 Kor.s affattelsestid, bl.a. partisplittelserne og skellet mellem »de stærke« og »de svage«, har snarere taget farve efter den alexandrinske jødiske religionsfilosofi, som formodentlig blev introduceret i Korinth af Apollos (1 Kor 1,12; 3,5-6.22; 4,6; 16,12). Hertil skal der senere vendes tilbage [91]. Men den har intet med situationen i de galatiske menigheder på Gal.s affattelsestid at gøre og har under ingen omstændigheder været af judaistisk præg.

Talen om lovgerninger og omskærelse i Gal. peger entydigt i retning af den antikke jødedom som referensramme for den konflikt, det drejede sig om. Der er med andre ord tale om judaisme, og denne forståelse af den galatiske konflikt synes der i dag igen at herske enighed om – »igen«, må man sige, for det havde med undtagelse af Lütgert, Schmithals o.a. været så godt som den enerådende forståelse i tiden siden F. C. Baur og Tübingerskolen.

Ved »judaisme« forstår man i almindelighed den opfattelse af kristendommen, hvorefter kristne, hvad enten de var af jødisk eller af hedensk herkomst, var forpligtede til at overholde Moscloven, herunder budet om omskærelse (1 Mos 17,12; 3 Mos 12,3; jfr. Luk 1,59; Fil 3,5). Denne forståelse af, hvad kristendom var eller burde være, stod selvsagt i modsætning til Paulus'. Fandtes der altså dels »judaisme«, dels »paulinisme« – og det er, hvad hovedparten af den nytestamentlige eksegese hævder den dag i dag – så fandtes der virkelig også to indbyrdes uforligelige

---

90. Jfr. også Vielhauer, *Geschichte der urchristlichen Literatur*, Berlin – New York 1975 (se nedenfor, IV.6.), s. 103-125.
91. Se nedenfor, III.6.

fløje i den ældste kristendoms historie. En af de få, der i nyere tid med rette, men ikke med held har søgt at bestride rigtigheden af denne grundfæstede opfattelse, er Johannes Munck (1904-65) [92].

Men over for den almindelige opfattelse af judaismen er det af afgørende betydning at forstå, at som kristendomsforståelse er judaismen i virkeligheden hentet fra Apostlenes Gerninger, hvor det hedder: »hvis I ikke omskæres efter Moses' skik, kan I ikke blive frelst« (ApG 15,1), ikke fra Paulus' breve. Judaismen i den sædvanlige forståelse repræsenterer altså i grunden kun tilsyneladende en »historisk« kristendomsforståelse, der i efterapostolsk tid blev hævdet at høre hjemme i apostolsk tid. Men den historiske virkeligheds judaisme kan ikke påvises som en størrelse, der af nogen enkeltperson eller af nogen fløj blev gjort gældende som sand kristendom i den apostolske tid selv.

Det skal ikke hermed bestrides, at der eksisterede uoverensstemmelser eller modsætninger af mange slags i den ældste kristendoms historie, f.eks. partisplittelserne i den korinthiske menighed (1 Kor 1,12 ff.). Men det skal bestrides, at der foreligger dokumentation for, at den ældste kristendoms historie domineredes af en modsætning mellem to indbyrdes uforligelige fløje, »judaisme« og »paulinisme«. En anden, uden sammenligning langt mere alvorlig modsætning beherskede den ældste kristendoms historie: modsætningen mellem jødedom og kristendom. Men som det så ofte går med historisk forståelse, har de fleste også her mistet evnen til at se skoven for bare træer.

---

92. Johannes Munck, *Paulus u. die Heilgeschichte*, 1954 (se foran, III.1.iv., n. 40). Ejendommeligt nok har Munck fået følgeskab af Walter Schmithals, *Paulus u. Jakobus*, 1963, idet også Schmithals benægter berettigelsen af at tale om »judaisme« overhovedet; men denne overensstemmelse mellem Munck og Schmithals, som Munck ikke følte sig smigret af, skyldes udelukkende, at Schmithals vil hævde, at gnosticismen var Paulus' store modstander, og derfor ikke kan affinde sig med, at der muligvis også fandtes judaisme.

III.4.ii. *Judaismen som fænomen* 219

EKSKURS: *Den galatiske situation — forskningshistorisk betragtet*

F. C. Baur opfattede den galatiske situation som en kamp mellem paulinisme og judaisme. Ved judaisme forstod han en indre-kirkelig reaktion mod Paulus' evangelieforkyndelse blandt ikke-jøder, anført af Peter og med krav om, at hedningekristne overholdt Moseloven, herunder budet om omskærelse, hvis de skulle opnå frelse ved Kristus. Også i andre af Paulus' menigheder, først og fremmest den korinthiske, udviklede den samme kamp mellem judaisme og paulinisme sig, så at man ligefrem kan tale om en slags »pan-judaisme« (Leonhard Goppelts karakteristik af Baurs forståelse) i Paulus' fodspor. Vielhauer har sikkert ret i, at judaist-hypotesen i dens klassiske udformning hos Baur ikke længere har tilhængere. Dels er den ældste kristendoms historie for kompleks til, at man med rette kan tale om »pan-judaisme«, dels er det vanskeligt at gøre Peter eller Jesu bror Jakob direkte ansvarlige for en anti-paulinsk opposition af den art og det omfang, som Baur forestillede sig. Ikke desto mindre er en modificeret udformning af judaist-hypotesen den eneste, der trods alle indvendinger har kunnet hævde sig indtil i dag; således bl.a. hos Vielhauer selv, 1975 og 1976 [93].

Lütgerts forsøg, 1919, på at fremsætte en anden opfattelse af den galatiske situation var da heller ikke ensbetydende med en fuldstændig afvisning af Baurs og eftertidens forståelse. Tværtimod beholdt Lütgert den judaistiske hypotese for visse dele af Gal., men for andre dele af brevet fremsatte han den opfattelse, at Paulus her bekæmpede en af hedenskab påvirket pneumatisme eller entusiasme — dette gjaldt i det mindste tekster som Gal 4,8-11 og 5,2-12.13-6,10, men også den historiske redegørelse i Gal 1,13-2,14. Om end J. H. Ropes i 1929 reproducerede Lütgerts opfattelse [94], vandt den ingen udbredelse; dens svaghed bestod i antagelsen af, at Paulus kæmpede på to fronter: mod judaismen og mod pneumatismen, og det uden i sit brev tydeligt at tilkendegive frontskifterne fra »Gesetz« til »Geist« og omvendt.

Munck angreb i 1954 med sin Paulusbog [95] Baur og Tübingerskolen frontalt. Om end angrebet afslørede store svagheder hos

---

93. Jfr. ovenfor, ved n. 90.
94. J. H. Ropes, *The singular Problem of the Epistle to the Galatians* (Harvard Theological Studies, XIV), Cambridge (Mass.) 1929.
95. Se ovenfor, n. 92.

fjenden og punktvis også antydede muligheder for at tilvejebringe et nyt og andet Paulusbillede – muligheder, der er langt frugtbarere, end tysk eksegese i almindelighed har villet antage – blev den traditionelle Paulusforståelse dog ikke rokket væsentligt. Ganske vist havde Munck ubetinget ret i, at det set fra Tübingerskolens synspunkt måtte være »en ubegribelig mildhed«, Jakob, Peter og Johannes på apostelmødet i Jerusalem udviste over for Paulus (Gal 2,1-10). Men denne kritik ramte jo kun Baur og Tübingerskolen selv, ikke den modificerede hypotese, der ikke gør Jakob og Peter direkte ansvarlige for kravet om omskærelse og om overholdelse af Moseloven i Paulus' hedningekristne menigheder. Hertil kom, at Muncks udredning af den galatiske situation i flere henseender ikke var overbevisende. Således hans forsøg på historisk at placere Antiokiakonflikten (Gal 2,11-14) forud for apostelmødet (Gal 2,1-10) – her i overensstemmelse med den konservative Th. Zahn [96] – hvorved sammenstødet mellem Paulus og Peter ikke kom til at stå som det sidste, der var at berette om forholdet mellem de to apostle. Det ikke overbevisende ved Muncks forsøg gælder også selve hovedsagen: hans bestemmelse af, hvem de galatiske modstandere var. Her følger Munck et forslag fra Hirsch i 1930 [97] vedrørende Gal 6,13: præs. part. *hoi peritemnómenoi* skal kun kunne betyde »de, der lader sig omskære«, og det kunne kun være hedningekristne – jødekristne »lod sig ikke omskære,« men blev omskåret på ottendedagen efter fødslen. Munck gør gældende, at det var galatiske hedningekristne, der i misforstået iver efter at efterligne de jerusalemitiske apostle ville indføre omskærelse og overholdelse af Moseloven også i de galatiske menigheder. Men det er for vidtrækkende konsekvenser at drage af tvivlsomme iagttagelser; bl.a. findes i Codex Vaticanus og P 46 til Gal 6,13 læsemåden perf. part.: *hoi peritetmeménoi*, »de omskårne«, og Hirsch' egen forståelse – at de judaistiske hedningekristne havde deres historiske oprindelse i den i Gal 2,14 angivne situation, ikke i en misforstået iver efter at efterligne, hvad de mente Jerusalemapostlene gik ind for – ville Munck ikke vide af: der bestod ingen historisk sammenhæng overhovedet mellem de galatiske »judaister« og Jerusalem eller Antiokia.

Én enkelthed hos Munck fortjener dog at fremhæves: hans fortolkning af Gal 2,12: *foboúmenos toùs ek tês peritomês*. Det drejer sig

---

96. Også Lüdemann, foran, III.1.ii., ved n. 11.
97. Emanuel Hirsch, Zwei Fragen zu Galater 6, Zeitschrift für die neutestamentliche Wissenschaft 29 (1930), s. 192-197.

III.4.ii. *Judaismen som fænomen*

ifølge Munck *ikke* om Peters frygt for de jødekristne, som han ingen grund havde til at være bange for, heller ikke specielt om Peters frygt for »dem fra Jakob« (Schmithals har sikkert ret i, at Paulus i så fald kunne nøjes med det personlige pronomen: *foboúmenos autoús* [98]), men om frygt for jøderne, dvs. de ikke-kristne jøder. Heri har Munck følgeskab af bl.a. Reicke, 1953, Schmithals, 1963, Nickle, 1966, Jewett, 1970-71, og Bauckham, 1979 [99].

Schmithals fulgte i 1956 Lütgerts tilskyndelse til en ny forståelse af Gal., men kritiserede med rette Lütgert for antagelsen af, at Paulus kæmpede på to fronter, »Gesetz« og »Geist«. Men Schmithals valgte forkert ved at vælge Geistes-siden og hævde, at Paulus i Gal. kæmpede mod jødekristne gnostikere, som ikke havde en nomistisk motivation for deres omskærelseskrav, men en gnostisk: jeg'ets befrielse fra bundetheden til kødet, til *sárx* (?!). Af Gal 5,3 og 6,13 læste Schmithals på linie med Lütgert, at de var eftergivende med hensyn til overholdelse af Moseloven, ja, Paulus havde overhovedet ikke forstået deres gnostiske holdning, men anså dem fejlagtigt for at være en slags nomister – at Paulus ikke havde forstået sine modstandere, gør Schmithals til en udtrykkelig forudsætning for sin undersøgelse.

Mere betydelig end afhandlingen fra 1956 er Schmithals' bog *Paulus und Jakobus* fra 1963. Heri har Schmithals i en række henseender ladet sig inspirere af Munck. Den for begge fælles fjende var jo Baur og judaismen, men med undtagelse af enkelte tankevækkende eksegetiske afsnit er Schmithals' bog fra 1963 dog at afvise: formålet med bogen er at godtgøre, at der før år 70 ingen »judaisme« fandtes, men Schmithals' motiv herfor er ene og alene at skaffe plads til den »pan-gnosticisme«, som ellers ikke kunne anbringes.

En enkelthed bør nævnes, antydet allerede hos Schmithals i 1956, men først nærmere udført i bogen fra 1963: de indsnegne falske brødre (Gal 2,4; jfr. 2 Kor 11,26) anser han for at være ikke-kristne jøder,

---

98. Schmithals, *Paulus u. Jakobus*, s. 54.
99. Bo Reicke, Der geschichtliche Hintergrund des Apostelkonzils und der Antiochia-Episode, Gal 2,1-14, i: *Studia Paulina in honorem Johannis de Zwaan septuagenarii*, Haarlem 1953, s. 172-187; Schmithals: se forrige note; K. F. Nickle, *The Collection. A Study in Paul's Strategy* (Studies in Biblical Theology, 48), London 1966, s. 65 f.; Robert Jewett, The Agitators and the Galatian Congregation, New Testament Studies 17 (1970-71), s. 198-212; Vielhauer, *Geschichte* (se foran, n. 90), s. 122-123 med n. 23; Richard Bauckham, Barnabas in Galatians, Journal for the Study of the New Testament 2 (1979), s. 61-70, dér s. 69, n. 9.

nemlig repræsentanter for den datidige jødedom, der havde skaffet sig adgang til apostelmødet for at udspionere, hvad der foregik. Om end jeg tidligere har været fascineret af denne forståelse [100], må jeg erkende, at den næppe lader sig opretholde. Jeg anser hans tolkning af Gal 2,12 om Peters frygt for de ikke-kristne jøder for at være væsentligere end hans tolkning af Gal 2,4; jfr. Vielhauer [101].

Hvad Heinrich Schlier angår, henviser jeg til indledningen i 1965--udgaven af hans Galaterbrevskommentar [102], om end dens førsteudgave udkom allerede i 1949; det er for dermed at kunne vise, i hvor høj grad Schmithals har formået at rokke ved eller i det mindste at svække judaist-hypotesen, selv i dens modificerede form. Schlier opstiller i sin indledning fire kendetegn på modstanderne i de galatiske menigheder:
1) de kræver *omskærelse* som frelsesbetingelse;
2) de kræver overholdelse af en bestemt *festkalender* (Gal 4,10), hvor Schlier dog er usikker med hensyn til, om dette skal tolkes i retning af jødisk lovoverholdelse eller i retning af hedensk stjernekult;
3) de repræsenterer en vis form for *antinomisme* (Gal 5,3 og 6,13), der giver sig udtryk i entusiasme og libertinisme; og
4) de *polemiserer* mod Paulus, foreholder ham hans inkonsekvens og opportunisme (Gal 5,11) samt hans underlegenhed i forhold til de jerusalemitiske apostle, der kunne påberåbe sig åbenbaring og autoritet –

dog: afhængighed af apostlene i Jerusalem har modstanderne ikke beskyldt Paulus for, da en sådan afhængighed ikke kunne gøres til genstand for beskyldning, men måtte falde tilbage på dem selv; for overhovedet at kunne være en beskyldning måtte den være en beskyldning for frafald på Paulus' side, hvis den skulle have nogen vægt, men det tyder intet på. Til spørgsmålet om den eventuelle afhængighed af Jerusalem skal der vendes tilbage nedenfor.

Det betegnende for Schlier er hans afvisning af at ville sætte etikette på modstanderne – judaister i traditionel forstand eller jødekristne gnostikere som hos Schmithals. Men religionshistorisk set har Schlier faktisk tilsluttet sig Schmithals, og det kommer især til

---

100. Min *Udenfor og indenfor*, 1974, s. 72 f.; *Paulus' breve*, 1977, s. 96.
101. Jfr. n. 99.
102. Heinrich Schlier, *Der Brief an die Galater* (Kritisch-exegetischer Kommentar zum Neuen Testament, VII), Göttingen 1965, s. 15-24.

III.4.ii. *Judaismen som fænomen*

syne i hans punkt 3), antinomismen som et kendetegn på de galatiske modstandere. Hertil kommer, at Schlier til slut erklærer, at det historiske billede af den galatiske situation ikke er afgørende for udlægningen af Gal., og herfor giver han følgende begrundelse:»Denn wer immer seine Gegner gewesen sein mögen und welche Einzelüberzeugungen sie vertreten haben mögen, Paulus sieht sie nach den empfangenen Nachrichten als Vertreter eines judenchristlichen Nomismus, der nicht konsequent ist, sondern die entscheidende Forderung des Gesetzes, die Agape, außer Acht läßt. Wäre in Galatien unter den christlichen Gemeinden eine andere Schattierung eines legalistischen Judenchristentums aufgetreten, hätte der Apostel kaum anders geantwortet. Denn seine Antwort ist wie meist »prinzipiell« gehalten« (s. 24). Men kan den historiske virkelighed være så fuldstændig ligegyldig for udlægningen?! Og kan udlægningen virkelig gennemføres så uafhængigt af den historiske bestemmelse?! Jfr. Vielhauer, 1976, i hans kritik af Schmithals: »wenn Paulus seine Gegner so total verkannt hätte, daß er in ihnen eine Richtung bekämpfte, die überhaupt nicht existiert hat, dann wäre sein Geisteszustand bedenklicher gewesen als der des Don Quixote beim Ritt gegen die Windmühlen« [103].

Det er på baggrund af problemstillingen hos Lütgert, Schmithals og Schlier ligefrem befriende at komme til Vielhauers nøgterne og klare fremstilling. Schmithals' gnostiker-hypotese står efter Vielhauers præcise kritik slet og ret tilintetgjort. I alternativet »Gezetz« og »Geist« – som *er* et alternativ – vælger Vielhauer beslutsomt Gesetzes-siden. De galatiske modstandere var talsmænd for en nomisme af judaistisk præg, og forsøget på at påvise, at judaisme ikke fandtes, kan ikke gennemføres. Kun én herhenhørende iagttagelse hos Schmithals, i dennes afhandling om Gal. fra 1956 [104], må jeg give Schmithals ret i mod Schlier, 1965, s. 19, og mod Vielhauer, 1975, s. 120: det kommer intetsteds i Gal. til syne, at omskærelse og overholdelse af Moseloven udtrykkeligt blev krævet for frelsens skyld – dette til forskel fra ApG 15,1; Moseloven er fra de galatiske modstanderes side ikke nødvendigvis betragtet som frelsesvej. Herom igen senere.

Vielhauer fastslår efter min mening med rette, at der ifølge Gal 4,8-11 ikke er tale om nogen *stoicheîa*-kult hos galaterne, hverken før de blev kristne, eller nu, da de er på vej til at bøje sig for lov- og om-

---

[103]. Vielhauer, i: *Rechtfertigung*, s. 544.
[104]. Schmithals, *Paulus u. die Gnostiker*, 1965, s. 29.

skærelseskravet. Med betegnelsen *stoicheîa toû kósmou* (Gal 4,3; jfr. 4,9 – Kol 2,8.20 kommer for Vielhauer ikke på tale som en virkelig analogi, hvorimod Schmithals og Schlier vil tolke Gal.-stederne ud fra Kol.) vil Paulus derimod stemple både deres tidligere hedenskab og deres nuværende nomisme: hedenskab og jødedom er i forhold til Kristus to alen ud af samme stykke [105].

Vielhauer hævder desuden, at Gal 5,3 og 6,13 ikke kan bære den vægt, som adskillige eksegeter, bl.a. Schmithals og Schlier, vil lægge på dem. Stederne viser ikke, at modstanderne ikke har overholdt Moseloven, eller at de var eftergivende; så måtte jo også farisæerne og de skriftlærde med ordene i Matt 23,3 f. stå stemplede som libertinister! Det drejer sig derimod ifølge Vielhauer om en velkendt polemisk *topos*. Tilspidset udtrykt: Hvis galaterne virkelig vil være under Moseloven, må de drage den fulde konsekvens deraf og blive, hvad Paulus selv havde været før sin omvendelse (Gal 1,13.14). Hertil kommer: »die Gesetzeserfüllung auch der frommen Juden Palästinas war nicht standardisiert, die der Diasporajuden unterschied sich von der der palästinischen, und die jüdische Mission unter den Heiden kam ohne Konzessionen nicht aus. Eine Erfüllung des ganzen Gesetzes – in pharisäischem Sinne – war für ehemalige Heiden und außerhalb Palästinas ohnehin unmöglich. Das von Paulus 5,3; 6,13 inkriminierte Faktum besteht also in nichts anderem als in der normalen Ermäßigung der Gesetzeserfüllung auf das von ehemaligen Heiden und auf heidnischem Gebiet durchführbare Maß, nicht in moralischer Laxheit« [106]. Der er givetvis det rigtige ved Vielhauers iagttagelse, at Gal 5,3 og 6,13 ikke skal sige, at det drejede sig om moralsk anløbne personer med en i virkeligheden libertinistisk livsførelse. Men Vielhauers iagttagelse kan præciseres: Med ordene i Gal 5,3 og 6,13 vil Paulus sige, at judaisterne i Galatien optræder hyklerisk, eftersom de ikke overholder Moseloven af overbevisning, men blot til en vis grad og for at tage sig godt ud i visse andres øjne.

Med sin kritik har Vielhauer godtgjort, at Schliers fra Schmithals hentede punkt 3): antinomismen som kendetegn på de galatiske modstandere, er uden holdepunkt i teksterne.

Vielhauer er imidlertid ivrig for at understrege, at han med fornyelsen af den judaistiske hypotese ikke uden videre tilslutter sig Baur, men modificerer og reducerer den traditionelle opfattelse:

---

105. Vielhauer, 1976; samme, *Geschichte*, s. 115-117.
106. Vielhauer, *Geschichte*, 1975, s. 114-115.

III.4.ii. *Judaismen som fænomen* 225

1) det er uafklaret, om der består personlige og organisatoriske sammenhænge mellem de judaistiske agitatorer i Galatien på den ene side og Jerusalem og Antiokia (Gal 2,1-10.11-14) på den anden side;
2) det er uafklaret, om de judaistiske agitatorer i Galatien på grund af præs. part. *hoi peritemnómenoi* i Gal 6,13 kan siges at have været hedningekristne (i givet fald med historisk forbindelse til Antiokia, Gal 2,14; jfr. Hirsch);
3) det er uafklaret, om *ho tarássōn hymâs* i Gal 5,10 er generisk at forstå eller individuelt som en af *hoi tarássontes hymâs* i Gal 1,7; og
4) det er uafklaret, om de judaistiske agitatorer med rette kunne påberåbe sig støtte eller medhold fra »søjlerne« (Gal 2,9) – Paulus selv er loyal over for disse »søjler« og tilkendegiver ingen forbindelse mellem dem og agitatorerne.

Over for Vielhauers modifikation og reduktion af judaist-hypotesen i dens traditionelle eller klassiske form vil jeg gøre gældende, at så længe de nævnte punkter er uafklarede (og det drejer sig netop om de punkter, hvormed den traditionelle hypotese modificeres og reduceres), er den galatiske situation overhovedet uafklaret. Hvis de nævnte punkter ikke afklares, men får lov at stå uafklarede, er der i grunden ingen anden forskel på den traditionelle hypotese og den modificerede og reducerede end netop – uafklaretheden. Dvs., at også Vielhauer i virkeligheden er endt i et dilemma.

For at komme videre må der ses nærmere på Paulus' historiske redegørelse i Gal 1-2.

Redegørelsen i Gal 1,13-2,14 strækker sig i tid helt tilbage til før Paulus' omvendelse og gør det nærliggende at formode, at Paulus her bestræber sig på at korrigere en opfattelse, som har impliceret en række beskyldninger mod ham selv – med andre ord: at Paulus her fremfører en apologi, hvorunder han ikke mindst afviser beskyldningen for at være afhængig af Jerusalem og apostlene dér. De talrige benægtelser – »jeg drog *ikke* op til Jerusalem ...,« »jeg var personligt *ukendt* af ...,« »Titus blev *ikke* tvunget ...,« »mig pålagde de *intet* ...« osv. – synes at kunne opfattes som afvisninger af fremsatte, mistænkeliggørende påstande af modsat rettet art og derigennem at muliggøre en rekonstruktion af de beskyldninger, der havde været fremført mod Paulus. Det er indlysende, at en sådan rekonstruktion, når den først var gennemført, ville kunne kaste lys over en væsentlig side af den galatiske situation og bidrage til at fastslå, hvad modstanden mod Paulus gik ud på, og hvilke mulige autoriteter den havde bag sig.

Paulus' apologi ville i så fald have sin betydning i sig selv – når først beskyldningerne var afvist som falske, kunne Paulus derefter gå over til næste punkt på dagsordenen: den teologiske redegørelse for retfærdiggørelse af tro i Gal 3-4. En organisk sammenhæng mellem Gal 1-2 og 3 ff. ville det i så fald være ret forgæves at lede efter — netop afsnittet Gal 2,15-21 udgjorde en passende overgang fra den historiske del af brevet til den teologiske. Eksegetisk betragtet ville arbejdet med at forstå Gal 1-2 være overstået i og med, at den historiske rekonstruktion af modstandernes beskyldninger var foretaget; hertil kommer, at bortset fra Gal 5,11 — hvortil der skal vendes tilbage — udgør netop Gal 1-2 grundlaget for opstillingen af punkt 4) hos Schlier: polemikken mod Paulus som kendetegn på de galatiske modstandere.

Olof Linton har i en ofte omtalt afhandling fra 1947 beskæftiget sig med det her berørte forhold [107]. Det er velkendt, at Paulus' og Ap.G.s fremstillinger i Gal 1-2 og ApG 9 og 15 på en række punkter ikke stemmer overens. Denne uoverensstemmelse søger Linton at forklare ved at pege på den *rekonstruerede* række af beskyldninger mod Paulus bag Gal 1-2. Mens Paulus' og Ap.G.s fremstillinger ofte har været sammenlignet, og også Paulus' fremstilling med den rekonstruerede (galatiske) version, forholder det sig anderledes med en sammenligning mellem denne rekonstruerede galatiske version og Ap.G.s fremstilling: her konstaterer Linton en overraskende overensstemmelse og konkluderer, at Paulus' eget dementi af den galatiske version altså ikke har haft gennemslagskraft, og at Ap.G.s fremstilling bygger på en historisk viden om den galatiske opposition mod Paulus — en viden, som altså endnu på Ap.G.s affattelsestid har været til stede og tilgængelig.

Selv om Lintons opfattelse ofte er blevet citeret med tilslutning, er den dog næppe holdbar. Dels er det ikke på forhånd givet, at Paulus' og Ap.G.s fremstillinger er så totalt modsatte, som Linton antager; det kunne jo være, at Ap.G.s fremstilling i væsentlig grad skyldtes teologiske og redaktionelle hensyn, som Paulus ikke har skullet tage. Dels er heller ikke den galatiske version i alle henseender identisk med Ap.G.s fremstilling. Lintons afhandling har imidlertid den store betydning at kunne vise, hvilke konsekvenser den traditionelle opfattelse, når den tages alvorligt, fører med sig: Paulus omgås lemfældigt med sandheden

---

107. Olof Linton, En dementi och dess öde. Gal. 1 och 2 — Apg. 9 och 15, Svensk Exegetisk Årsbok XII (1947), s. 203-219 = samme, The Third Aspect. A Neglected Point of View. A Study in Gal. i-ii and Acts ix and xv, Studia Theologica 3 (1949), s. 79-95.

III.4.ii. *Judaismen som fænomen*

(trods Gal 1,20!), og der er substans i det galatiske syn på Paulus som en mand, der ikke var til at stole på. Er Lintons tese denne pris værd? [108]

Det var Lütgert, der som den første gjorde opmærksom på spørgsmålet om Paulus' afhængighed af de jerusalemitiske ledere i Gal 1,17-19 og gjorde gældende, at en sådan afhængighed ikke kunne gøres til genstand for beskyldning mod Paulus fra judaistisk side: »Im Sinne der Judaisten wäre diejenige Tatsache, von welcher Paulus im Zusammenhang alleine redet, nämlich seine Abhängigkeit von den Uraposteln, gar kein Vorwurf« [109]. Det eneste, Paulus kunne være beskyldt for i forbindelse med talen om afhængighed af Jerusalem, ville være frafald fra de jerusalemitiske lederes evangelium: »Nur im Zusammenhang mit diesem Abfall hätte man ihm die frühere Abhängigkeit vorrücken können, aber nicht etwa im Sinne eines Vorwurfes. Nun aber verteidigt sich Paulus nicht gegen den Vorwurf des Abfallens, sondern gegen den der Abhängigkeit, d. h. gegen eine Unterstellung, welche allerdings nicht begründet, aber im Sinne der Judaisten nicht verwerflich war. Die ganze Argumentation des Paulus paßt also zur traditionellen Auffassung des Briefes nicht« [110].

På tilsvarende måde og med henvisning til Lütgert afviser også Schmithals, at afhængighed af Jerusalem kunne være genstand for judaistisk kritik: »Damit kann man zwar seine Autorität als Apostel

---

108. Christoph Burchard, *Der dreizehnte Zeuge*, 1970 (se foran, III.1.iii., n. 15), s. 159-160, har udsat Lintons fremstilling for en berettiget kritik: »Diese oft mit Wohlwollen oder Zustimmung zitierte These ist in dieser Form fragwürdig. Lintons Exegese ist mehr als skizzenhaft und seine Methode nicht sehr subtil. Er gewinnt die »Galatian version« als einfache Umkehrung dessen, was Paulus in Gal 1 f. versichert, und vergleicht sie mit der Apostelgeschichte, ohne Lukas' Anteil abzuheben. Mit Lukas' Text scheint mir eine so gewonnene »Galatian version« grade nichts gemein zu haben. 9,26-30 [det er den tekst i Ap.G., Burchard her diskuterer] läßt nichts davon merken, daß etwa behauptet werden sollte, Paulus sei sofort oder sehr bald nach der Bekehrung nach Jerusalem gegangen (er geht nach »vielen Tagen« und nur, weil er muß), lange dort geblieben (Lukas sagt über die Dauer gar nichts) und habe sich als eifriger Schüler der Apostel betätigt (er tut nichts dergleichen, sondern predigt in Jerusalem wie schon in Damaskus auf Grund seiner Schau Jesu neben den Aposteln). Wenn die Tradition »galatische« Züge enthielt, so hat Lukas sie verwischt. So bleibt Lintons These hier (und wohl überhaupt) unbewiesen. Trotzdem könnte sie Wahrheit enthalten. ...«
109. Lütgert, *Gesetz u. Geist*, s. 46.
110. Lütgert, smst., s. 46.

herabsetzen, aber gerade nicht sein Evangelium verwerfen. Vielmehr wäre solche Behauptung, so sehr sie Paulus als *Apostel* degradierte, gerade eine Belobigung seines Evangeliums. Bringt man aus Jerusalem ein anderes Evangelium, als Paulus gebracht hatte, weil das des Paulus falsch ist, so mußte man Paulus vorwerfen, er sei diesem einzig wahren Evangelium gegenüber in unzulässiger Weise selbständig geblieben, nicht aber doch, er sei davon *abhängig*« [111].

Både Lütgert og Schmithals drager heraf den slutning, at Gal 1,17-19 nok drejer sig om en beskyldning for afhængighed på Paulus' side af Jerusalem, men beskyldningen er fremsat ikke af judaister, men af pneumatikere!

Også Günther Bornkamm erkender vanskeligheden: »Doch können unmöglich ausgerechnet seine judaistischen Gegner die Abhängigkeit des Apostels von den Jerusalemern ... gegen ihn ins Feld geführt haben« [112]. Deres eventuelle beskyldning mod Paulus kan kun have lydt sådan: »Von seiten der Urapostel ist er eines besseren belehrt worden. Aber schändlicherweise hat er diese Belehrung – nämlich über die unaufgebbare Verbindung von Gesetz, Beschneidungsforderung und Heilsbotschaft – preisgegeben und eigenmächtig verfälscht, um leichter bei den Heiden anzukommen. Darum bedeutet seine Verkündigung Verrat des empfangenen Erbes; wir dagegen stehen in der wahren Kontinuität und bringen die legitime Botschaft. Dieser Argumentation schneidet Paulus Gal 1 die Wurzel ab, indem er sagt: Schon eure Voraussetzung stimmt nicht; ich habe tatsächlich keinerlei Beziehungen zu Jerusalem gehabt ... So spricht alles dafür, daß nicht die Gegner des Paulus seine Abhängigkeit von den Jerusalemern angekreidet haben, sondern daß Paulus den gerade von ihnen für unaufgebbar erklärten Zusammenhang zwischen Tradition und Heilsbotschaft bestritten und zerschlagen hat« [113].

Som allerede nævnt foran, undtager Schlier afhængigheden af Jerusalem fra de beskyldninger, som agitatorerne i Galatien har fremført mod Paulus: »Wenn seine Gegner ihm speziell diese Abhängigkeit vorwürfen, müßten sie ihm in der Tat zugleich den Vorwurf machen, daß er von seiner Lehrer Evangelium abgefallen sei. Solcher Vorwurf wird aber im Gal nicht sichtbar. Sie haben ihm wahrschein-

---

111. Schmithals, *Paulus u. die Gnostiker*, 1965, s. 16.
112. Günther Bornkamm, *Paulus* (Urban-Bücher, 119), Stuttgart 1969, s. 41-42.
113. Bornkamm, smst., s. 42.

III.4.ii. Judaismen som fænomen

lich allein den Vorwurf gemacht, daß er kein Offenbarungsempfänger des Messias Jesus sei und deshalb sich nicht mit den Jerusalemer Autoritäten messen könne« [114].

På samme måde hos Vielhauer: »Die häufigste Antwort, der Vorwurf habe auf Abhängigkeit von [den Jerusalemer Autoritäten] gelautet, befriedigt in all ihren Variationen nicht, wie Schmithals richtig gezeigt hat« [115]. De judaistiske agitatorers beskyldning er derfor formodentlig kun gået ud på, at Paulus ikke som Jerusalemlederne var åbenbaringsmodtager og derfor ikke kunne måle sig med dem – Vielhauer citerer her Schlier [116].

Det er altså lykkedes Lütgert og Schmithals at vise, at Gal 1,17 ff. ikke er vendt mod en judaistisk beskyldning. Men mens Lütgert og Schmithals fastholder, at der er tale om en afvisning af en beskyldning fra pneumatikere eller gnostikere, finder Bornkamm overhovedet ingen beskyldning bag udsagnet, men opfatter det som et demonstrativt udtryk for Paulus' uafhængighed; Schlier og Vielhauer igen undtager slet og ret spørgsmålet om afhængighed af Jerusalem fra at være anti-paulinsk polemik – højst kan der være tale om, at Paulus ikke kunne måle sig med lederne i Jerusalem, og heroverfor gør Paulus så sit (!) evangeliums uafhængighed af disse gældende. Mest overraskende er her Vielhauers indrømmelse til Schmithals, mens Schliers indrømmelse i grunden er inkonsekvent: fra antinomistisk og synkretistisk side – hos Schlier kendetegn nr. 3) – kunne en beskyldning for afhængighed af Jerusalem jo give god mening.

Den her foretagne statusopgørelse må forvirre! Alle erkender, at der ikke kan være tale om nogen judaistisk beskyldning; dette gælder også talsmændene for judaist-hypotesen (Bornkamm, Vielhauer). Men mens nogle gør gældende, at det så drejer sig om en gnostisk beskyldning (Lütgert, Schmithals), reducerer andre beskyldningen til at være en mild kritik (Schlier, Vielhauer), mens en enkelt slet og ret ikke vil tale om nogen beskyldning, men tværtimod lader Paulus være den aggressive part (Bornkamm).

---

114. Schlier, *Der Brief an die Galater*, 1965, s. 22.
115. Vielhauer, *Geschichte*, 1975, s. 118.
116. Vielhauer, smst., s. 118.

iii. *Forvirringens overvindelse*
Skal den her illustrerede forvirring overvindes, er det nødvendigt at underkaste Gal 1-2, ikke mindst 1,13-2,14, en analyse, både i form og i indhold.

1) Først og fremmest kan der være grund til at minde om, hvad der i tilslutning til Hans von Campenhausens redegørelse for apostelbegrebet allerede er blevet fastslået. Når Paulus i Gal 1,1 ff. understreger, at han har sit apostolat direkte fra Kristus uden menneskelig formidling, er det ikke for dermed at forsvare sig i forhold til dem, der var apostle før ham selv, fordi de eller andre muligvis havde anfægtet hans ret til at være apostel, men for over for sine galatiske menigheder, der var udsat for judaistisk påvirkning, at gøre det klart, hvad det overhovedet vil sige at være apostel: »was Paulus betonen will, ist nicht ein besonderer Vorzug, der gerade seinen Apostolat auszeichnete, sondern das Wesen des neuen christlichen Apostolats schlechthin, dessen Vollmacht darum auch durch keine wie immer begründete menschliche Bevollmächtigung, etwa aus Jerusalem, durchkreuzt werden darf« [117]. Den forvirrede diskussion om afhængighed eller uafhængighed af Jerusalem er dermed bortvejret.

2) Den historiske redegørelse, som Paulus giver i Gal 1,13-2,14, begynder med hans tilknytning til jødedommen: 1,13-14. Men så kommer, med den korte omtale af hans omvendelse, omsvinget til Kristustroen, tilkendegivet ved »Men da ...« (græsk: *hóte dè* ...): 1,15-17. Det efterfølges af en skildring af hans virksomhed som kristen, afbrudt af to korte besøg i Jerusalem, og skildringen formes i tre hurtigt på hinanden følgende trin, hver gang indledt med »Dernæst ...« (græsk: *épeita* ...): 1,18.21; 2,1. Til slut kommer så igen tilbageslaget, signaliseret med den samme formulering som før: »Men da ...« (græsk: *hóte dè* ...): 2,11 – et tilbageslag til jødedommen, men vel at mærke

---

117. Se foran, III.2.iv., ved n. 62.

III.4.iii. *Forvirringens overvindelse* 231

ikke for Paulus, men for Peter. Apostlen Peter er så at sige vendt tilbage til det udgangspunkt, han ellers havde forladt og vendt ryggen, jødedommen. Det betyder, at vi her har med Gal.s »sag« at gøre, og denne sag er forholdet mellem jødedommen og kristendommen.

3) Galaterbrevet viser, hvilke motiver der lå bag judaismen. For det første var det fejhed: apostlen Kefas/Peter var bange for jøderne og opgav derfor det måltidsfællesskab, han hidtil havde praktiseret med de hedningekristne i Antiokia (Gal 2,12). Ligeså var det af fejhed, at de, der ville tvinge de galatiske hedningekristne til at lade sig omskære, søgte at gennemføre deres krav; derigennem søgte de selv at undgå forfølgelse fra jødisk side (6,12). Og som Kefas ved sin nye opførsel hyklede, dvs. optrådte på en måde, der ikke svarede til hans overbevisning (2,13), således var det også hykleri, når »tilhængerne« af omskærelse ville tvinge galaterne til omskærelse: de holdt jo ikke engang selv loven, men ville undgå forfølgelse ved at kunne henvise til, hvad de havde overtalt galaterne til (6,13).

Om forfølgelse havde der i forbindelse med jødedommen altid været tale: Ligesom trælkvinden Hagars søn, Ismael, dengang forfulgte den frie kvinde Saras søn, Isak, således også nu i kristen tid (4,29). Og hvad Paulus selv angår, kunne han fra det ene øjeblik til det næste fri sig selv for at blive forfulgt, hvis han blot gav sig til at »prædike omskærelse«. Han skriver: »Hvis jeg endnu prædiker omskærelse, hvorfor forfølges jeg så endnu?« (5,11) [118]. Forfølgelsesmotivet er i det hele taget stærkt

---

118. Til Gal 5,11: se Lüdemann, *Chronologie* (se foran, III.1.ii., n. 2), s. 72, n. 40. Desværre har Lüdemann i sin bog *Das frühe Christentum*, 1987, ændret mening og hævder nu med mange, at Paulus i Gal 5,11 skal have indrømmet, at han havde »prædiket omskærelse« — nemlig i tilfældet med Timotheus, som Paulus lod omskære, før han tog ham som medarbejder (ApG 16,1-3): »Es ist gut möglich, daß jener Fall der Beschneidung des Timotheus von den Gegnern des Apostels in Galatien ausgeschlachtet wurde. Wie Gal 5,11 zeigt, erhob man gegen Paulus den Vorwurf, gelegentlich selbst die Beschneidung zu predigen ... Vielleicht verlangte man auch auf der Konferenz unter Hinweis auf Timo-

fremtrædende, men ofte overset i brevet: Gal 1,13.23; 4,29; 5,11; 6,12, og dukker op i forbindelse med judaisterne.

Men her er det vigtigt at være opmærksom på, at det ikke er judaisterne, der gør sig skyldige i at forfølge nogen. Det er tværtimod dem, der udsættes for forfølgelse – nemlig fra jødisk side. Og denne forfølgelse søger de at undgå ved at overtale de hedningekristne til omskærelse.

Tvang eller pression blev *ikke* bragt i anvendelse over for Titus i Jerusalem, kan Paulus triumferende konstatere (Gal 2,3). Men det var tvang, Kefas udøvede over for de hedningekristne i Antiokia, da han foregav at praktisere den »sande« kristendom (2,14). Og det er tvang, når de galatiske hedningekristne stilles over for kravet om omskærelse (6,12), ligesom det også er ussel overtalelse imod bedre vidende eller overbevisning, judaisterne udsætter de galatiske hedningekristne for – Paulus skriver jo: »den overtalelse er ikke kommet fra ham, der kaldte jer!« (5,8) [119].

Motivet til det judaistiske fremstød over for de hedningekristne var altså ikke sandhedskærlighed eller overbevisning om at repræsentere »sand kristendom« (jfr. Gal 2,14b). Tværtimod var motivet frygt for jøderne (jfr. 2,12) og forsøg på, gennem judaistisk propaganda over for de hedningekristne, selv at undgå forfølgelse fra jødisk side (6,12 f.).

Hykleriet (Gal 2,13; jfr. 6,13) afslører, at judaisterne ikke selv var overbevist om at stå for sandheden. Allerede derigennem kommer judaismen til kort over for Paulus' forkyndelse, og det

---

theus die Beschneidung des Titus [Gal 2,3]« (s. 183). Selvfølgelig har Paulus ikke »prædiket omskærelse« i sine hedningekristne menigheder, allermindst da i Galatien! Og hvad Timotheus angår, var han jøde, fordi hans mor var jøde (ApG 16,3) – dette til forskel fra Titus (Gal 2,3). Til forfølgelsesmotivet: se Ernst Baasland, Persecution: A Neglected Feature in the Letter to the Galatians, Studia Theologica 38 (1984), s. 135-150.
119. Verbet *anangkázein*, »tvinge« (Gal 2,3.14; 6,12), er også brugt af Josefus, Vita 113 (kap. 23), om et jødisk forsøg, som Josefus modsatte sig, på at tvinge nogle ikke-jøder til omskærelse under den jødisk-romerske krig.

III.4.iii. *Forvirringens overvindelse* 233

er et ægte spørgsmål, om ikke Munck og Schmithals til syvende og sidste havde ret, når de hævdede, at der i grunden ikke fandtes sådan en ting som »judaisme« [120].

4) Selve ordet »judaisme« som betegnelse for det, der traditionelt har været betragtet som det, Paulus bekæmper i Gal., er et påfaldende ord. Det stammer efter sin betydning – den kristendomsforståelse, hvorefter kristne også skulle overholde Moseloven for at blive frelst – fra tysk teologi, og det er vanskeligt derfra at komme til Gal.s »sag«, jødedommens forhold til kristendommen, og *vice versa*. Vanskeligheden overvindes først, når ordet »judaisme« analyseres.

Der viser sig da det overraskende, at dette ord allerede på græsk: *ioudaïsmós* (Gal 1,13.14!), slet og ret betyder jødedom. Det samme er som bekendt tilfældet bl.a. på fransk: judaïsme, og på engelsk: Judaism, hvor ordet ligeledes betegner jødedommen.

Med andre ord: Idet tysk teologi introducerer ordet »judaismen«, gøres konflikten til noget indre kirkeligt, der kun vedrører kristendommen og dens fløje. Formodentlig er denne mutation sket som følge af den kirkehistoriske udvikling: de kirkelige stridigheder, man selv så sig omgivet af, måtte retfærdiggøres ved at genfindes i den ældste kristendoms historie, idet det blev hævdet, at det altid havde hørt til kristendommens væsen at være stridbar.

I virkeligheden var konflikten en konflikt på liv og død mellem jødedommen og kristendommen.

iv. *Konklusion*

I og med, at dette fundamentale forhold er afdækket og judaismen således ikke længere kan betragtes som en med »paulinismen« (!) ligeværdig, om end også anderledes repræsentant for

---

120. Jfr. ovenfor, n. 92.

kristendommen, rejser det spørgsmål sig med nødvendighed: Hvad var det, der førte til judaismens fremkomst? Det var den datidige antikke jødedom, der i en bestemt, os desværre ukendt politisk situation udsatte de jøder, der var kristne, og over hvem jødedommen gennem de synagogale myndigheder havde jurisdiktion, for forfølgelse. Over kristne af hedensk herkomst havde de jødiske myndigheder derimod selvfølgelig intet som helst at skulle have sagt. Men gennem de jøder, der var kristne, og med trussel om forfølgelse, dersom de ikke gjorde, hvad der blev forlangt af dem, kunne de jødiske myndigheder stille det indirekte krav, at hedningekristne, som jo var de jødekristnes brødre, skulle underkaste sig omskærelse. Jøderne ville således opnå, at det i virkeligheden var jødedommen, der udbredtes, hvor kristendommen udbredtes. Det ville ikke være muligt at se forskel på kristen mission og jødisk proselytisme – og kristendommens dage ville i så fald være talt.

5. Apostelmødet i Jerusalem og konflikten i Antiokia

Litteratur

Hans Conzelmann: *Geschichte des Urchristentums* (se foran, III.), s. 66-74: 'Das Apostelkonzil'.
Gerd Lüdemann: *Studien zur Chronologie*, 1980 (se foran, III.1.ii., n. 2), s. 86-110.
samme: *Das frühe Christentum* (se foran, III.), s. 172-179: 'Apostelgeschichte 15'.
Geert Hallbäck: Jerusalem og Antiokia i Gal. 2. En historisk hypotese, Dansk Teologisk Tidsskrift 53 (1990), s. 300-316.
Andreas Wechsler: *Geschichtsbild und Apostelstreit. Eine forschungsgeschichtliche und exegetische Studie über den antiochenischen

III.5.1. *Iagttagelser vedrørende apostelmødet*

Zwischenfall (Gal 2,11-14) (Beihefte zur Zeitschrift für die neutestamentliche Wissenschaft, 62), Berlin — New York 1991.
Bradley H. McLean: Galatians 2. 7-8 and the Recognition of Paul's Apostolic Status at the Jerusalem Conference: A Critique of G. Luedemann's Solution, New Testament Studies 37 (1991), s. 67-76.
A. Schmidt: Das Missionsdekret in Galater 2.7-8 als Vereinbarung vom ersten Besuch Pauli in Jerusalem, New Testament Studies 38 (1992), s. 149-152.
Nicholas Taylor: *Paul, Antioch and Jerusalem. A Study in Relationships and Authority in Earliest Christianity* (Journal for det Study of the New Testament, Supplement Series, 66), Sheffield 1992, s. 96-122: 'The Question of the Law and the Jerusalem Conference', og s. 123-139: 'Peter and Paul at Antioch'.

i. *Iagttagelser vedrørende apostelmødet*
På grundlag af det hidtil anførte (især III.1. og 4. foran) og andre iagttagelser er det muligt at fastslå følgende.

For det første var det judaismens fremkomst, der førte til afholdelsen af apostelmødet i Jerusalem (Gal 2,1-10). Judaismen var et relativt sent fænomen i den ældste kristendoms historie, idet den tidligst kan spores tilbage til begyndelsen af 50'erne og stedfæstes til Efesos. Skal den nøjagtige, absolutte datering af apostelmødet til året 53, som jeg har foreslået, følges, betyder det, at judaismen havde vist sig i Efesos i tiden umiddelbart forud herfor, under Paulus' tre-årige ophold dér, og formodentlig hurtigt derefter også kom til de galatiske menigheder; om den faktisk også kom til Filippi, eller Paulus kun anså det for at være en risiko, som han ville forebygge med sit brev, fremgår ikke af hans advarsel i Fil 3.

De vanskeligheder, Paulus befandt sig i, bør ikke undervurderes. Umiddelbart efter tilbagekomsten til Efesos fra apostelmødet blev han fængslet, og han var dermed henvist til en stort set passiv rolle. Hvordan ville det så gå hans menigheder?

Det var for at bremse den judaistiske indflydelse i de hedningekristne menigheder, at Paulus besluttede at rejse til Jerusalem for at træffe en aftale med lederne dér. Judaisterne var jo jødekristne missionærer (græsk *ergátai*, »arbejdere«: Fil

3,2; jfr. 2 Kor 11,13 [121]), der *ikke* stod under Paulus' indflydelse, men under de jerusalemitiske lederes, og kun en aftale med disse kunne derfor bringe den judaistiske propaganda til ophør – ikke et forsøg fra Paulus' side på at tale judaisterne til rette; Paulus henvender sig aldrig direkte til judaisterne, som han næppe har været på talefod med, og det gør han heller ikke i sine breve, som ikke er adresseret til dem, men til hans egne menigheder, og hvori han advarer disse mod judaisterne.

For det andet kan det fastslås, at det var Paulus, der tog initiativet til apostelmødet – ikke f.eks. menigheden i Antiokia, som ApG 15,1-2 fremstiller sagen (Paulus og Barnabas var overhovedet ikke i Antiokia forud for apostelmødet), endsige da »søjlerne« i Jerusalem, dvs. Jesu bror Jakob, Peter og Zebedæussønnen Johannes. Den åbenbaring, Paulus påberåber sig i denne sammenhæng (Gal 2,1), men hvis indhold vi ikke kender, skal formodentlig netop tydes i retning af, at han erkendte en mulighed for at løse problemerne ved at rejse til »søjlerne«, lederne i Jerusalem. Han tog også Barnabas med, hvilket dels viser, at Barnabas på denne tid har arbejdet samme sted som Paulus selv, altså i Efesos eller i hvert fald i provinsen Asia, dels tyder på, at også Barnabas stod over for de samme problemer med judaister i sine menigheder, som Paulus stod overfor. Forholdet mellem Paulus og Barnabas ser på denne tid ud til at have været jævnbyrdigt (jfr. Gal 2,9). Mens Paulus har grundlagt sine galatiske, makedoniske og græske menigheder, har Barnabas grundlagt menighederne i Kolossæ, Hierapolis og Laodikea i landskabet Frygien i provinsen Asia (se Kol 4,10) og muligvis (den hedningekristne del af) menigheden i Efesos selv – jfr. Paulus' bemærkninger om sig selv og Barnabas i 1 Kor 9,6, skrevet i Efesos. Det »brud« mellem Barnabas og Paulus, der er tale om i ApG 15,36-41, og som ofte, men næppe med rette, er

---

121. Sml. Matt 10,10 = Luk 10,7: »Arbejderen (gr. *ergátes*) er sin løn værd.« Jfr. 1 Kor 9,14; 1 Tim 5,18.

III.5.1. *Iagttagelser vedrørende apostelmødet* 237

blevet identificeret med »bruddet« efter konflikten i Antiokia (Gal 2,11 ff.), *kan* referere sig til det forhold, at deres veje foreløbig skiltes i det indre af Lilleasien, hvor Paulus missionerede i Galatien, mens Barnabas arbejdede i Frygien; deres veje er så mødtes igen i Efesos forud for apostelmødet i Jerusalem.

For det tredje må de »falske brødre«, der er tale om i forbindelse med apostelmødet (Gal 2,4; jfr. 2 Kor 11,26), sikkert tænkes at have opereret i Paulus' (og Barnabas') hedningekristne menigheder, ikke i Jerusalem. De havde jo sneget sig ind — eller var blevet sneget ind — »for at udspionere den kristne frihed, vi [dvs. vi, der ikke lægger vægt på omskærelse] har, for at trælbinde os« (Gal 2,4) [122]. Og hvor ellers skulle de have optrådt? I Jerusalem og i Palæstina i det hele taget var der intet grundlag for, at judaister foretog sig noget — med mindre de »falske brødre« slet ikke var judaister, men derimod var jødiske observatører, der havde skaffet sig adgang til apostelmø-

---

122. Således allerede Hans Lietzmann, *An die Galater* (Handbuch zum Neuen Testament, 10), 2. Aufl., Tübingen 1923, s. 10: »Es handelt sich allgemein um das Auftreten judaistischer Spione und Aufwiegler in den paulinischen Gemeinden, um derentwillen Pls in Jerusalem nun sein Recht verteidigt, nicht etwa um eine Szene zwischen den *pseudádelfoi* und Pls in Jerusalem. Das *kataskopêsai* findet natürlich in paulinischen Gemeinden statt;« således også Munck, *Paulus u. die Heilsgeschichte*, s. 88-89; desuden William O. Walker, Why Paul Went to Jerusalem: The Interpretation of Galatians 2:1-5, Catholic Biblical Quarterly 54 (1992), s. 503-510. Troels Engberg-Pedersen har i: Et paulinsk *annus mirabilis*? Dansk Teologisk Tidsskrift 52 (1989), s. 21-40, dér s. 36, n. 25, gjort gældende, at Paulus må have mødt de falske brødre i Jerusalem i forbindelse med apostelmødet dér; tilsvarende Geert Hallbäck, DTT 53 (1990), s. 307. Men det giver ingen mening at lade judaister optræde i Palæstina, hvor de ikke ved deres tilstedeværelse kunne true den kristne frihed; når det i Gal 2,5 hedder, at »dem veg vi end ikke én time for i underdanighed,« er meningen næppe den, at Paulus og Barnabas i Jerusalem holdt stand over for de falske brødre personligt, men snarere, at Paulus og Barnabas over for de jerusalemitiske ledere viste sig urokkelige med hensyn til de falske brødres virksomhed i deres menigheder. Det må tilføjes, at det selvfølgelig ikke kan eller skal udelukkes, at repræsentanter for judaisterne (de »indsnegne falske brødre«) også har indfundet sig i Jerusalem og talt deres sag på mødet dér.

det, hvad Schmithals hævder [123]; men »falske brødre« *er* dog brødre, dvs. kristne, om end altså falske, dvs. upålidelige. Altså drejede det sig om judaister, der opererede i Paulus' menigheder — hvad også Galaterbrevet tilstrækkelig tydeligt dokumenterer.

For det fjerde finder apostelmødet i Jerusalem sted efter mange års virksomhed i hedningemissionen på Paulus' og Barnabas' side; denne virksomhed anerkendes fuldt ud af de jerusalemitiske ledere, og det, der opnås enighed om, er en *fremtidig* deling af missionen i jøde- og hedningemission, som stort set kun stadfæster den hidtidige praksis [124]: for fremtiden skal det gælde, at Paulus og Barnabas kun forkynder blandt hedninger, og Jakob, Peter og Johannes kun blandt jøder (Gal 2,9). Der er næppe tale om en geografisk deling af missionen, da forkyndelsen af evangeliet blandt jøder i Palæstina på dette tidspunkt formodentlig for længst er gennemført og overstået. Der kan i grunden kun være tale om en etnografisk deling [125]. Delingen af missionen i jøde- og hedningemission, der som nævnt formodentlig havde været praksis i mange år, men nu blev knæsat som princip på apostelmødet, svarer fuldstændigt til det indtryk, tekster som 1 Thess 1,9-10 og 1 Kor 9,5-6 formidler [126]. Det åbne spørgsmål er, om denne aftale så også blev overholdt, eller om konflikten i Antiokia (Gal 2,11 ff.) viser, at aftalen blev overtrådt af de jerusalemitiske ledere selv.

123. Se foran, III.4.ii., ved n. 100.
124. Jfr. Hallbäck, DTT 53 (1990), s. 306, 308 o.a.
125. Anderledes hos Taylor, *Paul, Antioch and Jerusalem*, s. 113 ff.
126. Det er derfor næppe muligt eller tænkeligt, at Ap.G. har ret, når Paulus' missionsvirksomhed gang på gang fremstilles på den måde, at han først henvendte sig til jøderne på de steder, han kom til, og når de vendte ham ryggen, da forkyndte for hedningerne (sål. ApG 13,48 ff.; 17,2 ff.; 18,4 ff.; 19,8 ff.) — selv om også fremstillingen skildrer den historiske tilstand, som den faktisk var før apostelmødet (ApG 18,22!) og aftalen om missionsdelingen dér.

III.5.1. Iagttagelser vedrørende apostelmødet

Derimod er der næppe tale om, at Paulus med den faktiske anerkendelse af hedningemissionen, som han opnåede på apostelmødet i Jerusalem, havde håbet på, at jøde- og hedningekristne herefter kunne integreres, mens det i virkeligheden kun var et skrøbeligt kompromis, der kom ud af mødet [127]. Snarere stilede Paulus fra første færd mod en aftale, der kunne sikre ham mod judaistisk indblanding i sine menigheder.

For det femte blev der indgået en aftale om, at de hedningekristne menigheder skulle komme de fattige i Jerusalem til hjælp med en pengeindsamling (Gal 2,10; jfr. 1 Kor 16,1-4; 2 Kor 8-9; Rom 15,25 ff.). Det drejede sig ikke om en skat eller afgift, som menigheden i Jerusalem pålignede de hedningekristne menigheder (mod Karl Holl; se III.2.iii.). Muligvis drejede det sig slet ikke om en indsamling til de jødekristne i Palæstina, som jo næppe har været fattigere end Paulus' hedningekristne menigheder (jfr. 2 Kor 8,2), men om en indsamling til de fattige blandt jøderne i Palæstina på grund af den nød, der ville opstå som følge af sabbatsåret 54-55 [128]; tilsyneladende blev pengene heller ikke afleveret til den kristne menighed i Jerusalem (ApG 21,17 ff.). Under alle omstændigheder deltog Paulus – og formodentlig også Barnabas – ivrigt i arbejdet med indsamlingen, som også blev bragt til afslutning, om end Ap.G. kun taler lidt derom (se ApG 24,17). At menigheden i Jerusalem skulle have afvist pengene, ville dels forudsætte, at de var til den, dels at Paulus i Rom 15,31 udtrykte ængstelse for den jerusalemitiske menighed, og begge forudsætninger er usikre – dem, Paulus frygtede i Jerusalem, var de ikke-troende jøder.

Geert Hallbäck har i en præcis og klar redegørelse for apostelmødet i Jerusalem og konflikten i Antiokia gjort Gal 2 til genstand for en kritisk analyse. Han ser to former for autoritet tørne sammen: Paulus' karismatiske autoritet og »søjlernes«

---

127. Dette synes Geert Hallbäck at forestille sig: DTT 53 (1990), s. 308.
128. Jfr. min *Chronologie*, s. 124-127; se desuden nedenfor, III.7.

traditionelle Jerusalem-autoritet. Mens Paulus har sin autoritet i kraft af en åbenbaring fra Kristus (Gal 1,11-12), knytter judaisterne deres autoritet til Jerusalem og lederne dér. Selve det, at Paulus rejste til Jerusalem, kunne derfor underminere hans egen autoritet og få det til at se ud, som om han mod sin vilje underordnede sig disse ledere – hvad der ville være fatalt for hans argumentation i Gal. som helhed. Hallbäck skriver: »At Paulus på den ene side søger at undgå denne konsekvens, mens han på den anden side ikke blot forudsætter Jerusalems *faktiske* myndighed (som det kommer frem i begrundelsen for at forelægge spørgsmålet om hedningemissionen for Jerusalemmenigheden: »for at vide, at mit arbejde ikke var, og ikke havde været forgæves« [Gal 2,2], dvs. en ikke-anerkendelse fra Jerusalems side havde faktisk været fatal!), men også *udnytter* denne myndighed til at styrke sin egen position over for galaterne, det fremgår af de usædvanligt kringlede sproglige formuleringer i dette afsnit. V. 6-9 udgør én lang syntaktisk konstruktion præget af flere parentetiske, forklarende eller forbeholdende, indskud. På den ene side er det Paulus om at gøre, at »de ansete«, dvs. de ledende apostle i Jerusalem, ikke har noget fortrin frem for Paulus, for hverken han eller Gud har personsanseelse (2,6), og han sørger omhyggeligt for, at mødet ikke resulterer i en jerusalemitisk *anerkendelse* af hedninge-missionen, men i en jerusalemitisk *erkendelse* af, at Gud allerede har sanktioneret denne (2,7.9). På den anden side fremhæver konstruktionens bærende hovedsætninger, at de »ansete« ikke pålagde Paulus noget nyt (2,6), men tværtimod gav Paulus og Barnabas »håndslag på fællesskabet«« [129].

Dette er i og for sig korrekt. Men det må dog indvendes, at Paulus ikke på nogen måde betragtede »søjlerne« som en autoritet, han selv var underordnet under. Tværtimod var »søjlerne« judaisternes autoritet, og skulle Paulus standse deres propagan-

---

129. Hallbäck, DTT 53 (1990), s. 307-308.

III.5.1. *Iagttagelser vedrørende apostelmødet*

da i hans egne menigheder, var der kun én vej at gå: henvende sig direkte til disse »søjler«, til »de ansete«, »dem, der ansås for at være noget«, »dem, der ansås for at være søjler«, som Paulus så betegnende udtrykker sig (Gal 2,2.6.9), og få dem til at tale judaisterne til rette. At det overhovedet lykkedes at få »søjlerne« i tale og opnå deres accept af Paulus' arbejde, var måske mere held end forstand. Under alle omstændigheder stod judaisterne nu som folk, der viste sig ingen støtte at have eller have haft i den jerusalemitiske menighed. »Søjlerne« var *ikke* judaister og støttede ikke judaisternes virksomhed, hverken indirekte eller i det skjulte. Tæppet var så at sige trukket væk under judaisterne.

Endnu et forhold fortjener omtale. Det har ofte været fremhævet som noget påfaldende, at Paulus i Gal 2,7-8, men ellers aldrig, kalder apostlen Kefas ved hans græske navn, Peter. Man har formodet, at Paulus her »citerede« fra en protokol, stammende fra apostelmødet og med referat af dets forløb. Men noget sådant ville jo ikke kunne forklare anvendelsen af navnet Peter. Gerd Lüdemann har derimod peget på, at Paulus dermed refererer til, hvad der var aftalt mellem Peter og Paulus under Paulus' første besøg som kristen i Jerusalem (Gal 1,18-19): at Paulus skulle være hedningeapostel, mens Peter tog sig af missionen blandt jøder. Denne aftale, som således allerede var gammel på apostelmødets tid, og som var kendt både af de andre »søjler« og af Paulus' hedningekristne menigheder i Galatien (dér netop under anvendelsen af Peters græske navneform), var samtidig det udiskutable grundlag for Paulus' status som hedningernes apostel [130]. Paulus' status som hedningeapostel kan dermed også henføres til hans berømte bortrykkelse til den tredje himmel eller Paradis i det 14. år før affattelsen af hans sidste brev til Korinth (2 Kor 12,2-4) og

---

130. Lüdemann, *Chronologie*, s. 86-91: 'Redaktion und Tradition in Gal 2,7f', og s. 91-94: 'Gal 2,7f als Bestandteil einer paulinischen Personaltradition vor dem Konvent'; Schmidt, NTSt 38 (1992), s. 151-152.

sidestilles med den ejendommelige beretning om hans Kristusvision i templet under hans første besøg som kristen i Jerusalem (ApG 22,17-21). Derfra, og ikke allerede fra omvendelsen ved Damaskus, skriver sig i så fald Paulus' kaldelse som hedningeapostel.

ii. *Konflikten i Antiokia*
Den umiddelbart efter apostelmødet i Jerusalem følgende konflikt i Antiokia mellem Peter og Paulus (Gal 2,11 ff., jfr. ApG 18,22-23) handler netop om, hvorvidt aftalen på apostelmødet blev overholdt eller brudt. Ud fra Paulus' synspunkt kunne Peters optræden, hvor han afbrød sit hidtidige bordfællesskab med de hedningekristne i Antiokia og rev alle andre jødekristne end Paulus med sig i hykleriet, som Paulus kalder det, tage sig ud som et brud på den aftale, der netop var indgået i Jerusalem: at de hedningekristne menigheder ikke skulle underkastes nogen forpligtelse til at overholde Moseloven eller overhovedet til at »leve efter jødisk skik« (græsk: *ioudaízein*, Gal 2,14). Men set fra Jerusalemledernes ståsted måtte netop en adskillelse af jødekristne og hedningekristne med et deraf følgende ophør af bordfællesskab mellem dem være en nærliggende konsekvens af aftalen: herefter skulle jøde- og hedningemission foregå hver for sig.

Men er Paulus' fremstilling af konflikten i Antiokia overhovedet pålidelig? Vil han ikke tilsløre sit eget nederlag, og er det ikke kun i brevet, han optræder som den sejrende?

Af afgørende betydning for forståelsen af, hvad der skete i Antiokia, er det at få rede på, hvad det var, der fik Peter til at ophøre med sin hidtidige praksis: at have bordfællesskab med de hedningekristne. Nøglen til forståelse heraf er at finde i den rolle, som »nogle fra Jakob«, der indfandt sig i Antiokia (Gal 2,12), spillede. Med rette forlanger Geert Hallbäck, at den historisk-kritiske eksegese gennemskuer, hvad Paulus' fremstilling tilsyneladende vil dække over, og ikke lader sig »forblænde af en vellykket strategi« i hans skildring af begivenhedernes

III.5.ii. *Konflikten i Antiokia* 243

forløb [131]. Det drejer sig om den gennemslagskraft, ankomsten af Jakobs udsendinge har, og som får både Peter og Barnabas til at ændre praksis. Det er åbenbart Jakob, der står som garanten for aftalen på apostelmødet, og som garant kalder han både Peter og de andre antiokenske jødekristne til orden gennem sine udsendinge. Jakob gør simpelt hen aftalen om missionsdelingen gældende, og den bøjer Kefas og de andre jødekristne, undtagen Paulus, sig loyalt for.

Utvivlsomt er dette en rigtig iagttagelse, der til fulde bekræfter Jakobs stærke position som Jerusalemmenighedens ubestridte leder [132]; ikke uden grund er han nævnt på førstepladsen blandt »søjlerne« på den tid, da apostelmødet finder sted (Gal 2,9). Men det må over for Geert Hallbäck også siges, at Jakob næppe har handlet, som han gjorde, fordi han anså den judaistiske kristendomsforståelse for at være »sand«. Han har gjort det for at fri de jødekristne, han havde ansvaret for, for forfølgelse fra jødisk side: kunne Jakob over for de jødiske myndigheder stå som garanten for, at kristne jøder ikke bidrog til at undergrave Moselovens autoritet, havde han gjort, hvad han kunne.

Vi ser altså, at mens judaismen – forsøget på at overtale hedningekristne til at lade sig omskære og således blive jøder – skyldtes trussel om forfølgelse af jødekristne fra jødisk side (se foran, III.4.iii. og iv.), skyldtes omvendt Jakobs insisteren på den aftalte adskillelse af jøde- og hedningekristne nøjagtig den samme trussel om forfølgelse fra jødisk side. Dér infiltration af de hedningekristne med henblik på at gøre dem til jøder; her isolation af de jødekristne med henblik på at bevare disse som jøder.

Jakob var således alt andet end judaist, og man forstår, hvorfor han på apostelmødet uden forbehold kunne acceptere

---

131. Hallbäck, DTT 53 (1990), s. 311.
132. Jfr. foran, III.2.v.

Paulus' virksomhed som hedningeapostel, når det blot ikke var ensbetydende med, at de jødekristne skulle give afkald på deres etniske tilhørsforhold til jødedommen. Prisen var således den absolutte adskillelse af jøde- og hedningekristne – en høj pris. Den pris betalte Paulus formodentlig gerne, Jakob kun nødtvungent.

Led Paulus da nederlag i Antiokia – et nederlag, som han med flid søger at skjule i sin beretning? Det tror jeg ikke, selv om det ofte hævdes [133]. Hvad Paulus gjorde ved at træde åbent frem mod Peter i Antiokia, var tværtimod at *hævde* sin position: at de hedningekristne ikke skulle følge de jødekristne i overholdelsen af Moseloven, herunder budet om omskærelse. Der forlyder da heller intet om, at Paulus stod alene; det var jo ifølge sagens natur kun de jødekristne – bortset fra Paulus selv! – der fulgte Peter, da han ophørte med at praktisere bordfællesskab med de hedningekristne i Antiokia [134].

---

133. F.eks. Hallbäck, DTT 53 (1990), s. 311, 314.
134. Ifølge ApG 15,23 ff. (jfr. 16,4; 21,25) blev det på apostelmødet også vedtaget, at de hedningekristne – enten alle vegne eller blot i Syrien og Kilikien (ApG 15,23) – skulle overholde »aposteldekretet«: de skulle holde sig fra afgudsofferkød, blod, noget kvalt (dvs. ikke slagtet efter jødisk forskrift) og fra utugt. Vi kender ikke dette »aposteldekret« fra Paulus' breve, hvor Paulus endog udtrykkelig benægter, at der på apostelmødet blev pålagt ham noget som helst ud over bestemmelsen om indsamlingen til Jerusalem (Gal 2,6 f.), og Paulus' egen tale mod utugt og afgudsdyrkelse i 1 Kor 6,12 ff. og 8,1 ff. viser ikke, at han kender »dekretet«, selv om disse to punkter heller ikke strider imod dets bestemmelser. Hvis derfor »aposteldekretet« overhovedet er historisk, hører det næppe hjemme i sammenhæng med apostelmødet. Derimod ville det være tænkeligt, at det hører hjemme i sammenhæng med debatten om, hvordan hedningekristne og jødekristne skulle forholde sig til hinanden i blandede menigheder, og det var først og fremmest menigheden i Antiokia, hvor konflikten mellem Peter og Paulus fandt sted. I så fald må det være blevet til efter Paulus' og Barnabas' ophold dér (jfr. bemærkningen i ApG 21,25), men har næppe haft nogen betydning for de hedningekristne menigheder, som Paulus og Barnabas havde grundlagt i Lilleasien, Makedonien og Grækenland. Til spørgsmålet om aposteldekretet og apostelmødet: se også redegørelsen hos Klinghardt, *Gesetz und Volk Gottes*, 1988 (se foran, II.4.), s. 207-224: 'Der historische Ort des Aposteldekrets'.

6. Den korinthiske situation

Litteratur

Ferdinand Christian Baur: Die Christuspartei in der korinthischen Gemeinde, der Gegensatz des petrinischen und paulinischen Christenthums in der ältesten Kirche, der Apostel Petrus in Rom, Tübinger Zeitschrift für Theologie, 1831, Heft 4, s. 61-206 = Klaus Scholder, ed.: *Ferdinand Christian Baur, Ausgewählte Werke in Einzelausgaben*, Stuttgart – Bad Cannstadt 1963, I, s. 1-146.

Eduard Golla: *Zwischenreise und Zwischenbrief. Eine Untersuchung der Frage, ob der Apostel Paulus zwischen dem Ersten und Zweiten Korintherbrief eine Reise nach Korinth unternommen und einen uns verlorengegangenen Brief an die Korinther geschrieben habe* (Biblische Studien, XX/4), Freiburg (Breisgau) 1922 (se foran, III.1.iv., n. 30).

Nils A. Dahl: Paul and the Church at Corinth according to 1 Corinthians 1:10-4:21, i: *Christian History and Interpretation*, 1967 (se foran, III.1.), s. 313-335.

Niels Hyldahl: Den korintiske krise – en skitse, Dansk Teologisk Tidsskrift 40 (1977), s. 18-30.

Josef Zmijewski: *Der Stil der paulinischen »Narrenrede«. Analyse der Sprachgestaltung in 2 Kor 11,1-12,10 als Beitrag zur Methodik von Stiluntersuchungen neutestamentlicher Texte* (Bonner Biblische Beiträge, 52), Köln – Bonn 1978.

Gerhard Sellin: Das »Geheimnis« der Weisheit und das Rätsel der »Christuspartei« (zu 1 Kor 1–4), Zeitschrift für die neutestamentliche Wissenschaft 73 (1982), s. 69-96.

samme: *Der Streit um die Auferstehung der Toten. Eine religionsgeschichtliche und exegetische Untersuchung von 1. Korinther 15* (Forschungen zur Religion und Literatur des Alten und Neuen Testaments, 138), Göttingen 1986.

Simone Pétrement: *Le Dieu séparé. Les origines du gnosticisme*, Paris 1984 = *A Separate God: The Christian Origins of Gnosticism*, London 1991.

Helmut Merklein: Die Einheitlichkeit des ersten Korintherbriefes, Zeitschrift für die neutestamentliche Wissenschaft 75 (1984), s. 153-183.

Dieter Lührmann: Freundschaftsbrief trotz Spannungen. Zu Gattung und Aufbau des Ersten Korintherbriefes, i: Wolfgang Schrage, ed.: *Studien zum Text und zur Ethik des Neuen Testaments. Festschrift zum 80. Geburtstag von Heinrich Greeven* (Beihefte zur Zeitschrift für die neutestamentliche Wissenschaft, 47), Berlin — New York 1986, s. 298-314.
Niels Hyldahl: The Corinthian 'Parties' and the Corinthian Crisis, Studia Theologica 45 (1991), s. 19-32.
Karl-Wilhelm Niebuhr: *Heidenapostel aus Israel. Die jüdische Identität des Paulus nach ihrer Darstellung in seinen Briefen* (Wissenschaftliche Untersuchungen zum Neuen Testament, 62), Tübingen 1992.

i. *Fortællingen i den korinthiske korrespondance*
Hvad den korinthiske menighed angår, kom Paulus snart til at stå i en endnu alvorligere krise end den, han havde befundet sig i med hensyn til de galatiske menigheder. Hvornår Paulus kom til Korinth første gang, er omdiskuteret. Gerd Lüdemann har gentagne gange hævdet, at det skete så tidligt som i begyndelsen af 40'rne. Afgørende er her oplysningen i ApG 18,2 om Claudius' edikt, der påbød, at »alle jøder skulle fjerne sig fra Rom« — et edikt, der sædvanligvis dateres til året 49 e.Kr. Lüdemann gør gældende, at ediktet bør dateres til begyndelsen af Claudius' regeringstid (år 41-54), og at Paulus' ankomst til Korinth har fundet sted tilsvarende tidligt. Mens det første ser ud til at være rigtigt nok [135], er det andet mere end tvivl- somt. Det hedder i ApG 18,2, at da Paulus kom til Korinth, traf han dér det jødisk-kristne ægtepar Aquila og Priscilla, der »for nylig var kommet fra Italien.« Men hvad betyder »for nylig«? Det skal ganske vist forstås i forhold til Paulus' ankomst til Korinth, men i betragtning af Ap.G.s relativt sene affattelsestid (det er jo ikke en oplysning, der er indeholdt i et omtrent samtidigt Paulusbrev!), siger det intet om,

---

135. Se Gerd Lüdemann, Das Judenedikt des Claudius (ApG 18,2), i: Claus Bussmann/Walter Radl, edd., *Der Treue Gottes trauen. Beiträge zum Werk des Lukas. Festschrift für Gerhard Schneider*, Freiburg — Basel — Wien 1991, s. 289-298. Jfr. nedenfor, IV.3.ii., ved n. 27.

III.6.i. *Fortællingen i den korinthiske korrespondance* 247

at også Paulus selv var kommet til Korinth så tidligt. Heller ikke Gallio-indskriften hjælper, når det gælder dateringen af Paulus' ophold i Korinth [136].
Alligevel er den traditionelle datering af Paulus' ankomst til Korinth til efteråret år 49 e.Kr. formodentlig korrekt; Paulus har så forladt Korinth efter 1½ års forløb (ApG 18,11) i forsommeren år 51 og har tilbragt de efterfølgende tre år indtil pinsen år 54 i Efesos, kun afbrudt af besøget i Jerusalem i anledning af apostelmødet dér i året 53 [137].
Det første, der bør bemærkes om 1 Kor., er den overvældende store sandsynlighed for, at dette brev udgør en litterær enhed. De talrige forsøg, der har været gjort på at vise, at det skulle være sammensat af en senere redaktor på grundlag af flere eller adskillige Paulusbreve, er forgæves. Ophavsmændene til sådanne hypoteser vil aldrig kunne overbevise om, at 1 Kor. ikke kom fra én hånd eller mund, fra Paulus', i alt væsentligt sådan, som vi har brevet i Det nye Testamente (bortset fra eventuelle interpolationer). Mængden af Paulusbreve modtaget af de korinthiske kristne ville, hvis de moderne delingshypoteser – også vedrørende 2 Kor. – var sande, have skræmt selv mere hårdføre læsere end dem i Korinth, og fortolkerne kommer for let om ved deres arbejde, når de blot benytter sig af knive og sakse.
Det næste, der skal anføres om 1 Kor., angår dets litterære karakter og har med identifikationen af det såkaldte »tårebrev« at gøre, omtalt i 2 Kor 2,3 ff. og 7,8 ff. At antage, at dette tårebrev skulle være et nu tabt, mellem 1 og 2 Kor. affattet brev (»mellembrev«), eller at identificere det med 2 Kor 10-13 (»4-kapitel-brevet«) ville være at operere med ukendte faktorer eller med hypoteser, der igen involverer brugen af knive og sakse. Der findes ingen anden vej end den gamle: at identificere dette

---

136. Se Dixon Slingerland, JBL 110 (1991), s. 439-449 (se foran, III.1.)
137. Se min *Chronologie*, s. 112-124.

tårebrev med selve 1 Kor. Overraskende, som dette kan synes at være, er det ikke desto mindre den enkleste løsning på problemet om forholdet mellem 1 og 2 Kor., men det kræver, at læseren er parat til at acceptere 1 Kor. som et »tårebrev«, dvs. som et brev skrevet under tårer og i usikkerhed om dets mulige virkning.

Det tredje punkt, der skal berøres, har med antallet af Paulus' rejser til Korinth at gøre. Af identifikationen af tårebrevet med selve 1 Kor. følger, at der ikke fandt noget »mellembesøg« sted. Paulus havde kun besøgt Korinth én gang, ved grundlæggelsen af menigheden dér (2 Kor 1,19.23), og selv besøget efter affattelsen af 2 Kor. vil først blive hans andet besøg i Korinth (2 Kor 13,2) [138].

For det fjerde kan det fastslås, at som overbringer af tårebrevet (2 Kor 7,6 ff.; jfr. 12,18) var det Titus, der bragte 1 Kor. til Grækenland – selv om Titus ikke er nævnt i 1 Kor. selv; grunden til dette sidste er den, at Titus hidtil var ukendt i Korinth [139]. Dette kan også være grunden til, at Titus er uomtalt i Ap.G.; desuden fortjener det at bemærkes, at Ap.G.s forfatter har gjort det umuligt for sig selv at omtale Titus (jfr.

---

138. Jfr. Golla, *Zwischenreise u. Zwischenbesuch*, s. 35 ff.; min *Chronologie*, s. 34 ff. og s. 102-106: 'Die Reise des Paulus nach Korinth'. Jeg forstår 2 Kor 13,1-2 således: »Denne tredje gang kommer jeg til jer [sml. 2 Kor 12,14]: 'På to og tre vidners udsagn skal enhver sag stå fast' [5 Mos 19,15]. Jeg har sagt før [jfr. 1 Kor 4,19-21], og jeg siger på forhånd – ligesom nærværende for anden gang og dog fraværende nu – til dem, som har syndet før [jfr. 2 Kor 12,21] og til alle andre, at når jeg kommer igen [jfr. 2 Kor 2,1; 12,21], vil jeg ikke skåne (nogen) [jfr. 2 Kor 1,23].« Den 'tredje gang' refererer til to andre gange, da Paulus ikke kom (eller ikke var rede til at komme: 2 Kor 12,14), dvs. til de to gange, da han skrev breve i stedet for at komme, nemlig 1) det tidligere brev, skrevet under fængselsopholdet i Efesos og omtalt i 1 Kor 5,9, og 2) selve 1 Kor.; ordene 'ligesom nærværende for anden gang' henviser ikke, som sædvanligt antaget, til et tidligere, allerede aflagt besøg (»mellembesøg«), men, som også ordene 'fraværende nu' viser, til selve det moment, da 2 Kor. skrives, og viser derfor, at Paulus' forestående besøg i Korinth faktisk først vil blive hans andet besøg dér.

139. Se foran, n. 86.

III.6.i. *Fortællingen i den korinthiske korrespondance* 249

Gal 2,1.3) i forbindelse med apostelmødet (ApG 15,4 ff.), eftersom han i modsætning til den korrekte kronologi har foruddateret apostelmødet med flere kapitler.

For det femte kan Titus som den, der bragte 1 Kor. til Korinth, selvfølgelig ikke også stå som medafsender af dette brev. Det er da også Sosthenes, der er medafsender af brevet (1 Kor 1,1) – en person, som derfor må have været korintherne bekendt. Men hvorfor er Timotheus da ikke som mest sædvanligt i Paulus' breve anført som medafsender af dette brev? Svaret er, at Timotheus ikke var til stede, da 1 Kor. blev skrevet, men allerede havde påbegyndt en rejse på Paulus' vegne – en rejse, der fra Efesos også ville føre ham til Korinth (1 Kor 4,17; 16,10-11), om end altså ikke som overbringer af brevet, som han først senere fik kundskab om. Omvendt var Timotheus hos Paulus, da 2 Kor. blev skrevet (2 Kor 1,1), men som vi véd, var det heller ikke ham, der bragte dette brev til Korinth; det gjorde derimod igen Titus (2 Kor 8,6.16).

Grunden til, at tårebrevet blev skrevet, var den, at Paulus havde lovet at komme på besøg (1 Kor 4,18-21), men senere besluttede at udsætte dette besøg og at skrive 1 Kor. (tårebrevet) som en foreløbig erstatning derfor. 2 Kor. giver os svaret på, hvorfor Paulus besluttede at udsætte sit besøg: han skrev tårebrevet for at undgå at skulle aflægge et ubehageligt besøg (2 Kor 2,1 ff.; jfr. 7,8 ff.). Noget må derfor være sket, ikke mellem 1 og 2 Kor. (»mellembegivenhed«), men forud for 1 Kor., som kan forklare, hvorfor Paulus valgte at udsætte det lovede besøg. Hvad kunne dette 'noget' være?

Kun ét svar synes at være muligt på dette spørgsmål: ankomsten i Efesos af Chloës folk og udbredelsen af rygterne, som de medbragte, om den korinthiske situation (1 Kor 1,11; jfr. 5,1; 11,18). Var det ikke sket, kunne Paulus være rejst til Korinth som lovet og dér have mødt Timotheus som aftalt med ham før hans afrejse fra Efesos (4,17.18-21). Nu måtte Timotheus, ydmyget på grund af sit hidtidige ukendskab til brevet, vende tilbage til Efesos, som han fik besked på efter Titus' uventede ankomst med brevet (16,11); senere blev Timotheus rehabiliteret gennem Paulus' udtrykkelige omtale af ham i det næste brev (2 Kor 1,1.19).

Uden endnu at afsløre, at han ville ændre sin rejse, omtaler Paulus den oprindelige rejseplan i 1 Kor 4,17.18-21: at Timotheus allerede var rejst til Korinth (dog ikke direkte, fordi han i så fald ville ankomme før brevet selv), og at Paulus ville følge efter. Paulus vender tilbage til denne rejseplan en gang til, i 2 Kor 1,15-16, hvoraf det fremgår, at han oprindelig havde til hensigt at besøge Korinth to gange: på vej til Makedonien og igen på tilbagerejsen derfra. Vi kan heraf se, at Paulus havde aftalt med Timotheus at mødes i Korinth og rejse derfra sammen med ham til Makedonien; efter besøget dér, i Filippi, ville han og Timotheus så nok en gang komme til Korinth. Rigtigheden af denne rekonstruktion af den oprindelige rejseplan bekræftes til fulde af Fil 2,19-23.24: Timotheus vil besøge Filippi (nemlig på vej fra Efesos gennem provinsen Asia til Makedonien og derfra videre til Korinth), og Paulus er overbevist om også selv snart at kunne komme på besøg i Filippi (nemlig via Korinth, og med Timotheus som sin rejseledsager). Resultat: 1 Kor 4,17.18-21 = 2 Kor 1,15-16 = Fil 2,19-23.24 [140].

De oprindelige rejseplaner for Timotheus, henh. Paulus blev som nævnt ændret, og Paulus afslører dette ved slutningen af 1 Kor., et brev skrevet ved forårstid (1 Kor 5,7; 16,8) – men selvfølgelig: allerede det forhold, at han skrev 1 Kor., antyder en eller anden ændring af den oprindelige rejseplan. Han afslører det imidlertid først ved slutningen af brevet: at han ikke vil rejse direkte til Korinth, men vil besøge Makedonien først, og først efter besøget dér vil han komme til Korinth, hvor han til gengæld agter at tilbringe den kommende vinter (1 Kor 16,5-9); følgelig må Timotheus ved sin ankomst til Korinth have besked

---

140. Jfr. Min *Chronologie*, s. 18-26 og s. 27-42; se også Golla, *Zwischenreise u. Zwischenbrief*, s. 29 ff. Se også foran, ved n. 33.

III.6.i. *Fortællingen i den korinthiske korrespondance* 251

om at vende tilbage til Efesos (16,10-11). Den nye rejseplan blev nu faktisk også gennemført, som det fremgår af 2 Kor.: Timotheus var vendt tilbage til Efesos, og ledsaget af ham drog Paulus fra Efesos til Troas og derfra til Makedonien (2 Kor 1,8 ff.; 2,12 f.; 7,5 ff.), hvor han, efter Titus' ankomst fra Korinth (7,6 ff.) og under Timotheus' tilstedeværelse (1,1), skrev det nye brev, hvori han fornyede det gamle løfte om et besøg (12,14.21; 13,1 f.). Det var allerede efterår (8,10; 9,2), så at det forestående besøg i Korinth ville blive et vinterbesøg i overensstemmelse med den ændrede rejseplan (1 Kor 16,6).

I 1 Kor 5,9 omtaler Paulus et brev, han tidligere havde skrevet til de korinthiske kristne, men som efter hans mening enten var blevet misforstået eller misfortolket af korintherne og derfor måtte korrigeres af Paulus selv i 1 Kor 5,11 ff. Spørgsmålet er, hvem der havde bragt Paulus oplysningen om misforståelsen eller misfortolkningen af dette tidligere brev. Adskillige muligheder kan overvejes: 1) den korinthiske delegation, som bestod af Stefanas, Fortunatus og Achaikos og besøgte Paulus i Efesos, og som omtales af Paulus selv (1 Kor 16,17; jfr. 1,16); 2) de personer, der bragte Paulus det korinthiske brev med dets mange spørgsmål (7,1 – se videre nedenfor); 3) Chloës folk (1,11); 4) Sosthenes og/eller Apollos, som begge havde været i Korinth, men nu var hos Paulus i Efesos (1,1.12; 3,4-23; 4,6; 16,12); eller 5) korinthernes eget brev (7,1) med dets mulige spørgsmål også om meningen med Paulus' tidligere brev.

For at besvare spørgsmålet må det tages i betragtning, at Paulus' tidligere brev muligvis havde noget at gøre med grunden til, at han besluttede at udsætte sit besøg og som en foreløbig erstatning herfor skrev 1 Kor.; dette peger i retning af 3), Chloës folk, som dem, der havde oplyst Paulus om korinthernes misforståelse eller misfortolkning af det tidligere brev. Men for at underbygge denne formodning er det også nødvendigt at overveje, hvem Paulus kan have sendt til Korinth med det tidligere brev. Også her frembyder der sig adskillige muligheder: 1) den korinthiske delegation, da den vendte tilbage til Korinth fra

Efesos; 2) Chloës folk – men de var først ankommet umiddelbart før affattelsen af 1 Kor.; 3) Sosthenes – men han blev formodentlig ikke sendt til Korinth af Paulus, da han først for nylig var kommet derfra og var hos Paulus, da 1 Kor. blev skrevet; og 4) Apollos – men intet peger på, at Paulus bad ham om at bringe dette brev til Korinth. Derfor må det havde været 1), den korinthiske delegation, der bragte Paulus' tidligere brev til Korinth, da den vendte tilbage efter besøget hos Paulus i Efesos.

Med andre ord: Paulus skrev det tidligere brev (1 Kor 5,9) under Stefanas', Fortunatus' og Achaikos' ophold i Efesos, de modtog det af Paulus under deres besøg hos ham og afleverede det ved deres hjemkomst. Det er derfor udelukket, at korinthernes brev (1 Kor 7,1) har indeholdt et spørgsmål om dette tidligere Paulusbrev.

Hvad angår den mulige identifikation af det tidligere brev, foreligger der to muligheder: 1) enten er det gået tabt, 2) eller også er en del af det bevaret i 2 Kor 6,14-7,1. Jeg hælder mest til den anden af disse to muligheder, fordi 2 Kor 6,14-7,1 a) tydeligvis afbryder den omgivende sammenhæng i 2 Kor. og af en eller anden »teknisk« grund er blevet fejlanbragt i håndskriftoverleveringen [141], b) i sit indhold, som har med adskillelsen af troende og ikke-troende at gøre [142], svarer for-

---

141. Anderledes Gordon D. Fee, II Corinthians vi. 14-vii. 1 and Food offered to Idols, New Testament Studies 23 (1976-77), s. 140-161; Margaret E. Thrall, The Problem of II Cor. vi. 14-vii. 1 in some recent discussions, New Testament Studies 24 (1977-78), s. 132-148; Jerome Murphy-O'Connor, Relating 2 Corinthians 6. 14-7. 1 to its Context, New Testament Studies 33 (1987), s. 272-275; G. K. Beale, The Old Testament Background in 2 Corinthians 5-7 and its Bearing on the Literary Problem of 2 Corinthians 6. 14-7. 1, New Testament Studies 35 (1989), s. 550-581, især s. 566 ff.
142. Anderledes G. W. H. Lampe, Church Discipline and the Interpretation of the Epistles to the Corinthians, i: *Christian History and Interpretation*, 1967 (se foran, III.1.), s. 337-361, dér s. 343. Lampe mente, at 2 Kor 6,14-7,1 nok kunne være en del af det tidligere Paulusbrev og handlede om blandede ægteskaber med ikke-troende (hvad så med 1 Kor 7,12-16?), men at denne del af det tidligere brev ikke var omhandlet i 1 Kor 5,9 ff., da Paulus udtrykkeligt

III.6.i. *Fortællingen i den korinthiske korrespondance* 253

bavsende godt til sammenhængen i 1 Kor 5,1 ff., og c) ved første øjekast kan være blevet forstået, som om Paulus bad de korinthiske kristne om intet som helst at have med ikke-troende at gøre [143]. Dette spørgsmål er dog ikke væsentligt.

1 Kor 7,1 viser, at korintherne i et brev havde stillet Paulus en række spørgsmål af betydning for menigheden i Korinth. I selve 1 Kor. besvarer Paulus de stillede spørgsmål, om end det skal bemærkes, at han ikke havde til hensigt at svare på dem alle, men udsatte besvarelsen af nogle af dem, til han selv kom (11,34). På spørgsmålet om, hvem der havde overbragt Paulus dette brev, har der oftest været svaret, at det havde den korinthiske delegation gjort (ligesom den også skal have bragt 1 Kor.

---

hævder, at hans tidligere instrukser intet havde at gøre med forholdet mellem troende og ikke-troende. Denne forståelse er ikke overbevisende; jfr. John M. G. Barclay, Thessalonica and Corinth: Social Contrasts in Pauline Christianity, Journal for the Study of the New Testament 47 (1992), s. 49-74, dér s. 59, n. 16.

143. Sellin mener, at det tidligere brev (A) stadig kan rekonstrueres ved hjælp af tekster i selve 1 Kor.: 11,2-34; 5,1-8; 6,12-20; 9,24-10,22 og 6,1-11; derefter kom korinthernes brev med spørgsmålene vedrørende dette tidligere brev, og så Paulus' svarbrev (B), »temabrevet«: 5,9-13; 7,1-40; 8,1-9,23; 10,23-11,1 og 12,1-16,24; dernæst kom Paulus' brev om splittelserne (C): 1,1-4,21. Se Sellin, ZNW 73 (1982), s. 72 med n. 9; samme, *Auferstehung*, s. 49-53; samme, Hauptprobleme des Ersten Korintherbriefes, i: *Aufstieg und Niedergang der römischen Welt*, II/25.4, Berlin – New York 1987, s. 2940-3044, dér s. 2964 ff. Det er klart, at Sellin med denne delingshypotese må tage afstand fra enhver tanke om, at 2 Kor 6,14-7,1 var en del af det tidligere brev. Han betragter derfor denne tekst som en ikke-paulinsk interpolation (men sml. 2 Kor 6,16 med 1 Kor 3,16-17!). Det samme er tilfældet hos Joseph A. Fitzmyer, Qumran and the Interpolated Paragraph in 2 Cor. 6: 14-7: 1, Catholic Biblical Quarterly 23 (1961), s. 271-280 = samme, *Essays on the Semitic Background of the New Testament*, London 1971, s. 205-217; Joachim Gnilka, 2 Kor 6,14-7,1 im Lichte der Qumranschriften und der Zwölf-Patriarchen-Testamente, i: J. Blinzler/O. Kuß/F. Mußner, edd., *Neutestamentliche Aufsätze für Prof. Josef Schmid*, Regensburg 1963, s. 86-99; Hans Dieter Betz, 2 Cor 6:14-7:1: An Anti-Pauline Fragment? Journal of Biblical Literature 92 (1973), s. 88-108; samme, *Galatians. A Commentary on Paul's Letter to the Churches in Galatia* (Hermeneia. A Critical and Historical Commentary on the Bible), Philadelphia 1979, s. 329 f.

med hjem og dermed blot have fungeret som postbude). Men det kan ikke være rigtigt. Dels er delegationen ikke omtalt i 1 Kor 7,1. Dels kunne delegationen mere passende have præsenteret spørgsmålene mundtligt og bragt svarene med tilbage mundtligt – alle tre delegater, med Stefanas som deres leder, ville jo være garanter for spørgsmålenes og svarenes korrekthed. At Chloës folk skulle have bragt det korinthiske brev til Efesos, er utænkeligt og udelukker derfor sig selv. Tilbage bliver alene den mulighed, at det var Sosthenes, der bragte brevet med sig, da han kom til Efesos. Paulus havde til hensigt at besvare spørgsmålene, når han, som han tænkte, snart kom til Korinth, og det fortalte han også delegationen; men omstændighederne, der skyldtes informationerne, som Chloës folk bragte Paulus, tvang ham til ikke straks at besøge Korinth, og i 1 Kor. besvarer han derfor de vigtigste af de spørgsmål, der var stillet i korinthernes brev. At korinthernes brev blev bragt ham af Sosthenes, får en stærk bekræftelse gennem det forhold, at netop Sosthenes figurerer som medafsender af det brev, der indeholder svarene på de vigtigste af de stillede spørgsmål.

Den korinthiske delegation (1 Kor 16,17-18) havde altså hverken bragt korinthernes brev til Efesos (det gjorde Sosthenes) eller bragt Paulus' 1 Kor. med tilbage (det gjorde Titus). De havde derimod haft Paulus' korte, tidligere brev, omtalt i 1 Kor 5,9, med tilbage til Korinth. Under deres ophold hos Paulus i Efesos havde de desuden fået oplyst, at Timotheus og Paulus snart ville komme på besøg (den oprindelige rejseplan), og at Paulus ved den lejlighed ville besvare spørgsmålene i brevet fra Korinth; endelig var de blevet spurgt, om den korinthiske menighed ville deltage i indsamlingen til Jerusalem – i virkeligheden var denne indsamling hovedformålet med Timotheus' og Paulus' planlagte rejser.

Havde delegationen fra Korinth så kun aflagt Paulus et høflighedsbesøg? Langtfra! De havde besøgt Paulus, fordi han var i fængsel, ligesom også Epafroditos havde været sendt fra Filippi til Paulus under det samme fængselsophold i Efesos (Fil

III.6.i. *Fortællingen i den korinthiske korrespondance* 255

2,25 ff.; 4,18). Dette var grunden til, at den korinthiske delegation havde besøgt Paulus.

I 1 Kor 7,1 begynder Paulus at besvare de spørgsmål, korintherne havde stillet ham i deres brev. I det mindste på dette sted i 1 Kor., om ikke før, må det være blevet de korinthiske læsere klart, at den oprindelige rejseplan, som Paulus havde informeret delegationen om, ville blive ændret.

Det antages i almindelighed, at Paulus' svar dækker det meste af resten af 1 Kor., omfattende samtlige afsnit indledt med formlen *perì dé*, dvs. 1 Kor 7,1.25; 8,1.4; 11,2 (?); 12,1; 16,1.12. Dette ville så kunne bruges i en rekonstruktion af det korinthiske brev og dermed også i rekonstruktionen af oprindelsen til 1 Kor. og Paulus' tidligere brev [144].

Men denne antagelse er ikke holdbar. I 2 Kor 9,1 er den samme *perì dé*-konstruktion ikke brugt som indledning til besvarelsen af noget spørgsmål overhovedet, og det er heller ikke tilfældet med de tre forekomster i 1 Thess 4,9.13 og 5,1 (eller med *hypèr dé*-passagen i 2 Thess 2,1, der viser tilbage til 1 Thess 4,14) [145]. Korintherne har næppe spurgt i et brev, dvs. skriftligt, om Apollos ville komme på besøg (1 Kor 16,12). Snarere kunne delegationen have spurgt Paulus herom, og Paulus kunne straks have svaret; eller måske tillod situationen, som Paulus befandt sig i, ikke noget øjeblikkeligt svar? Under alle omstændigheder viser en nøjere betragtning af 1 Kor 16,12, at der slet ikke er tale om noget spørgsmål, som korintherne havde stillet angående Apollos, men udelukkende om en information fra Paulus' side om, at Apollos ikke vil være at finde

---

144. F.eks. Hurd, *Origin*, 1965 (se foran, III.1.ii., n. 2), s. 213-239: 'The Contents of Paul's Previous Letter'; Sellin, *Auferstehung*, s. 49 ff.
145. Se også E. Baasland, Die *perí*-Formel und die Argumentation(ssituation) des Paulus, Studia Theologica 42 (1988), s. 69-87; Margaret M. Mitchell, Concerning *perì dé* in 1 Corinthians, Novum Testamentum 31 (1989), s. 229-256.

blandt de brødre, der kommer til Korinth og bringer 1 Kor. med sig.

Tilsvarende gælder det om indsamlingen til Jerusalem (1 Kor 16,1), at der næppe har foreligget et skriftligt formuleret spørgsmål fra korinthisk side herom. Hvis der havde, måtte nogen jo allerede have informeret korintherne om den kommende indsamling, før de skrev deres eget brev til Paulus; Paulus kunne ganske vist selv have informeret dem om indsamlingen i sit tidligere brev, men som vi har set, blev dette formodentlig kun korte brev først skrevet, da de korinthiske delegater var hos Paulus i Efesos. Altså havde korintherne ikke spurgt om indsamlingen, men det, der foreligger, er simpelt hen Paulus' egen instruktion om sagen. Temaet rejses af Paulus selv på grundlag af hans egen, tidligere information herom til delegationen, da den besøgte ham i fængslet i Efesos.

Hvad der i 1 Kor. med sikkerhed kan henføres til besvarelsen af det korinthiske brev, er således kun 1) om ægteskab, skilsmisse osv. (1 Kor 7,1-40), 2) om afgudsofferkød (8,1-11,1) og 3) om de karismatiske præstationer (12,1-14,40) med 4) kommentarerne om kvinders deltagelse i gudstjenesten (11,2-16) som en kun fjern mulighed. Det kan dog ikke udelukkes, som Paulus' bemærkning i 11,34 antyder, at også 5) formaningerne om nadveren (11,17-34; jfr. 10,16-21) udgør et svar på et spørgsmål i korinthernes brev; at Chloës folk muligvis havde berettet om usædvanlige forhold ved nadveren, udelukker ikke denne mulighed.

Vi har set, at Paulus havde været i fængsel i Efesos, før han skrev 1 Kor. ved forårstid [146]; sandsynligvis havde han været fængslet hele vinteren og havde nu fået husly hos Aquila og Priscilla (1 Kor 16,19; jfr. Rom 16,3-4). Efter frigivelsen fra

---

146. Se 1 Kor 15,32 og 2 Kor 1,8; det må fremhæves, at Paulus i 2 Kor 1,8 ikke oplyser de korinthiske kristne om et fængselsophold, han havde været igennem (han taler jo om »trængslen i Asia« som noget, de véd i forvejen), men om dette fængselsopholds hårdhed. Se i øvrigt foran, III.1.iv., n. 31.

III.6.i. *Fortællingen i den korinthiske korrespondance* 257

fængslet, men endnu før affattelsen af 1 Kor. og den dermed sammenhængende ændring af den oprindelige rejseplan ser det ud til, at Paulus har besøgt menighederne i det indre af provinsen Asia – ellers kan de hilsener, der sendes fra dem (1 Kor 16,19), næppe forklares. Filem 22, skrevet under fængselsopholdet i Efesos, fortæller da også, at Paulus agtede sig til Kolossæ, hvor Filemon boede, og det med Timotheus som ledsager (Filem 1). Det er her, Gal. hører hjemme. Dette brev viser, at også Titus var hos Paulus, da det blev skrevet (Gal 2,3; jfr. 1,2: »alle brødrene hos mig« [147]). Når Paulus ikke selv kom til Galatien, men måtte skrive i stedet for (jfr. Gal 4,13.20), skyldtes det hans fysiske tilstand efter det netop overståede fængselsophold (jfr. Gal 6,17). Gal. blev således skrevet i Kolossæ og bragt til Galatien af Timotheus og brødrene (medafsendernes anonymitet bør bemærkes – de var også overbringere af brevet); de instruerede også galaterne mundtligt om indsamlingen til Jerusalem – der findes ingen instruktion herom i selve Gal., kun omtalen af, at den var blevet vedtaget på apostelmødet (Gal 2,10) – og rapporterede om deres besøg, da de kom tilbage til Paulus. Paulus vendte derpå tilbage til Efesos sammen med Titus, mens de andre brødre, anført af Timotheus, drog videre gennem Asia til Makedonien. Her er ordene i 1 Kor 16,1 af betydning: »Angående indsamlingen til de hellige skal også I gøre, som jeg har pålagt (*diétaxa*) menighederne i Galatien.« De indicerer nemlig, *hvornår* Gal. blev skrevet: i det korte tidsrum, der gik mellem Paulus' frigivelse fra fængselsopholdet i Efesos og affattelsen af 1 Kor. i samme by [148].

Hvad endelig Apollos angår, har han ligesom andre dengang haft rejseledsagere med sig til og fra Korinth. Men det er be-

---

147. Jfr. Udo Borse, *Der Standort des Galaterbriefes* (Bonner Biblische Beiträge, 41), Köln 1972, s. 44; s. 53; s. 149, n. 587; min *Chronologie*, s. 6; s. 77.
148. Jfr. min *Chronologie*, s. 64-75: 'Paulus und die Galater'; Paulus' Galaterbrev i hans *annus mirabilis*, Dansk Teologisk Tidsskrift 52 (1989), s. 106-109.

mærkelsesværdigt, at kun Sosthenes, ikke Apollos, er anført som medafsender af 1 Kor., og at der ikke sendes nogen hilsen i brevet fra Apollos; det antyder en vis distance mellem Paulus og Apollos på brevets affattelsestid [149]. Senere, i 2 Kor., omtales Apollos slet ikke; det er derfor ikke muligt, at han var en af de to unavngivne personer, der ledsagede Titus under hans andet besøg i Korinth (2 Kor 8,18 ff.). Under sit første besøg i Korinth var Titus heller ikke ledsaget af Apollos (1 Kor 16,12!); han kan derfor heller ikke identificeres med den ene unavngivne broder, der havde ledsaget Titus første gang og omtales i 2 Kor 12,18.

ii. *Den korinthiske krise*
Sædvanligvis defineres et antikt brev som den ene halvdel af en dialog, hvis anden halvdel den moderne læser, som ikke på forhånd kender brevsituationen, har til opgave at rekonstruere. Det interessante ved antikke breve er imidlertid snarere det ofte oversete forhold, at brevet som sådant udgør én begivenhed i en række af begivenheder, som brevet handler om [150]. Efter at adressaten har modtaget et brev, er verden blevet anderledes, end den var før. At forstå et brev som en begivenhed, der indtager sin plads i en hel række af begivenheder, er afgørende for en historiker. Et besøg udsættes, eller planen om et besøg opgives, og et brev skrives i stedet som en måske kun foreløbig erstatning for besøget. Udsættelsen eller opgivelsen af et besøg

---

149. Jfr. Pétrement, *Le Dieu séparé*, s. 374: »Lorsque Paul parle de la décision qu'a prise Apollos de ne pas retourner prochainement à Corinthe, il en parle au passé, ce qui semble indiquer qu'il ne le rencontrait pas souvent. («Ce n'était pas du tout sa volonté ...» S'il l'avait rencontré souvent, ne dirait-il pas «Ce n'est pas du tout sa volonté»?)« Denne argumentation er imidlertid usikker, da det i 1 Kor 16,12 kunne dreje sig om en slags »brevaorist«.
150. Se Norman R. Petersen, *Rediscovering Paul: Philemon and the Sociology of Paul's Narrative World*, Philadelphia 1885, s. 53-65: 'On the Sociology of Letters'; Abraham J. Malherbe, *Ancient Epistolary Theorists* (Society of Biblical Literature Sources for Biblical Study, 19), Atlanta 1988.

III.6.ii. *Den korinthiske krise*

så vel som brevet skrevet i stedet for er i sig selv begivenheder. Hvilket tab for eftertiden ville det ikke have været, hvis Paulus ikke havde udsat sit besøg i Korinth!

Den første iagttagelse, der skal gøres, er den, at Paulus til trods for sit løfte om et besøg afstår fra at komme og møde den korinthiske krise personligt. Tværtimod skriver han et brev, 1 Kor., hvormed han søger at løse problemerne på afstand, med den ulempe, at han ikke véd, om han vil have heldet med sig eller ikke; det vil han først få at vide, når Titus vender tilbage fra sit besøg i Korinth og møder ham i Makedonien (2 Kor 2,13; 7,5 ff.).

At Paulus ikke selv møder op, medfører endnu en ulempe: at han fremstår som en, der mangler personlig autoritet og over for sin korinthiske menighed i det mindste for en tid må indrømme, at han er svag (1 Kor 4,10; 2 Kor 11,21.30; 12,5.9-10) og ikke behersker situationen. Han er blevet et »teater« for alle (1 Kor 4,9), og han véd det. Hvordan skal han kunne skaffe sig myndighed igen?

Det er næppe tilfældigt, at dér, hvor Paulus i 1 Kor. først omtaler sit løfte om at komme og sin oprindelige rejseplan (1 Kor 4,18-21), også er dér, hvor han er på nippet til at afsløre, at han vil ændre rejseplanen og udsætte sit besøg. Da han skrev herom, ja, da han skrev brevet, havde han i virkeligheden allerede ændret rejseplanen. Men da han må holde læserne hen, til de har læst brevet til ende, meddeler han først ændringen af sin rejseplan ved brevets slutning (1 Kor 16,5-9).

Det betyder, at Paulus' henvisning til sit løfte om besøget – et løfte, der snarere bliver en trussel (1 Kor 4,19) – og til rejseplanen findes på et betydningsfuldt sted i brevet som helhed: ved slutningen af brevets første del (1,10-4,21) og ved overgangen (5,1-6,20) til den del af brevet, hvor han begynder at besvare de spørgsmål, korintherne havde stillet ham i deres brev (7,1 ff.). Alt andet i brevet end netop de fire første kapitler kunne Paulus uden større besvær have fortalt korintherne mundtligt. Men indholdet af kap. 1-4 kunne han kun meddele skriftligt, i et brev, og det ville ikke være rigtigt at hævde, at denne del af brevet indeholder, hvad Paulus ville have sagt, hvis han havde været personligt til stede. Det er ikke en erstatning for hans tilstedeværelse, men for hans fravær. Med andre ord: 1 Kor 4,18-21 markerer afslutningen af den del af brevet, der indeholder grunden til, at han afstod fra at komme og skrev brevet i stedet herfor. Grunden er indlysende de splittelser eller rettere: den splittelse i den korinthiske menighed, som Chloës folk berettede om (1,10 ff.).

Formen af denne del af brevet svarer til indholdet: »Men jeg formaner jer, brødre, ved vor Herre Jesu Kristi navn ...« (1,10; jfr. de næsten identiske ord i 2 Kor 10,1), som betyder, at 1 Kor., eller i det mindste de fire første kapitler, antager karakteren af et strengt formaningsbrev – i hvert fald er det ikke et venskabsbrev (jfr. foran, om karakteren af 1 Kor. som et »tårebrev«).

Der findes intet andet brev i *corpus Paulinum*, der ligner 1 Kor. i form. Det begynder med formaninger og slutter med at meddele udsættelsen af et besøg. Der er intet i 1 Kor., der peger på en forud lagt disposition med to dele: 1) teologi, belæring eller teori og 2) applikation, formaning eller praksis, som det kan findes i f.eks. Romerbrevet (Rom 1-8 eller -11 og 12-15), eller endog i Galaterbrevet (Gal 1-4 og 5-6), og i græsk populær filosofi. Tværtimod er Paulus' strategi en desperat strategi. Hvad den galatiske krise angår, havde Paulus til hensigt selv at komme, om end han blev forhindret; men den korinthiske krise vovede han ikke at blive personligt konfronteret med, før korintherne havde underkastet sig hans vilje, og det tog ham to hele breve at få dem til det.

Som 1 Kor. begynder med en alvorlig formaning, således slutter 2 Kor. Og nøjagtig på samme måde, som 1 Kor 1,10-4,21 ikke var skrevet som en erstatning for Paulus' manglende tilstedeværelse, men som en erstatning for det fravær, han havde besluttet sig for, således er også 2 Kor 10,1-13,13 skrevet som en erstatning for hans bevidst besluttede fravær. Det fremgår af ordene ved brevets slutning: »Jeg skriver dette i mit

III.6.ii. *Den korinthiske krise* 261

fravær for ikke at tvinges til, når jeg er til stede, at bruge strenghed efter den autoritet, som Herren har givet mig til at bygge op med, ikke til at bryde ned med« (2 Kor 13,10; jfr. 10,8). Paulus kunne næppe have udtrykt sig tydeligere. Men han vover ikke at vise sig i Korinth, før han er sikker på ikke at skulle bortvise et betragteligt antal af menighedens medlemmer og dermed risikere at skulle erklære den korinthiske menighed for ikke-eksisterende. Han gør sig derfor al mulig anstrengelse for at underkaste korintherne sin vilje, før han selv kommer. Måske håber han, at Titus, som også denne gang bringer brevet til Grækenland, kan udvirke det mål af forsoning, Paulus ikke selv er i stand til at etablere [151]; i hvert fald kan man forestille sig Titus og hans to rejseledsagere som stødpuder mellem Paulus' breve og menigheden i Korinth.

Som den litterære form viser, findes 2 Kor.s afgørende indhold i 2 Kor 10,1-13,13. Disse sidste fire kapitler er derfor også den del af brevet, som indeholder grunden til, at brevet som helhed blev skrevet, og som ikke kunne meddeles mundtligt, men kun kunne kommunikeres skriftligt. At dette faktisk er tilfældet, bekræftes til fulde af de andre dele af brevet. Hele 2 Kor 1-7 er »kun« optakt eller indledning og udgør ikke i sig selv et brev [152]. Og heller ikke når 2 Kor 8-9 tages med i be-

---

151. Jfr. Petersen, *Rediscovering Paul*, s. 117.
152. Som analogi til 2 Kor 1-7 kan 1 Thess 1-3 nævnes. I begge tilfælde har vi med optakter til breve, som endnu ikke er afsluttede, at gøre, og i begge tilfælde optager optakterne mere end halvdelen af brevets omfang. Desuden trækker Paulus i begge tilfælde, i disse optakter, den historiske sammenhæng helt tilbage fra den pågældende menigheds grundlæggelse frem til det øjeblik, da brevet skrives. Endelig har Paulus i begge tilfælde på sine egne vegne sendt en medarbejder, som vender tilbage med gode nyheder – i 1 Thess.: Timotheus (1 Thess 3,1-5.6 ff.), i 2 Kor.: Titus (2 Kor 7,6 f.; jfr. 8,6); sml. især 1 Thess 3,6 og 2 Kor 7,7. En bekræftelse på rigtigheden af denne analyse af 1 Thess. kan findes i Paulus' brug af 'tro – kærlighed – håb' i 1 Thess 1,3 (jfr. Kol 1,4 f.), afbrudt i 3,6: 'tro – kærlighed' (jfr. 3,10: »manglerne ved jeres tro«), og i 4,13: berøvet for 'håb', men retableret i 5,8: 'tro – kærlighed – håb'. Jfr. min *Auferstehung Christi – Auferstehung der Toten* (1 Thess. 4,13-18), 1980 (se

tragtning, foreligger der endnu noget færdigt brev, eftersom det er indlysende, at et brev umuligt kan ende med disse to kapitler om indsamlingen til Jerusalem – allermindst da, når kap. 1-7 er anbragt som deres optakt. Først med kap. 10-13 finder brevet sin afslutning.

Således udgør 1 og 2 Kor. en litterær helhed. 1 Kor 1-4 og 2 Kor 10-13 indeholder de ord, som umuligt kunne have været sagt ansigt til ansigt, men kun kunne skrives i breve. Disse dele af de to breve, begyndelsen af det første og slutningen af det sidste, svarer til hinanden i henseende til form, indhold og litterær strategi.

Gerd Theißen har i studier siden 1974 givet en sociologisk forklaring på splittelsen i den korinthiske menighed [153]. Han mente at kunne konstatere en konflikt mellem rige og fattige, mellem socialt stærke og socialt svage personer. Paulus' udsagn i 1 Kor 1,26 om, at der ikke fandtes mange 'vise, stærke og ædle' blandt de korinthiske kristne blev forstået bogstaveligt i den forstand, at der kun var få af dem, men det faktum, at de var nævnt, pegede på den anden side i retning af deres betydning og indflydelse. I et afsnit, hvor Paulus ser ud til at henvende sig til hele menigheden, 4,9-13, taler han om, at de er

---

foran, II.7.), især s. 123. Bemærk, at den velkendte, men ikke oprindelige rækkefølge 'tro – håb – kærlighed' i Det nye Testamente kun findes i 1 Kor 13,13.
153. Gerd Theißen, *Studien zur Soziologie des Urchristentums* (Wissenschaftliche Untersuchungen zum Neuen Testament, 19), 2., erweiterte Aufl., Tübingen 1983 (jfr. samme, *The Social Setting of Pauline Christianity: Essays on Corinth*, ed. and trans. John H. Schütz, Philadelphia – Edinburgh 1982; samme, *Sociology of Early Palestinian Christianity*, trans. J. Bowden, Philadelphia 1978). Jeg henviser især til følgende *Studien/Essays*: 'Legitimation und Lebensunterhalt: ein Beitrag zur Soziologie urchristlicher Missionare', 1975 (s. 201-230), 'Soziale Schichtung in der korinthischen Gemeinde. Ein Beitrag zur Soziologie des hellenistischen Urchristentums', 1974 (s. 231-271), og 'Die Starken und Schwachen in Korinth. Soziologische Analyse eines theologischen Streites', 1975 (s. 272-289), som alle er oversat til engelsk i: *The Social Setting of Pauline Christianity*.

III.6.ii. Den korinthiske krise

'kloge, stærke og respekterede;' men en nærmere betragtning afslører, at denne karakteristik er næsten præcist den samme som den, der var brugt tidligere i brevet (1,26). Paulus henvender sig derfor ifølge Theißen ikke til hele menigheden, men kun til de vise, stærke og ædle, og det er dem, der er ansvarlige for splittelsen i menigheden [154].

Med andre ord: Paulus' fremhævelse af de korinthiske kristnes lave sociale status blev tillagt den omtrent modsatte betydning og brugt til at vise, at der fandtes slet ikke så få rige og indflydelsesrige kristne i Korinth [155]; en af disse var ifølge Gerd Theißen kvæstoren og senere ædilen Erastos, der kendes fra en korinthisk indskrift og af Theißen identificeres med korintheren Erastos i Rom 16,23 [156]. Konflikten mellem de svage (1 Kor 8,7.9.11.12; 9,22) og de stærke (1,26; 4,10) blev betragtet som en social konflikt mellem fattige og rige [157]. Kun de rige var ejere af huse, hvor de troende kunne forsamles (11,22), og kun de rige medlemmer af menigheden tillod sig at spise afgudsofferkød (8,4 ff.). Hele konflikten skyldtes de sociale forskelle og modsætninger inden for menigheden.

---

154. Theißen, *Studien zur Soziologie*, s. 228: »In der Parteienfrage sind die wenigen 'Weisen, Einflußreichen und Hochangesehenen' (i. 26) die Adressaten des Paulus. Und wenn er in I Cor. iv. 9-13 seine eigene Situation mit der der Korinther kontrastiert – genauer mit derjenigen der 'klugen', der 'starken' und 'angesehenen' Korinther (iv. 10) – so führt er wohl nicht zufällig auch seine Handwerksarbeit auf, als gebe es unter den angeredeten Korinthern Christen, die sich nicht mit eigenen Händen ihren Lebensunterhalt verdienen mußten. Wie aus dem Kontext (I Cor. iii. 18 - iv. 9) hervorgeht, sind die für die Parteibildungen Verantwortlichen angeredet.«
155. Theißen, *Studien zur Soziologie*, s. 234: »Wenn Paulus nun sagt, es gebe nicht viele Weise, Einflußreiche und Vornehme in der korinthischen Gemeinde, so steht ja eins fest: daß es einige gegeben hat.« Jfr. Dieter Säger, Die *dynatoí* in 1 Kor 1,26, Zeitschrift für die neutestamentliche Wissenschaft 76 (1985), s. 285-291: de 'stærke' forstås som de rige.
156. Theißen, *Studien zur Soziologie*, s. 236-245.
157. Jfr. Theißen, *Studien zur Soziologie*, s. 272-289.

Der kan ikke være tvivl om, at der på 1 (og 2) Kor.s affattelsestid bestod en alvorlig konflikt i den korinthiske menighed med tilsyneladende sociale implikationer, og at det delikate spørgsmål om penge også var involveret, både i den i Korinth omdiskuterede indsamling til Jerusalem og i den økonomiske understøttelse af Paulus – som han nægtede at modtage – og af de såkaldte »overapostle«.

Men mindst fire problemer er hverken berørt eller løst af Gerd Theißens undersøgelser. 1) Paulus kalder i modsætning til korintherne sig selv 'svag' (1 Kor 4,10; jfr. 2,3). Han kontrasterer her ikke en stærk fløj i Korinth med en svag, men sig selv som svag med korintherne som stærke (se også 2 Kor 11,21). 2) Splittelsen i den korinthiske menighed fandtes ikke, da Paulus med Silvanus og Timotheus som sine medarbejdere grundlagde menigheden (2 Kor 1,19), og den fandtes heller ikke, da han forlod byen. Splittelsen opstod først siden hen, men havde ikke været til stede fra begyndelsen. 3) Stefanas og hans hus (1 Kor 1,16; 16,15 ff.) tilhørte åbenbart den indflydelsesrige og relativt velstående del af menigheden i Korinth. Men Stefanas var, som Paulus udtrykkeligt siger, den første person, der var blevet kristen i Korinth, og det var Paulus selv, der havde døbt ham og hans hus (1,16; 16,15; jfr. Rom 16,5 om Epainetos). Stefanas kan derfor ikke have været ansvarlig for splittelsen i Korinth, og tilstedeværelsen af »rige« og »fattige« må have været synlig fra første færd. 4) Paulus bruger begrebet 'rigdom' (*ploûtos*: 1 Kor 1,5; 4,8) på en bemærkelsesværdig måde, nemlig ikke i materiel eller økonomisk forstand, men i »åndelig« forstand. Det er derfor højst tvivlsomt, om de stærke og indflydelsesrige personer, der var ansvarlige for splittelsen i Korinth, også var velstående eller endog rige.

Den sociologiske forklaring på den korinthiske krise er ikke holdbar. I stedet peger jeg på det allerede fremholdte forhold, at menigheden i Korinth endnu ikke var splittet, da den var blevet grundlagt af Paulus. Splittelserne opstod først senere. Paulus plantede, han lagde grundstenen (1 Kor 3,6.10). Dem, han

III.6.ii. *Den korinthiske krise*

omvendte, var for det meste småfolk, omfattende både slaver og deres herrer, vundet for troen fra værkstedet eller handelsgaden [158], men også mere indflydelsesrige personer som Stefanas, Gajus (se Rom 16,23), Crispus og Sosthenes blev ført til kristendommen af Paulus. Ingen alvorlige sociale konflikter opstod i menigheden, mens Paulus selv var i Korinth. Men i hans fravær, efter at han havde forladt byen, ankom Apollos og hans medarbejdere, og deres missionsarbejde i Korinth fik en forbavsende virkning i form af mange nye omvendte [159], som ikke i alle henseender levede op til de forventninger, Paulus stillede til kristne. De nye kristne, som Apollos havde omvendt, havde f.eks. ganske ikke-paulinske ideer om ægteskab, skilsmisse og seksuel adfærd, om samkvem med ikke-kristne og om gudstjenstlige sammenkomster, herunder nadveren. Først og fremmest kendte de ikke Paulus, som de aldrig havde set eller mødt og derfor ikke anerkendte som deres apostel – et forhold, som ud fra deres synspunkt var fuldt ud forståeligt [160].

På denne måde fremkom der en social, men ikke nødvendigvis socio-økonomisk kløft mellem Paulus' folk og Apollos' folk, og eftersom de sidste efter al sandsynlighed var de mest talrige og indflydelsesrige, måtte Paulus holde sig væk, indtil han gennem

---

158. Jfr. Abraham J. Malherbe, *Paul and the Thessalonians: The Philosophic Traditions of Pastoral Care*, Philadelphia 1987, s. 17-20: 'Paul in the Workshop', hvor der gives et overbevisende indtryk af Paulus' missionsstrategi både i Thessalonika og Korinth.
159. Dette er formodentlig grunden til, at Paulus i 1 Kor 1,14 ff. synes at bagatellisere betydningen af dåben; men se også Petersen, *Rediscovering Paul*, s. 120 ff.
160. Jfr. Petersen, *Rediscovering Paul*, s. 115: »Paul's role as the initiator of action is evident, even in the interesting case of Apollos, who may well be the exception which illustrates the rule. For despite Paul's questioning of this fellow worker's work in 1 Corinthians 1 – 4, Apollos apparently enjoyed a sufficient independence from Paul to decline his appeal (*parakalo*) that he visit Corinth (1 Cor. 16:12). If so, Paul's authority may not have been acknowledged by Apollos, and Paul's identification of him as a fellow worker in 3:5-23 may reflect Paul's attempt to get the Corinthians to view Apollos as *his* subordinate.«

sine breve havde genvundet kontrol og autoritet eller havde fået kontrol og autoritet også over Apollos' fløj i den korinthiske menighed.

Som omtalt synes der at have bestået en vis distance mellem Paulus og Apollos. Apollos havde slet og ret afslået at følge Paulus' opfordring til ham om at besøge Korinth sammen med brødrene (1 Kor 16,12). Den kendsgerning, som det ser ud til at være, at Paulus og Apollos aldrig arbejdede sammen i Korinth, og at det ikke var Paulus, der havde sendt ham, er også af betydning; Apollos arbejdede i Korinth uden Paulus' samtykke, og han ankom, da Paulus og hans medarbejdere allerede havde forladt byen: »Jeg plantede, Apollos vandede,« som Paulus skriver (3,6), udtrykker også den kronologiske rækkefølge af Paulus' og Apollos' virksomhed i Korinth [161].

Slet ikke så få fortolkere har erkendt, at de kristne, Paulus opponerer imod i 1 Kor 1-4, var Apollos' korinthiske tilhængere. Særlig tydeligt fremgår det af Gerhard Sellins og Simone Pétrements studier. De har overbevisende gjort det klart, at 1 Kor 3,1-23 er vendt mod Apollos' indflydelse [162] – ikke, som nogle har formodet, også mod Kefas' [163]; intet tyder på, at Paulus undervejs skifter adresse, når han advarer mod den eller dem, der bygger på det fundament, han selv har lagt. Dette

---

161. Jfr. Hurd, *Origin*, 1965 (se foran, III.1.i., n. 2), s. 98. Se også foran, III.1.iv., ved n. 34.
162. Se også Petersen, citeret foran, n. 160. Afvisningen af den her fremførte opfattelse hos Barclay, JSNT 47 (1992) (se foran, n. 142), s. 64, n. 29, forekommer urimelig og overfladisk.
163. F.eks. Philipp Vielhauer, Paulus und die Kephaspartei in Korinth, New Testament Studies 21 (1974-75), s. 341-352 (= samme, *Oikodome. Aufsätze zum Neuen Testament*, 2, ed. G. Klein (Theologische Bücherei, 65), München 1979, s. 169-182), især s. 347 f.; Michael D. Goulder, *Sophía* in 1 Corinthians, New Testament Studies 37 (1991), s. 516-534, som beklager, at der efter hans vidende ikke har været fremsat nogen 'Tübinger-forståelse' af 1 Kor. siden Wilhelm Lütgerts påvisning af dennes svagheder i 1908, men Goulder kender åbenbart ikke Vielhauers 'Tübinger-forståelse'. Se allerede mine bemærkninger i DTT 40 (1977), s. 23-24.

III.6.ii. *Den korinthiske krise*

er afgørende, eftersom teksten i 3,1 ff. er uløseligt forbundet med det foregående og således sikrer den indre sammenhæng i denne centrale del af brevet.

Om muligt endnu mere afgørende er den iagttagelse, at det også er Apollos og hans medarbejdere, Paulus refererer til i 2 Kor 10-13, når han på sin sarkastiske vis omtaler »overapostlene« (2 Kor 11,5; 12,11) eller – hvad der er det samme – »pseudoapostlene« (11,13) [164]. Det er klart, at de intet har at gøre med Jerusalem eller med judaisterne, som de kendes fra Gal.: »overapostlene« er *ikke* apostlene i Jerusalem, og »pseudoapostlene« *ikke* deres udsendinge, som det ofte har været formodet.

I 1831 antog F. C. Baur på baggrund af 1 Kor 1-4, at en paulinsk og en petrinsk fløj bekæmpede hinanden i Korinth, og at denne kamp stadig væk foregik, da 2 Kor 10-13 blev skrevet: »overapostlene«, med hvem Paulus sammenligner sig selv, var lederne i Jerusalem, først og fremmest Peter/Kefas og Jakob, mens »pseudoapostlene« var deres udsendinge. Paulus stod derfor også i Korinth over for en massiv judaistisk indflydelse [165]. Med mindre forskelle er denne forståelse i princippet opretholdt af Ernst Käsemann i 1942 og C. K. Barrett i 1971 [166]. Käsemann og Barrett så imidlertid for så vidt

---

164. Jfr. Pétrement, *Le Dieu séparé*, s. 343-363: 'Les «gnostiques» de Corinthe'; Hyldahl, StTh 46 (1991), s. 27 ff. Petersen, *Rediscovering Paul*, s. 122 ff., har med rette peget på, at Paulus i 1 Kor. er den eneste person, der kaldes apostel over for korintherne (jfr. 1 Kor 12,28). Den kendsgerning, at rivaliserende apostle har optrådt i Korinth, da Paulus skriver 2 Kor., kan derfor forstås som et tegn på, at Apollos og hans medarbejdere har tillagt sig aposteltitlen selv.
165. Baur, Die Christuspartei ..., 1831; samme *Paulus, der Apostel Jesu Christi. Sein Leben* ..., Stuttgart 1845, s. 259-332 = 2. Aufl., ed. Eduard Zeller, I, Leipzig 1866, s. 287-343: 'Die beiden Briefe an die Korinthier'.
166. Ernst Käsemann, Die Legitimität des Apostels. Eine Untersuchung zu II Korinther 10-13, Zeitschrift für die neutestamentliche Wissenschaft 41 (1942), s. 33-71 (= Libelli, 33, Darmstadt 1956); C. K. Barrett, Paul's Opponents in II Corinthians, New Testament Studies 17 (1970-71), s. 233-254 (= samme, *Essays on Paul*, Philadelphia – London 1982, s. 60-86).

en ny situation i 2 Kor., som de begge antog, at judaisterne først havde indfundet sig i tiden mellem 1 og 2 Kor. og følgelig intet havde med situationen på 1 Kor.s tid at gøre; Käsemann talte udtrykkeligt om »die Eindringlinge«, og Barrett om »the intruders«. (Det er overraskende at se, hvor ringe en indflydelse Barretts egen antagelse i 1963 om, at Peter allerede før 1 Kor.s affattelse havde været i Korinth [167], har haft på hans senere analyse af 2 Kor.: hvis Peter — som ifølge Barrett var en af de jerusalemitiske »overapostle«, ikke en af deres udsendinge, »pseudoapostlene« — virkelig havde været i Korinth og således været en slags udsending af sig selv, bliver det yderst vanskeligt at skelne mellem de to slags »apostle«.) Barrett henviser til 2 Kor 11,15: »Satans tjenere«, og til 11,23: »Kristi tjenere«, for at vise, at disse umuligt kan være identiske størrelser. Men dette argument overbeviser ikke. For hvordan skulle det overbevisende kunne forklares, at Kristi tjenere (de jerusalemitiske »overapostle«) kan stå bag udsendinge, der viser sig at være Satans tjenere (»pseudoapostlene«)? Barretts egen forklaring af dette forhold er ikke holdbar [168].

Den judaistiske hypotese falder til jorden på grund af de totalt manglende henvisninger til krav om omskærelse og overholdelse af Moseloven i 1 og 2 Kor.; det er ikke nok at sige, at judaisterne ikke altid insisterede på omskærelse.

I 1947 kritiserede Rudolf Bultmann sin elev Ernst Käsemann for at have etableret en umulig forskel mellem »overapostlene«

---

167. Charles Kingsley Barrett, Cephas and Corinth, i: Otto Betz/Martin Hengel/Peter Schmidt, edd., *Abraham unser Vater. Juden und Christen im Gespräch über die Bibel. Festschrift für Otto Michel zum 60. Geburtstag* (Arbeiten zur Geschichte des Antiken Judentums und des Urchristentums, 5), Leiden — Köln 1963, s. 1-12 (= Barrett, *Essays on Paul*, s. 28-39). Jfr. allerede Lietzmann, *An die Korinther I/II*, 1949 (se foran, III.4.i., n. 86), s. 7.
168. Barrett, NTSt 17 (1970-71), s. 253 (= Barrett, *Essays on Paul*, s. 81): »pseudoapostlene« var »unsatisfactory agents who misrepresented their principals, ... though the latter may also have been such as to give the former some excuse.«

III.6.ii. *Den korinthiske krise* 269

og »pseudoapostlene«. I Bultmanns øjne var de identiske. Men han identificerede disse modstandere med de hellenistiske gnostikere, som efter hans forståelse af 1 og 2 Kor. allerede længe havde været aktive i Korinth: de var forsynet med anbefalingsbreve (2 Kor 3,1) og havde faktisk opereret i Korinth (2 Kor 12,11) [169]. Bultmann blev med visse forskelle fulgt i denne forståelse af Walter Schmithals i 1956 og – hver på sin måde – af Gerhard Friedrich i 1963 og Dieter Georgi i 1964; i 1984 har Simone Pétrement især sluttet sig til den forståelse, Friedrich talte for, men ikke ukritisk [170].

De gnostiske hypoteser er uholdbare, da de ikke bidrager til at forklare den kendsgerning, at de »apostle«, der havde været aktive i Korinth på 2 Kor.s affattelsestid, var af jødisk herkomst (2 Kor 11,22). Det er ikke tilstrækkeligt at sige, at disse gnostikere var jødekristne.

I betragtning af disse positive og negative iagttagelser må det konkluderes, at der hverken er tale om judaister eller om gnostikere. Snarere repræsenterede de jødisk-hellenistisk visdom og filosofi af den slags, der fandtes i Alexandria, først og fremmest hos Filon. Men det er ikke så meget ApG 18,24 ff., der gør Apollos til en alexandrinsk jøde, som det er 2 Kor 11,22, der gør ham og hans medarbejdere til hellenistiske jøder af den type, som Sellin og Pétrement beskriver.

169. Rudolf Bultmann, *Exegetische Probleme des Zweiten Korintherbriefes* (Symbolae Biblicae Upsalienses, 9), Uppsala 1947; 2. Aufl. Darmstadt 1963 = *Exegetica*, ed. Erich Dinkler, 1967 (se foran, II.2.), s. 298-322.
170. Walter Schmithals, *Die Gnosis in Korinth* (Forschungen zur Religion und Literatur des Alten und Neuen Testaments, 48), Göttingen 1956; G. Friedrich, Die Gegner des Paulus im 2. Korinther, i: *Abraham unser Vater*, 1963 (se ovenfor, n. 167), s. 181-215; Dieter Georgi, *Die Gegner des Paulus im 2. Korintherbrief. Studien zur religiösen Propaganda in der Spätantike* (Wissenschaftliche Monographien zum Alten und Neuen Testament, 11), Neukirchen-Vluyn 1964 (= *The Opponents of Paul in Second Corinthians. A Study of Religious Propaganda in Late Antiquity* (Studies of the New Testament and its World), Edinburgh 1987); Pétrement, *Le Dieu séparé*, s. 358-363: 'Sur quelques interprétations récentes'.

Der findes adskillige overensstemmelser mellem 1 og 2 Kor.: henvisningen til Jer 9,23 (1 Kor 1,31; 2 Kor 10,17); spørgsmålet om at »leve af evangeliet« (1 Kor 4,12; 9,4 ff.; 2 Kor 11,7 ff; 12,13 ff.); praleriet (1 Kor 4,7 osv.; 2 Kor 11,12 osv.); opblæstheden (1 Kor 4,6.18; 5,2; 8,1; 13,4; 2 Kor 12,20); det ejendommelige at »tilhøre Kristus« (1 Kor 1,12; 3,23; 2 Kor 10,7); *lógos* (1 Kor 1,5; 2,4; 4,19 f.; 2 Kor 2,17; 10,10; 11,6); *pneûma* (1 Kor 2,10 ff.; 15,44 ff.; 2 Kor 3,6.17); *gnôsis* (1 Kor 1,5; 8,1; 13,2; 2 Kor 11,6). Jeg er derfor enig med Bultmann, Pétrement og andre om, at Paulus står over for de samme modstandere både i 1 og i 2 Kor.

Desuden er jeg enig med Bultmann, Pétrement og andre om, at »overapostlene« (2 Kor 11,5; 12,11) er de samme som »pseudoapostlene« (2 Kor 11,13).

Men netop her står vi ved et afgørende punkt. For hvordan kan Paulus kalde de samme personer *både* »Satans tjenere« (2 Kor 11,15) *og* »Kristi tjenere« (11,23)? Det synes jo at være udelukket.

Det er derfor, at teksten i 2 Kor 11,22 f. er så afgørende. Selv om denne tekst har været behandlet udførligt af Josef Zmijewski i 1978 og af Karl-Wilhelm Niebuhr i 1992, er der endnu ikke blevet tilkendt den den betydning, den tilkommer. Efter min mening siger Paulus dér noget aldeles afgørende.

I 2 Kor 11,22-23 stiller Paulus ikke tre, men fire retoriske spørgsmål og giver selv svarene, men i det fjerde tilfælde et svar, der adskiller sig dramatisk fra de tre første: »Er de hebræere? Det er jeg også! Er de israelitter? Det er jeg også! Er de Abrahams afkom? Det er jeg også! Er de Kristi tjenere? Jeg taler som en vanvittig: Jeg er det mere!« Med de tre første spørgsmål og svar vil Paulus tydeligvis sige, at de korinthiske kristne ikke skal gå over åen efter vand; jfr. Fil 3,4 ff. »Apostlene« er jøder, det er Paulus også; så korintherne har alt, hvad de har brug for, i hans person.

Men på det sidste spørgsmål: Er de Kristi tjenere? er hans svar: Nej, men det er jeg! I denne henseende *overgår* Paulus dem, og korintherne har i hans person *mere*, end de nogensinde

III.6.ii. *Den korinthiske krise*

ville finde hos disse fremmede [171]. De er overhovedet ikke kristne.

Apollos og de andre rivaliserende »apostle« var således hellenistiske jøder (2 Kor 11,22), der repræsenterede en filosofisk præget visdoms-ideologi (1 Kor 1,17-3,23). Et af de karakteristiske træk ved den filosofi, Apollos bragte til Korinth, var dens retoriske form og stil. I tilsyneladende modsætning til Paulus selv benyttede han sig af veltalenhed, *lógos*, for at vinde sine tilhængere. Men hvad indholdet af hans filosofi angår, er vi henvist til antydningerne i 1 Kor 1-4. Et dominerende forhold var åbenbart påstanden om at bringe erkendelse, *gnôsis*, og Apollos har sandsynligvis kaldt sin filosofi for visdom, *sofía*. Ifølge denne visdom var mennesker enten pneumatikere, psykikere eller sarkikere (1 Kor 2,10-16; 3,1-3), en distinktion, der relaterer sig til ontologiske forskelle mellem enkeltindivider: nogle var pneumatikere, andre var psykikere, mens andre igen kun var sarkikere. De sarkiske var definitivt fortabt og kunne aldrig gøre sig forhåbninger om at nå til erkendelse og derigennem til fuldkommenhed og udødelighed; de, der besad ånden, var allerede »gnostikere«, og de psykiske kunne muligvis blive

---

171. Zmijewski, *Stil der paul. »Narrenrede«*, s. 241-243, har analyseret stedet grundigt og opstiller to muligheder for at forstå teksten: 1) eksklusivt: »Dann würde die Antwort auf die Frage "Sind sie Diener Christi?" so zu fassen sein: *Nicht sie, vielmehr ich* (bin es)!« (s. 242) og: »Daß ein "exklusives" Verständnis von *hypér* an der vorliegenden Stelle eine gewisse Berechtigung hat, erhellt aus den nachfolgenden Ausführungen (ab V. 23b), bei denen Paulus das Vergleichsverfahren gänzlich aufgibt und nur noch von sich bzw. seinem persönlichen apostolischen Schicksal redet, und zwar in einer Weise, daß daneben jeder andersgeartete apostolische Anspruch völlig ausgeschlossen erscheint« (s. 242); 2) superlativisk: »Paulus würde sich in diesem Fall überhaupt nicht mehr ... mit den Gegnern vergleichen wollen, ...: Mögen diese Leute "Diener Christi" sein oder nicht – *ich* bin es jedenfalls im *"Übermaß"* (wegen des Übermaßes an Mühen und Leiden, die ich um Christi willen ertragen habe)!« (s. 242). Mens Zmijewski selv foretrækker 2) af de omtalte muligheder, synes Niebuhr, *Heidenapostel aus Israel*, s. 129 og 132 f., at foretrække 1), idet han taler om Paulus' »exklusive Überlegenheit« (s. 129 og 132); dog henviser Niebuhr for denne forståelse netop til Zmijewski.

pneumatikere, eller de ville for stedse synke ned til sarkikernes status.

Disse træk må indrømmes kun at være få, og de tillader ikke fortolkeren at bestemme detaljerne i Apollos' filosofi med nogen stor sikkerhed: Alligevel gør de det klart, at hans filosofi var beslægtet med den alexandrinske.

Så få de anførte træk end er, er det bemærkelsesværdigt, at de ikke på mindste måde afslører, om Apollos var kristen. Selv om Paulus kalder ham broder (1 Kor 16,12), var han formodentlig ikke døbt, men kendte kun Johannes Døbers dåb (se foran, II.3.iii., n. 51). At han var velbevandret i Skrifterne (ApG 18,24), dvs. den græske Septuaginta, gør ham ikke til kristen, men kan snarere forklare, hvorfor Paulus ser sig tvunget til – ikke mindst i 2 Kor 3,4-18, i hans affejende udlægning af 2 Mos 34 – at engagere sig i et modangreb på dem, der som Apollos og hans følgesvende betragter sig selv som skriftkloge; det kunne også forklare, hvorfor Paulus til syvende og sidst ikke kan betragte disse folk som kristne.

Med Apollos havde et ægte stykke hellenistisk filosofi fundet vej til Korinth og vundet indpas i Paulus' kristne menighed dér. De korinthiske kristne var hverken forberedt på at acceptere eller forkaste denne fremmede tænkning. Havde de været forberedt, ville de formodentlig ikke være blevet så overvældede af den, som tilfældet var. Spørgsmålet er, hvordan Paulus ville gribe situationen an.

Det er klart, at det evangelium, Paulus havde forkyndt i Korinth, ikke var en filosofi eller et filosofisk system. Dette er ikke et udsagn, der fremkommer på basis af Paulus' egne ord om hans egen forkyndelse i Korinth i 1 Kor 2,1 ff., eftersom disse ord er farvet af situationen, han befinder sig i, da han skriver dem. Tværtimod følger det af hele fortællingen i 1 og 2 Kor., at Paulus ikke var filosof. På den anden side siger Paulus udtrykkeligt, at evangeliet ikke er en filosofi (1 Kor 1,18 ff.): i modsætning til denne verdens visdom er evangeliet dårskab for

III.6.ii. Den korinthiske krise

verden, og kun for de virkeligt fuldkomne afslører evangeliet sig også som visdom (2,6 ff.)

Der kan næppe være tvivl om, at Paulus' argumentation i 1 Kor 1,18 ff. er udformet som en afvisning af Apollos' visdom. Ganske vist er, som Troels Engberg-Pedersen understreger, den mest påtrængende opgave den at prøve at følge tankegangen i teksten, som den står [172]. Men hvis 'som den står' betyder, at Paulus' narrative verden, som teksten selv er en del af, ignoreres eller overses, følges tankegangen ikke, i hvert fald gøres der intet forsøg på at følge den sådan, som de korinthiske læsere var i stand til. Teksten er ikke et filosofisk essay om forholdet mellem teori og praksis, nedskrevet uafhængigt af de konkrete omstændigheder, men er Paulus' desperate afvisning af Apollos' korinthiske indflydelse.

Det følger heraf, at der *ikke* foreligger noget skarpt brud i tankegangen i 1 Kor 2,6, hvor Paulus i modsætning til sine hidtidige ord om evangeliet som en dårskab gør gældende, at der alligevel findes en visdom, som tilkommer de fuldkomne. Paulus har ikke dermed bevæget sig fra 'tro' til 'erkendelse': fra tro som den eneste mulige positive reaktion på ordet om korset (1,18 ff.) til forståelse af dette ords betydning i form af en særlig kristen visdom (2,6 ff.), en forståelse, som bliver den teoretiske basis for den sociale praksis, som Engberg-Pedersen hævder [173]. Den visdom, Paulus her taler om, er ikke en størrelse, der transcenderer troen; der findes intet »overskydende« i kristen visdom, som skulle kunne overgå kristen tro [174], men kristen visdom er ifølge Paulus dårskab for dem, som ikke har tro, dvs. for Apollos og hans tilhængere, som derfor heller ikke står for kristendom, men for hellenistisk filosofi.

---

172. Troels Engberg-Pedersen, The Gospel and Social Practice according to 1 Corinthians, New Testament Studies 33 (1987), s. 557-584, dér s. 564.
173. Engberg-Pedersen, NTSt 33 (1987), s. 565.
174. Mod Engberg-Pedersen, smst.

»Bruddet« i 1 Kor 2,6 angiver ikke nogen bevægelse hos Paulus fra blot tro til intellektuel forståelse, men må forstås som fremtvunget af Apollos' »visdom«. Ordet om korset er dårskab for verden. Men samtidig er det også, netop som Guds visdom (1,18 ff.), den eneste sande visdom, der langt overgår Apollos' såkaldte »filosofi«. Hvis dette er et »brud«, da er det et brud med traditionel hellenistisk filosofi, ikke med Paulus' egen logiske tænkning. Men Paulus var næppe klar over, at han ved at fremsætte denne polemiske tese blev ophavsmand til en betydningsfuld strømning i kristen tænkning og teologi: kristendommen som den eneste sande filosofi, kun åbenbaret for den sande filosof, er en tankegang, der umisforståeligt ligger til grund for f.eks. den filosofkappe, Justin bar netop som kristen (Dial 1,1 ff.).

Paulus var derimod klar over, at han som den, der for en tid var sat til side af Apollos' imponerende visdom, var nødt til at underordne denne visdom under det evangelium, han havde forkyndt. Men det drejede sig ikke blot om en formalistisk underordning af filosofien under kristendommen. Paulus' reaktion mod Apollos betegner også en ægte tilbagevisning af indholdet af hans filosofiske tænkning, og to aspekter er i denne sammenhæng betydningsfulde: det sociologiske og det antropologiske.

Som vi har set, skelnede Apollos mellem tre slags mennesker, pneumatikerne, psykikerne og sarkikerne. Paulus erklærer denne skelnen for ugyldig. Med sine egne, af Apollos' terminologi farvede ord erklærer Paulus de tre slags for i virkeligheden kun at udgøre én slags: de er alle sammen kun sarkikere (1 Kor 3,1 ff.). Den troende derimod erklæres for at være pneumatiker (2,16; jfr. 7,40).

Denne afvisning af Apollos' skelnen har betydningsfulde sociologiske konsekvenser. Apollos' antropologiske skelnen implicerede tydeligvis en klart elitær sociologi, der omfattede krav om over- og underordning (jfr. 1 Kor 4,8 om pneumatikerne, der påstod at være »konger«). Paulus' afvisning af denne

III.6.ii. *Den korinthiske krise*

antropologi (»Guds kongerige består ikke i ord,« 4,20) betyder, at Apollos og hans tilhængere måtte opgive deres filosofisk betingede sociologi og antropologi og underkaste sig Paulus' »demokratiske« tanker om, hvad en kristen menighed skulle være, eller forlade menigheden for stedse.

7. Paulus i Jerusalem

Litteratur

Johannes Munck: *Paulus und die Heilsgeschichte* (Acta Jutlandica, XXVI,1), København 1954, s. 233-237: 'Paulus' Besuch bei Jakobus'.
Walter Schmithals: *Paulus und Jakobus*, 1963 (se foran, III.4.), s. 70-80: 'Der letzte Besuch des Paulus in Jerusalem'.
Gerd Lüdemann: *Das frühe Christentum*, 1987 (se foran, III.), s. 238-245: 'Apostelgeschichte 21,1-36'.

Som aftalt på apostelmødet i Jerusalem (Gal 2,10) organiserede Paulus en pengeindsamling til Jerusalem blandt sine hedningekristne menigheder. Han deltog selv i spidsen for en delegation af repræsentanter for disse menigheder (jfr. ApG 20,4; 21,29; 27,2) i overbringelsen af pengene (jfr. Rom 15,25-28.30-31), og beretningen herom findes i ApG 21,18-26:

21,18 Men den næste dag gik Paulus sammen med os ind til Jakob, og alle de ældste indfandt sig. 19 Og da han havde hilst på dem, berettede han i enkeltheder, hvad Gud havde gjort blandt hedningerne ved hans tjeneste. 20 Men da de havde hørt det, priste de Gud og sagde til ham: »Du ser, broder, hvor mange tusinder der er blandt jøderne af troende [175], og de er alle ivrige for loven. 21 Men de er blevet belært om dig, at du lærer frafald fra Moses, idet du siger, at alle de jøder, der bor blandt hedningerne, ikke skal omskære deres

175. Jfr. foran, III.1.iv., ved n. 39.

børn og heller ikke leve efter skikkene. 22 Hvad skal vi dog gøre? De vil alle vegne høre, at du er kommet. 23 Gør derfor det, vi her siger til dig: Vi har fire mænd, der har påtaget sig et løfte. 24 Tag dem, lad dig rense sammen med dem og betal for dem, så de kan få hovedet raget. Så vil alle forstå, at det, de er blevet belært om dig, intet har på sig, men at du også selv lever under overholdelse af loven. 25 Men hvad angår de troende hedninger, har vi sendt brev og besluttet, at de skal afholde sig fra afgudsofferkød og blod og noget kvalt og utugt.« 26 Så tog Paulus mændene med, og den følgende dag blev han renset sammen med dem, gik til templet og meddelte udløbet af renselsesdagene, da offeret kunne bringes for hver enkelt af dem.

Det må tilføjes, at ApG 24,17 supplerer denne beretning ved under det senere forhør for den romerske prokurator Felix i Cæsarea at lade Paulus sige følgende:

24,17 Men efter flere års forløb er jeg kommet (til Jerusalem) for at give almisse til mit folk og ofre.

Vi hører i Ap.G.s beretning ikke om overbringelsen af pengene fra kollekten, om end det på den anden side gøres klart, at Paulus råder over store pengesummer (21,24; 24,17.26). Derimod læser vi om Jakobs og den jerusalemitiske menigheds bekymring over Paulus' ankomst, som ikke vil kunne holdes skjult, og om de rygter, der angiveligt var i omløb om ham: at han havde lært, at jøderne i diasporaen ikke længere skulle omskære deres børn eller overhovedet følge Moselovens forskrifter; tilmed skal der have været tusinder af jødekristne i Jerusalem, og de hævdes at være ivrige eller nidkære for loven. Dette sidste, både deres store antal og deres lovtroskab, er historisk betragtet usandsynligt, for truslen mod Paulus kom ikke fra de Kristustroende blandt jøderne (som heller ikke kan have været så mange som her hævdet), men fra de ikke-kristne jøder; jfr. ApG 21,27 ff.; Rom 15,31. Det er med andre ord forfatteren af Luk.-Ap.G., der gennem sin redaktion af traditionsstoffet fremlægger sagen, som om det var de jødekristnes antal (jfr. ApG 2,41: 3.000; 4,4: 5.000; 6,1.7; 21,20: 10.000'er) og loviver, der skulle tages hensyn til.

I virkeligheden har det naturligvis ikke været de jødekristne, der skulle tages hensyn til, men de ikke-kristne jøder, som under alle omstændigheder har udgjort langt det største flertal

III.7. *Paulus i Jerusalem* 277

af befolkningen. Hvad de ikke-kristne jøder angår, kan det godt være sandt, at de troede på sandheden af sådanne rygter om Paulus som de anførte: at han havde lært jøderne i diasporaen ikke at omskære deres børn eller følge jødiske skikke. At de troede på sådanne rygters sandhed, var i sig selv en overordentlig alvorlig trussel. Og at rygterne var usande, allerede fordi de var groteske, har de ikke-kristne jøder næppe kunnet overbevises om med ord alene, men kun ved beviser, som til syvende og sidst endda ikke hjalp alligevel.

I denne vanskelige situation foreslår Jakob som den ansvarlige, at Paulus offentligt demonstrerer, at han overholder Moseloven, ved at påtage sig udgifterne for fire fattige nasiræeres ofringer i templet – Paulus havde jo også selv påtaget sig et nasiræatsløfte [176], og allerede af den grund var det nærliggende, at han nu slog sig sammen med de fire nasiræere, der må have været jødekristne som han selv.

Vi må gå ud fra, at udgifterne hertil kun har udgjort en mindre del af den pengesum, der var blevet indsamlet i de hedningekristne menigheder, og at det meste af summen altså har kunnet bruges til det formål, de var bestemt for: til de fattige.

Der er to forhold, der taler for, at de fattige ikke er at søge blandt de kristne i Jerusalems menighed, men blandt de fattige ikke-kristne jøder i Palæstina. Det ene forhold er dette, at den opsigtsvækkende delegation af hedningekristne næppe kunne vove at indfinde sig i Jerusalem, hvis pengegaven var bestemt for de kristne dér; det ville være en unødig risiko at udsætte sig for, og i så fald ville det have været klogere og sikrere at oversende pengene uset, dvs. ved nogle få jødekristne, hvis ankomst ikke ville bemærkes, endsige vække opsigt. Det andet forhold er dette, at Paulus under alle omstændigheder havde ærinde i templet – selv var han nasiræer, og nu oven i købet sammen

---

176. Se nedenfor, III.8.ii.

med fire andre. Var pengene til de jødiske fattige, var der næppe andre steder at aflevere dem end i templet, ikke i den kristne menighed i Jerusalem, hvad vi da heller ikke hører noget som helst om; det må i denne sammenhæng ikke glemmes, at det var sabbatsår, og at pengene fortrinsvis har skullet bruges til indkøb i udlandet af korn, som derefter skulle uddeles, hvilket krævede en central jødisk myndighed og gik langt ud over den almindelige jødiske fattigforsorg, der har været omtalt ovenfor (III.3.iii.).

At pengene er blevet afleveret, som de skulle, véd vi ikke, men det må vi gå ud fra. Paulus' tilstedeværelse på tempelområdet førte imidlertid til, at han blev taget i forvaring af kommandanten på Antonia [177].

Det teologisk afgørende spørgsmål er, om Paulus ved at handle, som han gjorde: offentligt at demonstrere sin overholdelse af Moseloven, forrådte evangeliet og derved i virkeligheden blot selv gentog, hvad han i Antiokia havde bebrejdet Peter for at gøre. Også dengang havde Jakob været den udløsende faktor (Gal 2,12), og nu lod det samme til at gentage sig for Paulus selv (ApG 21,23 ff.). Var der i grunden nogen forskel? Og måtte Paulus så ikke nu selv stå som en hykler, dvs. som en, der ikke handlede i overensstemmelse med sin overbevisning?

Med det afgørende forbehold, at vi kun har fremstillingen i Ap.G., kan følgende siges. Der består den forskel mellem Peters handling i Antiokia og Paulus' i Jerusalem, at kun i det første tilfælde kunne andre forledes til at tro, at de burde optræde på samme måde, altså følge jødisk skik, mens der i det sidste tilfælde ikke forelå nogen sådan risiko. I det første tilfælde ville risikoen være kristendommens udslettelse, i det sidste tilfælde gjaldt det om at skåne den jødekristne menighed i Jerusalem for forfølgelse. At det ikke lykkedes, kan ganske vist konstateres: Jakob selv blev få år senere henrettet ved stening af sine lands-

---

177. Se foran, I.2.i., ved n. 62.

III.8.i. *Det forskningshistoriske dilemma* 279

mænd [178]. Men om hykleri på Paulus' side synes der ikke at kunne være tale.

8. »Vi«-stykkerne i Apostlenes Gerninger

Litteratur

Adolf Harnack: *Lukas der Arzt. Der Verfasser des dritten Evangeliums und der Apostelgeschichte. Eine Untersuchung zur Geschichte der Fixierung der urchristlichen Überlieferung* (Beiträge zur Einleitung in das Neue Testament, I), Leipzig 1906, s. 19-85: 'Specielle Untersuchungen über den sog. Wir-Bericht der Apostelgeschichte'.
samme: *Neue Untersuchungen zur Apostelgeschichte und zur Abfassungszeit der synoptischen Evangelien* (Beiträge zur Einleitung in das Neue Testament, IV), Leipzig 1911, s. 1-21: 'Die Identität des Verfassers der Wirstücke der Apostelgeschichte mit dem Verfasser des ganzen Werks'.
Julius Wellhausen: *Noten zur Apostelgeschichte* (Nachrichten der Gesellschaft der Wissenschaften zu Göttingen, philol.-hist. Kl., 1), Berlin 1907, s. 1-21.
samme: *Kritische Analyse der Apostelgeschichte* (Abhandlungen der kgl. Gesellschaft der Wissenschaften zu Göttingen, philol.-hist. Kl., N.F. XV, 2), Berlin 1914, især s. 32, s. 41-43, s. 53-55.
Eduard Norden: *Agnostos Theos. Untersuchungen zur Formengeschichte religiöser Rede*, opr. Stuttgart 1913, 2. Aufl. 1923; genoptrykt Darmstadt 1956, s. 311-332: 'Zur Komposition der Acta Apostolorum'.
Jackson/Lake, i: samme, edd.: *Beginnings*, Part I, Vol. II, 1922, s. 158-167: 'The we-sections'.
Henry J. Cadbury, i: Jackson/Lake, edd.: *Beginnings*, Part I, Vol. II, 1922, s. 498-510: 'Commentary on the Preface of Luke'.
Martin Dibelius: Stilkritisches zur Apostelgeschichte, opr. 1923, i: samme: *Aufsätze zur Apostelgeschichte*, ed. Heinrich Greeven (For-

---

178. Jfr. foran, III.2.v.

schungen zur Religion und Literatur des Alten und Neuen Testaments, 42), Göttingen 1951, 5. Aufl. 1968, s. 9-28, især s. 12-17.
samme: Die Apostelgeschichte im Rahmen der urchristlichen Literaturgeschichte, i: samme: *Aufsätze zur Apostelgeschichte* (se ovenfor), s. 163-174, især s. 166-174.
A. D. Nock: anmeldelse af Martin Dibelius' Aufsätze zur Apostelgeschichte, 1951 (se ovenfor), Gnomon 25 (1953), s. 497-506 = samme, The Book of Acts, i: samme: *Essays on Religion and the Ancient World*, Cambridge (Mass.) 1972, II, s. 821-832.
Alf Kragerud: Itinerariet i Apostlenes gjerninger, Norsk teologisk Tidsskrift 56 (1955), s. 249-272.
Ernst Haenchen: *Die Apostelgeschichte*, 13. Aufl. 1961 (se foran, III.1.ii., n. 7), s. 76-78, s. 428-431, s. 515-522, s. 530-531.
samme: Das "Wir" in der Apostelgeschichte und das Itinerar, Zeitschrift für Theologie und Kirche 58 (1961), s. 329-366 = samme: *Gott und Mensch. Gesammelte Aufsätze*, Tübingen 1965, s. 227-264.
Hans Conzelmann: *Die Apostelgeschichte*, 1963 (se foran, III.1.ii., n. 6), s. 5-6, s. 90, s. 146-147.
Eckhard Plümacher: Wirklichkeitserfahrung und Geschichtsschreibung bei Lukas: Erwägungen zu den Wir-Stücken der Apostelgeschichte, Zeitschrift für die neutestamentliche Wissenschaft 68 (1977), s. 2-22.
Vernon K. Robbins: By Land and by Sea: The We-Passages and Ancient Sea Voyages, i: Charles H. Talbert, ed.: *Perspectives on Luke-Acts* (Association of Baptist Professors of Religion, Special Studies Series, 5), Danville – Edinburgh 1978, s. 215-242.
Robert Jewett: *A Chronology*, 1979 (se foran, III.1.ii., n. 2), s. 10-17: 'The Use of Oral and Written Materials in Acts'.
Edvin Larsson: »Vi«-passager och itinerarer. Om traditionsunderlaget för Apg.s skildring av Paulus' missionsresor, Svensk Exegetisk Årsbok 51-52 (1986-87), s. 127-136.
Susan Marie Praeder: The Problem of First Person Narration in Acts, Novum Testamentum 29 (1987), s. 193-218.
Heinz Warnecke: *Die tatsächliche Romfahrt des Apostels Paulus* (Stuttgarter Bibelstudien, 127), Stuttgart 1987.
Jürgen Wehnert: *Die Wir-Passagen der Apostelgeschichte. Ein lukanisches Stilmittel aus jüdischer Tradition* (Göttinger Theologische Arbeiten, 40), Göttingen 1989.
Claus-Jürgen Thornton: *Der Zeuge des Zeugen. Lukas als Historiker der Paulusreisen* (Wissenschaftliche Untersuchungen zum Neuen Testament, 56), Tübingen 1991.

i. Det forskningshistoriske dilemma

Netop fra det punkt, hvor aposteltidens historiske begivenhedsforløb ikke længere dækkes af Paulus' breve – af hvilke det sidste er Romerbrevet, skrevet ved afslutningen af vinteropholdet år 54-55 på tre måneder i Korinth (jfr. 1 Kor 16,5-7; ApG 20,2-3) – dækkes begivenhederne, i det mindste hvad Paulus angår, af »vi«-beretningen i Apostlenes Gerninger.

Som allerede antydet (foran, III.1.iv.) viser Ap.G.s i alt fire »vi«-stykker sig at udgøre én sammenhængende beretning, som Ap.G.s forfatter imidlertid har bearbejdet og anbragt dér, hvor vi finder dens dele nu: I. ApG 16,10-17; II. 20,5-8.13-15; III. 21,1-18 og IV. 27,1-28,16 [179]. Der er tale om en »kilde«, som her skal tages nærmere i øjesyn.

Først nogle få bemærkninger om den forskningshistoriske situation vedrørende »vi«-stykkerne.

Den traditionelle, allerede i oldkirken repræsenterede opfattelse gik ud på, at Luk.-Ap.G. var skrevet af Paulus' medarbejder Lukas (Kol 4,14; Filem 24), og at Lukas ved brugen af »vi« tilkendegav, hvilke begivenheder han selv havde deltaget i og derfor var øjenvidne til. Denne enkle og ligefremme opfattelse deles bl.a. af Adolf Harnack og Robert Jewett. Men den er uholdbar af en række grunde, som allerede er blevet anført [180]; desuden er det uforklarligt, hvorfor forfatteren af Luk.-Ap.G., der godt forstår at sige »jeg« (Luk 1,3; ApG 1,1), i »vi«-stykkerne skulle sige »vi« om sig selv, ligesom det også er uforklarligt, hvorfor dette »vi« dukker op og forsvinder så tilsyneladende umotiveret, som tilfældet er.

Den litterærkritiske hypotese, som var fremherskende i 1800-tallet, men blev genoptaget af Wellhausen, går ud på, at forfatteren af Luk.-Ap.G. – hvem han end måtte være – i »vi«-stykkerne havde gjort brug af en kilde fra et øjenvidne og

---

179. Læsemåden i D til ApG 11,28 med »vi« i sammenhæng med omtalen af profeten Agabus – jfr. ApG 21,10! – anses af de fleste for at være sekundær.
180. Se foran, III.1.ii., ved n. 4, 5 og 6.

indføjet denne kilde i sin egen fremstilling af de historiske begivenheder. Men den litterærkritiske hypotese er uholdbar, fordi den er ude af stand til at forklare, hvorfor forfatteren af Luk.-Ap.G. havde bibeholdt kildens »vi« uændret i sin egen fremstilling; der findes i den samlede antikke litteratur ingen analogi hertil. Dertil kommer, at stilen i »vi«-stykkerne ikke på nogen måde afviger fra stilen i Ap.G.s øvrige dele, hvilket a) enten kunne betyde, at »vi«-stykkernes forfatter var den samme som de øvrige deles, og det ville svare til den traditionelle opfattelse af forholdet, b) eller viste, at »vi«-stykkerne var blevet så stærkt bearbejdet af forfatteren til Luk.-Ap.G., at deres egen stil var forsvundet – lige bortset fra det påfaldende »vi«.

Itinerarhypotesen, som især repræsenteres af Dibelius, går ud på, at forfatteren til Ap.G. under udarbejdelsen af Paulusafsnittene har gjort brug af en eller flere rejsedagbøger, hvori rejsestationer, personer o.a. har været noteret; dette itinerar har ikke været begrænset til »vi«-stykkerne alene, men har udgjort en gennemløbende beretning. Imod denne forklaring taler dels det hypotetiske ved tanken om et itinerar, dels det forhold, at det nu ikke længere er forekomsten af »vi«, der skal tilkendegive brugen af itineraret, men snarere indholdet af afsnittene.

Den litterære hypotese, som i de seneste årtier har vundet tilhængere, bl.a. Plümacher, Robbins og Wehnert, og som derigennem viser de hidtidige løsningers utilstrækkelighed, går ud på, at anvendelsen af »vi« er et litterært stilmiddel, der tjener til at gøre fremstillingen levende og at foregive, at forfatteren selv havde været øjenvidne. Men heller ikke denne forklaring er holdbar, da der savnes overbevisende analogier i den samlede græske, latinske og jødiske litteratur, og da det tilsyneladende umotiverede ved »vi«-stykkernes opdukken og forsvinden heller ikke ved antagelsen af, at det drejer sig om et stilmiddel, forklares tilfredsstillende.

Fortolkningen af Ap.G. er altså strandet i et pinagtigt dilemma; jfr. sidst Susan Marie Praeder – heller ikke Wehnert har løst problemet.

III.8.ii. *En mulig løsning* 283

ii. *En mulig løsning (foreløbige iagttagelser)*
Uden at opstille en fuldt ud dækkende hypotese skal det alligevel forsøges at komme længere end hidtil. I dette forsøg skal der tages hensyn til følgende forhold:

1) Forekomsten af »vi« er afgørende for fastlæggelsen af »vi«-stykkerne, idet der dog også må tages hensyn til disses nærmeste kontekst.

2) »Vi«-stykkerne er karakteristiske ved næsten udelukkende at omhandle rejser til søs, hvor de enkelte rejsestationer, rejsetider o.a. er nøje angivet.

3) Det for »vi«-stykkerne karakteristiske »vi« er anonymt og betegner efter sit indhold en flerhed af rejseledsagere, der *ikke* omfatter Paulus selv eller andre ved navn angivne rejsedeltagere som f.eks. de syv, der er nævnt i ApG 20,4, herunder Aristarkos, der er nævnt igen i 27,2. Det er derfor også meningsløst at forsøge at identificere »vi«-stykkernes anonyme »vi« med personer, der kendes andetstedsfra, f.eks. – som det ikke sjældent sker – med Silas/Silvanus, der jo heller ikke udgør en flerhed, men måtte forventes at tale i »jeg«-form; der er forskel på »vi« og »jeg«.

Angående de enkelte »vi«-stykker kan følgende siges:

4) Paulus' tale i Milet til de ældste fra Efesos, ApG 20,17-38, er af redaktionel karakter og afbryder sammenhængen mellem de to »vi«-stykker: II. 20,5-8.13-15 og III. 21,1-18. Disse to »vi«-stykker hører altså indholdsmæssigt sammen. At Paulus skulle have taget afsked med de ældste fra Efesos i Milet, modsiges af den mulighed, at Rom 16 er et afskedsbrev, eller en del af et afskedsbrev, netop til menigheden i Efesos; i så fald havde Paulus allerede i forvejen taget afsked med dem. På den anden side siger ApG 20,3, at Paulus' påfaldende beslutning om at sejle til Syrien – altså til Palæstina og dermed Jerusalem – ad den lange omvej via Makedonien skyldtes et anslag fra jødisk side; i så fald må Rom 16, betragtet som et afskedsbrev til Efesos, være skrevet og afsendt, inden dette jødiske anslag fandt sted. Men det må alt i alt anses for usandsynligt, at Paulus har

»taget afsked« med de ældste fra Efesos på den måde, Ap.G. fremstiller sagen; har Paulus overhovedet set dem ved den pågældende lejlighed, kan det kun havde været med henblik på at få overdraget de fra de lilleasiatiske menigheder indsamlede penge til Jerusalem. Det jødiske anslag vil også have haft sin væsentligste motivering her.

5) Som tidligere anført (III.1.iv.) er nasiræatsløftet, som Paulus ifølge ApG 18,18 påtog sig i Kenkreæ, Korinths østlige havneby, ved afrejsen til Efesos [181], formodentlig fejlanbragt: Paulus kunne ikke allerede i Korinth vide, at han måtte til Jerusalem til apostelmødet dér; det blev tværtimod først klart ved judaismens opdukken i Efesos. I virkeligheden hører nasiræatsløftet derfor hjemme i forbindelse med afrejsen fra Korinth/Kenkreæ til Syrien, som er omtalt i ApG 20,3, og som gjaldt overbringelsen af kollekten til Jerusalem. Således etableres en genetisk sammenhæng mellem Paulus' nasiræatsløfte i Korinth/Kenkreæ (18,18) og de fire nasiræere i Jerusalem (21,23-26). ApG 18,18 er derfor at anbringe i forbindelse med II. ApG 20,5-8.13-15.

6) Alene det første »vi«-stykke, I. ApG 16,10-17 [182], der følger umiddelbart efter Paulus' natlige syn i Troas, hvor han så en makedonisk mand, der opfordrede til »at komme over til Makedonien og hjælpe os« (ApG 16,9), står herefter for sig selv. Det er min opfattelse, at dette »vi«-stykke er fejlanbragt af Ap.G.s forfatter og korrekt hører hjemme i tilknytning til 20,1, umiddelbart før det andet af Ap.G.s »vi«-stykker. Det betyder, at også »vi«-stykkerne II. og I. hører snævert sammen.

7) De to år, der er tale om i ApG 24,27, vedrører næppe Paulus' fængselsophold i Cæsarea, men prokuratoren Felix' embedstid: efter to år i embedet blev han afløst af Festus; således bl.a. Kirsopp Lake, Haenchen og Lüdemann. Det be-

---

181. Se foran, III.1.iv., n. 36.
182. Se hertil Paul R. Trebilco, Paul and Silas – 'Servants of the Most High God', Journal for the Study of the New Testament 36 (1989), s. 51-73.

III.8.ii. *En mulig løsning* 285

tyder, at »vi«-stykket IV. 27,1 ff. med sejladsen til Rom ikke først fandt sted to år senere, men indholdsmæssigt hænger snævert sammen med »vi«-stykket III. 21,1-18 og udgør en næsten umiddelbar fortsættelse af dette, kun afbrudt af Paulus' kortvarige ophold i Jerusalem og Cæsarea. Det er forstemmende at se, at de fortolkere, der har gjort denne korrekte iagttagelse til 24,27, glemmer dette, når de når frem til 27,1-2 og omtalen af Aristarkos dér [183].

8) Der er intet grundlag for med Wellhausen, Dibelius o.a. at hævde, at det lange »vi«-stykke IV. ApG 27,1-28,16 med den dramatiske sejlads på Middelhavet er af en anden art end de andre »vi«-stykker og slet og ret skyldes litterært lån fra datidig søfartslitteratur, i hvilken forfatteren af Ap.G. sekundært har indføjet de passager, der omhandler Paulus (27,9-11.21-26.31.33-36.43). Tværtimod vidner en selvbiografisk beretning hos Josefus [184] om den dramatiske beretnings virkelighedsnære karakter. Wehnert har gennem sin analyse af ApG 27,1 ff. bidraget væsentligt til en bedre forståelse af denne tekst.

Den samlede beretning dækker således en periode på godt halvandet år og handler om Paulus' sidste rejse, der drejede sig om indsamlingen til Jerusalem og dens overbringelse og om hans derpå følgende rejse til Rom. Rejsestationerne var følgende: Efesos (sommeren år 54) – Troas – Neapolis – Filippi – Thessa-

---

183. Se Hyldahl, Derfor efterlod jeg dig på Kreta, Fønix 11 (1987), s. 157-163, især s. 160-161.
184. Josefus, Vita 14-16 (kap. 3), hvor han skildrer en rejse til Rom omkr. år 61 e.Kr.: »14 ..., kom jeg til Rom efter at have udstået mange farer på havet. 15 For vores skib gik ned midt i Adriaterhavet [jfr. ApG 27,27], og omkring 600, som vi var [sml. ApG 27,37], svømmede hele natten, og da omkring daggry ved Guds forsyn et skib fra Kyrene kom til syne for os, kom jeg og nogle andre, omkring 80 i alt, de øvrige i forkøbet og blev taget om bord i skibet. 16 Efter at være blevet reddet i sikkerhed i Dikaiarcheia, som hos italienerne hedder Puteoli [jfr. ApG 28,13], kom jeg gennem venskab til Aliturus, en skuespiller ...« Engelsk oversættelse hos H. St. Thackeray, i: *Josephus. With an English Translation*, I, 1926, s. 7-9.

lonika [185] – Korinth (vinteren år 54-55) – Kenkreæ [186] – Filippi (påsken år 55) – Troas – Assos – Mytilene – Samos – Milet – Kos – Rhodos – Patara – Tyrus – Ptolemaïs – Cæsarea – Jerusalem (pinsen og sommeren år 55) – Cæsarea – Sidon – Myra – Gode Havne (Kreta, efteråret år 55) – Malta (vinteren år 55-56) – Syrakus – Regium – Puteoli [187] – Forum Appii – Tres Tabernae – Rom (foråret år 56 og to år frem).

Det må imidlertid udtrykkeligt understreges, hvad også Susan Marie Praeder har fremhævet, at den endelige løsning på de ejendommelige problemer, som Ap.G.s »vi«-stykker opviser, endnu ikke er fundet.

---

185. Jfr. ApG 20,2: »hine egne«.
186. Jfr. Rom 16,1 og ApG 18,18.
187. Se foran, n. 184!

IV. DEN EFTERAPOSTOLSKE TID

Litteratur

a) Kilder

Det nye Testamente, bortset fra Paulus' ægte breve.
De apostolske Fædre i dansk oversættelse med indledninger og noter, edd. Niels Jørgen Cappelørn, Niels Hyldahl og Bertil Wiberg, København 1985.
Søren Giversen: *De apostolske Fædre i oversættelse med indledning og noter*, I-II, København 1985.
Eusebs kirkehistorie (se foran, III.).

b) Almene fremstillinger

Emil Schürer: *History of the Jewish People* (se foran, I.), I, 1973, s. 484-513: 'The Great War with Rome A.D. 66-74(?)', og s. 514-557: 'From the Destruction of Jerusalem to the Downfall of Bar Kokhba'.
Leonhard Goppelt: *Die apostolische und nachapostolische Zeit*, 1962 (se foran, III.), §§ 14-22.
Hans Conzelmann: *Geschichte des Urchristentums*, 1969 (se foran, III.), s. 94-118: 'XI.: Die Kirche bis zum Ende des ersten Jahrhunderts', 'XII.: Die Kirche und die Welt', 'XIII.: Das Judenchristentum nach dem Jüdischen Krieg'.

1. Templets ødelæggelse og synoden i Jamnia

Litteratur

Bent Noack: *Om Fadervor*, København 1969, s. 178-194: 'Jødiske bønner' (her er også 18-bønnen gengivet i dansk oversættelse).
Peter Schäfer: Die sogenannte Synode von Jabne. Zur Trennung von Juden und Christen im ersten/zweiten Jh. n. Chr., i: samme:

Studien zur Geschichte und Theologie des rabbinischen Judentums, Leiden 1978, s. 45-55.

Gerd Lüdemann: *Paulus, der Heidenapostel. Band II: Antipaulinismus im frühen Christentum* (Forschungen zur Religion und Literatur des Alten und Neuen Testaments, 130), Göttingen 1983, s. 265-285: 'Die Nachfolger der Jerusalemer Urgemeinde. Analyse der Pella-Tradition' = samme, i: E. P. Sanders, ed.: *Jewish and Christian Self-Definition I: The Shaping of Christianity in the Second and Third Centuries*, London — Philadelphia 1980, s. 161-173 og 245-254.

William Horbury: The Benediction of the *Minim* and Early Jewish-Christian Controversy, Journal of Theological Studies 33 (1982), s. 19-61.

i. *To opfattelser*
Med afslutningen på den jødisk-romerske krig under kejserne Nero (år 54-68) og Vespasian (år 69-79) i årene 66-70 blev Jerusalem indtaget og templet ødelagt. Det sidste betød det jødiske præsteskabs totale ophævelse for al fremtid; afslutningen på krigen medførte desuden tilintetgørelsen af de religiøse partier saddukæerne og essæerne; alene farisæerne og en del af de skriftlærde samt de kristne overlevede året 70 e.Kr.

Jødedommen på nytestamentlig tid eller rettere: i tiden før år 70 e.Kr., da det andet tempel blev ødelagt og det jødiske folk mistede endog mere end sin uafhængighed, var blevet til under seleukiderne, i tidsrummet fra omkr. år 175 til 63 f.Kr. Før den tid kan der næppe tales om en bevidst jødedom, der omfattede hele folket og koncentrerede sig med hjerte og sjæl om sin egen særlige arv, men snarere om en mere eller mindre bevidst tilknytning til religiøse institutioner som templet og til religiøse skikke som sabbat og omskærelse og til gammeltestamentlige traditioner (naturligvis med den ene, betegnende undtagelse fra omkr. år 165 f.Kr., som udgøres af Danielsbogen). Hvad jeg her forsøger at bringe til udtryk, er dette: Først den frygtelige trussel under Antiokus IV. (175-164 f.Kr.), da det så ud, som om den jødiske religion skulle tilintetgøres, tvang folket til at gennemtænke sin egen identitet som folk og at træffe den

IV.1.i. *To opfattelser*

afgørelse, om religion og folk hørte sammen eller ej, og hvis de gjorde, da at bestemme, hvilken relation der bestod mellem dem. Med andre ord: Konstituerede religionen folket, eller var folket i stand til at have sin egen eksistens uden sin religion? At det ikke var i stand dertil, men havde religionen som sin konstitution, sin forfatning, er det samme som at sige, at jødedommen blev valgt som det jødiske folks forfatning og, som allerede sagt, blev til i tiden efter Antiokus IV.

Betegnende nok dukker ordet »jødedom« (græsk: *ioudaïsmós*) op for første gang på den tid: 2 Makk 2,21; 8,1 og 14,38 [1].

Den bevidste afgørelse til fordel for jødedommen som folkets konstituerende faktor er det træk, som bedst karakteriserer perioden før år 70 e.Kr. Det spørgsmål rejser sig derfor straks: Hvad med perioden efter år 70, den tannaitiske periode, da Mishna, Tosefta og midrasherne til Mosebøgernes sidste fire bøger blev redigeret og afsluttet? Var ikke også i denne periode jødedommen folkets konstituerende faktor? Uden tvivl må svaret på dette spørgsmål blive positivt. Men der *er* en forskel. Afgørelsen til fordel for jødedommen skulle ikke træffes efter år 70 e.Kr., men var allerede blevet truffet længe forinden. Hvad der skulle træffes afgørelse om efter år 70 e.Kr., var ikke, om jødedommen skulle være folkets religion (der var intet andet valg), men om der overhovedet *var* noget folk, der kunne have jødedommen som sin konstitution. Efter katastrofen i året 70 kan man ikke tale om, at et folk eller en nation skulle afgøre sig for eller imod sin religion, for afgørelsen var truffet. En religion uden et folk, eller en nation, var den trussel, der var til stede efter året 70. På Antiokus IV.s tid havde truslen været et folk eller en nation uden en religion.

Før år 70 e.Kr. finder vi et folk, som konstituerede sig selv gennem sin religion, efter år 70 finder vi en religion, som konsti-

---

1. Jfr. Hengel, *Judentum u. Hellenismus*, 1973 (se foran, I.), s. 2. Ordet forekommer også i 4 Makk 4,26 og hos Ignatius, Magn. 8,1. Dertil kommer selvfølgelig Gal 1,13.14 — se foran, kap. III.4.iii.

tuerer sig gennem sit folk. Det betyder ikke, at der ikke bestod sammenhæng, kontinuitet. Men det betyder, at der *var* en forskel, og jeg mener: en betydningsfuld forskel. Det har både hos kristne og hos jødiske fortolkere i almindelighed været anset for en korrekt opfattelse, at den rabbinske litteratur fra den tannaitiske tid, dvs. tiden fra templets ødelæggelse år 70 til den afsluttede redaktion af Mishna under R. Judah ha-Nasi omkr. år 200 e.Kr., også er repræsentativ for jødedommen før templets fald. Rigtigheden af denne forudsætning er den åbenlyse *raison d'être* for de stadig væk uovertræffelige værker af Emil Schürer om det jødiske folks historie på Jesu tid og af Paul Billerbeck om det mishnaiske og talmudiske materiale som kommentarer til de nytestamentlige skrifter. Men rigtigheden af denne forudsætning er om muligt endnu mere åbenbar hos mange jødiske fortolkere, der har beskæftiget sig med de nytestamentlige skrifter og med jødisk historie og litteratur før år 70: den rabbinske litteratur rakte angiveligt, og også ifølge egen påstand, langt tilbage i historien – med ordene fra Mishna-traktaten Aboth [2]: »Moses modtog [den mundtlige] lov på Sinaj og overleverede den til Josva, Josva overleverede den til de ældste [Jos 24,31], og de ældste til profeterne [Jer 7,25]; og profeterne overleverede den til Den store Synagoges mænd« – derpå følger hele traditionskæden af skriftlærde fra Simon den Retfærdige [3] til Simon ben Gamaliel omkr. år 70 e.Kr. [4] Men mens de fleste kristne fortolkere for det meste har brugt den i den rabbinske tradition forudsatte kontinuitet mellem før og efter år 70 negativt for derigennem at fremhæve kristendommens unikke karakter på baggrund af jødedommen, har de fleste jødiske fortolkere hævdet kontinuite-

---

2. Engelsk oversættelse hos H. Danby, *The Mishnah* (se foran, I.), s. 446.
3. Jfr. foran, I.2.i., ved n. 48 og 49.
4. Se også Peter Schäfer, Das »Dogma« von der mündlichen Torah im rabbinischen Judentum, i: samme, *Studien zur Geschichte und Theologie des rabbinischen Judentums*, 1978 (se ovenfor, IV.1.), s. 152-197.

IV.1.i. *To opfattelser* 291

ten for omvendt at kunne identificere jødedommen før år 70 med den rabbinske jødedom siden hen.

Jeg tror, at begge opfattelser er forkerte.

I 1874 skrev Julius Wellhausen sin nu mere end hundrede år efter stadig læseværdige bog om farisæerne og saddukæerne [5]. Et af de mest iøjnefaldende træk ved skildringen i denne bog er, at forfatteren afstår fra at bruge rabbinske kilder som grundlag for sin fremstilling af perioden mellem år 175 f.Kr. og 70 e.Kr. Han har, som han påstår, kun læst få dele af den talmudiske litteratur (læseren gør klogt i ikke at tro ham for meget!) og peger først og fremmest på de græske skrifter som adækvate kilder til perioden, dvs. Første og Anden Makkabæerbog, Siraks Bog, Salomos Salmer, Josefus' skrifter og – ikke mindst – Det nye Testamente selv. Naturligvis kendte Wellhausen dengang endnu ikke den hebraiske original til Siraks Bog eller de hebraiske skrifter fra Qumran, og et eventuelt fund af den hebraiske original til Første Makkabæerbog ville han sikkert have studeret med omhu.

Det tvivlsomme er her ikke, om den rabbinske litteratur er værdifuld, men om den er særlig repræsentativ for perioden før år 70 e.Kr. Gamle traditioner, der findes i den rabbinske litteratur, er gået gennem et nåleøje ved at passere Jerusalems fald og templets ødelæggelse; de må derfor bruges med den største omhu, og kun undtagelsesvist.

På den anden side, og aldeles forskelligt fra den metode, som Wellhausen anviste, har E. P. Sanders med stor styrke forsvaret jødedommen som sådan i sin bog fra 1977 om Paulus og den palæstinensiske jødedom [6]. Den største del af Sanders' bog består af en gennemgang af, for det første, den tannaitiske litteratur og, for det andet, forskellige jødiske skrifter fra før år 70: Qumran-skrifterne, Siraks Bog, Første Enokbog, Jubilæerbo-

---

5. Se foran, I.
6. Se foran, I.

gen, Salomos Salmer og – men det er fra tiden efter år 70 – Fjerde Ezrabog. Sanders har ret i én henseende: Det er aldeles uberettiget, som mange nytestamentlige fortolkere har gjort, at betragte den rabbinske litteratur som en litteratur, der giver udtryk for eller hævder en legalistisk gerningsretfærdighed. Tværtimod giver denne litteratur et billede af jødedommen som en størrelse, der forudsætter og alvorligt regner med Guds nådige udvælgelse af Israel og derfor har draget den konklusion, at opfyldelsen af budene er en forholdsvis enkel og problemløs pligt. Sanders understreger også med rette den tannaitiske tænknings ikke-systematiske karakter: der findes ikke deri nogen systematisk soteriologi; budene skal simpelt hen opfyldes, fordi det er Guds vilje, ikke for at den enkelte skal fortjene sig Guds nåde eller en plads i den kommende verden – Guds nåde er givet med udvælgelsen, og en plads i den kommende verden er sikret enhver, som forbliver inden for pagten.

Alligevel kan der rejses alvorlige indvendinger mod Sanders' fremstilling.

For det første består der en væsentlig forskel mellem Wellhausen og Sanders i henseende til udvælgelsen af jødisk litteratur fra før år 70 e.Kr. Hvad der savnes hos Sanders, er just den historiske litteratur fra perioden: de to Makkabæerbøger, Josefus' skrifter og Det nye Testamente med deres umådelige mængder af information om den antikke jødedom og dens historie. Man får gennem Sanders indtryk af en jødedom, der ikke blot var ikke-systematisk, men også var overordentlig teoretisk, uden rødder i historien og uden historisk udvikling. Hvad angår Matt 23 med veråbene over de skriftkloge og farisæerne, tilstår Sanders kun det ene, at der *kan* have eksisteret sådanne jøder, der kun befattede sig med trivialiteter og forsømte de vigtigere ting, siden den menneskelige natur nu engang er, som den er [7]. Men dette er en højst utilfredsstillende forklaring i en

---

7. Sanders, *Paul and Palestinian Judaism*, s. 426.

IV.1.i. *To opfattelser*

bog, der prætenderer at sammenligne jødedom og kristendom, og hvis Sanders ville indvende, at han ikke sammenligner religioner, men »patterns of religion«, må man svare, at de vidtrækkende konklusioner, han drager af en sådan sammenligning, ikke kan retfærdiggøres.

For det andet sætter Sanders nok ligesom Wellhausen et skarpt skel ved Jerusalems fald og templets ødelæggelse, men han drager ikke som Wellhausen de nødvendige konsekvenser af dette skel. Sanders afviser kategorisk den sædvanlige opfattelse, der går ud på, at den tannaitiske litteratur har sin oprindelse hos farisæerne og er af farisæisk præg. Der var ifølge Sanders ingen kontinuitet mellem farisæerne før år 70 e.Kr. og rabbinerne bag den tannaitiske litteratur efter år 70, og bortset fra fragmenter i det rabbinske materiale har praktisk talt ingen farisæisk litteratur overlevet katastrofen i året 70. Sanders *kan* have ret i dette sidste (om end det vil være vanskeligt at forklare f.eks. den velkendte tradition om den mundtlige lov eller fædrene overlevering, som bl.a. Mishna-traktaten Aboth taler om). Men måske ville det være sikrere at sige, at katastrofen i året 70 havde en katarsisk effekt på det farisæiske parti i den forstand, at det derved udviklede sig til at være en ansvarlig, hengiven ledelse af det jødiske folk. Under alle omstændigheder har Sanders med sin opfattelse berøvet sig selv muligheden for at fælde en retfærdig og dermed overbevisende dom over jødedommen før år 70, hvad enten denne dom måtte være negativ eller positiv. Hans bog er først og fremmest et beundringsværdigt monument over den tannaitiske litteratur, men fortæller så godt som intet om jødedommens historie og udvikling forud for den tannaitiske periode. Nytestamentlig fortolkning kan givetvis ikke længere bruge den rabbinske litteratur som bevis på dens legalistiske karakter. Men Sanders' forbavsende afvisning af at ville finde nogen sammenhæng mellem farisæerne og den tannaitiske litteratur udelukker ham samtidig fra at kunne udstrække sin karakteristik af den rabbinske litteratur som ikke-legalistisk til også at dække farisæerne. Måske er den virkelige grund til denne tavshed hos Sanders at finde i en korrekt fornemmelse af, at denne karakteristik ikke lader sig overføre på farisæerne, fordi den ikke i alle tilfælde ville overbevise, og fordi først katastrofen i året 70 fejede den farisæiske legalisme og gerningsretfærdighed bort.

Som sammenfatning af disse overvejelser kan det siges, at der er grund til enighed med Sanders, når han hævder, at den rabbinske litteratur ikke viser tegn på legalisme og gerningsretfærdighed og derfor ikke kan bruges som bevis på jødedommens legalistiske karakter. På den anden side er der grund til enighed med Wellhausen i, at når det drejer sig om jødedommen fra omkr. år 175 f.Kr. til år 70 e.Kr., skal kildematerialet være samtidigt og under alle omstændigheder repræsentativt; det turde være en selvfølge. Men enigheden betyder også, at Wellhausen har ret i at prioritere tidens græske kilder (med tilføjelse, må det i dag siges, af det nye hebraiske materiale, der var ukendt for ham) – en opfattelse, der indirekte støttes af Martin Hengel i hans bog fra 1969 (2. udg. 1973) om jødedommen og hellenismen.

Jødedommen før år 70 var altså betydeligt anderledes end den monolitiske jødedom, som den tannaitiske litteratur lærer os at kende. Især i to henseender bestod der forskelle, som også adskiller jødedommen i perioden 175 f.Kr. - 70 e.Kr. fra udviklingen forud herfor.

For det første var periodens jødedom i stadig stigende grad en overordentlig broget størrelse, der splittede sig selv op i mange og indbyrdes uforligelige fraktioner, partier, fløje og sekter. Brogetheden var så stor, at – hvis det må være tilladt at udtrykke forholdet sådan – endog kristendommen kunne opstå i denne pluralistiske jødedoms midte. Det ville ikke have kunnet finde sted hverken i tiden forud for eller efter denne periode i Israels historie. Det er næppe muligt at forestille sig perioden broget nok: hasidæerne, essæerne, farisæerne, saddukæerne, de kristne, sikarierne, *am-haares*, præsterne, levitterne, de skrift-

IV.1.i. *To opfattelser* 295

lærde — og til alt dette: jøderne fra diasporaen, der enten besøgte eller bosatte sig i Palæstina, og jøderne i diasporaen selv.

For det andet var det jødiske folk i perioden 175 f.Kr. - 70 e.Kr. villigt til at udøve magt og endog vold på den religions vegne, det havde afgjort sig for — eller mere præcist: udøvelsen af magt og vold blev anset for retfærdiggjort af den retfærdige sag, folket havde valgt at kæmpe for, og denne retfærdige sag var jødedommen selv. Det er ikke ubegrundet, at den gammeltestamentlige skikkelse, som makkabæerne tog som forbillede (1 Makk 2,26.54), var Pinehas, søn af Eleazar, med hans *zêlos* for loven (4 Mos 25) [8]. Den samme *zêlos*, med eller uden nationalistiske undertoner, men altid med religiøse farver, kan følges i hele jødedommens historie fra makkabæerne frem til og efter Jerusalems fald og templets ødelæggelse, også hos den før-kristne Paulus og hos judaisterne i hans menigheder (Gal 1,14; 4,17; Fil 3,6) — en *zêlos*, kan man tilføje, der ikke er ganske uden paralleller i staten Israel af i dag.

Broget og voldelig, som denne jødedom var — og jeg tror snarere, at disse to træk har været undervurderet end overdrevet hos både jødiske og kristne fortolkere — står imidlertid én ting i centrum af det hele: spørgsmålet om lovens rette anvendelse og praksis. Spørgsmålet om loven udgør en sti gennem denne komplicerede periode, og det er ikke muligt at nævne nogen jødisk bevægelse, selv kristendommen indbefattet, som ikke var lidenskabeligt optaget af spørgsmålet om loven, dens anvendelse og praksis.

ii. *Synoden i Jamnia*
Efter sammenbruddet i året 70 fik jødiske skriftlærde, der under anførsel af Jochanan ben Zakkai hemmeligt var flygtet fra det belejrede Jerusalem og af Vespasian havde fået den lille by Jamnia (eller Jabne) ved Middelhavskysten til opholdssted, dér

---

8. Jfr. foran, I.2.i. og II.4.iii.

grundlagt et lærehus, som overtog de funktioner, det tidligere ældsteråd (*gerousía*) og synedrium havde udøvet.

Omkr. år 90 e.Kr. – det nøjagtige tidspunkt kendes ikke – afholdtes i Jamnia en synode, hvis to vigtigste resultater var 1) fastlæggelsen af den hebraiske, gammeltestamentlige kanon og 2) revisionen af den jødiske bøn Shemone Eshre (»18-bønnen«).

Begge beslutninger er udtryk for en afgrænsning mod den ikke-jødiske omverden og dermed for det før omtalte forhold: at folket overlevede som folk i kraft af jødedommen.

Gennem fastlæggelsen af den hebraiske kanon afgrænsede man sig mod andre, som også brugte den gammeltestamentlige skriftsamling som hellig skrift, først og fremmest de kristne, som i den græsktalende verden længe havde været vant til at benytte den græske oversættelse Septuaginta, LXX. Ved kun at anerkende den hebraiske bibel (og nye oversættelser, som svarede til den nye rettroenhed) afvistes LXX, som de kristne herefter var så godt som ene om at bruge. Det betød en både historisk og teologisk adskillelse af jødedom og kristendom, som har vist sig skæbnesvanger.

Gennem tilføjelsen af en forbandelse af alle *minim*, dvs. sekterere, til 18-bønnen fandt ligeledes en koncentration sted om jødisk rettroenhed, som på lignende måde som fastlæggelsen af den hebraiske kanon måtte føre til en adskillelse fra andre, herunder fra kristne.

Spørgsmålet er, om der i tidens kristne litteratur kan findes spor af denne nye jødiske holdning til sin omverden.

Er dette tilfældet, er det nærliggende at sammenligne forholdene med den situation, som revisionen af 18-bønnen på synoden i Jamnia angiver. Det drejer sig om den 12. *berakah* eller »velsignelse«, *birkath-haminim*, som her citeres efter den palæstinensiske tekst, som S. Schechter fandt i Cairo-geniza'en og udgav i 1898:

> For forfølgere være der intet håb,
> ryk overmodets rige op med rode i hast i vore dage,
> nasaræere og kættere forgå i et nu,

IV.1.ii. *Synoden i Jamnia*

udslettes af de levendes bog, optegnes ikke med de retfærdige. Lovet være du, Herre, som bøjer de frække [9].

Det skal bemærkes og understreges, at vi ingen vished har for, at netop denne tekst er den originale eller autentiske tekst, der blev vedtaget på synoden i Jamnia. Tekstoverleveringen var og vedblev med at være flydende, som Peter Schäfer korrekt fremhæver. Men det kan siges med vished, at 18-bønnens 12. *berakah* blev formuleret i Jamnia hen imod århundredets slutning – med andre ord ikke senere end i samme tidsrum, hvori også den johannæiske litteratur blev til.

Dokumentationen hos kirkefædrene for *birkath-haminim* er forholdsvis sen, fra det 3. og 4. århundrede, og det tidligste vidnesbyrd – hvis det er et sådant – findes hos Justin i hans Dialog med jøden Tryfon, skrevet omkr. år 160. Justin beretter ikke udtrykkeligt om nogen »forbandelse« af de kristne i de jødiske synagogeforsamlinger, men om bagtalelse af Kristus, og muligvis refererer han slet ikke til *birkath-haminim*. Alligevel synes det troværdigt, at en eller anden slags forbandelse af de kristne har været brugt med den effekt, at disse blev udelukket fra jødedommen.

Vigtigere end dette er måske spørgsmålet om det præcise forhold mellem jødedommen og kristendommen. Elbogen hævdede i sin bog fra 1924 om den jødiske gudstjeneste [10], at *birkath-haminim* blev skabt i den hensigt at adskille de to religioner, som han kaldte dem – kristendommen og jødedommen. Når en jødisk kristen, der deltog i 18-bønnen i synagogeforsamlingen, kom til den 12. *berakah*, måtte han med sit »Amen« nedkalde forbandelsen af kætterne over sig selv eller alternativt lade sig udelukke fra det synagogale fællesskab. I sin omhygge-

---

9. Oversættelsen hos Bent Noack, *Om Fadervor*, s. 182. Jfr. Schürer, *History*, II, 1979, s. 461.
10. I. Elbogen, *Der jüdische Gottesdienst in seiner geschichtlichen Entwicklung*, 3. Aufl. Frankfurt a.M. 1931 = Hildesheim 1967, s. 36 ff. og 51 f.

lige, men også forsigtige undersøgelse har Peter Schäfer i 1978 [11] sat et spørgsmålstegn ved denne udbredte forståelse. Ifølge Schäfer drejede *birkath-haminim* sig ikke primært om de kristne, men handlede om hæretikere i al almindelighed og, ikke at forglemme, om det romerske styre, der efter året 70 e.Kr. var grundigt forhadt af det jødiske folk. Det er at overvurdere de kristnes rolle og betydning, når *birkath-haminim* tænkes hovedsagelig at være rettet mod dem. Desuden gør Schäfer mod Elbogen gældende, at der ikke er tale om to religioner, der her adskilles fra hinanden, men om interne jødiske anliggender og jødiske problemer, der her søges løst. Det betyder alt sammen, at *birkath-haminim* ifølge Schäfer ikke har ret meget, om overhovedet noget, med kristendommen og de kristne at gøre. Schäfer hævder, at kristendommen allerede i forvejen havde konstitueret sig selv som en selvstændig religion ved siden af jødedommen.

Jeg tror ikke, at dette er korrekt [12]. Jødedom og kristendom udgjorde på den tid, der her er tale om, endnu ikke to forskellige religioner, sådan som Schäfer hævder. Det er jødisk apologetik. Desuden er hans henvisning til romerne irrelevant; *birkath-haminim* omfatter nok et ønske om den romerske stats snarlige undergang, men dette ønske har intet med selve forbandelsen af *minim*, kættere, at gøre. Man kommer sandheden nærmere ved at sige, at kristendommen udsprang af jødedommens midte med det ene ønske for øje: at være det sande Israel. Historien endte imidlertid tragisk, med hvad man kan kalde to religioner: jødedom og kristendom. Men om muligt endnu mere tragisk ville det være, hvis kristendommen nogen sinde glemte sin historiske oprindelse i det jødiske folk og det forhold, at de

---

11. Se foran, IV.1.
12. Jfr. Horbury, JThSt 38 (1982), s. 19-61, der omhyggeligt undersøger og diskuterer alle relevante tekster, både jødiske, nytestamentlige og patristiske, og når til det resultat, jeg i al korthed har forsøgt at gengive; ikke mindst svarer hans kritik af Schäfer til min.

IV.2.i. *De indirekte vidnesbyrd*

kristne intet andet ville end at være jødedommens sande repræsentanter.

2. Den johannæiske litteratur og spørgsmålet om Kristus

Litteratur

Adolf Harnack: *Über den dritten Johannesbrief* (Texte und Untersuchungen, XV,3), Berlin 1897.
Walter Bauer: *Rechtgläubigkeit und Ketzerei im ältesten Christentum* (Beiträge zur historischen Theologie, 10), opr. 1934, 2. Aufl. ed. Georg Strecker, Tübingen 1964, s. 95-98.
Christian Lindskrog: *Fortolkning til Første Johannesbrev*, København 1941.
samme: Problemet i 1. Johannesbrev, Dansk Teologisk Tidsskrift 4 (1941), s. 27-44.
Ernst Käsemann: Ketzer und Zeuge. Zum johanneischen Verfasserproblem, opr. 1951, i: samme: *Exegetische Versuche und Besinnungen*, I, Göttingen 1960, s. 168-187.
samme: *Jesu letzter Wille nach Johannes 17*, Tübingen 1966.
W. C. van Unnik: The Purpose of St. John's Gospel, i: *Studia Evangelica* (Texte und Untersuchungen, 73), Berlin 1959, s. 382-411.
John A. T. Robinson: The New Look on the Fourth Gospel, i: *Studia Evangelica*, 1959 (se ovenfor), s. 338-350 = samme: *Twelve New Testament Studies* (Studics in Biblical Theology, 34), London 1962, s. 94-106.
samme: The Destination and Purpose of the Johannine Epistles, opr. 1960-61, i: samme: *Twelve New Testament Studies*, 1962 (se ovenfor), s. 126-138.
J. C. O'Neill: *The Puzzle of First John. A New Examination of Origin*, London 1966.
J. Louis Martyn: *History and Theology in the Fourth Gospel*, New York 1968; 2. ed. Nashville 1979.
Niels Hyldahl: *Udenfor og indenfor*, 1974 (se foran, III.3.), s. 87-103: 'Den johannæiske kreds'.

Klaus Wengst: *Bedrängte Gemeinde und verherrlichter Christus. Der historische Ort des Johannesevangeliums als Schlüssel zu seiner Interpretation* (Biblisch-Theologische Studien, 5), Neukirchen-Vluyn 1981, 2. Aufl. 1983; 3. Aufl. (nybearbejdelse), München 1990, med titlen: *Bedrängte Gemeinde und verherrlichter Christus. Ein Versuch über das Johannesevangelium.*

Birger Olsson: The History of the Johannine Movement, i: Lars Hartman/Birger Olsson, edd.: *Aspects on the Johannine Literature. Papers presented at a conference of Scandinavian New Testament exegetes at Uppsala, June 16-19, 1986* (Coniectanea Biblica, New Testament Series, 18), Uppsala 1987, s. 27-43.

samme: Kringresande bröder, i: Peter Wilhelm Bøckman/Roald E. Kristiansen, edd.: *Context. Festskrift til Peder Johan Borgen / Essays in Honour of Peder Johan Borgen* (Relieff. Publikasjoner utgitt av Religionsvitenskapelig institutt, Universitetet i Trondheim, Nr. 24), Trondheim 1987, s. 153-166.

Hans-Josef Klauck: *Die Johannesbriefe* (Erträge der Forschung, 276), Darmstadt 1991.

John Ashton: *Understanding the Fourth Gospel*, Oxford 1991.

P. M. Casey: *From Jewish Prophet to Gentile God*, 1991 (se foran, II.5.), s. 23-40: 'God Incarnate – Jesus in the Johannine Community', og s. 156-159: 'Deity, Incarnation and the Johannine Community'.

Walter Schmithals, *Johannesevangelium und Johannesbriefe. Forschungsgeschichte und Analyse* (Beihefte zur Zeitschrift für die neutestamentliche Wissenschaft, 64), Berlin – New York 1992.

i. De indirekte vidnesbyrd

For tiden efter Jerusalems fald er vi, når det gælder de nytestamentlige skrifter, henvist til indirekte vidnesbyrd. Evangelierne beretter om Jesu person, ord og gerninger omkr. år 30, Paulus' breve er alle skrevet i 50'erne, og Apostlenes Gerninger bringer os kun så langt som til Paulus' to-årige fangenskab i Rom under kejser Nero. Ingen af de andre nytestamentlige skrifter er »historiske« i den forstand, at de giver informationer om historiske forhold på en måde, der ville kunne sammenlignes med evangelierne, Paulus' breve eller Ap.G.

Det betyder imidlertid ikke, at vi er fuldstændig uden viden om kristendommen, hvad denne periode angår, dvs. de sidste tre

IV.2.i. De indirekte vidnesbyrd

årtier af det første århundrede og de første af det andet. Vi *er* i besiddelse af indirekte vidnesbyrd, men at bruge dem er en kompliceret sag på grund af de metodiske vanskeligheder, dette indebærer, og er næppe berettiget, med mindre de ledsages af andre kilder eller almindeligt anerkendte argumenter.

Hvis John A. T. Robinsons opfattelse i hans bog fra 1976 om de nytestamentlige skrifters affattelsestid [13] skulle følges, ville samtlige 27 skrifter i Det nye Testamente være affattet før år 70 eller senest, nemlig for Johannes' Åbenbarings vedkommende, omkr. denne tid. I så fald ville Det nye Testamente end ikke indirekte kunne sige os noget som helst om det første århundredes sidste årtier, og vi ville være henvist til først at få noget at vide om kristendommens historie ved århundredets udgang: med de ældste dele af De apostolske Fædre, nemlig Første Klemensbrev fra omkr. år 96 og Ignatius' breve fra omkr. år 110. Men efter alt at dømme har Robinson ikke ret i sin tidlige datering af de nytestamentlige skrifter. Der kan ikke herske megen tvivl om, at evangelierne – med Mark. som en mulig undtagelse – først er skrevet efter år 70; denne datering indbefatter også Joh. og Ap.G. Også alle de andre nytestamentlige skrifter er fra disse sidste årtier af århundredet eller fra de første af det næste århundrede, og de vigtigste skrifter er her Jak., 1 Pet., 1, 2 og 3 Joh., Pastoralbrevene: 1 og 2 Tim. og Tit., og Åb.; jeg ser i denne sammenhæng bort fra Efes., Hebr., 2 Pet., Jud.

Tilstrækkeligt bliver således tilbage, ikke mindst Joh. og 1, 2 og 3 Joh. Denne johannæiske litteratur skal der ses nærmere på i det følgende, idet vi begynder med 1 Joh.

---

13. John A. T. Robinson, *Redating the New Testament*, London 1976; men se hertil Olof Linton, Om datering af nytestamentlige skrifter. I anledning af John A. T. Robinson, Redating the New Testament, London 1976, Dansk Teologisk Tidsskrift 41 (1978), s. 145-160.

ii. Den johannæiske litteratur

I 1 Joh 2,18 f. står der:

> 18 Børn, det er den sidste time. Og som I har hørt, at Antikrist kommer, så er der nu fremtrådt mange antikrister, hvoraf vi kan vide, at det er den sidste time. 19 Fra os er de udgået, men de var ikke fra os; for hvis de havde været fra os, ville de være forblevet hos os. Men det er sket, for at det kunne blive åbenbart, at ikke alle er fra os.

Denne tekst har sædvanligvis været forstået som en omtale af hæretikere eller sekterere, som ved en given lejlighed havde skilt sig ud fra den johannæiske kreds, men fortsat udgjorde en fare, der måtte advares imod, for de rettroende kristne, der var forblevet loyale. Da det er første gang, disse hæretikere eller skismatikere omtales i brevet, åbenbares deres sande identitet først i de senere dele af skriftet. Det bliver dér klart for det store flertal af fortolkere, at den vranglære, der er tale om, er af kristologisk karakter: hæretikerne betragtede ikke Kristus på samme måde, som de rettroende gjorde, men var uvillige til at tro og antage, at Kristus var »blevet menneske« eller, hvad der kommer ud på ét, var »blevet kød« (1 Joh 4,2). Kristus var i deres øjne så guddommelig, at han kun tilsyneladende, men ikke i virkeligheden, var kommet til verden, nemlig ved dåben; han havde så forladt verden igen før døden. Et sådant kætteri kaldes doketisme (af græsk: *dokeîn*, »at synes«) og hører hjemme i den del af dogmatikken, som kaldes kristologien.

Den vranglære, det johannæiske skrift advarer imod, er således en vranglære inden for menigheden eller kirken selv (også selv om hæretikerne havde skilt sig ud fra de rettroende), for også vranglærerne troede på Kristus, om end på deres egen måde. Forholdet mellem de loyale og de skismatiske kristne genspejler således forstået interne kirkelige problemer, og spørgsmålet ville kun være, hvem der gik af med sejren.

Men er dette billede sandt? Det tror jeg ikke. For hvad er de omtalte »antikrister« (1 Joh 2,18) for personer? Er det virkelig folk, som ikke bekender sig til troen på Kristi inkarnation? Implicerer ordene i 1 Joh 4,2 f. ikke snarere, at »antikrister« er

IV.2.ii. *Den johannæiske litteratur* 303

folk, som ikke bekender sig til troen på, at Jesus er Kristus, kommet i kødet? Således i det mindste O'Neill [14]. Betegner »antikrister«, hvis der skal regnes med dette ord, ikke folk, som nægter, at Jesus er Kristus? »Hvem er det,« spørger forfatteren i 2,22 f., »som lyver, hvis det er ikke ham, som nægter, at Jesus er den Salvede? *Han* er antikrist, der nægter Faderen og Sønnen. 23 Enhver, der nægter Sønnen, har heller ikke Faderen, den, der bekender Sønnen, har også Faderen.«

Men hvem var i hele den datidige verden de, som nægtede, at Jesus er Kristus, undtagen de jøder, der ikke var Kristustroende? Hvem var de, som hævdede at have Faderen, men samtidig nægtede Sønnen, undtagen de rettroende jøder? Dette ændrer på én gang hele billedet, så der nu ikke længere kan være tale om interne kirkelige uoverensstemmelser af kristologisk art, men kun om kampen mellem jødedom og kristendom.

Det kunne indvendes, at denne kamp ikke burde optage fortolkerens opmærksomhed, siden den tilsyneladende drejer sig om den sædvanlige uenighed mellem jøder og kristne – en uenighed, der går ud på, at jøderne ikke tror på Kristus, men at de kristne gør. Drejer det sig ikke om en banalitet, som blot skal tages til efterretning?

Nej, for i dette tilfælde drejer det sig om en kamp, hvor de kristne, der var involveret, selv var jøder. Det fremgår af et sted i 3 Joh.

3 Joh. handler om nogle missionærer, som var draget ud »for navnets skyld«, dvs. for Kristi skyld, men afviser at tage imod noget fra hedningerne; derfor er brevskriveren og hans kreds forpligtet til at understøtte og hjælpe dem (3 Joh 5-8). Men missionærer, som afviser at tage imod noget fra hedningerne, kan, tror jeg, kun være jødekristne missionærer, og dette forhold viser i så fald, at de johannæiske breve har deres oprindelse i

---

14. O'Neill, *Puzzle of First John*, s. 48, der oversætter 1 Joh 4,2 således: »Every spirit that confesses Jesus to be Messiah come in the flesh is from God.« Men denne oversættelse må siges at være højst usikker.

jødekristne kredse – formodentlig ikke i Palæstina, men i diasporaen; den kirkelige tradition udpeger som bekendt Efesos, provinsen Asias hovedstad, som hjemstedet for den johannæiske litteratur.

Sandsynligvis var det af nøjagtig den samme grund, den jødekristne hedningeapostel Paulus og hans medarbejder Barnabas nægtede at tage imod underhold fra de hedningekristne menigheder, de grundlagde, om end Jesu ord om, at arbejderen er sin løn værd, også burde gælde dem (1 Kor 9,14 [15]).

3 Joh. beretter også om en kontrovers mellem brevskriveren og en vis Diotrefes, kun kendt fra dette brev. Denne Diotrefes vil ifølge brevskriveren være den førende i menigheden og »afviser os« (3 Joh 9). »Derfor,« hedder det i brevet, »skal jeg, når jeg kommer, minde ham om hans gerninger, som han gør med sine ondskabsfulde ord, idet han fremfører beskyldninger mod os, og ikke tilfreds dermed tager han ikke imod brødrene og prøver endog at hindre dem, der gerne vil det, og udelukker dem tilmed fra menigheden« (3 Joh 10).

Mange teorier har været fremsat om forholdet mellem brevskriveren og denne Diotrefes. Her skal kun refereres to af disse teorier, den ene fremsat af Adolf Harnack i 1897, den anden af Ernst Käsemann i 1951.

Harnack mente, at modsætningen mellem brevskriveren og Diotrefes var af organisatorisk art og intet havde med læreopfattelser eller teologi og vranglære at gøre. Diotrefes var ifølge Harnack den monarkiske biskop i den pågældende menighed – »monarkisk« biskop i den betydning, vi kender fra det andet århundrede og første gang møder i Ignatius' breve fra omkr. år

---

15. Se foran, III.5.i., n. 121. Hvad angår 3 Joh 7, skriver Casey med rette (*From Jewish Prophet to Gentile God*, s. 158): »The elder, who wrote 2 and 3 John, uses the description "Gentiles" as a reference to an outside group (3 Jn 7): however assimilated he was, he must have retained his Jewish self-identification;« noget tilsvarende gælder ifølge Casey også for 1 Joh., der aldrig bruger »jøderne« i en fjendtlig betydning (s. 158).

IV.2.ii. Den johannæiske litteratur

110. Brevets forfatter var på sin side leder af missionsarbejdet i det pågældende menighedsområde og ønskede ikke den monarkiske biskops indblanding i sit arbejde.

Mod Harnack må det indvendes, at 1) det monarkiske episkopat, der kendes fra det andet århundrede, blev etableret for at bekæmpe gnosticismen, ikke for at bekæmpe kristne missionærer, at 2) dette monarkiske episkopat endnu så sent som på Ignatius' tid ikke var indført i menighederne i Asia og Makedonien, og at 3) brevets forfatter ikke er missionsleder, men blot har understøttet nogle missionærer, der var draget ud og kommet til hans sted.

Käsemanns opfattelse er for så vidt beslægtet med Harnacks, som også Käsemann i sin afhandling om den johannæiske litteraturs forfatter som »kætter og vidne« gør gældende, at Diotrefes var monarkisk biskop. Men til forskel fra Harnack hævder Käsemann, at striden mellem forfatteren og Diotrefes var teologisk og læremæssig: brevets forfatter – og dermed også forfatteren af den johannæiske litteratur i det hele taget – repræsenterede just det kristologiske kætteri, som fortolkerne af 1 Joh. almindeligvis har set bekæmpet i brevet og har identificeret som doketisme [16]. Denne teori er virkelig så utrolig, at det er forståeligt, at Käsemann ikke har fundet mange tilhængere.

Min egen opfattelse kan synes at være lige så utrolig: Brevets Diotrefes var ikke biskop, endsige da monarkisk biskop, men forstander eller *rosh* for stedets jødiske synagogeforsamling, af hvis medlemmer flertallet var blevet kristne. Diotrefes søgte naturligvis af al magt at hindre denne udvikling og brugte derunder al den magt og autoritet, han var i besiddelse af: udelukkelse eller ekskommunikation af synagogen, eller som det hedder i brevet: *ekbállein*, »at kaste ud« (3 Joh 10).

---

16. Denne opfattelse kommer først tydeligt frem i Käsemanns bog *Jesu letzter Wille*, 1966.

Om Matthæusevangeliet har Bent Noack et sted skrevet, at det er »i egne med talstærke og gamle jødiske menigheder at den jødiske kristendom bag Matthæusevangeliet har fået fodfæste. Der har været mulighed for strax at leve et menighedsliv i nogenlunde faste rammer, fordi der i forvejen var en menighed eller en række menigheder, mennesker som folkeligt havde med hinanden at gøre og som sammen kunne udgøre en stadig folkelig, d.v.s. jødisk, menighed der var kristen. En sådan overgang fra ortodox jødedom til kristen jødedom skete gruppevis, ikke ved enkeltes omvendelse; det sidste er i hvert fald ikke det karakteristiske og det bærende. En synagogemenighed blev til en kristen menighed. For så vidt altså en omvendelse i flok og følge, der medførte at den nu overvejende kristne menighed overtog synagogen eller skilte sig ud og fik sin egen« [17].

Nøjagtig det samme udtryk til at betegne udelukkelse af synagogen, som bruges i 3 Joh 10, genfindes i selve Joh. i beretningen om helbredelsen af den blindfødte ved Siloams dam: manden, der havde været blind siden fødslen, blev »udelukket« eller »ekskommuniceret« (Joh 9,34.35). Tidligere i den samme beretning har det været fortalt, at de jødiske autoriteter havde truffet den beslutning, at hvis nogen bekendte, at Jesus var Kristus (jfr. 1 Joh 2,23), skulle den pågældende være *aposynágogos*, »udelukket fra synagogen« (Joh 9,22) – et udtryk, der vender tilbage både i Joh 12,42 og i 16,2; et lignende udtryk: *aforízein*, »at udskille«, bruges i Luk 6,22.

Disse iagttagelser synes at vise, at de fortolkere har ret, som hævder, at den johannæiske litteratur, omfattende de tre breve og evangeliet, ikke blot har en jødekristen oprindelse, men hører hjemme i jødekristne omgivelser, og at »den johannæiske kreds«

---

17. Bent Noack, *Matthæusevangeliets Folkelighed*, København 1971, s. 138. Jfr. Robinson, *Redating the New Testament*, s. 103, om Matt.: »At this stage all kinds of questions of organization, ministry and liturgy, doctrine and discipline, law and finance, present themselves afresh, as a 'society' or 'synagogue' takes on the burden of becoming a 'church'.«

IV.2.ii. Den johannæiske litteratur

følgelig var jødekristen. Kampen var alt andet end akademisk. Det var en kamp inden for jødedommen selv, hvor nogle troede, at Jesus var Kristus, andre ikke. At Ordet — som det som bekendt hedder i prologen til evangeliet —»blev kød« (Joh 1,14), betyder simpelt hen, at Kristus var kommet, nemlig i Jesu person, og det er næppe nogen tilfældighed, at netop Joh. er ene om i Det nye Testamente at bruge det hebraiske ord for Kristus: ordet 'messias' (Joh 1,41; 4,25).

Til det her fremførte må udtrykkeligt siges, at den johannæiske litteratur: Joh. og 1, 2 og 3 Joh., i de seneste årtiers fortolkning er stærkt omstridt. Der råder ingen enighed om, hvorvidt alle fire skrifter stammer fra én og samme forfatter; de fleste anser Joh. for at være skrevet af én person og 1 Joh. for at være skrevet af en anden, senere (eller tidligere!), mens der yderligere er uenighed om, hvorvidt 2 og 3 Joh. stammer fra den samme, som har skrevet 1 Joh. Denne uafgjorthed har ført til talen om en johannæisk »kreds« eller »skole«.

Billedet kompliceres endnu mere af det forhold, at Joh.s tilblivelseshistorie af de fleste anses for at være endog særdeles kompleks. Således vil Walter Schmithals gøre gældende, at der til grund for Joh. ligger et »Grundevangelium«; dette grundskrift stod under indtryk af beslutningen på synoden i Jamnia fast på, at Jesus var Kristus, og var vendt mod de ikke-kristne blandt forfatterens jødiske landsmænd. Siden hen blev dette »Grundevangelium« benyttet af evangelisten, der gennem sine talrige tilføjelser nu udfærdigede et evangelieskrift, der var vendt mod vranglærere med en doketisk kristologi og følgelig hævdede, at Kristus var Jesus. I denne samme fase af Joh.s litterære tilblivelse hører ifølge Schmithals også affattelsen af 1, 2 og 3 Joh. hjemme, der ligesom det bearbejdede »Grundevangelium« vender sig mod den doketiske vranglære. Schmithals gør altså med sin litterære analyse en ganske anden opfattelse gældende end både Bultmann og Käsemann. Klaus Wengst på sin side vil forstå Joh. og 1 Joh. historisk: Mens brevet er vendt mod doketiske vranglærere, hører evangelieskriftet selv hjemme i en jødisk sammenhæng og afspejler forhold i og omkring det nordlige Palæstina (ikke Efesos!), hvor de Kristustroende jøder var hårdt trængt af deres ikke-kristne landsmænd; Joh. repræsenterer en lige så genuin overlevering om Jesus som den, der er indeholdt i de synoptiske evangelier. John Ashton vil helt igennem forstå Joh. ud fra — ganske vist komplekse — jødiske forudsætninger og gør ligesom Schmithals, hvad angår det af ham rekonstruerede »Grundevangelium«, udstødelsen af synagogefællesskabet efter Jamnia-synoden gældende som forståelsesforudsætning. P. M. Casey vender sig mod hypotetiske litterære teorier, men aflæser alligevel den johannæiske menigheds tilblivelseshistorie af evangelieskriftet: fra første færd en blandet menighed, der bestod af både jøder og hedninger, hvor ganske vist de jødiske medlemmer hørte til de jøder, der havde assimileret sig med den hellenistiske verden; efter ophøret af synagogefællesskabet med ikke-kristne jøder omkr. år 90 sluttede de sig så meget desto nærmere til deres ikke-jødiske trosfæller, og resultatet blev omsider en kristologi, som var uforenelig med jødisk monoteisme. Mens Joh. ifølge Casey således repræsenterer en klart hedensk selvforståelse (»jeres lov«: Joh 8,17), giver 1, 2 og 3 Joh. ejendommeligt nok udtryk for en jødisk identitet (3 Joh 7!), og om evangelieskriftet og brevene kan hører hjemme i ét og samme »Johannine Community«, forbliver derfor til syvende og sidst desværre uklart.

Billedet er således alt andet end tydeligt, og om der foreløbig kan opnås en afklaring, er uvist.

Det må fremhæves, at den såkaldte »lytiske« doketisme (ifølge hvilken enheden af Jesus og Kristus var uvirkelig, idet den kun varede fra dåben til før døden) med opgivelsen af læsemåden *lýei* i 1 Joh 4,3 er faldet til jorden; tilbage bliver da højst den egentlige doketisme (ifølge hvilken Kristus kun tilsyneladende levede et menneskeliv). Men det betyder, at den johannæiske litteratur slet ikke forholder sig til spørgsmålet om »enheden« af Jesus og Kristus; der kan højst være tale om, at Jesus Kristus i den johannæisk litteratur virkelig hævdes at have været et jordisk menneske af kød og blod, men at det er tilfældet på lignende måde, som de synoptiske evangelier fremstiller sagen, bestrides af Käsemann.

Det må også fremhæves, at dåben – og dermed bekendelsen til troen på Kristus – spiller en afgørende rolle i Joh. og i 1 Joh.; det fremgår bl.a. af 1 Joh 2,20.27 (*chrîsma*); 3,9 (*spérma*) og 3,24 (*pneûma*) og af Joh 3,5 og 13,10 – dette sidste sted sigter næppe til dåbens uigentagelighed, men til dens tilstrækkelighed, jfr. 1 Joh 2,27. I forlængelse heraf er det værd at nævne, at det ofte omtalte sted i 2 Joh 9 om »den, der går videre (*proágōn*)« næppe sigter til hæretikere eller gnostikere med en doketisk kristologi, men til sådanne, der opgiver Kristus-troen overhovedet; *proágein* (»gå videre«, »forlade«) står her i modsætning til *ménein* (»forblive«, nemlig i Kristi lære).

Spørgsmålet om teologiske berøringspunkter mellem den johannæiske og den paulinske teologi er også indtil videre uafklaret; syndfrihedslæren i 1 Joh 3,6.9 synes imidlertid kun at kunne forstås på baggrund af Paulus' retfærdiggørelseslære.

IV.3.i. *De hedningekristne menigheder* 309

Endelig må det understreges, at også spørgsmålet om, hvordan den johannæiske litteratur, såfremt den som her hævdet er af jødekristen herkomst, har kunnet formidles til den hedningekristne kirke, er uafklaret; angiver Joh 19,25-27 med teksten om Jesu mor Maria og yndlingsdisciplen en mulig imødekommenhed fra hedningekristen side?

Teksten i 1 Joh 2,18 f., som ovenfor blev omtalt, har ordene: »De – og dvs. antikristerne! – udgik fra os, men de var ikke fra os; for havde de været fra os, ville de være forblevet hos os.« Disse i virkeligheden meget hårde ord handler som sagt ikke om hæretiske eller skismatiske kristne, som man nok skulle synes kunne tales til rette, hvis det blot drejede sig om en kristologisk særmening. Ordene handler derimod om ikke-troende jøder, der netop som ikke-troende for brevets forfatter viser, at de ikke længere udgør det sande Israel. Det sande Israel udgøres af de Kristustroende (jfr. Fil 3,3). De ikke-troende jøder er afveget fra den rette vej.

Det er indlysende, at alt dette ikke reflekterer situationen, som den var på Jesu tid, selv om også Joh. foregiver, at det var tilfældet. Det er langt mere sandsynligt, og også dokumenteret gennem de johannæiske breve, at det tidligst er situationen i det første århundredes sidste årtier, der afspejles i de påpegede forhold. Vi står med andre ord over for forhold, der hører hjemme i den efterapostolske tid.

3. Den romerske statsmagt og de kristne

Litteratur

Theodor Mommsen: *Römische Geschichte*, V, 5. Aufl., Berlin 1904, s. 487-552: 'Judäa und die Juden' = 7 (dtv-bibliothek 6059), München 1976, s. 188-250.

samme: Der Religionsfrevel nach römischem Recht, Historische Zeitschrift 64 (1890), s. 389-429 (også i: samme: Gesammelte Schriften, IV, Berlin 1907).
samme: Die Rechtsverhältnisse des Apostels Paulus, Zeitschrift für die neutestamentliche Wissenschaft 2 (1901), s. 81-96.
Maurice Goguel: *La naissance du christianisme*, 1946 (se foran, III.), s. 545-592: 'Le christianisme et l'état romain'.
Gerd Lüdemann: *Das frühe Christentum* (se foran, III.1.), s. 249-250: 'Zum römischen Bürgerrecht des Paulus'.
Wolfgang Stegemann: War der Apostel Paulus ein römischer Bürger? Zeitschrift für die neutestamentliche Wissenschaft 78 (1987), s. 200-229.
Carsten Breengaard: *Kristenforfølgelser og kristendom – fra Nero til Ignatios af Antiokia* (Institut for Religionshistorie, Københavns Universitet), København 1990 (opr. udg. i 1986; ny udgave under titlen: *Kristenforfølgelser og kristendom. Fra sekt til statskirke*, København 1992).
Niels Willert: Apologetiske og indignatoriske tendenser i Lukasskrifterne, Dansk Teologisk Tidsskrift 50 (1987), s. 221-236.
Gerd Lüdemann: Das Judenedikt des Claudius (Apg 18,2), 1991 (se foran, III.6.i., n. 135).

i. *De hedningekristne menigheder*
Som nævnt (IV.2.i.) hører af de nytestamentlige skrifter kun de ægte af de paulinske breve hjemme i apostoltiden, mens alle de andre skrifter i Det nye Testamente – med Markusevangeliet som en mulig undtagelse – først er blevet til i den efterapostolske tid. I det følgende skal opmærksomheden især rettes mod Første Petersbrev og Lukasskrifterne som vidnesbyrd om forholdet mellem den romerske statsmagt og de kristne i den efterapostolske tid.

Det drejer sig her om skrifter, der er repræsentative for hedningekristne kredse og dermed – til forskel fra de johannæiske skrifter, der blev omtalt i IV.2.ii. – ikke hører hjemme i kredse, der stod under direkte indflydelse af jødedommen. Man kan ligefrem hævde, at spørgsmålet om kristendommens fremkomst og udbredelse blandt jøder næppe har tiltrukket sig den romerske statsmagts opmærksomhed i særlig grad, og at jøde-

IV.3.i. De hedningekristne menigheder

kristne i forhold til statsmagten i almindelighed har kunnet leve relativt upåagtede; forfølgelse, som ramte dem, udgik for det meste ikke fra statens side, men fra jødisk side (jfr. 1 Thess 2,14; Gal 1,13.22-23) [18].

Derimod har det forholdt sig anderledes med kristne af hedensk herkomst og med hedningekristne menigheder. Hedningekristne og menigheder, der bestod af hedningekristne, vil overalt, hvor de fandtes, uvægerligt have adskilt sig fra deres hedenske omgivelser ved hverken at være hedenske eller at være jødiske; de har derfor heller ikke været beskyttet af de privilegier, som jøderne — og dermed de jødekristne, der jo også var jøder — havde haft siden romernes magtovertagelse: frihed til at følge deres egne skikke og frihed for romersk militærtjeneste. De har således ikke kunnet leve upåagtede af den romerske statsmagt; forfølgelse, de blev udsat for, kom ikke fra jødisk, men fra hedensk side (jfr. igen 1 Thess 2,14) — også i sådanne tilfælde, hvor jøder har gjort de romerske myndigheder opmærksomme på hedningekristnes eksistens.

Der er flere forhold at tage i betragtning i denne sammenhæng.

For det første er det bemærkelsesværdigt, i hvor ringe grad templets ødelæggelse ved afslutningen af den jødisk-romerske krig i året 70 e.Kr. har sat sig spor i de nytestamentlige skrifter fra den efterapostolske tid. Templets ødelæggelse er kun lige registreret (se 1 Pet 5,13; Luk 21,20 ff.), hvilket må hænge sammen med, at templet ikke har haft nogen særlig betydning for de hedningekristne menigheder. Den jødisk-romerske krig i årene 66-70 (-74?) og Jerusalems tempel og præsteskabet dér har med andre ord ingen væsentlig rolle spillet for de hedningekristne menigheder. Men det må erkendes, at heller ikke vidnesbyrd om, at templets ødelæggelse har betydet noget særligt for

---

18. Det var ikke, fordi de var kristne, men fordi de var af davidisk og dermed kongelig herkomst, at Jesu slægtninge blev bragt for Domitian; se foran, III.2.v., ved n. 67 og 68.

jødekristne kredse, foreligger. Det kan skyldes, at vi mangler kildemateriale. Men det kan også skyldes, at for sådanne kredse har truslen om opstillingen af en kejserstatue i Jerusalems tempel under kejser Caligula (år 37-41) været anderledes alvorlig [19], og hvis de palæstinensiske kristne virkelig, som traditionen siger, er udvandret til Pella før den jødisk-romerske krig i årene 66 ff. [20], vil dette pege i samme retning.

For det andet var der som tidligere omtalt (III.5.) allerede i aposteltiden sket en deling af den kristne mission i jøde- og hedningemission, og denne deling var blevet knæsat som princip på apostelmødet i Jerusalem. Næppe nogen kristen menighed, bortset måske fra den antiokenske (om den romerske: se nedenfor), var derfor blandet, dvs. bestod af både jøde- og hedningekristne; menighederne var enten jødekristne eller – som f.eks. de paulinske – hedningekristne. Hvor kristendommen blev synlig for den græsk-romerske verden, var det altså de hedningekristne menigheder, der kom til syne. Den sociologiske betydning af dette forhold kan næppe overvurderes.

For det tredje var de jøde- og de hedningekristne menigheder som nævnt adskilt. Det betød, at den indbyrdes påvirkning mellem de to slags menigheder var ringe, og at de hedningekristne menigheder ret hurtigt udviklede en selvstændighed og selvbevidsthed (jfr. allerede Rom 11,20 ff.), der kunne danne udgangspunkt for en teologisk adskillelse af jødekristendom og hedningekristendom med deraf udviklede særpræg og med efterfølgende risiko for, at også de hedningekristne tog del i tidens almindelige antisemitisme [21], forrådte kristendommens historiske oprindelse i jødedommen og overlod de jøde-

---

19. Se Gerd Theißen, *Lokalkolorit u. Zeitgesch.*, 1989 (se foran, II.3.), s. 133-176: 'Die große Endzeitrede und die Bedrohung des Jerusalemer Tempels im Jahre 40 n.Chr.' = 'The Great Eschatological Discourse and the Threat to the Jerusalem Temple in 40 C.E.', i: samme, *The Gospels in Context*, 1992 (se foran, II.3.), s. 125-165.
20. Se Lüdemann, anført foran, IV.1.
21. Om antisemitismens opkomst: se foran, I.1.ii., ved n. 14.

IV.3.i. De hedningekristne menigheder

kristne menigheder, om hvilke vi kun véd lidt, til deres egen skæbne. Vi skal senere se (nedenfor, IV.5.iii.), at denne risiko på ingen måde kun var teoretisk.

For det fjerde var med afslutningen af den apostolske tid også de hedningekristne menigheders forbindelse med jødekristne ledere bragt til afslutning. Karakteristisk for den apostolske tids grundlæggelse af hedningekristne menigheder var netop det forhold, at apostlene selv var af jødisk herkomst [22]; det lysende eksempel er ingen ringere end Paulus. Desuden havde indsamlingen til Jerusalem udgjort et bindeled til den jødiske verden, som de hedningekristne menigheder i apostoltiden endnu havde kunnet forstå meningen med, om end måske med besvær. Men med den efterapostolske tids fremkomst blev denne forbindelse mellem den jødiske kulturverden og de hedningekristne menigheder afbrudt, og vejen til de hedningekristne menigheders selvstændiggørelse lå herefter åben.

ii. *Claudius' edikt*

Den første konfrontation mellem de kristne og den romerske statsmagt hører vi om allerede under kejser Claudius (år 41-54) – altså i den apostolske tid. Det fremgår af ApG 18,2, hvor det hedder:

[Paulus] fandt [i Korinth] en jøde ved navn Aquila, af pontisk herkomst, som for nylig var kommet fra Italien, og hans hustru Priscilla, fordi Claudius havde forordnet, at alle jøderne skulle fjerne sig fra Rom.

Ganske vist var det jødiske ægtepar Aquila og Priscilla kristne ligesom Paulus selv, og det er de formodentlig blevet i Rom, hvortil kristendommen allerede meget tidligt var kommet (jfr. ApG 2,10), uden at vi dog véd, hvordan det er sket. Men det siges ikke, at det var derfor, Claudius fordrev jøderne fra Rom, og det var næppe heller noget, den romerske statsmagt kendte til. Det er først, når vi inddrager en anden oplysning om samme

---

22. Se foran, III.2., om disciple og apostle.

sag, at det bliver klart, at fordrivelsen af de romerske jøder havde noget med kristendommen at gøre. Hos historikeren Suetonius, Claudius 25, hedder det:

[Claudius] Iudaeos impulsore Chresto assidue tumultuantes Roma expulit [23], dvs.: »[Claudius] fordrev jøderne fra Rom, da de vedvarende voldte uro på grund af en vis Chrestus.«

Der kan ikke herske tvivl om, at den »Chrestus«, teksten her taler om, i virkeligheden er »Kristus«, dvs. at teksten henviser til en opstand blandt de romerske jøder om Kristus [24]. Med andre ord: De romerske jøder har på et givet tidspunkt været i indbyrdes strid om, hvorvidt Jesus var Kristus eller messias, og denne strid har nået et sådant omfang, at den romerske kejsermagt har grebet ind.

ApG 18,2 hævder, at alle jøderne blev forvist, og det strider i og for sig ikke mod oplysningen hos Suetonius, der slet og ret taler om »jøderne«. Men det strider mod den historiske sandsynlighed. Det sandsynligste er, at det kun var de implicerede jøder, der blev forvist fra Rom — at det med andre ord var de kristne jøder i Rom, der blev forvist (deriblandt altså Aquila og Priscilla), fordi de havde forvoldt uroen.

En anden oplysning, der ved en første betragtning kunne se ud til at handle om de samme uroligheder og af Gerd Lüdemann faktisk anses for at gøre det, meddeles af historikeren Dio Cassius i hans Romerske Historie, 60, 6,6, for året 41 e.Kr. — dog til forskel fra oplysningerne hos Suetonius og i ApG 18,2 uden at omtale nogen fordrivelse af jøderne, som tværtimod kun forbydes at holde forsamlinger:

Hvad angår jøderne, som igen var blevet så talrige, at det på grund af deres mængde ville have været vanskeligt at udelukke dem fra byen, udviste han [dvs. Claudius] dem ikke, men befalede dem, mens de fortsatte deres sædvanlige måde at leve på, ikke at mødes i for-

---

23. J. C. Rolfe, ed., Suetonius, *Caesares* I-II (Loeb Classical Library), Cambridge (Mass.) 1914.
24. Det betvivledes dog af den ateistiske historiker Theodor Mommsen, *Röm. Gesch.*, V, s. 523, n. 20 = 7, s. 222, n. 20.

IV.3.ii. *Claudius' edikt* 315

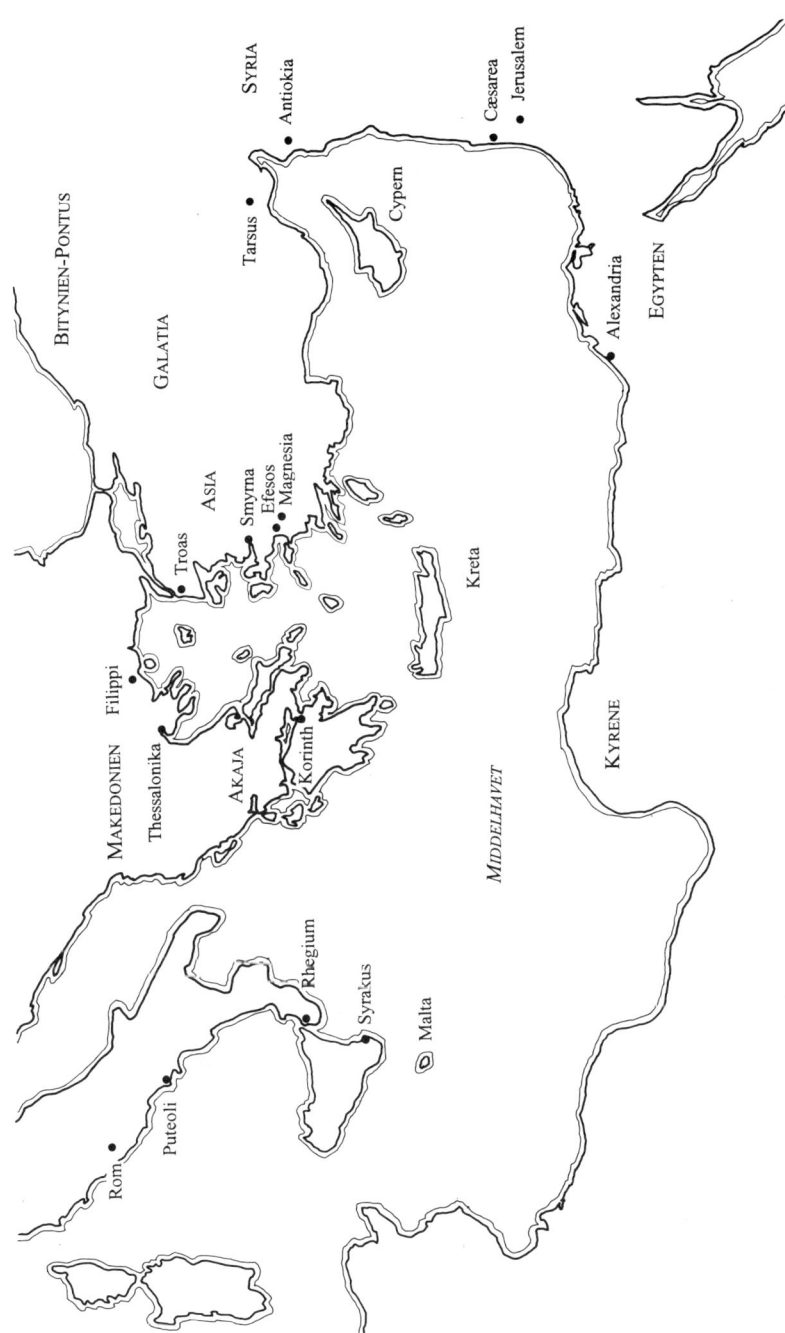

Det østlige Middelhavsområde

samlinger [25].

Gerd Lüdemann gør gældende, at kun nogle af jøderne er blevet forvist fra Rom, og at den politiske uro blandt de tilbageblivende jøder er søgt dysset ned ved at forbyde dem deres sammenkomster. Karakteristisk for Lüdemanns opfattelse er, at oplysningerne hos Suetonius og Dio Cassius således kombineres, og at Claudius' edikt i kraft af denne kombination dateres til begyndelsen af hans regeringstid; Aquila og Priscilla er altså kommet tilsvarende tidligt til Korinth [26]. Derved tilsidesættes den sædvanlige datering af ediktet til året 49. Det er – som tidligere nævnt – sandsynligt, at Lüdemann har ret i dette sidste [27], men spørgsmålet behøver ikke at afgøres i denne sammenhæng [28].

Om nu Claudius' jødeedikt skal dateres så tidligt, som Lüdemann argumenterer for, eller ikke, så er det formodentlig de kristne jøder, der er blevet forvist fra Rom ved denne lejlighed. De kristne, der efter udstedelsen af ediktet fandtes i rigets hovedstad, har derfor udelukkende været hedningekristne. At det var tilfældet, bekræftes på smukkeste måde af Paulus' Romerbrev, skrevet i begyndelsen af Neros regeringstid (år 54-68). Intet i dette brev tyder nemlig på, at de kristne i Rom, som dette brev er adresseret til, var andet end netop hedningekrist-

---

25. Engelsk oversættelse i: C. Cary, *Dio's Roman History* (Loeb Classical Library), VII, Cambridge (Mass.) 1961, s. 382 f.
26. Lüdemann, *Chronologie*, 1980, s. 183-195: 'Das Judenedikt des Claudius'.
27. Se foran, III.6.i., n. 135.
28. Til Claudius' edikt og den romerske menighed i tiden derefter: se også Peter Lampe, *Die stadtrömischen Christen*, 1989 (se nedenfor, IV.5.), s. 4-8: 'Die Ereignisse rund um das »Claudiusedikt«', s. 53-63: 'Juden- und Heidenchristen', og s. 63-65: 'Nachrichten aus Paulus' Römerbrief sowie Apg 28,30f'. S. 8 vender Lampe sig kategorisk mod Lüdemanns kombination af Suetonius' og Dio Cassius' oplysninger: Dio Cassius' oplysning vedrører ikke Claudius' edikt, som fortsat bør dateres til året 49, men refererer tilbage til Hist. Rom. 57, 18, hvor fordrivelsen af jøderne fra Rom på grund af deres store mængde under kejser Tiberius var omtalt: til forskel fra dengang fordrev Claudius dem ikke, fordi de igen var blevet talrige, men forbød dem kun at komme sammen.

IV.3.ii. *Claudius' edikt* 317

ne; se bl.a. Rom 11,13 ff.; også i denne forbindelse og af denne grund er det nærliggende at betragte Rom 16 som et selvstændigt afskedsbrev til menigheden i Efesos [29] – Epainetos, »Asias førstegrøde« (Rom 16,5), er næppe flyttet til Rom!

Det afgørende er, at den romerske statsmagt ved ediktet foreløbig har ment at være blevet det kristne problem (som formodentlig ikke er blevet erkendt som et problem, der vedrørte kristendommen) kvit ved at forvise de kristne blandt jøderne dér. På denne baggrund bliver Paulus' omdiskuterede (og i luthersk tradition til gunst for to-regimentelæren ofte misbrugte) formaning af de romerske kristne om at adlyde statsmagten, der »ikke bærer sværdet forgæves,« og som »er indsat af Gud« (Rom 13,1-7), også forståelig: på baggrund af, hvad der med ediktet var overgået de andre kristne i Rom, advares de hedningekristne i byen mod at påkalde sig statens opmærksomhed.

iii. *Forfølgelsen under Nero*

Først med forfølgelsen af de hedningekristne hen imod slutningen af Neros regeringstid, nemlig i året 65, året efter Roms brand i juli 64, som de blev beskyldt for at have påsat, bliver det utvetydigt klart, at den romerske statsmagt har fået øje på de kristne. I mellemtiden var formodentlig også både Peter og Paulus blevet henrettet, og ikke mindst retssagen mod Paulus, hvis afslutning Ap.G. som bekendt ikke omtaler, vil have bidraget til, at staten nu vidste, hvad kristendom var.

I forlængelse heraf bliver flere enkeltheder i Første Petersbrev og i Ap.G. forståelige. Brevet indeholder til slut en hilsen til brevets lilleasiatiske adressater (1 Pet 1,1) fra »den udvalgte [menighed eller Frue [30]] i Babylon« (5,13). Med »Babylon« kan der umuligt menes noget andet end byen Rom, og når den romerske hovedstad således kaldes for »Babylon«, drages der en

---

29. Se foran, III.7.ii. Anderledes Lampe, *Stadtröm. Christen*, s. 124-153: 'Die römischen Christen von Röm 16'.
30. Jfr. 2 Joh 1.5.

sammenligning med babylonernes indtagelse af Jerusalem og det første tempels fald i året 587 f.Kr. [31] Med andre ord: Første Petersbrev er først skrevet efter år 70 e.Kr., da romerne indtog Jerusalem og ødelagde det andet tempel. Brevet stammer følgelig ikke fra apostlen Peter [32].

Det samme brev indeholder også den udtrykkelige betegnelse af de kristne som *christianoí*, »kristianere«, dvs. kristne (1 Pet 4,16). I denne henseende står 1 Pet. på linie med Ap.G., hvor det siges, at de kristne første gang kaldtes således i Antiokia (ApG 11,26; jfr. 26,28). Betingelsen, der skal være opfyldt, for at denne betegnelse af de kristne bliver mulig og kan bruges, er den, at det drejer sig om kristne af hedensk herkomst, der nu i hedenske omgivelser adskiller sig fra både jøder, blandt hvem de som ikke-jøder ikke kan skjule sig, og fra hedninger, fra hvem de som kristne har adskilt sig. De står derfor ubeskyttede i en verden af fjender, der omgiver dem. I 1 Pet 4,12 ff. hedder det:

I skal ikke undre jer over den ildprøve, I gennemgår, som om det var noget mærkeligt, der hændte jer. 13 Jo mere I får del i Kristi lidelser, des mere skal I glæde jer, så I også kan glæde jer og fryde jer, når hans herlighed åbenbares. 14 Hvis I hånes for Kristi navns skyld, er I salige; for herlighedens Ånd, Guds Ånd, hviler over jer. 15 Det må nemlig ikke ske, at nogen af jer lider som morder, tyv, forbryder eller angiver; 16 men hvis nogen lider i sin egenskab af at være kristen, skal den pågældende ikke skamme sig, men gøre Gud ære med denne betegnelse.

Det hører med andre ord til eksistensen som hedningekristen at være udsat for hån og lidelse på grund af kristen-navnet. Hån og lidelse skal ikke søges undgået, men skal på den anden side heller ikke provokerende opsøges, og ligesom Paulus i Rom 13,1

---

31. Jfr. betegnelsen af Rom som »det store Babylon« i Åb 14,8; 16,19 o.a.
32. Dette imod Carsten Breengaard, *Kristenforfølgelser*, s. 56 ff., der daterer 1 Pet. til 60'erne og anser det for at være ægte. Men før år 70 er det meningsløst at kalde Rom for »Babylon«. Breengaards afvisning af dette argument, s. 56, n. 14, er uberettiget.

IV.3.iii. *Forfølgelsen under Nero*

ff. formaner også 1 Pet 2,17 til lydighed mod »kongen«, dvs. den romerske kejser og statsmagt.

Kun tilsyneladende er der i denne henseende forskel på 1 Pet. og Ap.G. Ganske vist lægger Ap.G. ikke skjul på, at den store »fjende«, der altid stræber de kristne efter livet, er jøderne, mens der derimod angives at bestå harmoni mellem de kristne – og dvs. de hedningekristne – og statsmagten. Men i virkeligheden er skildringen, som Ap.G.s forfatter giver af forholdet til de romerske myndigheder, præget af en apologetisk holdning og søger at fremstille de kristne som politisk og samfundsmæssigt ufarlige, ja, som nyttige borgere. Netop derigennem afsløres det, at forholdet faktisk har haft en anden karakter. Paulus kunne være frikendt, hvis han ikke havde indanket sin sag for den kejserlige domstol, hedder det udtrykkeligt (ApG 26,32). Men Ap.G.s forfatter véd godt, hvad det endte med: med hans henrettelse (jfr. ApG 20,25).

iv. *Lovgivning mod de kristne?*

Første Petersbrev og Apostlenes Gerninger er således ensartede vidnesbyrd om de hedningekristnes situation over for den romerske statsmagt i efterapostolsk tid. Det spørgsmål melder sig derfor, om statsmagten har betragtet det, at hedningekristne bekendte sig til kristendommen, som en forbrydelse – om med andre ord statsmagten allerede anklagede de kristne *ob nomen*, »for navnets [altså kristen-navnets] skyld«, eller om der skulle foreligge virkelige forbrydelser – om ikke andet, så som påskud – før myndighederne greb ind.

Spørgsmålet er vanskeligt at besvare. Faktisk véd vi ikke besked med, at kristendommen allerede på Neros tid var blevet kriminaliseret. Det forhold, at Roms kristne blev gjort til syndebukke for byens brand, og at deres påståede skyld heri altså blev brugt som påskud for at gribe ind over for dem, synes snarere at tyde på, at der *ikke* var udstedt nogen lov mod kristendommen som sådan.

At det forholdt sig sådan, modsiges ikke af det forhold, at kristne ledere som Peter og Paulus blev anklaget og henrettet for at være kristne, altså i en vis forstand *ob nomen*; i sådanne tilfælde kunne statsmagten altid gøre gældende, at de var ledere af en samfundsfjendtlig og politisk mistænkelig bevægelse, mens derimod menige kristne i almindelighed kunne gå ram forbi.

Også den skelsættende undersøgelse, som Theodor Mommsen (1817-1903) offentliggjorde i 1890 [33], peger i samme retning. Heller ikke Mommsen kunne finde historiske beviser på, at kristendommen som sådan var forbudt, og henviste i stedet til den politimæssige tvangsret, den magistrale *ius coërcitionis*, som det retslige grundlag, på hvilket de romerske myndigheder skred ind over for de kristne. Romersk betragtet var legaliteten altså i orden, og dette var i overensstemmelse med Mommsens eget syn på den romerske stat; men for de kristne selv måtte statsmagtens indgreb fornemmes som tilfældig og retsløs.

At der altså endnu ikke i tidlig efterapostolsk tid forelå nogen antikristen lovgivning, bekræftes også af et andet, betydningsfuldt forhold. Selv om der findes visse, men uklare vidnesbyrd om forfølgelse af de kristne i slutningen af kejser Domitians tid (år 81-96) [34], skal vi dog frem til kejser Trajans tid (år 98-117), før der foreligger bestemmelser, der udtrykkeligt erklærer kristendommen for kriminel, og hvis lovkraft endog blev bestemmende for lange tider. Det drejer sig om brevvekslingen fra omkr. år 110 mellem Plinius den Yngre, statholder i den lilleasiatiske provins Bithynien-Pontus (jfr. 1 Pet 1,1), og Trajan. De to breve, hvoraf Trajans svarbrev er det, der får lovkraft, er så vigtige, at de bør gengives her [35].

---

33. Mommsen, Hist. Zeitschrift 64 (1890), s. 389-429.
34. Se bl.a. 1 Klem 1,1: »de pludselige og gentagne hændelser og ulykker, der har ramt os.«
35. Oversættelse hos Gunnar Andersen: *Plinius' breve* (Selskabet til Historiske Kildeskrifters Oversættelse, XIII/17), København 1966, s. 367-369; jfr. Breengaard, *Kristenforfølgelser*, s. 139 ff.

IV.3.iv. *Lovgivning mod de kristne?* 321

I Plinius' brev, X, 96, hedder det:
... Jeg har aldrig deltaget i forhør af de kristne; derfor ved jeg ikke, hvad eller i hvilket omfang man plejer at straffe eller forhøre. 2 Jeg har også været i ikke ringe tvivl, om der bør skelnes mellem aldersklasser, eller om de helt unge bør behandles på lige fod med de mere modne; om man skal tilgive de angrende, eller det ikke skal komme den, der overhovedet har været kristen, til gode, at han har ophørt dermed; om selve kristennavnet [*nomen ipsum*], hvis det er uden brøde, skal straffes, eller de skændsler, som knytter sig til navnet.

Foreløbig har jeg fulgt denne fremgangsmåde over for dem, der bragtes til mig anklaget for at være kristne. 3 Jeg har spurgt dem personligt, om de var kristne. Tilstod de det, spurgte jeg dem for anden og tredie gang under trussel om straf: fastholdt de det, lod jeg dem føre bort til afstraffelse. For jeg var ikke i tvivl om, uanset hvad de tilstod, at i hvert fald deres trods og ubøjelige stædighed burde straffes. 4 Der var andre lige så vanvittige, som jeg, da de var romerske borgere, noterede for at sende dem til Rom [jfr. Paulus i Ap.G.].

Siden under selve sagens behandling har anklagen taget et videre omfang, som det sædvanligvis går, og der har vist sig flere arter. 5 Man har forelagt et anonymt anklageskrift indeholdende navnene på mange mennesker. De, som sagde, at de ikke var eller havde været kristne og, idet jeg sagde ordene for dem, anråbte guderne og ofrede røgelse og vin til dit billede, som jeg med dette formål havde ladet bringe ind sammen med gudernes billeder, og desuden forbandede Christus – og de, som virkelig er kristne, siges ikke at kunne tvinges til noget af dette – dem fandt jeg burde frifindes.

6 Andre, som blev nævnt af en angiver, sagde, at de var kristne, men nægtede det snart efter: de havde nok været det, men var det ikke mere; nogle havde holdt op for tre år siden, andre for flere år siden, en enkelt endog for tyve år siden. Også alle disse tilbad både dit billede og gudernes statuer og forbandede Christus. 7 Men de påstod, at deres hovedforseelse eller -vildfarelse havde været den, at de havde plejet at mødes før daggry på en bestemt dag og med hinanden synge en hymne til Christus som gud og at aflægge ed på – ikke en eller anden forbrydelse, men på ikke at begå tyveri, røveri eller utugt, ikke at bryde et givet ord eller på anfordring nægte at tilbagelevere betroet ejendom. Efter at have gjort det havde de plejet at skilles og siden at mødes igen for at indtage et måltid, men et ganske almindeligt og harmløst; men selv det havde de ophørt med at gøre efter min forordning, hvormed jeg i overensstemmelse med din ordre havde forbudt religiøse sammenslutninger [*hetaeriae*]. 8 Des mere nødvendigt fandt

jeg det at forhøre to slavinder, som kaldtes tjenerinder [*ministrae*, svarende til græsk *diákonoi*, jfr. Rom 16,1], og under pinsler om, hvad der var sandt i dette. Jeg fandt intet andet end en tosset og overdreven overtro [*superstitio prava et immodica*].

9 Derfor har jeg opsat undersøgelsen og taget min tilflugt til dit råd. Sagen forekom mig nemlig at være så vigtig, at jeg måtte spørge dig, særlig på grund af antallet af implicerede. Thi mange af ethvert alderstrin, af enhver stand og begge køn både *er* anklaget og vil blive det. Og ikke blot til byerne, men også til landsbyer og bondelandet har smitten af denne overtro bredt sig; men det ser ud til, at den kan standses og bringes under kontrol. 10 I hvert fald er det sikkert, at templer, som allerede næsten var forladt, har begyndt at få søgning igen, og længe afbrudte ofringer genoptages, og at offerkødet, som der kun sjældent fandtes en køber til indtil nu, sælges i stor udstrækning. Deraf kan man let slutte, hvor mange mennesker der kan bringes til fornuft, hvis der er mulighed for omsindelse [*paenitentia*].

Der er ifølge dette brev allerede tidligere af kejser Trajan blev udstedt et forbud mod »religiøse forsamlinger«, *hetaeriae*, og dette forbud har Plinius gjort gældende i den provins, han har ansvaret for. Men det er klart, at Plinius savner klare bestemmelser, som kan bruges over for de kristne, og især er det et åbent spørgsmål, om kristen-navnet alene, *ipsum nomen*, er tilstrækkeligt som anklagegrundlag eller skal ledsages af en påvisning af begåede forbrydelser. Ja, at Plinius har ladet dem, der holdt fast ved deres kristendom, straffe, dvs. henrette, mener han at måtte forsvare med en henvisning til de kristnes trods og ubøjelige stædighed.

Noget klart retsgrundlag har der altså ikke eksisteret forud for Plinius' brev til Trajan.

I sit svarbrev, X, 97, skriver Trajan:

1 ..., du har ved undersøgelsen af dem, der anklaget for at være kristne var blevet ført til dig, anvendt den fremgangsmåde, du burde. Der kan nemlig ikke fastlægges nogen almengyldig regel, der ligesom rummer en fast form. 2 Folk skal ikke eftersporres; hvis de føres til dig og anklages, skal de straffes, men dog kun sådan, at en, der nægter at være kristen og beviser det i gerning, det vil sige ved at tilbede vore guder, om han end med hensyn til fortiden er nok så mistænkelig, gennem sin anger [*paenitentia*] skal opnå tilgivelse. Men anklage-

IV.3.iv. Lovgivning mod de kristne?

skrifter, som indbringes anonymt, bør der ikke i nogen anklage tages hensyn til. Thi det ser både dårligt ud og stemmer ikke med vor tid.

Det fremgår af Trajans svar, at han i ét og alt bifalder Plinius' fremgangsmåde, men i to henseender præciserer den: dels skal folk, der mistænkes for at være kristne, ikke opsøges, men kun anklages, hvis de bringes for retten af andre; dels skal anonyme anklager afvises – vil nogen have en kristen dømt, må den pågældende selv bringe ham for retten.

Det var hermed – men også først hermed – gjort strafbart at være kristen.

v. Forfølgelsernes udbredelse

I det foregående er der blevet skelnet mellem de jødekristne og de hedningekristne menigheder, og det er gjort gældende, at kun de sidste blev udsat for strafforfølgelse fra den romerske stats side, mens de romerske myndigheder ikke har lagt mærke til de jødekristne – bortset fra fremtrædende ledere som Peter og Paulus. Det er en skelnen, som almindeligvis ikke har været foretaget, men som har stor betydning for forståelsen af den ældste kristendoms historie og dens forhold til den datidige jødedom.

Med undtagelse af Neros forfølgelse af de hedningekristne i Rom (og denne forfølgelse har formodentlig været begrænset til hovedstaden selv) er der næppe forekommet masseforfølgelser i den efterapostolske tid; heller ikke den dramatiske fremstilling i Johannes' Åbenbaring tyder på noget sådant (kun en enkelt martyr, Antipas, nævnes ved navn: Åb 2,13; se dog 6,11 og 20,4) –»vidne« (græsk: *mártys*) er i Åb. enhver, der tror på Kristus og holder fast ved troen. Men kristne har dog i stigende antal været anklaget og henrettet for deres tro.

Også dette forhold har sikkert bidraget til en yderligere adskillelse af jøde- og hedningekristne og må have haft en indirekte virkning på de jødekristne, som har stået over for det svære valg: enten åbent at bekende, at de var kristne, og derigennem udsætte sig for forfølgelse fra både jødisk og romersk side, eller at søge at skjule det og så lide samme skæbne som det jødiske folk i det hele taget: at høre til et folk, der havde lidt nederlag i den jødisk-romerske krig. Hvis disse betragtninger har nogen substans, er de med til at understrege den kendsgerning, at kristendommen blev båret af de hedningekristne menigheder i den græsk-romerske verden – ikke af de jødekristne. For så vidt er dette ikke overraskende, som der allerede i apostolsk tid må have været flere hedningekristne end jødekristne; det tyder i det mindste Paulus' egne bemærkninger om forholdet på (Rom 11,1 ff.). Overraskende er det derimod, at kristendommen overhovedet kunne bæres videre af de hedningekristne menigheder i en verden, der på alle måder var fjendtligt indstillet, og hvor heller ingen »moralsk« støtte kunne forventes fra jødekristen side – endsige da fra den jødedom, de var udgået fra, og som havde nok i sine egne problemer. Skal en forklaring findes på de hedningekristne menigheders levekraft og overlevelsesevne, må den søges i det forhold, at netop menighedernes sociale fællesskab, hvor ingen kristen har været overladt til sig selv, og de samme menigheders intellektuelle frihed, som har tilladt enhver kristen at have sine egne meninger om den omgivende verden, har været så store goder, at de har kompenseret for alle vanskeligheder, der var forbundet med erhvervelsen af dem.

IV.4.i. *Kristendommens jødiske oprindelse* 325

4. Første Klemensbrev; Pastoralbrevene; Ignatius' breve. Det kirkelige embede

Litteratur

Maurice Goguel: *L'église primitive*, 1947 (se foran, III.), s. 110-164: 'Les ministères'.
Hans von Campenhausen: *Kirchliches Amt und geistliche Vollmacht in den ersten drei Jahrhunderten* (Beiträge zur historischen Theologie, 14), Tübingen 1953, 2. Aufl. 1963.
Gustav Brøndsted: Evangelier og Evangelium, i: samme: *Historie og Evangelium. Afhandlinger, Foredrag og Udkast* (Kirkehistoriske Studier, II. 23), ed. Niels Thomsen, København 1966, s. 135-204, især s. 189-201.
samme: Ignatius fra Antiochia, smst., s. 527-541.
Bent Noack: Pastoralbrevenes »troværdige tale«, Dansk Teologisk Tidsskrift 32 (1969), s. 1-22.
Hermann von Lips: *Glaube – Gemeinde – Amt. Zum Verständnis der Ordination in den Pastoralbriefen* (Forschungen zur Religion und Literatur des Alten und Neuen Testaments, 122), Göttingen 1979.
Reinhart Staats: Die katholische Kirche des Ignatius von Antiochien und das Problem ihrer Normativität im zweiten Jahrhundert, Zeitschrift für die neutestamentliche Wissenschaft 77 (1986), s. 126-145 og 242-254.
G. Schöllgen: Monepiskopat und monarchischer Episkopat. Eine Bemerkung zur Terminologie, Zeitschrift für die neutestamentliche Wissenschaft 77 (1986), s. 146-151.
Michael Wolter: *Die Pastoralbriefe als Paulustradition* (Forschungen zur Religion und Literatur des Alten und Neuen Testaments, 146), Göttingen 1988.

i. Kristendommens jødiske oprindelse
Den katolske teolog og kirkehistoriker Jean Daniélou har i sin bog *Théologie du Judéo-Christianisme* fra 1958 gjort gældende, at den kristne teologi er lige så gammel som kristendommen selv og altså ikke først er blevet til ved det andet århundredes

midte, da kristendom og græsk filosofi mødtes hos apologeterne [36]. Deri har han selvfølgelig ret. Daniélou har også ret i, at teologien før mødet med den græske filosofi havde en »semitisk struktur«. Men når han taler om denne teologi fra tiden inden mødet med den græske filosofi som »une première théologie de structure sémitique« [37], har han i grunden afsløret sig selv og i virkeligheden sagt, at den kun var af foreløbig karakter, og at den rigtige teologi var den, der afløste den (dvs. den romersk-katolske!) og dermed også udskiftede den semitiske struktur med en ikke-semitisk.

Problemstillingen, som Daniélou således formulerer, er tankevækkende. Ganske vist er den kristne litteratur, han behandler i sin bog og lader gælde som udtryk for jødekristendommen og dens teologi, ikke selve den nytestamentlige, men i det store og hele den, vi kender under betegnelsen »De apostolske Fædre«, bl.a. Barnabas' brev, Hermas' »Hyrden«, Ignatius' breve og Første Klemensbrev, og denne litteratur og dens teologi kalder Daniélou altså »jødekristen« – uanset, om dens ophavsmænd nu faktisk var kristne af jødisk herkomst eller ej; det er alene den »semitiske struktur«, der afgør, om der er tale om jødekristendom eller ikke. Men skulle han gøre alvor af denne bestemmelse, måtte også samtlige nytestamentlige skrifter siges at være jødekristne dokumenter, og det vover han ikke. Det nye Testamente er ifølge hans fremstilling ikke en jødekristen dokumentsamling, men er en del af den kristne bibel, og kun sådanne kristne skrifter, som hverken hører hjemme i den nytestamentlige kanon eller i den senere kirke, hvor der kan

---

36. Jean Daniélou, *Théologie du Judéo-Christianisme. Histoire des doctrines chrétiennes avant Nicée*, Vol. I (Bibliothèque de Théologie), Tournai 1958. I sin næste bog, *Message évangélique et Culture hellénistique aux IIe et IIIe siècles. Histoire des doctrines chrétiennes avant Nicée*, Vol. II (Bibliothèque de Théologie), Tournai 1961, behandler Daniélou den kristne teologi efter mødet med den græske filosofi.
37. Daniélou, smst., s. 1.

IV.4.i. Kristendommens jødiske oprindelse

tales om virkelig teologi, men hører hjemme i et gråt mellemområde, betegner Daniélou som »jødekristne«.

En sådan forståelse af forholdet må afvises. Det kan fuldt ud billiges at tale om *en semitisk struktur* som karakteristisk for den kristne litteratur og teologi, som findes inden mødet med græsk filosofi ved midten af det andet århundrede. Men så må også samtlige nytestamentlige skrifter tilkendes den samme semitiske struktur. Derimod er det ikke rimeligt at betegne de nytestamentlige skrifter og De apostolske Fædre som *jødekristne* og at betragte dem som *jødekristne dokumenter*. Jødekristendom må forstås i sin modsætning til hedningekristendom og er simpelt hen den kristendom, som kristne af jødisk herkomst har; således var hedningeapostlen Paulus jødekristen, og den paulinske teologi, han havde, er følgelig en jødekristen teologi – hvorved de hedningekristne menigheder, han grundlagde, dog ikke blev jødekristne! Hvad der kan vides om jødekristne menigheder, f.eks. de palæstinensiske, er imidlertid uhyre lidt, og vil man alligevel udtale sig derom, bør man holde sig til skrifter, der stammer fra jødekristne kredse og giver indblik i dem, f.eks. de johannæiske skrifter (se foran, IV.2.ii.). Ellers bliver den »jødekristendom« og den »jødekristne« teologi, man forsøger at rekonstruere, et rent fatamorgana uden hold i den historiske virkelighed [38].

Det er altså meningsfuldt at tale om en semitisk struktur som karakteristisk for al kristen litteratur og teologi indtil midten af det andet århundrede. Men det er misvisende at betegne den samme litteratur og teologi som »jødekristen«.

Problemstillingen, som Daniélou forsøgte at formulere, drejer sig derfor snarere om, hvordan det kunne gå til, at også kristen

---

38. Dette gælder efter min mening bl.a. Hans-Joachim Schoeps, *Theologie und Geschichte des Judenchristentums*, Tübingen 1949. Se derimod Johannes Munck, Jewish Christianity in Post-Apostolic Times, New Testament Studies 6 (1959-60), s. 103-116 = Dansk Teologisk Tidsskrift 22 (1959), s. 193-208 = Svensk Exegetisk Årsbok 25 (1960), s. 78-96.

litteratur og teologi af hedningekristen oprindelse i efterapostolsk tid (som netop varer ved, indtil mødet med græsk filosofi finder sted) faktisk har en semitisk struktur. Svaret herpå er i grunden såre enkelt: Det var, fordi kristendommen selv er af jødisk oprindelse og blev bragt ud i verden af kristne forkyndere af jødisk herkomst.

Det videre spørgsmål om den ældste kristne litteraturs egenart i forhold til den patristiske litteratur – eller kirkefædrenes skrifter – skal der vendes tilbage til nedenfor (IV.6.).

ii. *Første Klemensbrev*
Første Klemensbrev kan med ret stor sikkerhed dateres til slutningen af det første århundrede [39]. Det er et virkeligt brev, skrevet på den romerske menigheds vegne til menigheden i Korinth i anledning af, at den korinthiske menigheds ledelse, bestående af ældste, var blevet afsat til fordel for andre og nye folk. Urolig havde den korinthiske menighed som bekendt altid været (se foran, III.6.), og den romerske menigheds brev sigter på at få genindsat de afsatte menighedsledere i deres embeder som ældste, »presbytere«.

Forfatteren er ikke navngivet i brevet selv, men brevet går under Klemens' navn. Fra Hermas' »Hyrden« (2. Syn 4,3) véd vi besked med en vis Klemens, hvem korrespondancen med fremmede menigheder påhvilede [40]. Klemens er altså ikke biskop, om end han indtager en fremtrædende stilling i den romerske menighed. 1 Klem. overbringes til den korinthiske menighed af en delegation på tre medlemmer: Claudius Efebus, Valerius Vito og Fortunatus (1 Klem 65,1) – man undgår ikke at tænke på den tre-mands delegation, den korinthiske menig-

---

39. Se min indledning og oversættelse i: *De apostolske Fædre*, 1985, s. 43-88. Se også Lampe, *Stadtröm. Christen*, 1989 (se nedenfor, IV.5.), s. 68-69: 'Nachrichten aus 1Clem'.
40. Se Geert Hallbäcks oversættelse af Hermas' »Hyrden« i: *De apostolske Fædre*, s. 262.

IV.4.ii. *Første Klemensbrev* 329

hed omkring 40 år tidligere havde sendt til den fængslede Paulus (1 Kor 16,17-18), og hvis ene medlem netop hed Fortunatus. Man kan være forvisset om, at brevets overbringere har set til, at brevet er blevet læst behørigt op for den forsamlede korinthiske menighed, og ikke er vendt tilbage til Rom, før den romerske menigheds ønske var opfyldt.

Den romerske menighed kender den korinthiske menigheds historie, nemlig fra Paulus' 1 Kor. (at også 2 Kor. var kendt i Rom, ses ikke), og kan minde de korinthiske kristne om både Peters og Paulus' martyrdød (1 Klem 5,3-7) og den i forfatterens øjne forholdsvis mindre strid og splid, der dengang bestod i den korinthiske menighed omkring Paulus', Kefas' og Apollos' partier (1 Klem 47,1-4 – jfr. 1 Kor 1,10 ff.) – striden nu er langt værre: »Skændigt, I elskede, yderst skændigt, og uværdigt for den kristne livsførelse er det, at det høres, at korinthernes i bund og grund solide og gamle menighed på grund af en eller to personer gør oprør mod de ældste« (1 Klem 47,6). Den historiske bevidsthed om tidligere tider og om sammenhængen mellem dengang og nu er altså klart til stede.

Man kunne fristes til i den romerske menigheds indgreb i den korinthiske menigheds situation at se et begyndende pavedømme, hvor Rom anså sig for berettiget til at blande sig i andre menigheders indre anliggender. Men det ville være en forkert opfattelse. Der er ikke tale om noget overgreb fra Roms side over for Korinth, men om en broderlig formaning, hvor der også tages hensyn til den ikke ufarlige situation, den korinthiske splittelse kan medføre i forholdet til den ikke-kristne omverden (1 Klem 47,7). Men hertil kommer det forhold, at senere tiders forudsætning for, at Rom kunne gribe ind over for andre menigheder, på 1 Klem.s tid endnu slet ikke var til stede.

Det drejer sig, hvad det sidst berørte angår, om menighedernes ledelse. Der var både i den romerske og i den korinthiske menighed tale om demokratisk ledede forsamlinger. Menighederne – ikke uden grund består der en sammenhæng med den græske folkeforsamling, *ekklesía* – valgte på demokratisk vis deres kollektive ledelser (jfr. ApG 6,5 om de syv fattigforstandere), bestående af en flerhed af ældste, *presbýteroi*, og der er ikke tale om, at den enkelte menigheds ledelse var lagt i hænderne på én person. Nogle steder i brevet tales der også om biskopperne og om bispeembedet (1 Klem 42,4; 44,1.4), men det skyldes ikke, at der også var andre embeder end ældsteembedet, men at biskopper (*epískopoi*, »tilsynsførende«) og ældste simpelt hen er betegnelser for én og samme slags embedsindehavere. Allerede Paulus' Fil. omtaler i den ene og samme menighed både biskopper og diakoner (Fil 1,1), og Ap.G., der forudsætter en presbyterial ledelse af menighederne alle vegne (ApG 11,30; 14,23; 20,17), også i Jerusalems menighed (21,18), viger ikke tilbage for også at tale om biskopper (ApG 20,28). Det er, ligesom i Pastoralbrevene (se 1 Tim 3,1; 5,17; Tit 1,5.7), ét og det samme som ældste.

Også Polykarps brev til menigheden i Filippi fra omkring år 110 forudsætter som noget selvfølgeligt, at Filippermenigheden endnu ved begyndelsen af det andet århundrede ligesom på Paulus' egen tid var kollektivt ledet af ældste (Polyk præskr.; 6,1; 11,1) [41]. Dette er så meget mere bemærkelsesværdigt, som Polykarp i Ignatius' person allerede havde stiftet bekendtskab med en helt ny slags bispeembede: det monarkiske episkopat (se nedenfor).

1 Klem. indeholder også en embedsteologi, som begrundes historisk — selvfølgelig anført af hensyn til den specielle situation, der rådede i den korinthiske menighed. Det hedder i brevet (1 Klem 42,1-44,5):

Apostlene fik evangeliet til os fra Herren Jesus Kristus, Jesus Kristus blev udsendt fra Gud. 2 Kristus er derfor fra Gud, og apostlene fra Kristus: Begge dele skete altså i god orden efter Guds vilje. 3 Da de [apostlene] således havde fået deres befalinger og var blevet fuldt forvissede ved vor Herre Jesu Kristi opstandelse og ved Guds ord

---

41. Se Søren Agersnaps oversættelse i: *De apostolske Fædre*, s. 161, 164, 166. Se desuden hans bemærkninger i indledningen til Polyk.: s. 157.

IV.4.ii. Første Klemensbrev

opfyldt af tro, drog de med den vished, som Helligånden giver, ud og forkyndte evangeliet om, at Guds rige skulle komme. 4 De prædikede både i lande og byer og indsatte deres førstomvendte, efter at have prøvet dem i Ånden, til biskopper og diakoner [jfr. Fil 1,1] for dem, der skulle komme til tro. 5 Og dette var ikke noget nyt. For i lange tider havde der stået skrevet om biskopper og diakoner: »Jeg vil indsætte deres biskopper i retfærdighed og deres diakoner i tro« [42]. ... 44,2 Da de [apostlene] ... havde fået fuldkommen forudviden, indsatte de så de føromtalte og gav siden hen besked om, at andre prøvede mænd skulle efterfølge dem i deres tjeneste, hvis de sov hen. 3 Dem, som derfor blev indsat af dem eller siden hen af andre ansete mænd, med hele menighedens samtykke, og som udadleligt har tjent Kristi hjord med ydmygt sind, stilfærdigt og uden smålighed, og i lange tider har fået godt vidnesbyrd af alle − dem anser vi det ikke for ret at afsætte fra tjenesten. ... 5 Salige er de ældste, som er rejst i forvejen [altså er døde i embedet], og som fik et rigt og fuldendt opbrud! For de kan være uden frygt for, at nogen skal fjerne dem fra den plads, der var oprettet til dem.

Hvad vi her læser om, er en historisk begrundet *successio apostolica*, ja, i grunden mere end det: apostlene selv var indsat af Kristus, der igen var indsat af Gud. Apostlene rejste ud og forkyndte evangeliet, og dem, de først omvendte på hvert nyt sted (jfr. Rom 16,5 og 1 Kor 16,15 om henholdsvis Epainetos og Stefanas), indsatte de efter prøvelse til biskopper (dvs. ældste, jfr. 1 Klem 44,5) og diakoner, og desuden udstedte apostlene bestemmelse om, at andre prøvede og ansete mænd skulle indsættes, hvis de første døde i deres embeder − dog altid »med hele menighedens samtykke« (1 Klem 44,3).

Historisk tilbageskuende kan forfatteren af I Klem. sige, hvad apostlene, f.eks. Paulus, forudså og traf bestemmelse om på forhånd: indsættelse af yderligere ældste, hvis de første døde i embedet. Der er tale om mindst tre generationer: 1) apostlene − 2) de førstomvendte, der indsættes til biskopper og diakoner

---

42. Es 60,17; sidste del af citatet, om diakonerne, findes dog ikke i den gammeltestamentlige tekst, og første del af citatet handler ikke om biskopper, men om folkets øvrighed.

— 3) de i tiden efter dem indsatte ældste. Historisk *tilbageskuende* véd forfatteren, hvad apostlene i deres forudviden *forudså*. Dette tidsaspekt kræver at blive taget alvorligt. For det er i 1 Klem. selve begrundelsen for, at ældsteembedet er ukrænkeligt (det går tilbage til apostlene), og er samtidig dog udtryk for menighedens demokratiske valg, som ikke tør anfægtes.

Nøjagtig det samme billede ser vi aftegnet i Pastoralbrevene, men med en særdeles karakteristisk forskel. Hvor 1 Klem. i et historisk tilbageblik, der så også kan omfatte, hvad apostlene forudså, gør rede for embedets oprindelse og ukrænkelighed, må de med 1 Klem. stort set samtidige Pastoralbreve, der har det testamentariske afskedsbrevs karakter (se især 2 Tim 4,6 ff.), lade Paulus se ud i fremtiden og på forhånd bestemme, hvordan embedet efter hans egen bortgang skal indrettes (Tit 1,5 ff.):

Derfor efterlod jeg dig på Kreta, for at du skulle bringe det, der endnu står tilbage, i rette orden og indsætte ældste i hver by, sådan som jeg har truffet bestemmelse om ...

Også her er der tale om mindst tre generationer: 1) apostlen Paulus – 2) Timotheus/Titus – 3) de af dem indsatte ældste.

Men hverken 1 Klem. eller Past. falder for fristelsen til at plædere for en menighedsledelse betående af kun én person, og det, skønt situationen med menighedssplittelse i Korinth og truende vranglære i de menigheder, som Past. henvender sig til, tydeligt nok kunne tale for, at en ikke-demokratisk ledelsesform blev indført.

iii. *Ignatius' breve*
Anderledes forholder det sig med Ignatius' breve fra omkr. år 110. Her møder vi for første gang det monarkiske episkopat, dvs. biskoppen som »monark« (»enehersker«) over sin menighed [43]. Den historiske oprindelse dertil kendes ikke, men da det repræsenteres af Ignatius og på hans tid endnu ikke er

---

43. Jeg følger her den sædvanlige opfattelse; men se Schöllgen, ZNW 77 (1986), s. 146-151.

IV.4.iii. *Ignatius' breve*

indført i de vestlige menigheder i Lilleasien, Makedonien, Grækenland eller Rom, må man formode, at det monarkiske episkopat er blevet til i Syrien, måske under indflydelse fra jødekristne menigheder eller ligefrem med forbillede i det jødiske samfunds reorganisation efter katastrofen i året 70, muligvis ikke uafhængigt af, hvad der skete på synoden i Jamnia omkring år 90 (se foran, IV.1.ii.).

Ignatius var biskop i menigheden i Antiokia, provinsen Syriens hovedstad. Han repræsenterer således den historiske sammenhæng tilbage til apostelunder. Men hvordan det var gået med den blandede menighed i Antiokia siden konflikten mellem Peter og Paulus dér (Gal 2,11 ff.), véd vi ikke. Kun ét, til gengæld også vigtigt forhold synes at kunne fastslås med sikkerhed: Ignatius selv og hans antiokenske menighed var ikke jødekristen, men hedningekristen. Intet tyder på, at Ignatius og menigheden i Antiokia på hans tid var jødekristen, og menigheden i Antiokia, som var udsat for forfølgelse på den tid, da også Ignatius blev arresteret, ført til Rom og skrev sine breve, var efter alt at dømme ikke udsat for forfølgelse fra jødisk side, men fra hedensk side (jfr. foran, IV.3.i.).

Som leder af sin menighed var han blevet arresteret af de romerske myndigheder, og under bevogtning af ti »leoparder« (Ign. Rom 5,1), dvs. soldater, førtes han nu gennem Lilleasien til Rom for at skulle henrettes dér ved at blive kastet for de vilde dyr.

Undervejs gennem Lilleasien gjordes ophold i Filadelfia, i Smyrna og i Troas, hvorfra der sejledes til Neapolis, Filippis havneby [44]; fra Polykarps brev til Filippi ikke længe efter véd vi, at Ignatius faktisk rejste gennem Filippi [45]. I Filadelfia besøgte repræsentanter for menighederne i Efesos, Magne-

---

44. Jfr. samme rejserute for Paulus' vedkommende: 2 Kor 2,12-13; ApG 16,8 ff.; 20,5 ff.
45. Polyk 13,1-2 – Søren Agersnaps oversættelse, i: *De apostolske Fædre*, s. 167.

sia og Tralles ham, og i Smyrna skrev han breve til disse menigheder med omtale af sit forestående martyrium i Rom og med opfordring til forbøn for hans forfulgte menighed i Antiokia; han skrev også et brev til menigheden i Rom og tryglede deri de romerske kristne om ikke at prøve at hindre hans martyrdød; desuden viser han ligesom 1 Klem 5,3-7 kendskab til Peters og Paulus' martyrdød (Ign. Rom 4,3). I Troas skrev Ignatius breve til de to menigheder i Filadelfia og i Smyrna, som han havde lært at kende på rejsen, med opfordring til dem om at sende budbringere til Antiokia med lykønskning af menigheden dér, fordi forfølgelsen af den i mellemtiden var bragt til ophør; desuden skrev han et brev til Smyrnas »biskop«, Polykarp, som han havde lært personligt at kende under sit ophold dér [46].

Det er kun en vis overensstemmelse, der består mellem modtagerne af Ignatius' syv breve (til *Efesos*, Magnesia, Tralles, Rom, *Filadelfia*, *Smyrna* og Polykarp) og adressaterne på de syv breve til lilleasiatiske menigheder i Åb 2-3 (til *Efesos*, *Smyrna*, Pergamon, Thyatira, Sardes, *Filadelfia* og Laodikea); men med begge brevsamlinger tilsammen foreligger der naturligvis en solid dokumentation for det store antal kristne og kristne menigheder i det vestlige Lilleasien omkring år 100.

Især de to breve, som Ignatius skrev til menighederne i Filadelfia og Smyrna, giver et godt indblik i de lilleasiatiske menigheders indre forhold. Disse menigheder havde Ignatius jo selv lært at kende og kan derfor udtale sig med større bestemt-

---

46. Det komplicerede tekstkritiske arbejde med rekonstruktionen af Ignatius' breve blev foretaget af J. B. Lightfoot (se foran, III.2.i.): *The Apostolic Fathers, Part II. S. Ignatius, S. Polycarp. Revised Texts with Introductions, Notes, Dissertations, and Translations*, 2. ed., Vol. I-III, London 1889. Nyere forsøg på at anfægte Lightfoots rekonstruktion: J. Rius-Camps, *The Four Authentic Letters of Ignatius, the Martyr* (Pontificum Institutum Orientalium Studiorum), Rom 1979, og Robert Joly, *Le Dossier d'Ignace d'Antioche* (Éditions de l'Université de Brussels), Bruxelles 1979, har ikke overbevist; se C. P. Hammond Bammel, Ignatian Problems, Journal of Theological Studies 33 (1982), s. 62-97.

IV.4.iii. *Ignatius' breve* 335

hed i brevene til dem. Det fremgår heraf, at Ignatius advarer imod to former for vranglære: mod jødedom og mod doketisme — i det mindste ser det sådan ud. Men spørgsmålet er, om det virkelig drejer sig om to former for vranglære, eller om det — som det også har været formodet — er én og samme (synkretistiske?) størrelse, Ignatius advarer imod.

I Filad 6,1 hedder det [47]:

Hvis nogen vil lære jer jødedom (*ioudaïsmós*), når han udlægger Skriften, så hør ikke efter ham. Det er bedre at høre kristendom (*christianismós*) af en omskåren, end jødedom af en uomskåren. Og hvis ingen af dem taler om Jesus Kristus, så regner jeg dem for at være gravsten og grave, som der kun er skrevet menneskenavne på.

Jfr. Magn 8,1-9,2, hvor Ignatius ligeledes advarer mod jødedommen.

I Smyrn 1,1 ff. hedder det [48]:

... vor Herre, som virkelig er af Davids slægt efter kødet, men Guds Søn efter Guds vilje og kraft [jfr. Paulus, Rom 1,3-4], virkelig født af en jomfru, døbt af Johannes, for at alt, hvad ret er, skulle opfyldes af ham [jfr. Matt 3,15]; 2 under Pontius Pilatus og landsfyrsten Herodes virkelig fastnaglet i sit kød for vor skyld — det er den frugt, vi kommer af, hans guddommelige lidelse — for at han ved sin opstandelse i al evighed skulle løfte et banner for sine hellige og troende, både af jøder og af hedninger, i ét legeme, hans kirke. 2,1 Alt led han for vor skyld, for at vi skulle frelses. Han led virkeligt, ligesom han også opstod virkeligt. Han har ikke lidt tilsyneladende, sådan som nogle vantro siger — de kan selv være tilsyneladende. Sådan som de tænker, skal det også gå dem, så de bliver uden legemer og ligesom dæmoner. 3,1 Jeg derimod véd og tror på, at han også er legemlig efter opstandelsen.
...

Jfr. Trall 9,1-11,2; også dér advarer Ignatius mod, hvad der tilsyneladende er en doketisk kristologi.

I det ene tilfælde synes der altså at være tale om jødedom, i det andet om doketisme [49]. I forlængelse af Den religionshistoriske Skole har det i nyere tid ofte været forsøgt at sam-

---
47. I Niels Thomsens oversættelse, i: *De apostolske Fædre*, s. 141.
48. Niels Thomsens oversættelse, smst., s. 144.
49. Om doketisme som en kristologisk vranglære: se foran, IV.2.ii.

menfatte disse to aspekter til ét: en – som det hævdes – for den pågældende tid typisk synkretistisk sammenvævning af jødekristendom og gnosticisme, med andre ord: en gnosticisme af jødekristent præg og herkomst [50].

Men imod en sådan religionshistorisk forståelse taler to forhold. For det første har det hidtil vist sig umuligt at komme til enighed om, hvordan »gnosticisme« skal defineres. Er der også tale om gnosticisme, hvor kun spredte træk, der genfindes i de senere gnostiske systemer fra midten af det andet århundrede og i tiden derefter, men ikke et mere eller mindre fuldt udbygget gnostisk system, kan påvises? Og er det virkelig fastslået, at gnosticismen, sådan som Den religionshistoriske Skole hævdede, har en førkristen oprindelse og derfor også kan have præget selv dele af de nytestamentlige skrifter? Usikkerheden omkring disse spørgsmål taler for at besvare dem negativt.

For det andet er det ikke påvist, at den jødekristendom, der faktisk findes og kan dokumenteres i efterapostolsk tid, var af synkretistisk og gnostisk præg. Tværtimod. Holder man sig til, hvad der med sikkerhed kan siges at være skrifter fra jødekristne menigheder eller kredse, dvs. Matthæusevangeliet og den johannæiske litteratur [51], er der intet i dem, der tyder på gnostisk påvirkning eller peger i synkretistisk retning.

Hertil kommer yderligere den enkle iagttagelse, at Ignatius i Magn. og Filad. ikke advarer mod jødekristendom af en eller anden art, men simpelt hen mod jødedommen.

Hvis man derfor vil fastholde, at Ignatius – til trods for, at hans advarsler synes at rette sig mod to forskellige farer – i grunden kun advarer mod én fare, som han anser for at være en trussel mod de kristne menigheder, da er der åbenbart kun én

---

50. Således ikke mindst Heinrich Schlier, *Religionsgeschichtliche Untersuchungen zu den Ignatiusbriefen* (Beiheft zur Zeitschrift für die neutestamentliche Wissenschaft, 8), Gießen 1929.
51. Til den johannæiske litteratur (dvs. Joh. og 1, 2 og 3 Joh.): se foran, IV.2.ii.

IV.4.iii. *Ignatius' breve* 337

vej at gå: også i hans advarsler i Trall. og Smyrn. mod, hvad der tilsyneladende er doketisme, at se en advarsel mod jødedommen [52]. Når Ignatius så stærkt, som tilfældet er, understreger, at Kristus *virkelig* levede og døde, skyldes det jo ikke nødvendigvis, at andre hævdede, at Kristus kun *tilsyneladende* havde levet som et menneske og kun *tilsyneladende* var død en menneskelig (dvs. virkelig) død. Mere nærliggende er det at antage, at det var, fordi andre hævdede, at *Kristus* ikke virkelig havde levet og følgelig heller ikke virkelig var død, og at det kun var de kristne, der bildte sig noget sådant ind. Udtrykt på en anden måde: Det drejede sig også her om den samme jødiske modsigelse af Kristustroen, som vi også har stiftet bekendtskab med i den johannæiske litteratur, men med den karakteristiske forskel, at mens antikristendommen dér gjorde sig gældende i jødekristne kredse, gør den sig ifølge Ignatius' breve gældende i hedningekristne kredse, som udsættes for den anfægtende påstand fra jødedommens side, at Jesus slet ikke var messias, Kristus.

I Filad. 7,1 ff. gengiver Ignatius dele af en debat, han åbenbart har deltaget i, da han på gennemrejsen var i Filadelfia [53]:

... Jeg råbte, da jeg var midt iblandt jer, jeg sagde med høj røst, med Guds røst:»Hold fast ved biskoppen og presbyterne og diakonerne!«

2 Nogle har mistænkt mig for at sige dette, fordi jeg i forvejen vidste, at der var nogle, der ville skille sig ud. Han, i hvem jeg er lænket, er mit vidne på, at jeg som kødeligt menneske ikke vidste noget. Men det var Ånden, som forkyndte og sagde:»Uden biskoppen må I intet gøre; vogt jeres kød som et Guds tempel, elsk enheden, sky splittelserne, vær efterlignere af Kristus, ligesom han også er det af sin Fader!« 8,1 Sådan gjorde jeg, hvad jeg kunne, som et menneske, der er bestemt til at forene. Hvor der er splittelse og hidsighed, bor

---

52. Slår man derimod uden videre de to fronter sammen til én, er der ingen grænser for, hvilke mærkværdige og opsigtsvækkende oldkirkelige kætterier det 20. århundredes forskere kan konstruere ved deres skriveborde.
53. Niels Thomsens oversættelse, i: *De apostolske Fædre*, s. 142.

Gud ikke. Herren tilgiver alle dem, der omvender sig, hvis de vender tilbage til enheden med Gud og til biskoppens forsamling. Jeg tror på Jesu Kristi nåde, han som vil løse jer af alle bånd. 2 Jeg formaner jer til ikke at foretage jer noget under skænderier, men med den holdning, I har lært af Kristus.

Jeg hørte nogle sige:»Hvis der er noget, jeg ikke kan finde i dokumenterne [*en toîs archeíois*, dvs. i Det gamle Testamente], tror jeg ikke på det i evangeliet.« Og da jeg sagde:»Det står jo skrevet,« svarede de mig:»Det er spørgsmålet!«

Men for mig er »dokumenterne« Jesus Kristus. De uanfægtelige dokumenter er hans kors og hans død og opstandelse og troen ved ham. Ved dem ønsker jeg, ved jeres forbøn, at blive retfærdiggjort.

I denne vigtige tekst i Ignatius' breve kan man i virkeligheden se alle de tre elementer, som karakteriserer Ignatius, forenede til ét: 1) hans afvisning af jødedommen og dens tale om Det gamle Testamente som det eneste udslaggivende, hvorefter også kristendommen bedømmes og forkastes; 2) hans afvisning af »doketismen« som falsk tale med hans henvisning til de ægte dokumenter, som består af Jesu Kristi kors, død og opstandelse; og 3) hans henvisning til det monarkiske episkopat og de dertil knyttede, men underordnede presbytere og diakoner som den eneste kirkelige embedsordning, der formår at holde sammen på den kristne menighed.

Hvis en sådan forståelse af Ignatius' breve er mulig, er der også åbnet mulighed for i dem ikke at se en række uforenelige elementer hobet sammen i en forvirrende mængde, men at se en teologisk og kirkelig enhedstanke, som er meningsfuld og stemmer overens med den tid, hvori brevene hører hjemme, og med den situation, hvori de blev til.

iv. *Konklusion*

Der behøver ikke at bestå nogen absolut modsætning mellem Ignatius' episkopale kirkeordning og den presbyteriale kirkeordning, som var rådende i de vestlige menigheder på hans tid. Men mens Ignatius' monarkiske episkopat ifølge den foranstående tolkning hang sammen med kampen mod den samtidige jødedom, synes den tilsvarende indførelse af det monarkiske

IV.4.iv. *Konklusion* 339

episkopat i vesten at hænge sammen med kampen mod gnosticismen [54]. Men dette sidste blev først for alvor aktuelt ved det andet århundredes midte, samtidig med udløbet af den efterapostolske tid.

5. Markion

Litteratur

Adolf Harnack: *Marcion. Das Evangelium vom fremden Gott. Eine Monographie zur Geschichte der Grundlegung der katholischen Kirche* (Texte und Untersuchungen zur Geschichte der altchristlichen Literatur, 45), opr. 1921, 2. Aufl. Leipzig 1924; genoptrykt (sammen med den følgende undersøgelse) Darmstadt 1960.
samme: *Neue Studien zu Marcion* (Texte und Untersuchungen zur Geschichte der altchristlichen Literatur, 44,4), Leipzig 1923.
samme: Die Neuheit des Evangeliums nach Marcion, opr. 1929, i: samme: *Aus der Werkstatt des Vollendeten*, Berlin 1930, s. 128-143.
Emil Schürer: *The History of the Jewish People* (se foran, kap. I.), I, 1973, s. 514-557: 'From the Destruction of Jerusalem to the Downfall of Bar Kokhba'.
Peter Schäfer: *Der Bar Kokhba-Aufstand: Studien zum zweiten jüdischen Krieg gegen Rom* (Texte und Studien zum Antiken Judentum, 1), Tübingen 1981.
Niels Hyldahl: Kampen om skriftforståelsen i det andet århundrede, i: Tryggve Kronholm og andre, edd.: *Judendom och kristendom under de första århundradena*, Vol. 2, 1986 (se foran, III.3.), s. 65-76, især s. 71-72.
Peter Lampe: *Die stadtrömischen Christen in den ersten beiden Jahrhunderten. Untersuchungen zur Sozialgeschichte* (Wissenschaftliche Untersuchungen zum Neuen Testament, 2, 18), 2. Aufl., Tübingen 1989, s. 203-219: 'Marcion'.

---

54. Se foran, IV.2.ii., i omtalen af Harnacks og Käsemanns teorier vedrørende Diotrefes i 3 Joh.

i. *Bar Kokhba-opstanden*

I en sammenhæng som den foreliggende, hvor den ældste kristendoms historie søges belyst på baggrund af den antikke jødedom og dens historie, kan det måske forekomme ejendommeligt også at komme ind på Markion og hans forståelse af kristendommen. Men det er mindre ejendommeligt, når også tiden for Markions fremtræden: omkring år 144, tages med i betragtning.

I den sidste store opstand mod Rom i årene 132-135, Bar Kokhba-opstanden, som fandt sted hen imod slutningen af kejser Hadrians regeringstid (år 117-138), havde jøderne igen lidt nederlag. Den nye opstand blev nedkæmpet med hård hånd. Templet var allerede faldet i året 70; nu blev Jerusalem jævnet med jorden, en romersk koloni med navnet *Colonia Aelia Capitolina* blev grundlagt på byens sted og et tempel for Jupiter Capitolinus rejst på det gamle tempels plads. De jøder, der endnu boede i byen, blev fordrevet og ikke-jødiske kolonister bosat i stedet for dem. Hertil kom, at et forbud mod omskærelse (som blev betragtet som kastration), som allerede var udstedt før opstanden, men ikke specielt var rettet mod jøderne, nu blev håndhævet strengt, og overtrædelse af forbudet straffedes med henrettelse; først under Hadrians efterfølger, kejser Antoninus Pius (år 138-161), blev dette forbud ophævet for jødernes vedkommende.

»The total paganisation of Jerusalem was the fulfilment of a scheme long before attempted by Antiochus Epiphanes. In another respect, too, the measures adopted by Hadrian resembled his. The ban on circumcision ... was now unquestionably maintained,« skriver Emil Schürer [55]. Der er det rigtige i denne påvisning, at romerne med tilintetgørelsen af Jerusalem og af den jødiske religion på samme måde, som Antiokus IV. gjorde i året 168 f.Kr., behandlede jøderne efter krigsretten

---

55. *History,* I, s. 555.

IV.5.i. Bar Kokhba-opstanden

regler [56]. Jøderne havde gjort opstand, og det jødiske folk måtte finde sig i den behandling, de som oprørere blev udsat for.

En indirekte virkning af nyordningen af Jerusalems status var den, at hedningekristne herefter kunne bosætte sig i byen som kolonister; hvad der siden hen fandtes af kristne i Jerusalem, var ikke kristne af jødisk herkomst, der jo som jøder var forment adgang til byen.

ii. *Markion*

I denne situation optrådte nu Markion i den kristne menighed i Rom. Han var en velhavende skibsreder fra Sinope ved Lilleasiens Sortehavskyst og kom til Rom omkring år 140, gav den romerske menighed 200.000 sestertier og ville ændre dens forståelse af kristendommen efter det mønster, han selv havde dannet sig.

Den romerske menighed afviste i juli 144 at have med Markion at gøre, gav ham pengene tilbage og udstødte ham af kirken. Markion grundlagde derefter sin egen kirke, som med talrige menigheder bestod endnu i 300-tallet, men som også for en del gik over i de senere manikæere.

Kendskab til Markions lære har vi kun gennem de senere kirkefædres gengivelser og afvisninger, da Markions egne skrifter er forsvundet. Hvad hans egne skrifter angår, drejer det sig dels om hans Antiteser (jfr. bjergprædikenens antiteser, Matth 5,21-48), dels om hans nytestamentlige kanon.

Hvad denne sidste angår, ville Markion kun kendes ved ti af de tretten breve, der gik under Paulus' navn, idet han ikke anerkendte Past., men kun Rom., 1 og 2 Kor., Gal., Efes., Fil., Kol., 1 og 2 Thess. og Filem. Det er faktisk en imponerende kritisk sans, der kommer til udtryk i netop dette udvalg af Paulusbreve, som ligger ganske nær ved eller er identisk med nutidens opfattelse af, hvilke breve der kan tilskrives Paulus.

---

56. Se foran, I.1.ii.

Efter alt at dømme — men vi kender ikke med sikkerhed Markions Paulustekst i detaljer — fjernede Markion visse dele af Paulusteksten med den begrundelse, at teksten havde været udsat for jødiske interpolationer eller tilføjelser.

Ud over »apostel« hævdede Markion også et »evangelium«, nemlig Luk., dog også renset for påståede jødiske tilføjelser, herunder bl.a. fødsels- og barndomsberetningen i Luk 1-2. Når Markions valg faldt netop på Luk., var det muligvis, fordi han anså dette evangelieskrift for at stamme fra Paulus' medarbejder Lukas, lægen (Kol 4,14); men det er også opmærksomhed værd, at netop Luk. er det eneste af evangelieskrifterne, der er skrevet af en hedningekristen. Også i valget af Luk. kommer således en ubestridelig kritisk sans hos Markion til udtryk.

Antiteserne var en slags bekendelsesskrift for Markions tilhængere og angiver, hvordan Markions forståelse af kristendommen var. De skal her gengives efter det udvalg, som Adolf Harnack foretog i sin bog om Markion [57], mens henvisninger i kantede parenteser er mine egne:

I. Demiurgen [denne verdens skaber, Det gamle Testamentes Gud] blev kendt af Adam og de følgende slægter, men Kristi Fader er ukendt, sådan som Kristus selv har sagt med ordene: Ingen har erkendt Faderen undtagen Sønnen [jfr. Luk 10,22].

II. Demiurgen vidste ikke engang, hvor Adam var, og råbte derfor: Hvor er du? [1 Mos 3,9] Men Kristus kendte endog menneskenes tanker [Luk 5,22 o.a.].

III. Josva erobrede landet med vold og grusomhed; men Kristus forbyder al vold og prædiker barmhjertighed og fred.

IV. Skaberguden gjorde ikke den blinde Isak seende igen [1 Mos 27,1], men Vor Herre åbnede mange blindes øjne, fordi han er god.

V. Moses blandede sig ukaldet i brødrenes strid og anklagede overfaldsmanden: Hvorfor slår du din broder? men blev tilbagevist: Hvem har sat dig til lærer eller dommer over os? [2 Mos 2,11 ff.] Men da Kristus blev bedt om at være skifteretsdommer, vægrede han sig ved at medvirke i en så rimelig sag — fordi han var den gode Guds

---

57. Harnack, *Marcion*, 2. Aufl. 1924 = 1960, s. 89-92.

IV.5.ii. *Markion*

Kristus, ikke dommergudens — og sagde: Hvem har sat mig til dommer over jer? [Luk 12,13 f.]

VI. Skaberguden gav ved udtoget fra Egypten Moses den besked: Vær beredt, bind op om jer, hav sko på, stav i hånden, sæk over skulderen, og tag guld og sølv og alt, hvad der tilhører Egypten, med jer [2 Mos 12,11 ff.]; men Vor Herre, den gode, sagde til sine disciple, da han sendte dem ud i verden: Hav ikke sko på fødderne, ingen sæk, ikke to kapper, ikke penge i jeres bælter! [Luk 9,3]

VII. Da folket var i kamp, steg skabergudens profet op på bjergets top og udbredte sine arme til Gud, for at han kunne slå flest muligt ihjel i slaget [2 Mos 17,10 ff.]; men Vor Herre, den gode, bredte sine arme ud (sc. på korset), ikke for at slå mennesker ihjel, men for at frelse dem.

VIII. I loven hedder det: Øje for øje, og tand for tand [2 Mos 21,24]; men Herren, den gode, siger i evangeliet: Hvis nogen slår dig på den ene kind, så vend også den anden til [Luk 6,29].

IX. I loven hedder det: Kjortel for kjortel; men den gode Herre siger: Hvis nogen tager din kjortel, så giv ham også kappen [Luk 6,29].

X. For at slå flest muligt ihjel i slaget lod skabergudens profet solen stå stille, for at den ikke skulle gå ned, før alle folkets fjender var udryddet [Jos 10,12 ff.]; men Herren, den gode, siger: Lad ikke solen gå ned over jeres vrede [Efes 4,26].

XI. De blinde kom David fjendtligt imøde, da han generobrede Sion, idet de vendte sig mod hans indtog, og David lod dem slå ihjel [2 Sam 5,6 ff.]; men Kristus kom frivilligt de blinde til hjælp [Luk 18,35 ff.].

XII. På Elias' bøn sender verdensskaberen ildplagen [2 Kong 1,10 ff.]; men Kristus forbyder sine disciple at bede om ild fra himlen [Luk 9,52 ff.].

XIII. Skabergudens profet bød bjørnene at komme frem fra krattet og æde de børn, der kom ham i møde [2 Kong 2,23 f.]; men den gode Herre siger: Lad børnene komme til mig, dem må I ikke hindre, for himmeriget hører sådanne til [Luk 18,15 ff.].

XIV. Elisa, verdensskaberens profet, har blandt så mange israelitiske spedalske kun renset én, nemlig syreren Naaman [2 Kong 5,1 ff.]; men Kristus har, om end han var »den fremmede«, helbredt en israelit, som hans herre (verdensskaberen) ikke havde ladet helbrede [Luk 5,12 ff.], og Elisa brugte et stof til helbredelsen, nemlig vand, og det syv gange [2 Kong 5,10 ff.], men Kristus helbredte ved ét eneste ord, og det straks. Elisa helbredte kun én spedalsk, men Kristus ti, og det mod lovens bestemmelser: han lod dem simpelt hen gå, for at de kunne fremstille sig for præsterne, og undervejs helbredte han dem allerede

— uden berøring og uden et ord, ved tavs kraft, alene ved sin vilje [Luk 17,12 ff.].

XV. Verdensskaberens profet siger: Mine buer er spændt og mine pile hvæsset mod dem [Es 5,28]; men apostlen siger: Tag Guds rustning på, for at I kan slukke den ondes gloende pile [Efes 6,13 ff.].

XVI. Verdensskaberen siger: Med ørerne skal I ikke (længere) høre; men Kristus siger: Den, der har ører, skal høre [Luk 8,8].

XVII. Verdensskaberen siger: Forbandet enhver, der hænger på et træ [5 Mos 21,23]; men Kristus led korsdøden.

XVIII. Jødernes kristus er af verdensskaberen udelukkende bestemt til at føre jødefolket tilbage fra adspredelsen; men vores Kristus er af den gode Gud blevet betroet hele menneskehedens befrielse.

XIX. Den Gode er god mod alle; men verdensskaberen lover kun dem, der er lydige mod ham, frelse ... den Gode frelser dem, der tror på ham, men han dømmer ikke dem, der er ulydige mod ham; men verdensskaberen frelser sine troende og dømmer og straffer synderne.

XX. Maledictio karakteriserer loven, benedictio troen (evangeliet).

XXI. Verdensskaberen byder at give til brødrene, men Kristus til alle, der beder.

XXII. I loven har verdensskaberen sagt: Jeg gør den rige rig og den fattige fattig; men Kristus priser (kun) de fattige salige [Luk 6,20].

XXIII. I den Retfærdiges lov gives lykken til de rige, ulykken til de fattige; i evangeliet er det omvendt.

XXIV. I loven siger Gud (verdensskaberen): Du skal elske dem, der elsker dig, og hade din fjende; men vor Herre, den gode, siger: Elsk jeres fjender og bed for dem, der forfølger jer [Luk 6,27 f.].

XXV. Verdensskaberen har forordnet sabbatten [1 Mos 2,2-3]; men Kristus ophæver den [Luk 6,1 ff.].

XXVI. Verdensskaberen afviser toldere som ikke-jødiske og profane mennesker; men Kristus tager imod toldere [Luk 5,27 ff.; 19,2 ff.].

XXVII. Loven forbyder at røre ved en blotsottig kvinde; Kristus rører ikke blot ved hende, men helbreder hende også [Luk 8,43 ff.].

XXVIII. Moses tillader skilsmisse [5 Mos 24,1 ff.]; Kristus forbyder det [Luk 16,18].

XXIX. Det gamle Testamentes kristus lover jøderne genoprettelse af den tidligere tilstand ved tilbagegivelse af deres land og efter døden en tilflugt i Abrahams skød; vores Kristus vil oprette Guds rige, en evig og himmelsk ejendom.

XXX. Hos verdensskaberen er både straffe- og tilflugtsstedet anlagt i underverdenen for dem, der står under loven og profeterne; men

IV.5.ii. *Markion* 345

Kristus og Gud, hvem han tilhører, har et himmelsk hvilested og en himmelsk havn, som verdensskaberen aldrig har forkyndt om.

Den *mangel* på identitet, der består med hensyn til skaberguden og den fremmede Gud, der er Jesu Fader, viser med sikkerhed, at Markion i denne henseende er påvirket af den samtidige gnosticisme. Jødernes gud er en ond, uvidende, retfærdig, streng og misundelig gud, og før Kristus kom, havde ingen hørt om den fremmede og gode Gud, Kristus forkyndte.

Dette grundtræk, som karakteriserer mange eller de fleste af det andet århundredes gnostiske systemer og altså på ingen måde er særegent for Markions lære, er ikke fremkommet ved en tilfældighed netop på den tid, der her er tale om: umiddelbart efter det jødiske nederlag i Bar Kokhba-opstanden i året 135. Ved at fremstille »jødeguden«, Det gamle Testamentes Gud, som en ond og tåbelig guddom, fra hvem alle tænksomme mennesker måtte tage afstand, tog gnosticismen del i tidens almindelige antisemitisme og bragte sig således »i sikkerhed« [58]. Det tjener den romerske menighed og den kristne kirke til ære, at den med det samme tog afstand fra gnosticismen og fra Markion og hans lære og dermed viste, at de kristnes Gud var én og den samme som jødernes Gud, og at Det gamle Testamente også var de kristnes bibel.

Det er ofte blevet hævdet, at Markion med sin kanon bestående af evangelium (= Luk.) og apostel (= Paulus' breve) forkastede Det gamle Testamente og tvang kirken til at udforme sig sin kanon – Det nye Testamente. Det er imidlertid en fejlagtig opfattelse, både teologisk og historisk betragtet.

---

58. Lampe, *Stadtröm. Christen*, s. 204 og 209 f., vil derimod henføre Markions demiurg-opfattelse til hans erfaringer under kejser Trajan (år 98-117): »Die beiden genannten Demiurgen-Charakteristika (kriegerisch; unbeständig/widersprüchlich) sind transparent für die Erfahrungen eines Naukleros [sc. Markion, der var skibsreder] zur Regierungszeit Trajans« (s. 209, dér kursiveret). Denne forklaring på Markions teologi er psykologiserende og overbeviser ikke; desuden forklarer den ikke, hvad den skal: den jødefjendtlige holdning.

For det første var forudsætningen for, at Markion kunne vælge sig evangelium og apostel, den enkle, at der overhovedet fandtes nytestamentlige skrifter med kanonisk gyldighed at vælge imellem. Det var i hvert fald ikke Markion, der gjorde Luk. og Paulus' breve kanoniske.

For det andet er der ikke tale om, at Markion »forkastede« Det gamle Testamente. Tværtimod så han i Det gamle Testamente en åbenbaringsbog af høj karat, men kun »gnostikeren«, der besad *gnôsis*, »indsigt«, var i stand til fuldt ud at tyde den og forstå, hvad den handlede om. Markions Antiteser giver slet og ret ingen mening uden på baggrund af en ganske vist negativ læsning og fortolkning af Det gamle Testamente.

Man kan påstå, at Markions lære var en slags ultra-paulinisme, forstået på den måde, at Markion virkeliggjorde, hvad Paulus ikke havde kunnet, men havde intentioner om. Men en sådan påstand er i bund og grund falsk. Paulus var ikke i ringeste tvivl om, at Det gamle Testamentes Gud også var Jesu Kristi Fader og de kristnes Gud – det står skrevet på hver side af hans breve, og kun gennem postulatet om jødiske interpolationer lykkes det Markion at overbevise sig selv og sine tilhængere om, at hans egen lære var identisk med Paulus'. Forskellen mellem Paulus og Markion er præcist den: at Paulus var jøde, Markion ikke.

Det er afgørende at forstå, at Markions lære var gnostisk [59], og at der netop først kan tales om gnostiske systemer – og Markions lære *var* et »system« – *efter* nedkæmpelsen af Bar Kokhba-opstanden og det jødiske folks fuldstændige ydmygelse.

---

59. Dette imod Harnacks opfattelse; også Lampe, *Stadtröm. Christen*, s. 203 ff., synes fortsat at hævde Harnacks forståelse af Markion som ikke-gnostiker – gnostikerne omtaler Lampe først s. 251 ff.

iii. Konklusion

Adolf Harnack (1851-1930) skrev i sin bog om Markion følgende ord [60]: »das AT im 2. Jahrhundert zu verwerfen, war ein Fehler, den die große Kirche mit Recht abgelehnt hat; es im 16. Jahrhundert beizubehalten, war ein Schicksal, dem sich die Reformation noch nicht zu entziehen vermochte; es aber seit dem 19. Jahrhundert als kanonische Urkunde im Protestantismus noch zu konservieren, ist die Folge einer religiösen und kirchlichen Lähmung.«

Ordene er fantastiske! Fantastiske er også deres tvetydighed: Harnack går ikke ind for at forkaste Det gamle Testamente, men for at forkaste dets kanoniske autoritet [61]. Men det er jo et spil om ord, og i en tid, hvor kanonbegrebet under alle omstændigheder er opløst som teologisk begreb, og hvor jødedom og kristendom kun kan begrundes historisk, og teologi ikke kan forsvares som videnskab ved at henvise til et teologisk alligevel ugyldigt kanonbegreb, som ikke engang teologer anerkender, bliver en forkastelse af Det gamle Testamente som »kanonische Urkunde im Protestantismus« under alle omstændigheder tvetydig og falsk tale, som er ensbetydende med en forkastelse af det jødiske folk som mindreværdigt i sammenligning med den eksklusive »protestantisme«.

Det vil kunne hævdes, at der består en sammenhæng mellem Adolf Harnacks *Marcion* og Adolf Hitler, der bragte seks millioner jøder i gaskamrene, uden at teologi og kirke reagerede for alvor. Ganske vist må teologi være sig sit ansvar som teologi bevidst, og det er ikke ligegyldigt, hvad teologi er – og at der i det hele taget findes teologi. Men det må på den anden side

---

60. *Marcion*, 2. Aufl., 1924, s. 217 (dér udhævet); allerede citeret i anden sammenhæng foran, II.5.i., n. 100.

61. Se Harnack, *Marcion*, s. 223: »von »verwerfen« [sc. Det gamle Testamente] ist aber heute nicht die Rede, vielmehr wird dieses Buch erst dann in seiner Eigenart und Bedeutung (die Propheten) allüberall gewürdigt und geschätzt werden, wenn ihm die *kanonische* Autorität, die ihm nicht gebührt, entzogen wird.«

afvises som urimeligt, at den fremførte påstand skulle have noget med virkeligheden at gøre [62].

Kristendom ville være sand jødedom, kirken ville være det sande Israel (jfr. Fil 3,3). Men med den forkastelse af det ydmygede og i manges øjne mindreværdige jødiske folk, som historien og teologien har set så rigeligt af, blev vejen banet for at tale om kirken som det nye Israel – ikke »ny« i den kvalitative og eskatologiske betydning af ordet, som bl.a. Det gamle Testamente, Paulus og Johannes' Åbenbaring kender (f.eks. Jer 31,31; 2 Kor 5,17; Åb 21,1), men »ny« i den kvantitative betydning af det »anderledes«, det »fremmede«, som kaster vrag på sin egen fortid og ikke vil vedkende sig den.

Hvor det sker, som f.eks. hos Markion med hans tale om den fremmede gud, som ikke er Abrahams og Isaks og Jakobs Gud, men en ny, hidtil aldrig kendt gud, dér er det jødiske folk sat udenfor, og teologien er i så fald ophørt med at være teologi.

6. Hegesips Hypomnemata; Papias-fragmenterne. Den patristiske litteraturs begyndelse

Litteratur

Franz Overbeck: Über die Anfänge der patristischen Literatur, Historische Zeitschrift 48 (1882), s. 417-472; genudgivet i: Libelli, XV, Darmstadt 1954.
samme: Über die Anfänge der Kirchengeschichtsschreibung. Programm zur Rektoratsfeier der Universität Basel, Basel 1892; genudgivet i: Libelli, CLIII*, Darmstadt 1965.

---

62. Se Friedrich Wilhelm Kantzenbach, art. 'Harnack', i: *Theologische Realenzyklopädie*, XIV, Berlin – New York 1985, s. 450-458, dér s. 456.

IV.6.i. Franz Overbeck

Niels Hyldahl: Hegesipps Hypomnemata, Studia Theologica 14 (1960), s. 70-113.
Philipp Vielhauer: Franz Overbeck und die neutestamentliche Wissenschaft, Evangelische Theologie 10 (1950-51), s. 193-207 = i: samme, *Aufsätze zum Neuen Testament* (Theologische Bücherei, 31), München 1965, s. 235-252.
samme: art. 'Overbeck, Franz Camille', i: *Religion in Geschichte und Gegenwart*, 3. Aufl., IV, Tübingen 1960, sp. 1750-1752.
samme: *Geschichte der urchristlichen Literatur. Einleitung in das Neue Testament, die Apokryphen und die Apostolischen Väter* (de Gruyter Lehrbuch), Berlin – New York 1975, genoptrykt 1978, s. 757-765: 'Papias von Hierapolis,»Auslegung von Herrenworten«'; s. 765-774: 'Hegesipp,»Hypomnemata«'.
U. H. J. Körtner: *Papias von Hierapolis. Ein Beitrag zur Geschichte des frühen Christentums* (Forschungen zur Religion und Literatur des Alten und Neuen Testaments, 133), Göttingen 1983.
Martin Rese: Fruchtbare Mißverständnisse. Franz Overbeck und die neutestamentliche Wissenschaft, i: Rudolf Brändle/Ekkehard W. Stegemann, edd.: *Franz Overbecks unerledigte Anfragen an das Christentum*, München 1988, s. 211-226.

i. Franz Overbeck og den patristiske litteratur

Markion kom til Rom omkr. år 144. Omkr. år 150 skrev den kristne apologet Justin i Rom sin Apologi [63], nemlig under kejser Antoninus Pius (år 138-161), da Quintus Lollius Urbicus var Roms bypræfekt (år 144-160); omkr. år 160 skrev Justin sin Dialog med jøden Tryfon. Omkr. år 165, under Marcus Aurelius, filosofkejseren (år 161-180), da Junius Rusticus var Roms bypræfekt (år 163-168), blev Justin henrettet som kristen i Rom.

Med sådanne skrifter, rettet til den ikke-kristne verden, var den kristne litteratur trådt ind i sin tids kulturelle sammen-

---

63. Ifølge udgaverne er der tale om to apologier (eller om en apologi samt et appendiks dertil); men faktisk er det ét og samme skrift, der ved et uheld eller en misforståelse er blevet delt i to. Se bl.a. min *Philosophie und Christentum. Eine Interpretation der Einleitung zum Dialog Justin* (Acta Theologica Danica, IX), København 1966, s. 14-16; H. Hermann Holfelder, *Eusébeia kaì filosofía.* Literarische Einheit und politischer Kontext von Justins Apologie, Zeitschrift für die neutestamentliche Wissenschaft 68 (1977), s. 48-66 og s. 231-251.

hæng, og den patristiske litteratur – litteraturen fra kirkefædrene – havde dermed taget sin begyndelse.

Overgangen fra den kristne urlitteratur til den patristiske litteratur, som således finder sted ved det 2. århundredes midte og afslutter den efterapostolske tid, har været gjort til genstand for mange overvejelser og bestemmelser. Franz Overbeck (1837-1905) hævdede med kraft, at der forud for den patristiske litteratur burde tales om »den kristne urlitteratur« (ikke om »den urkristne litteratur« [64]), hvortil bl.a. de nytestamentlige skrifter hører. Denne kristne urlitteratur var endnu ingen »rigtig« litteratur på samme måde som den patristiske, der også henvendte sig til andre end kristne læsere; den kristne urlitteratur var tværtimod en intern kristen litteratur, kun beregnet for kristne. Ved den kristne urlitteratur forstod Overbeck altså en litteratur, som »im strengen und ausschliesslichen Sinne sozusagen aus christlichen Wurzeln und aus den eigenen, gegen Fremdes noch abgeschlossenen Interessen der christlichen Gemeinden lebte« [65].

Philipp Vielhauer, der omkr. 1950 udløste en slags Overbeckrenaissance i den nytestamentlige eksegese, læste formodentlig mere ud af Overbecks iagttagelser, end materialet tillod. Således ville Vielhauer også anse Overbeck for den, der i grunden havde indledt den formhistoriske analyse af den nytestamentlige litteratur (se foran, II.2.ii.), især af evangelieskrifterne, og nægtes kan det ikke, at formhistorikerne i tiden efter Første Verdenskrig, ikke mindst Martin Dibelius, med deres tale om den nytestamentlige litteratur som en »Kleinliteratur« knyttede

---

64. Jeg skulle angiveligt have misforstået Overbecks udtryk ved at tale om den urkristne litteratur; sål. Vielhauer, *Geschichte*, s. 767, n. 5. Jeg har ikke kunnet begribe, hvorfor Vielhauer, der selv – om nogen – har tilsluttet sig Overbecks opfattelse, så kalder sin bog for *Geschichte der urchristlichen Literatur*! Trods kritikken har jeg intet imod hos Vielhauer at være nævnt jævnsides med Franz Overbeck: Vielhauer, s. 767.
65. Sål. Overbeck, *Geschichte der Literatur der alten Kirche*, her citeret efter Vielhauer, *Geschichte*, s. 770, der tilslutter sig Overbecks definition.

IV.6.i. Franz Overbeck

til ved Overbecks forståelse af »den kristne urlitteratur« i dens modsætning til den patristiske litteratur. Men dels var det – som Martin Rese har fastslået – slet ikke Overbecks intention at give en genrebestemmelse af de nytestamentlige litteraturformer, sådan som formhistorikerne gjorde, og Vielhauers påstand om Overbeck som en foregangsmand for formhistorikerne er derfor næppe holdbar. Dels ville Overbeck med sin afhandling om den patristiske litteraturs begyndelse netop bestemme *overgangen* mellem de to faser, og her koncentrerede Overbeck sig om to skrifter, som han hverken kunne henføre til den kristne urlitteratur eller til den patristiske litteratur selv: Papias' Udlægninger af Herrens ord fra omkr. år 140 [66] og Hegesips Hypomnemata fra omkr. år 170. Disse to skrifter, som vi kun kender gennem fragmenter, hovedsagelig hos kirkehistorikeren Euseb, kunne ifølge Overbeck ikke henregnes til den patristiske litteratur og udgjorde derfor overgangsformer til denne, om end i hvert fald Hegesips værk kronologisk hører hjemme i tiden efter fremkomsten af de første patristiske værker, de ældste apologeters skrifter.

ii. Den efterapostolske tids afslutning

Det er ikke her hensigten at søge at bestemme disse to værker nærmere. Men så meget skal siges, at vi i begge tilfælde – uanset, hvordan man så stiller sig til muligheden for at udtale sig om værkernes litterære egenart og genre – står over for skrifter, der i en eller anden forstand er og selv vil være historiske skrifter. Dette kan ganske vist ikke læses ud af værkernes titler – hvis der overhovedet er tale om egentlige bogtitler. Således må Hegesips *hypomnémata* ikke misforstås i retning af, at denne betegnelse skulle være ensbetydende med *apomnemoneúmata* – som bekendt titlen på Xenofons *Memorabilia* (erin-

---

66. Körtner, *Papias*, 1983, vil datere skriftet til omkr. år 110; men se hertil de berettigede indvendinger hos Wehnert, *Die Wir-Passagen der Apostelgeschichte*, 1989 (se foran, III.8.), s. 57-59 med n. 43 (på s. 215).

dringer) om Sokrates og den betegnelse, som apologeten Justin af hensyn til den kulturelle dannelse så også overfører på evangelierne, der skal gælde for at være »erindringer om Herren« og dermed antyde, at Jesus var en ny – og bedre! – Sokrates. En sådan misforståelse af »titlen« ville uvægerligt gøre Hegesips skrift til et kirkehistorisk værk, hvad det ikke er. Det græske *hypomnémata* betegner i sig selv blot det samme som det latinske *commentarii* (noter), hvilket også Cæsars berømte Gallerkrige var. Og Papias' *exegéseis* siger heller ikke meget; ganske vist drejede det sig om et værk i hele fem bøger, og den retorisk udformede prolog, som han forsynede sit værk med, viser noget om de litterære ambitioner, han knyttede til dets offentliggørelse, men så godt som intet om værkets genre.

Det »historiske« ved både Papias' og Hegesips værker består derimod i det forhold, at vi i begge tilfælde har med forfattere at gøre, der selv tilkendegiver, at de har opsøgt og fundet gammel tradition, som de derpå har nedfældet skriftligt. I denne henseende minder de begge om Luk.-Ap.G. – et værk i to bøger med en litterært ambitiøs prolog (Luk 1,1-4) svarende til Papias' [67]. Hos Papias ses det »historiske« deri, at han i prologen til sit værk beretter, hvordan han har lært af de ældste og har nedskrevet, hvad han havde hørt af dem:

3 Jeg vil ikke tøve med sammen med Fortolkningen at meddele dig [sml. Luk 1,3], hvad jeg engang godt har lært af de gamle [*presbýteroi*] og godt har erindret, og jeg garanterer for Sandheden af det. Thi jeg finder ikke som de fleste Glæde i dem, der siger meget, men i dem, der lærer Sandheden, heller ikke i dem, der omtaler fremmede Bud, men i dem, der omtaler de Bud, som fra Herren er givet til Troen, og som er kommet fra selve Sandheden. 4 Hvis der kom en, som havde fulgt de ældste [*presbýteroi*], spurgte jeg dem ud om de ældstes [*presbýteroi*] Ord, hvad Andreas eller Peter eller Filip eller Thomas eller Jakob eller Johannes eller Matthæus eller nogen anden af Herrens Disciple sagde, eller hvad Aristion eller Presbyteren Johannes, Herrens Disciple, siger.

---

67. Til Luk.-Ap.G., se også C. F. Evans, citeret foran, III.1.iii., n. 19.

IV.6.ii. *Den efterapostolske tids afslutning* 353

Thi jeg mente ikke at have saa megen Gavn af Bøgerne som af den levende og blivende Røst [1 Pet 1,23] [68].

Ganske uanset det konkrete indhold af denne tekst, hvis retoriske form ikke skal undervurderes, som om det drejede sig om (virkelig) polemik mod bestemte skrifter, f.eks. evangelierne, er det tydeligt, at Papias er sig den historiske tradition, som han befinder sig i og formidler, klart bevidst. Hans forhold til den kristne historie svarer i denne henseende både til den, vi kender fra Luk.-Ap.G., og til fremgangsmåden hos forfatteren af 1 Klem. (se foran, IV.4.). På samme måde forholder det sig med Hegesip. Han havde under sine rejser, der tjente til at undersøge den apostolske traditions tilstedeværelse, været både i Korinth og i Rom. Om opholdet i Rom skriver han:

2 ... Jeg var sammen med Korinthierne, da jeg sejlede til Rom, og jeg tilbragte mange Dage sammen med dem. I den Tid opbyggedes vi sammen i den rette Lære. 3 Da jeg var kommet til Rom [omkr. år 160], affattede jeg en Liste over Rækkefølgen [*diadoché*] indtil Aniketus, hvis Diakon var Eleutherus. Aniketus afløstes af Soter, og efter ham kom Eleutherus. I hver Rækkefølge [*diadoché*] af Biskopper og i hver By forholdt det sig, således som Loven, Profeterne og Herren forkynder det [69].

Trods alle vanskeligheder med at forstå teksten i detaljer er den i grunden meget enkel; indholdet har Peter Lampe præcist gengivet:»Hegesipps Interesse lag bei der *rechten Lehre* (4,22, 2), wie sie von den Aposteln bis zur Gegenwart ununterbrochen weitergereicht worden sei. Dass dies in den verschiedenen Städten des Orbis so geschehen sei, davon überzeugte Hegesipp sich auf seiner Reise: in Rom, so recherchierte er befriedigt, sei es ebenso gewesen. Mit anderen Worten: um den Aufweis einer Abfolge *monarchischer* Bischöfe von den Aposteln bis zur Gegenwart ging es ihm mitnichten. Was er vor seinem geistigen Auge

---

68. Euseb, Hist. Eccl. III, 39,3-4; dansk oversættelse hos Knud Bang (se foran, III.), I, s. 159-160.
69. Euseb, Hist. Eccl. IV, 22,2-3; dansk oversættelse hos Knud Bang, II, s. 197-198.

sah, war eine Kette von Tradenten des rechten Glaubens, und die meinte er auch in Rom erkennen zu dürfen. Mehr steht nicht da« [70].

Det er altså den historiske bevidsthed om en ubrudt forbindelse med den kristne fortid, der karakteriserer værker som Papias' og Hegesips. Sammen med det høje ambitionsniveau, både hvad litterær form og hvad indhold angår, tilkendegiver de en vilje til kultur, som ikke adskiller dem fra de uomtvistede repræsentanter for den patristiske litteratur som Justin, Irenæus, Klemens fra Alexandria o.a. Det skarpe skel, som Franz Overbeck gjorde gældende mellem den kristne »urlitteratur« og den patristiske litteratur, kan i betragtning af skrifter som Luk. og Ap.G. ikke gøres gældende med nogen særlig ret; dertil er netop overgangen mellem det ene og det andet alt for flydende. Det er derfor også uberettiget med Philipp Vielhauer, i forlængelse af Overbeck, at tale om f.eks. Hegesips Hypomnemata blot som et »Fossil christlicher Urliteratur in eine(r) Zeit, da eine »wirkliche« Literatur der Christen in ihrem ersten, nicht gerade glänzenden, aber recht kräftigen Flore stand« [71].

Hvordan da definere afslutningen på den efterapostolske tid, når Overbecks skelnen mellem »kristen urlitteratur« og patristisk litteratur ikke er holdbar eller præcis?

Det kan gøres ved at pege på de kristnes sociale status og kulturelle opsving. Netop ved midten af det andet århundrede ser vi, at kristne – ikke mindst i hovedstaden Rom – ved indbyrdes hjælp og ved stor kulturvilje, der i kraft af arven fra den jødedom, hvorfra kristendommen udsprang, dog samtidig er sig sin egenart bevidst, formår at tiltrække også velstående folk, der giver husly (og gravsteder!) til de fattige. Det kirkelige embede udfolder sig ikke mindst på det sociale plan, og de kristnes

---

70. Lampe, *Stadtröm. Christen* (se foran, IV.5.), s. 342. Angående det monarkiske episkopat, som *ikke* var indført i Rom endnu på Hegesips tid: se foran, IV.4.iii.
71. Vielhauer, *Geschichte*, s. 770.

IV.6.ii. Den efterapostolske tids afslutning

organisation, deres menigheder, viser sig at have en overlevelses- og hjælpekapacitet, som formodentlig har overgået alt, hvad det profane samfund kunne tilbyde af tilsvarende foranstaltninger. En biskop (gr. *epískopos*, »tilsynsmand«) er ikke mindst en, der »ser til« andre, tager sig af dem i den sociale forsorg og kommer dem til hjælp [72]. Dette falder i tid sammen med overståelsen af Bar Kokhba-krigen (år 132-135 – se foran, IV.5.i.), efter hvilken de kristne står som en af jødedommen fuldstændig uafhængig størrelse.

---

72. Se Lampe, *Stadtröm. Christen*, s. 337 f.

Register

Forfattere:

Abel, F.-M.: 3
Aejmelaeus, L.: 159, 171
Agersnap, S.: 330, 333
Alexander, L.: 164
Allison, D. C.: 102
Andersen, G.: 320
Ashton, J.: 300, 307 f.
Asmussen, J.: 1
Baasland, E.: 232, 255
Bammel, C. P. H.: 334
Bang, K.: 158, 353 f.
Bar-Kochva, B.: 4, 17, 31, 35, 48
Barclay, J. M. G.: 166, 252 f., 266
Barnikol, E.: 161
Barrett, C. K.: 267 f.
Bartlett, J. R.: 3
Bauckham, R.: 221
Bauer, W.: 299
Bauernfeind, O.: 2
Baur, F. C.: 178, 179, 189, 200, 210, 217, 218 f., 224, 245, 267
Beale, G. K.: 252
Becker, J.: 166, 211
Betz, H. D.: 253
Bickerman, E. J.: 3, 11, 13, 14, 17, 68
Bilde, P.: 2, 3
Billerbeck, P.: 53, 114, 204 f., 207, 290
Blinzler, J.: 129
Bornkamm, G.: 87, 121, 126, 128, 228 f.
Borse, U.: 166, 257
Botermann, H.: 62
Bousset, W.: 122 f., 142
Breengaard, C.: 310, 318, 320
Bringmann, K.: 4, 9, 14, 17, 18, 19, 20, 23, 24, 25, 27, 29, 30, 32, 34, 35
Bruce, F. F.: 166, 175 f.
Bryennios, Ph.: 184
Brøndsted, G.: 325
Buck, C. H.: 212
Bultmann, R.: 81, 82, 85, 86, 122 f., 126, 126, 128, 268 f., 307
Bunge, J. G.: 3, 24, 25
Burchard, C.: 169 f., 227
Cadbury, H. J.: 164, 279
Campbell, T. H.: 174
Campenhausen, H. v.: 143, 146 ff., 181, 191 ff., 196, 230, 325
Cary, C.: 316
Casey, P. M.: 121, 300, 304,

308
Cavallin, H. C. C.: 143
Christ, K.: 3, 37, 71
Christensen, J.: 147
Cohen, S. J. D.: 40
Cohn, L.: 2
Colson, F. H.: 2
Conzelmann, H.: 81, 86, 159, 164, 169, 172, 178, 200, 201 f., 234, 280, 287
Cullmann, O.: 121, 124
Dahl, N. A.: 81, 84, 88, 129 ff., 144, 245
Danby, H.: 1, 41, 290
Daniélou, J.: 325 ff.
Deißmann, A.: 63
Dibelius, M.: 81, 84, 89, 176, 279 f., 350
Elbogen, I.: 297
Engberg-Pedersen, T.: 41, 237, 273
Ernst, J.: 89, 100, 110, 115, 118
Evans, C. F.: 171, 352
Fee, G. D.: 252
Feldman, L. H.: 90
Fischer, T.: 4, 33
Fitzmyer, J. A.: 253
Friedrich, G.: 269
Georgi, D.: 269
Giversen, S.: 184, 287
Gnilka, J.: 253
Goguel, M.: 158, 200, 310, 325
Goldstein, J. A.: 3, 4
Golla, E.: 175, 245, 248, 250
Goppelt, L.: 158, 219, 287
Goulder, M.: 100, 171, 266

Grabbe, L. L.: 22
Graß, H.: 143, 146, 149 f.
Grundmann, W.: 176, 177
Habicht, C.: 3, 20, 25, 27, 32, 35
Haenchen, E.: 166, 178, 200, 205 f., 280, 284
Hahn, F.: 121, 124, 181, 194
Hallbäck, G.: 234, 237, 238, 239 ff., 242 f., 244, 328
Hammershaimb, E.: 1
Hare, D. R. A.: 159, 174
Harnack, A.: 123, 125, 181, 186 f., 187, 188, 189, 190, 192, 193, 279, 281, 284, 299, 304 f., 339 ff., 347 f.
Hayward, C. T. R.: 71, 76, 77, 79
Heinemann, I.: 2
Hengel, M.: 2, 17, 32, 41, 43, 49, 61, 71, 75 ff., 115 f., 121, 124, 138, 139, 166, 180, 196, 197, 207, 289, 294
Herzfeld, L.: 16
Hill, C. C.: 198
Hirsch, E.: 220, 225
Hoehner, H. W.: 89, 91, 93, 99
Holfelder, H. H.: 349
Holl, K.: 181, 188 ff., 189, 190, 192, 239
Holm-Nielsen, S.: 1
Horbury, W.: 288, 298
Horsley, R. A.: 71
Horst, P. W. van der: 210
Hultgård, A.: 103, 110 ff.
Hurd, J. C.: 159, 161 f., 174, 255, 266

Hyldahl, N.: 4, 61, 84, 98, 102, 117, 124, 143, 147, 159, 160, 161 f., 166, 167, 172, 173, 175, 176, 177, 196, 197, 204, 212, 216, 222, 239, 245, 246, 247, 248, 250, 257, 261, 266, 285, 299, 305, 328, 339, 349 f.
Jackson, F. J. F.: 158, 164, 279
James, M. R.: 70
Jensen, J. S.: 61
Jeremias, J.: 172, 205
Jewett, R.: 161 f., 221, 280, 281
Johnson, M. D.: 53, 103, 119, 135, 208
Joly, R.: 334
Kantzenbach, F. W.: 348
Kee, H. C.: 62, 63, 64, 66
Keim, K. T.: 97 f.
Klauck, H.-J.: 300
Klein, G.: 169
Klinghardt, M.: 103, 115, 244
Knibb, M. A.: 210
Knox, J.: 159, 161 f.
Kragerud, A.: 280
Kümmel, W. G.: 1, 174, 212
Käsemann, E.: 81, 82, 87, 121, 127, 130, 267 f., 299, 304 f., 307, 308, 339
Körtner, U. H. J.: 349, 351
Lake, K.: 70, 77, 79, 158, 164, 205 f., 279, 284
Lampe, G. W. H.: 252
Lampe, P.: 316, 317, 328, 339, 345, 346, 354 f.
Larsson, E.: 166, 198, 207, 280
Lawlor, H. J.: 158

Leivestad, R.: 121, 128
Liddell/Scott/Jones: 17
Lieberman, S.: 208
Lietzmann, H.: 212, 237, 268
Lightfoot, J. B.: 181, 182 ff., 189, 193, 334
Lincoln, A. T.: 143, 155
Lindblom, J.: 143, 188
Lindskrog, C.: 299
Linton, O.: 129, 181, 186, 189 f., 191, 226 f., 301
Lips, H. von: 325
Lohse, E.: 1, 34
Lüdemann, G.: 122, 159, 161 f., 167 ff., 178, 179, 207, 211, 212, 214, 220, 231, 234, 241, 246, 275, 284, 288, 310, 312, 314 ff.
Lührmann, D.: 54, 246
Lütgert, W.: 216, 219, 221, 223, 227 f., 228 f., 266
Maier, J.: 1, 33, 41, 105
Malherbe, A. J.: 258, 265
Marcus, R.: 10
Martola, N.: 4
Martyn, J. L.: 299
Marxsen, W.: 81, 146, 155
McConville, J. G.: 51
McLean, B. H.: 235
Mendels, D.: 3, 16
Merklein, H.: 245
Meyer, E.: 158
Michel, O.: 2
Millar, F.: 2
Mink, H. Aa.: 41
Mitchell, M. M.: 255
Mommsen, T.: 309 f., 314, 320

Mosbech, H.: 43, 123
Munck, J.: 46, 178, 218, 219 ff., 233, 237, 275, 327
Murphy-O'Connor, J.: 252
Müller, M.: 70, 82, 119
Mørkholm, O.: 3, 9, 23, 27, 28, 29, 35, 36, 37
Neusner, J.: 54
Nickelsburg, G. W. E.: 129
Nickle, K. F.: 221
Nieburg, K.-W.: 246, 271
Nielsen, E.: 1, 108
Noack, B.: 1, 124 f., 184, 185, 203 f., 210, 287, 297, 306, 325
Nock, A. D.: 280
Norden, E.: 279
Olsson, B.: 300
O'Neill, J. C.: 169, 299, 303
Otzen, B.: 1, 2, 52, 71, 103, 108, 110
Oulton, J. E. L.: 158
Overbeck, F.: 348 ff.
Overman, J. A.: 62
Parsons, M. C.: 156
Patrick, G. A.: 182
Pereira, F.: 176
Petersen, N. R.: 258, 261, 265, 266, 267
Pétrement, S.: 245, 258, 267, 269 f.
Plümacher, E.: 280, 282
Praeder, S. M.: 280, 282, 286
Pratscher, W.: 181
Prenter, R.: 125
Rasmussen, A.: 1
Reicke, B.: 159, 221

Rengstorf, K. H.: 181, 190
Rese, M.: 349, 351
Reynolds, J.: 61
Riddle, D. W.: 161
Riesner, R.: 89, 99 f., 129
Rießler, P.: 1
Rius-Camps, J.: 334
Robbins, V. K.: 280, 282
Robinson, J. A. T.: 299, 301, 306
Rolfe, J. C.: 314
Ropes, J. H.: 219
Rowland, C.: 2, 129, 143, 154
Russell, D. S.: 2
Räisänen, H.: 82, 155, 197, 207
Sanders, E. P.: 2, 3, 34, 54, 59 ff., 87 f., 101 f., 105, 116 f., 121, 126 f., 128, 129, 138, 140 ff., 291 ff.
Schalit, A.: 71
Schaller, B.: 210
Schäfer, P.: 287, 290, 298 f., 339
Schenk, W.: 89, 94, 95, 96, 97 f., 100
Schlier, H.: 222 f., 223, 224, 228 ff., 336
Schmidt, A.: 235, 241
Schmidt, K. L.: 81, 85
Schmithals, W.: 179, 210, 216 f., 218, 221 f., 222, 223, 224, 227 f., 233, 238, 269, 275, 300, 307
Schneemelcher, W.: 70
Schneider, G.: 166, 170, 173
Schnelle, U.: 168
Schoeps, H.-J.: 327

Schunk, K.-D.: 4
Schwartz, E.: 158
Schweitzer, A.: 70, 83, 87, 129, 131 ff., 141
Schürer, E.: 2, 17, 33, 34, 40, 41, 47, 48, 54, 56, 57, 61, 103, 204, 287, 290, 297, 339, 340
Schölgen, G.: 325, 332
Seccombe, D.: 207
Sellin, G.: 245, 253, 255, 266
Slingerland, D.: 159, 247
Staats, R.: 325
Stegemann, W.: 310
Strange, J.: 41, 48
Strecker, G.: 173
Suhl, A.: 166, 174
Säger, D.: 263
Sørensen, V.: 121
Tannenbaum, R.: 62, 67, 209 f.
Taylor, N.: 166, 235, 238
Tcherikover, V.: 2, 17, 20
Thackeray, H. St. J.: 1, 76, 285
Theißen, G.: 89, 91, 93, 94, 98 f., 100, 120, 181, 185, 197, 262 ff., 312
Thomsen, N.: 335, 337
Thornton, C. J.: 280
Thrall, M. E.: 252
Torm, F.: 70
Trebilco, P. R.: 284
Unnik, W. C. van: 299
Vermes, G.: 2
Vielhauer, Ph.: 210, 217, 219, 221, 222, 223 ff., 229, 266, 349 ff.
Vries, S. J. de: 52

Walker, W. O.: 237
Walter, N.: 197, 207
Warnecke, H.: 280
Wechsler, A.: 234
Wehnert, J.: 280, 282, 285, 351
Weiß, J.: 131
Wellhausen, J.: 2, 33, 51, 52, 53, 55, 57, 59 f., 81, 117, 135, 152, 279, 281, 285, 291 ff.
Wengst, K.: 100, 300, 307
Willert, N.: 71, 310
Williamson, H. G. M.: 52
Windisch, H.: 175
Wolter, M.: 173, 325
Wood, J. T.: 176
Wrede, W.: 80, 82 ff., 87, 122, 131 ff.
Zahn, T.: 65, 220
Zmijewski, J.: 245, 271

Tekster:

1 Mos 1,11-13: 147
2,2-3: 342
3,9: 342
14: 51
17,12: 217
27,1: 342

2 Mos 2,11 ff.: 342
6,23: 100
12,11 ff.: 343
17,10 ff.: 343
20,25: 34

21,24: 343
34: 271
35-40: 42

3 Mos 12,3: 217

4 Mos 3,1-4: 50
8,2: 114
25: 51, 52, 295

5 Mos 18,15: 34
19,15: 248
21,23: 344
24,1 ff.: 344
27,5 f.: 34

Jos 10,12 ff.: 343
24,31: 289

1 Sam 2,27 ff.: 51
22: 51

2 Sam 5,6 ff.: 343
8,17: 51

1 Kong 2,26-27: 51
4,2: 51
6-7: 42
12,28 ff.: 128
14,6: 182

2 Kong 1,10 ff.: 343
2,23 f.: 343
5,1 ff.: 343
23: 50

1 Krøn 6,53: 51

24,1-6: 52
24,1-31: 52
24,7: 33
24,7-18: 52
24,14: 32

Neh 12,5: 32
12,6: 33

Sl 2,2.7: 129, 142
43,3: 114
105,26: 114
132,11: 114

Es 5,28: 344
11,10: 146
42,1: 114
56,2-5: 136
60,17: 328

Jer 9,23: 270
7,25: 290
31,31: 348

Ezek 40-46: 42
44,15-27: 51, 112
45,7 ff.: 112

Dan 3: 32
9,27: 29
11,25-26: 27
11,28: 27
11,30: 27
11,31: 29
11,33: 34
11,39: 29, 31
12,2-3: 57

12,7: 25
12,11: 29

Hos 6,2: 146

Hag 1,1 ff.: 112
2,20 ff.: 112, 135

Zak 3,8 ff.: 112, 135
4,1 ff.: 112, 135
6,11: 112
9,9-10: 142

Mal 3,23: 114
4,5: 34

Sirak 44-50: 113
45,23-25: 113
50: 43 ff.

1 Makk 1,11: 18
1,15: 21
1,33: 48
1,34: 29
1,35-36: 47
1,41-50: 29
1,54: 25, 29
1,59: 29
2,1: 33
2,1-5: 33
2,2: 37
2,17-18: 49
2,26: 52, 295
2,42: 33
2,49 ff.: 113
2,54: 52, 295
2,54.57: 113

3,45: 29
4,41: 47
4,42: 25
4,46: 34
4,52: 24, 25
4,60: 47
5,1 ff.: 25
6,7: 24, 25
6,18 ff.: 47
6,23-24: 32
6,24: 31
7,6-7: 32
7,7: 31
7,13: 34
8,17-32: 16, 38
9,36 ff.: 37
10,21: 23, 39
10,51 ff.: 39
11,70: 37
12,16: 17
13,11: 37
13,49-52: 48
14,25-49: 50
14,36: 29

2 Makk 2,21: 17, 289
3,4 ff.: 19
3,10-12: 46
4,9: 20
4,11: 15, 16, 38
4,13: 17
4,18 ff.: 21
4,30: 29
4,43-50: 31
5,5: 28
5,11: 27
5,14: 29

6,1 ff.: 29
8,1: 17, 289
9,1-29: 24
10,1-8: 24
10,3: 25
10,9: 24
11,16 ff.: 25, 35 ff.
13,3-8: 32
13,4: 32
14,6: 34
14,38: 17, 289

3 Makk 2,22: 98

4 Makk 4,26: 289

Aristeas 100 ff.: 48

XII Test Patr.:
Test Jud 18,8-9: 110
21,1-5: 108 f.
24,1-2: 109
Test Rub 6,5-12: 109
Test Sim 7,1-2: 109
Test Dan 5,11: 110
Test Naft 4,5: 110
Test Lev 18,3: 110

Qumranskrifterne:
CD 1,5-11: 34
12,23 f.: 107
14,19: 107
19,10 f.: 107
20,1: 107
1QS 9,11: 108
1QSa 2,11-15: 108

Matt 1,1-17: 53, 134
2,16-18: 136
3,13-17: 102
3,15: 332
3,16-17: 135
5,21-48: 339
10,2: 183, 190
10,4: 74
10,5 ff.: 133
10,9-10: 185
10,10: 185, 236
10,23: 133
10,40: 184
11,7-9: 98
11,9: 99
11,2-3: 103
11,7-8: 120
11,12-14: 118
11,14: 118
11,16-19: 116, 119
16,13-23: 128
16,16: 129
17,10-12: 118
19,28: 197
21,1-11: 141
21,10-11: 141
21,12-17: 107
21,23: 106, 107
21,23-27: 106
22,7: 98
22,41-46: 140
23,3 f.: 224
24,15: 29
24,16: 33
27,27: 48
28,2 ff.: 151
28,8 ff.: 151

28,11 ff.: 145
28,16 ff.: 148, 152

Mark 1,7: 90
1,9-11: 102
1,10-11: 135
1,23.39: 63
2,18: 90
2,23 ff.: 96
2,26: 51
3,1: 63
3,18: 74
5,42: 94
6,3: 135, 195, 196
6,14-29: 93 ff.
6,16: 96
6,17: 91
6,17-29: 90, 93
6,20: 96
6,22: 94
6,28: 94
6,30: 183, 191
7,1 ff.: 96
8,27-33: 128
8,29: 129, 139
9,11-13: 119
11,1-11: 141
11,15-17: 107, 140
11,27: 106
11,27-33: 106
11,28: 107
11,30: 89
12,35-37: 140
12,41-44: 47
13,9-11: 64
13,14: 29, 33
13,21 ff.: 155

14,28: 148, 151, 153
14,61: 134
15,16: 48
15,42 ff.: 153, 157
16,1-7: 153
16,1-8: 149, 150 ff.
16,7: 148, 153, 154, 155
16,8: 151, 154

Luk 1,1-4: 164, 353
1,2: 160, 164
1,3: 281, 353
1,5: 32
1,5 ff.: 100 f.
1,17: 110
1,59: 216
1,76 ff.: 90, 110
2,2: 74, 75
2,21: 216
3,15: 90
3,21-22: 102
3,23-38: 53, 135
3,27: 135
4,16-30: 62
5,12 ff.: 343
5,22: 342
5,27 ff.: 344
6,1 ff.: 344
6,13: 183, 191, 193
6,15: 74
6,20: 344
6,22: 306
6,27 f.: 344
6,29: 343
7,3-5: 66
7,18-20: 103
7,24-25: 120

7,31-35: 116, 119
8,8: 344
8,43 ff.: 344
9,3: 343
9,18-22: 129
9,21: 129
9,52 ff.: 343
10,7: 185, 234
10,16: 184
10,22: 342
10,31.32: 50
12,13 f.: 343
16,16: 118
16,18: 344
17,12 ff.: 344
18,15 ff.: 343
18,35 ff.: 343
19,2 ff.: 344
19,28-40: 141
19,45-48: 107
20,1: 106
20,1-8: 106
20,2: 107
20,41-44: 140
21,1-4: 47
21,20: 33
21,20 ff.: 311
22,28-30: 197
22,36: 185

Joh 1,6-8: 90, 118
1,14: 305
1,15.20 ff.: 90, 118
1,28: 99
1,29-34: 102
1,35 ff.: 100
1,41: 142, 307
1,43: 100
1,44: 100
1,45: 100
2,1: 100
2,20: 72
3,5: 308
3,23: 99
3,10: 118
4,2: 102
4,22: 68
4,25: 142, 307
5,35: 118
7,5: 194
8,17: 308
9,22.34.35: 306
10,40-42: 99, 100
10,40: 99
11,1: 99
12,1: 99
12,12-19: 141
12,21: 100
12,42: 306
13,10: 308
13,16: 183, 190
13,20: 184
16,2: 306
18,28.33: 48
19,9: 48
19,25-27: 309
20,19 ff.: 148
21,1 ff.: 148

ApG 1,1: 281
1,8: 170
1,13: 74
1,15: 179
1,15-26: 191

Register

2,1-13: 203 f.
2,5: 203
2,5 ff.: 148, 155, 156
2,10: 312
2,41: 179, 276
3,2.10: 46
4,4: 179, 276
4,34-35: 203
5,36-37: 160
5,37: 74
6,1: 179, 203, 204, 205, 206, 207, 208, 276
6,1 ff.: 139, 179, 180, 198 ff.
6,1-2: 207
6,5: 65, 330
6,7: 179, 276
6,8-7,60: 199, 207
6,9: 203
7,2 ff.: 201
8,1: 208, 209
8,1 f.: 199
9: 226
9,21: 169
9,25: 169
9,26-30: 162, 163, 227
9,29: 199, 203, 208
10,1-2: 65
11,19: 208
11,20: 199
11,26: 318
11,27-30: 162, 163, 173
11,28: 281
11,30: 330
12,1-23: 91
12,2: 190
12,17: 195
12,25: 162, 163, 173

13-14: 173
13,1 f.: 172
13,1-3: 191
13,26.43.50: 66
13,48 ff.: 238
14,4.14: 183, 190, 191
14,23: 330
14,26: 172
14,26-15,2: 172
15: 213, 226
15,1: 218, 223
15,1-2: 178, 236
15,1-35: 173
15,4-35: 162, 163, 172, 178, 248
15,5: 178
15,13 ff.: 195
15,23: 244
15,23-29: 176, 244
15,36-41: 177, 236
16,1-3: 231
16,4: 244
16,6: 173, 216
16,9: 284
16,10-17: 160, 164, 180, 281, 284
16,13.16: 63
17,2: 175
17,2 ff.: 238
18,1-17: 167 f., 174
18,2: 246, 313 ff.
18,4 ff.: 238
18,11: 174, 247
18,12 ff.: 160, 166
18,18: 176, 178, 283, 285
18,19-20,1: 175
18,21b-23: 171
18,22: 162, 163, 172, 173, 177,

178, 212, 215, 238
18,22-23: 242
18,23: 173, 216
18,24: 272
18,24-28 (eller -19,7): 102, 173, 176, 269
19,8.10: 174, 238
19,22: 176
20,1: 175, 284
20,2: 286
20,2-3: 175, 180, 281
20,3: 283, 284
20,4: 275, 283
20,4 ff.: 175
20,5-8.13-15: 160, 164, 180, 281, 283, 284
20,17: 330
20,17-38: 283
20,25: 319
20,28: 330
20,31: 174
20,34: 186
21,1-18: 160, 164, 180, 281, 283
21,10: 281
21,17 ff.: 162, 163, 239
21,18: 330
21,18 ff.: 195, 275 ff.
21,20: 178, 201, 276
21,20-22: 178
21,23 ff.: 178, 278
21,24: 276
21,25: 244
21,27 ff.: 276
21,29: 275
21,31 ff.: 48
21,38: 74
22,17-21: 242

23,26-30: 177
24,17: 239, 276
24,26: 276
24,27: 284 f.
26,28: 318
26,32: 319
27,1-2: 285
27,1-28,16: 160, 164, 180, 281, 285
27,2: 275, 283
27,9-11: 285
27,21-26: 285
27,27: 285
27,31.33-36: 285
27,37: 285
27,43: 285
28,13: 285
28,21: 182

Rom 1,1: 163, 192
1,3: 134
1,3-4: 335
11,1 ff.: 324
11,13 ff.: 317
11,20 ff.: 312
13,1-7: 317, 318 f.
15,25-27.31: 162, 163, 214, 239, 275, 276
16: 283, 317
16,1: 286, 322
16,3-4: 256
16,5: 264, 317, 331
16,7: 183
16,23: 263, 265

1 Kor 1,1: 163, 183, 192, 249, 251

1,5: 264, 270
1,10: 260
1,10-4,21: 259, 260
1,11: 249, 251
1,12: 217, 251, 270
1,12 ff.: 218
1,14 ff.: 265
1,16: 250, 264
1,17-3,23: 271
1,18 ff.: 272 f.
1,26: 262 f.
1,31: 270
2,1 ff.: 272
2,3: 264
2,4: 270
2,6 ff.: 273 ff.
2,10 ff.: 270, 271
2,16: 274
3,1-3: 271
3,1 ff.: 266, 274
3,4-23: 251, 265 ff.
3,5-6: 217
3,6: 176, 264, 266
3,10: 264
3,16-17: 253
3,22: 217
3,23: 270
4,6: 217, 251, 270
4,7: 270
4,8: 264, 274
4,9.10: 259, 263, 264
4,9-13: 262
4,12: 186, 270
4,17: 176, 249
4,17.18-21: 175, 249, 250, 259, 260
4,19 f.: 270

4,18: 270
4,19: 175, 259
4,19-21: 248
5,1: 249
5,1 ff.: 253
5,1-6,20: 259
5,2: 270
5,7: 250
5,9: 248, 251, 252
5,9 ff.: 252
5,11 ff.: 251
6,3: 197
6,12 ff.: 244
7,1: 251, 252, 253 f.
7,1 ff.: 259
7,1-40: 256
7,12-16: 252
7,18: 21
7,25: 255
7,29 ff.: 88
7,40: 274
8,1: 255, 270
8,1 ff.: 244
8,1-11,1: 256
8,4: 255
8,4 ff.: 263
8,7.9.11.12: 263
9,1: 183
9,4 ff.: 270
9,5: 194, 195
9,5-6: 238
9,6: 177, 213, 236
9,14: 185, 236
9,22: 263
10,16-21: 256
11,2: 255
11,2-16: 256

11,17-34: 256
11,18: 249
11,22: 263
11,34: 253
12,1: 255
12,1-14,40: 256
12,3: 142
12,28: 184, 186, 267
13,2: 270
13,4: 270
13,13: 261 f.
15,1-11: 146
15,3 ff.: 147
15,3-4: 149
15,4: 148, 150
15,4b: 147
15,5: 148, 183, 188
15,5-8: 145, 149, 188
15,6: 148, 156, 183
15,7: 183, 188, 189, 192, 194, 195
15,8: 149, 183, 189
15,12-58: 146
15,12 ff.: 146
15,32: 256
15,44 ff.: 270
15,51-52: 133
16,1: 255, 256, 257
16,1-4: 214, 239
16,5-7: 281
16,5-9: 250, 259
16,6: 251
16,8: 175, 212, 250
16,10-11: 249, 250
16,11: 176
16,12: 217, 251, 255, 258, 265 f., 272

16,15: 331
16,15 ff.: 264
16,17: 251
16,17-18: 254, 329
16,19: 256, 257
16,22: 142

2 Kor 1-7: 261
1,1: 192, 249, 251
1,8: 256
1,8 ff.: 251
1,15-16: 250
1,19.23: 248, 250, 264
2,1: 248
2,1 ff.: 249
2,3 ff.: 247
2,12 f.: 251
2,13: 259
2,17: 270
3,1: 269
3,4-18: 272
3,6.17: 270
5,16: 86
5,17: 348
6,14-7,1: 252 f.
6,16: 253
7,5 ff.: 259
7,6-7: 212
7,6 ff.: 248, 251, 261
7,8 ff: 247, 249
7,14: 177, 179, 212
7,15: 212
8-9: 214, 239, 261 f.
8,2: 239
8,6.10: 212, 249, 251, 261
8,16: 249
8,18 ff.: 258

Register 371

8,23: 190, 194
9,1: 255
9,2: 251
10,1: 260
10,1-13,13: 216, 247, 260, 261, 267 ff.
10,7: 270
10,8: 261
10,10: 270
10,17: 270
11,5: 194, 267, 270
11,6: 270
11,7 ff.: 270
11,12: 270
11,13: 194, 236, 267, 270
11,15: 268, 270
11,21: 259, 264
11,22: 203, 269
11,22 f.: 270 f.
11,23: 267, 270
11,26: 221, 237
11,30: 259
11,32: 90
11,33: 169
12,1 ff.: 149
12,2-4: 241
12,5.9-10: 259
12,11: 194, 267, 269, 270
12,13 ff.: 270
12,14: 248, 251
12,18: 212, 248
12,20: 270
12,21: 248, 251
13,1-2: 248, 251
13,2: 248
13,10: 260 f.

Gal 1-2: 225, 226, 230
1,1: 192, 194
1,1 ff.: 192, 230
1,2: 257
1,6 f.: 215
1,7: 225
1,11-12: 194, 240
1,13: 169, 224, 232, 233, 311
1,13-14: 230, 289
1,13-2,14: 219, 225, 230
1,14: 224, 233, 295
1,15-17: 194, 230
1,17: 90
1,17-19: 194, 227, 228, 229
1,18: 173, 230
1,18-19: 162, 163, 241
1,19: 183, 195
1,20: 227
1,21: 230
1,22-23: 311
1,23: 169, 232
2: 239
2,1: 173, 195, 212, 230, 236, 248
2,1-10: 162, 163, 172, 173, 212, 213, 215, 220, 225, 235
2,2: 240
2,3: 195, 212, 232, 248, 257
2,4: 221, 222, 237
2,5: 237
2,6: 240
2,6-9: 194, 240, 244
2,7: 240
2,7-8: 241
2,7-9: 192
2,9: 190, 195, 225, 236, 240, 243

2,10: 187, 189, 214, 257, 275
2,11: 230
2,11 ff.: 172, 208, 213, 220, 225, 237, 238, 242, 333
2,12: 195, 220 f., 222, 231, 232, 242, 278
2,13: 231, 232
2,14: 225, 232, 242
2,15-21: 226
3-4: 226
4,3: 224
4,8-11: 219, 223
4,9: 224
4,13: 173, 216, 257
4,10: 222
4,17: 295
4,20: 257
4,29: 231, 232
5,2-12: 219
5,3: 221, 222, 224
5,8: 232
5,10: 225
5,11: 222, 231 f.
5,13-6,10: 219
6,12: 231, 232
6,12 f.: 232
6,13: 220, 221, 222, 224, 225, 231, 232
6,17: 257

Efes 4,26: 343
6,13 ff.: 344

Fil 1,1: 184
1,13: 176
2,19-23: 176
2,19-23.24: 175, 250

2,24: 175
2,25: 190
2,25 ff.: 254
3: 235
3,2: 235 f.
3,2 ff.: 216
3,3: 309
3,4 ff.: 270
3,5: 203, 217
3,6: 295
3,7 ff.: 214
4,16: 175
4,18: 254

Kol 2,8.20: 224
4,10: 177, 213
4,14: 163, 164, 191, 281, 342

1 Thess 1-3: 261 f.
1,3: 261
1,9-10: 238
2,6: 183
2,9: 186
2,14: 311
3,1-5.6 ff.: 261
3,6.10: 261
4,9.13: 255
4,13 ff.: 145, 261
4,14: 255
5,1: 255
5,8: 261

2 Thess 2,1: 255
3,2: 216
3,8: 186

1 Tim 3,1: 330

Register

5,17: 330
5,18: 185, 236

2 Tim 4,6 ff.: 332
4,11: 163, 164

Tit 1,5.7: 330
1,5 ff.: 332

Filem 1: 257
22: 257
24: 163, 164, 191, 281

Jak 2,2: 63

1 Pet 1,1: 317, 320
1,23: 353
2,1-10: 197
2,17: 319
4,12-16: 318
4,16: 318
5,13: 311, 317

1 Joh 2,18: 302
2,18 f.: 302 ff.
2,20: 308
2,22 f.: 303
2,23: 306
2,27: 308
3,6: 308
3,9.24: 308
4,2 f.: 302 f.

2 Joh.: 307 f.
9: 308

3 Joh.: 304 ff.

Åb 2-3: 334
2,9: 63
2,13: 323
3,9: 63
6,11: 323
14,8: 318
16,19: 318
20,4: 323
21,1: 348
22,20: 142

Apostolske Fædre:
Did 11,1-13,7: 184 ff.
11,6: 186
11,7 ff.: 186
15,1-2: 184

Ignatius, Rom 4,3: 334
Magn 8,1: 289
8,1-9,2: 335
Filad 6,1: 335
7,1-8,2: 337 f.
Smyrn 1,1-3,1: 335 f.
Trall 9,1-11,2: 335

Polykarp 6,1: 330 f.
11,1: 330 f.
13,1-2: 333

1 Klem.: 328 ff.
1,1: 320
5,3-7: 329, 334
42,1-44,5: 330 f.
42,4: 330
44,1: 330
44,3: 331
44,4: 330

44,5: 331
47,1-4: 329
47,6: 329
47,7: 329
65,1: 328

Josefus:
Bell. Jud. II, 119-166: 54
II, 444: 76
V, 238-245: 48
Ant. Jud. XII, 138-144: 10 ff.
XII, 145-146: 10, 14 f.
XII, 143: 43
XII, 224. 229. 238: 44
XII, 248: 25
XII, 252: 48
XII, 265: 33
XII, 320: 25
XIII, 171: 55
XIII, 288-298: 55
XIII, 296: 56
XIV, 41: 112
XIV, 233: 17
XV, 292.403.409: 48
XV, 380-425: 42
XVII, 41-45: 135
XVII, 42: 59
XVII, 44: 136
XVIII, 11-22: 54
XVIII, 23: 75
XVIII, 23-25: 54
XVIII, 91: 48
XVIII, 109-126: 90 ff.
XVIII, 116: 106
XVIII, 117: 101
XVIII, 119: 106
XVIII, 136-137: 93

XIX, 298: 44
XX, 199-203: 195
Vita 11-12: 54
113: 232

Justin:
Dial 1,1 ff.: 274

Euseb:
Hist. eccl. II, 23,4-18: 195
II, 23,18: 98
III, 19-20,6: 196
III, 32,5-6: 196
III, 39,3-4: 353
IV, 22,2-3: 354 f.

Suetonius:
Claudius 25: 314

Dio Cassius:
Hist. Rom. 57, 18: 316
60, 6,6: 314 f.

Plinius:
X, 96: 320 ff.
X, 97: 322 f.